中国信息经济学会电子商务专业委员会推荐教材

21 世纪高等院校电子商务规划教材

E-payment (2nd Edition)

电子支付

与结算 第2版

◆ 周虹 编著

人民邮电出版社

北 京

图书在版编目（CIP）数据

电子支付与结算 / 周虹编著. -- 2版. -- 北京：
人民邮电出版社，2016.12（2022.6重印）
21世纪高等院校电子商务规划教材
ISBN 978-7-115-43556-9

Ⅰ．①电… Ⅱ．①周… Ⅲ．①电子商务－支付方式－
高等学校－教材 Ⅳ．①F713.36

中国版本图书馆CIP数据核字(2016)第223778号

内 容 提 要

本书分为 3 部分，包括绪论共 7 章。

首先，第 1 部分从电子支付概念与常用支付工具入手，全面介绍现代化支付系统的构成（包括绪论、第 1 章和第 2 章）。绪论从支付与电子支付的概念引出全书论述内容，并从货币、银行和中央银行的角度阐述支付的概念。第 1 章介绍支付工具发展的 3 个阶段，即实物支付阶段、信用支付阶段和电子支付阶段，并介绍了常用的非现金支付工具。其中，第 3 节特别介绍了电子货币这一最新的支付工具，并分别对卡基电子货币典型产品和数基电子货币典型产品进行分析。第 2 章对支付系统构成进行了剖析，介绍了支付系统的定义，分析构成支付系统的各要素的职能以及支付系统的分类与运作原理，并对一些典型系统进行剖析。

其次，第 2 部分（第 3 章～第 5 章）对互联网环境下主要支付工具和支付环境（信用卡和网络银行）进行介绍，并对第三方支付和互联网金融进行论述。第 3 章重点介绍了银行卡的发展及相关概念，银行卡运作机制及银行卡管理和风险防范。第 4 章阐述了网络银行与电子商务中的电子支付，主要介绍了网络银行和电子商务的运作模式，并详细分析了电子商务中的在线支付机制，以及通过典型案例阐述了第三方支付。第 5 章介绍互联网金融，并通过典型案例剖析互联网金融的网络理财、网络信贷和众筹。

最后，第 3 部分（第 6 章）论述了支付系统安全和风险防范。主要从信息安全角度阐述支付系统安全性，从风险防范角度进行分析，从法律角度阐述支付体系的安全性。

本书可以作为经济类（如金融学）、管理类专业本科生教材，也可供从事相关专业的工作人员以及对互联网金融、电子商务、电子支付感兴趣的人员参考。

◆ 编　著　周　虹
　　责任编辑　武恩玉
　　执行编辑　赵　月
　　责任印制　沈　蓉　彭志环

◆ 人民邮电出版社出版发行　　北京市丰台区成寿寺路 11 号
　　邮编　100164　电子邮件　315@ptpress.com.cn
　　网址　http://www.ptpress.com.cn
　　北京七彩京通数码快印有限公司印刷

◆ 开本：787×1092　1/16
　　印张：15　　　　　　　　　2016 年 12 月第 2 版
　　字数：415 千字　　　　　2022 年 6 月北京第 9 次印刷

定价：36.00 元
读者服务热线：(010)81055256　印装质量热线：(010)81055316
反盗版热线：(010)81055315
广告经营许可证：京东市监广登字20170147号

本书第 1 版出版后，受到广大师生和从业人员的欢迎，让我深受感动。电子支付具有很强的实务性，为适应学科发展，我们对本书进行了修订。

本次修订主要在以下几个方面。

（1）进一步梳理电子金融（互联网金融）的构成框架，逻辑更为清晰。

（2）重点突出，与时俱进。补充新内容和新数据，并对热点问题进行讨论，激发学生对金融创新和技术驱动的兴趣，并通过典型案例分析，加深理论学习。大量案例分析也是本书的一大特色。

（3）在电子货币章节，特别补充了数基电子货币的相关案例剖析，对 4 类数基电子货币典型产品进行阐述，并特别分析了比特币。

（4）新增了互联网金融一章，从历史沿革和国际比较两个方面进行论述。基于传统金融业务的存贷汇 3 个方面，讨论互联网金融创新；并对第三方支付、网络信贷以及众筹等一些典型案例进行剖析。

（5）更具有可读性。每章以章首导言开篇，导出本章内容的必要性和知识点或重难点，并用关键知识点明确全章重要知识点之间的逻辑结构。章末附有相关思考题。

本书内容深入浅出，文字生动，文风严谨。在编写过程中注重理论与实际的结合，通过大量案例的深入分析拓深对理论的理解，内容处于学科前沿。

电子支付作为金融创新的产物，正处于快速发展之中，作者学识所限，书中难免会出现不妥之处，敬请广大读者不吝指正。

目 录 CONTENTS

绪论 支付与电子支付

章首导言

劳动生产力的不断提高促进了社会经济的发展与商品交换的出现，支付行为不可避免，各种各样的支付工具先后诞生，支付系统也在不断地演进和变革。

本章从支付的概念入手，从货币、银行和中央银行的角度阐述支付的概念，最后阐述电子支付的概念。

1．什么是支付

在经济生活中，每个人都会发生交易行为，交易的结束必然伴随物品所有权的转移，而支付就是商品或劳务的转移以及债务的清偿过程。

根据韦氏词典［《韦氏大学英语词典》（Merriam-Webster'sCollegiateDictionary）］的解释[①]，支付有三层含义，即（1）支付是一种支付行为；（2）支付了某种物品[②]；（3）一种报偿和回报。

根据古德（Goode，1995）的定义[③]，支付可以被认为是在履行货币债务中，所有提供和接受的货币赠与、货币贷款或某种行为。该定义包含了两层意义。

（1）支付通常包含货币债务清偿，但不一定必须包含货币的交付和转移。例如，当交易双方出现同等金额的可抵销结算时，不会出现货币的转移；而当交易双方对相同价值的物品进行对换时，甚至不需要货币的出现，也就是所谓的以物易物的方式完成商品交易和支付。

（2）不仅对于支付方而言，而且对于接受支付行为的接收方而言，支付也是一种行为。也就是说支付有支付指令的发出者与接受者，有支付方式的选择、支付工具的选择，并伴随着特定的支付金额的转移。

2．货币与支付

货币是商品经济发展到一定阶段的产物，是商品发展和商品交换的产物，是一种被广泛接受的、充当一般等价物的金融资产。货币是一种可接受的支付方式[④]，对于货币的定义，目前尚无统一的说法，但经济学家大多根据货币的基本职能来定义货币，即货币的交易媒介、记账单位与价值储藏职能[⑤]。如果人们愿意接受一种物品来交换商品、服务或清偿债务，这一物品就充当了货币，因此从最简单的意义上说，货币只不过是一个范围内（如国家）普遍接受的交易媒介，而货币的最基本职能就是充当支付工具。

伴随社会经济和科学技术的发展，各种形态的货币在商品交换中先后出现。从最初的实物交换（物物交换），发展成为实物货币（例如金银等贵金属）。金银等实物货币的出现标志着社会生产力的进步与技术的进步，这是支付工具发展史上的第一次飞跃；实物货币演变到信用货币（例如纸币）则

[①] Main Entry, Payment Function: *noun* 1. the act of paying; 2. something that is paid; 3. requita.

[②] 这种物品有可能是商品也可能是劳务，现代经济中更多以货币形式存在。（编者注）

[③] 转引自 Michael Brindle Q.C., M.A.《LAW OF BANK PAYMENT》 (second edition) 1999, London Sweet & Maxwell, P1.

[④] 大卫·H. 弗里德曼，《货币与银行》，2001，中国计划出版社，P4.

[⑤] 马克思的货币职能定义，是按照价值尺度、流通手段、货币储藏和支付手段的顺序进行的，但现代经济学家通常按照上面三个职能来进行定义，其流通手段和支付手段包含在交易媒介职能当中。（编者注）

是支付工具发展史上出现的第二次飞跃，银行存款作为支付手段是货币制度的一大改进；经济社会正在经历支付技术上的第三次飞跃，即由于采用电子化支付工具、数据通信和数据处理技术而形成的电子支付方式，同时一种新的货币形式——电子货币正逐渐走入人们的经济生活。电子货币是信用货币发展的更高阶段。

在现代金融体制与现代经济中，充当货币的资产主要有三类，即（1）现金，包括铸币和纸币，这是一种中央银行负债，是中央银行通过法定地位而推行的一种法定支付手段。（2）经济行为者在商业银行体系拥有的存款，这是商业银行的负债，也是现代经济中经济行为者用于清偿债务关系的主要货币手段。（3）中央银行货币，这是商业银行体系在中央银行拥有的储备账户存款，是商业银行间用于清算同业债务关系的最终货币手段。这三种货币资产在现代经济中都是支付手段，是各经济行为者所拥有的本身不含有实际价值的资产，对这些资产的接受程度取决于经济行为者对这些资产的信心。

3．银行与支付

银行业的起源与贸易和国际贸易密切相关[1]，也就是说与商业发展和商品交换密不可分。贸易的发展促进了经济的发展，也促进了银行业的产生与发展。自 12 世纪法国香巴尼集市贸易最早出现银行的雏形[2]后，银行业经过长期发展，逐渐成为现代金融体系和经济体系的核心。

纵观中外银行业发展的历史，可以看出：商品贸易的方式不仅孕育了银行业的诞生，而且深刻地影响着银行业的发展。中世纪的集市贸易（大量经营法兰姆布匹的集市）诞生了最早的银行家；而在我国唐代，商业的普遍发展，丝绸之路的延伸，催生了中国古代银行的萌芽[3]。

银行的出现尤其中央银行的出现是支付系统结构演变过程中的一个重要里程碑。有关第一家银行出现的时间，史学家众说纷纭。金德尔伯格认为第一家银行是 1397 年成立的麦迪西银行[4]，据《新哥伦比亚百科全书》认为，世界上第一家银行 1171 年在意大利的威尼斯市问世。可以根据中央银行管理体系的出现将银行发展划分为两个阶段。现代市场经济中通常具有两层结构的银行体制。在这种体制中，各商业银行（包括其他吸收存款的金融机构）对非银行机构和其他商业银行（指规模较小的银行机构）提供银行服务，而中央银行向各商业银行提供银行服务和发行纸币与硬币（在某些国家，硬币由财政部发行）。

银行提供的核心服务是吸收存款（银行负债）和发放贷款（银行资产）。为了吸收存款，银行必须对其客户保存账户。银行提供给客户的最直接的服务就是支付服务。作为经济运营的中心，金融的主要职能就是融通资金，而金融机构就是一些这样从事"金融媒介活动"[5]的企业。资金的融通和金融媒介活动的中心是支付。在现代经济生活中，支付通常通过银行转账的形式实现，通过支票形式或者通过货币资金转账的形式实现，而现在更多地表现为电子资金转账的形式。事实上，在发达的市场经济中，非现金支付已经占了全部支付金额的绝大部分，例如在美国，非现金支付差不多达到全部支付金额的 99% 以上。在中国非现金支付比例也在逐年上升。银行系统提供的支付服务构成了现代支付体系的核心。

4．中央银行与支付

中央银行是发行的银行，银行的银行（集中存款准备，最终贷款人，组织全国的清算）和国家的银行（代理国库，代理国家债券的发行，对国家给予信贷支持，保管外汇和黄金准备，制定并监督执行有关金融管理法规）。

---

① 金德尔伯格，《西欧金融史》，1991，中国金融出版社，P51。
② 金德尔伯格，《西欧金融史》，P16。
③ 萧清，《中国古代货币史》，P210。
④ 金德尔伯格，《西欧金融史》，P16。
⑤ 萨缪尔森，《经济学》（第 12 版），P443。

中央银行的支付清算服务是指中央银行作为一个国家支付清算体系的参与者和管理者，通过一定的方式和途径，完成金融机构之间的债权债务清偿和资金转移，以保证经济活动和社会生活的正常进行。

支付系统是经济和社会生活正常运转的重要保障，对中央银行货币政策实施具有重要影响，与金融稳定密切相关。因此，中央银行的支付清算服务是很多国家中央银行的基本职责之一，其支付清算效率对一国经济安全及金融稳定具有重要意义。

支付清算体系是中央银行向金融机构及社会经济活动提供资金清算服务的综合安排，包括对清算机构、支付系统、支付结算制度及银行间清算制度的构建与运作。其中，支付系统的平稳运行关系到货币政策实施效果，对稳定货币、稳定金融具有至关重要的影响。大额支付系统作为一国支付清算体系的主要组成更是受到各国中央银行的高度重视，加强对支付系统的风险管理，确保其高效、稳定、有序地运行，是中央银行的重要职责。

尽管各国中央银行提供支付清算服务的方式与范围有所不同，但支付系统运行原理基本一致。金融机构需要在中央银行开立清算账户，并通过行间支付系统实现资金清算。中央银行的支付清算服务主要包括：组织票据交换清算、办理异地跨行清算、为私营清算机构提供净额结算服务、提供证券和金融衍生工具交易清算服务，以及提供跨国支付服务等。

跨国支付既是一项支付业务，也是一种跨国经济行为，尤其在世界经济逐步一体化的发展过程中，跨国支付清算的重要作用愈加突出。由于中央银行负有代表国家发展对外金融关系、参与国际金融活动等重要职责，在跨国支付清算活动中扮演着重要角色，如欧洲中央银行、美国联邦储备体系、英格兰银行等均在一些重要的国际性支付系统中发挥着积极作用。伴随人民币国际化进程的不断推进，中国人民银行在国际性支付体系中的作用也越来越重要。

采用中央银行直接主持和组织的清算模式为许多国家所采用。根据 2003 年《中华人民共和国中国人民银行法（修正）》（以下简称《中央银行法》），中国人民银行作为中央银行，具有履行依法制定和执行货币政策、发行人民币，管理人民币流通、维护支付、清算系统的正常运行等职责。

中国人民银行在支付体系中的法律职责规定为"组织或者协助组织金融机构相互之间的清算系统，协助金融机构相互之间的清算事项，提供清算服务，维护支付、清算系统的正常运行"。

5．电子支付概述

所谓电子支付，指的是商品交易的当事人，包括交易双方（如消费者和厂商）或金融机构，使用安全电子支付手段进行的货币支付或资金流转。

与传统的支付方式相比较，电子支付具有以下特征。

（1）电子支付采用先进的技术通过无纸化的数字流转移完成信息传输，其各种款项支付都采用数字化的方式进行；而传统的支付方式则是通过现金的流转、票据的转让及以后的汇兑等物理实体的流转来完成款项支付。

（2）电子支付使用最先进的通信手段，而传统支付使用的则是传统的通信媒介。电子支付对软、硬件设施的要求很高，一般要求有联网的微机、相关的软件及其他一些配套设施；而传统支付则没有这么高的要求。

（3）电子支付的工作环境可以基于一个开放的系统平台（如互联网）之中；而传统的支付则是在较为封闭的系统中运作。

（4）电子支付具有方便、快捷、高效、经济的优势，可以突破时空限制。用户只要拥有一台联网终端，便可足不出户，在很短的时间内完成整个支付过程。支付费用仅相当于传统支付的几十分之一，甚至几百分之一。

随着信息技术和通信技术的发展，电子支付的方式越来越多。电子支付系统一般分为大额支付系统和小额支付系统。

电子支付可以通过三种形式实现：一是对于银行账户的贷记/借记（电子转账支付）；二是通过卡片或终端设备（如计算机或手机）进行支付（卡基支付工具支付）；三是对于某个网站上电子账户的贷记/借记（虚拟货币[①]支付）。

对于大额电子支付系统，主要采取第一种形式，即对银行账户的借记和贷记完成支付；对于小额电子支付系统，上面三种形式都可以采用，但在目前的商品交易中，第一种形式仍是最多采用的方式，即银行账户间的资金转移。

对于小额支付，这些支付方式可以分为三大类：一类是在线卡基支付工具类，包括信用卡、借记卡、预付卡等；另一类是电子支票类，如电子支票、电子汇款（EFT）、电子划款等；还有一类是虚拟货币类，如电子现金。这些方式各有自己的特点和运作模式，适用于不同的交易过程。

关键术语

支付、电子支付、货币、银行、中央银行

关键知识点

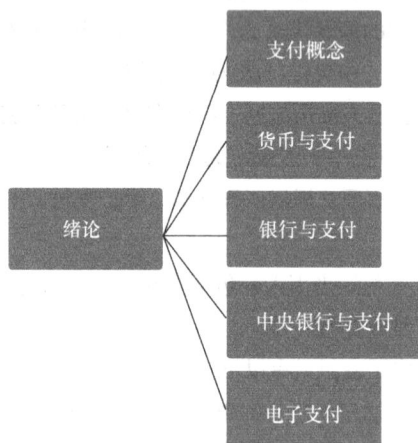

本章思考题

1. 如何理解支付?
2. 货币与支付的关系是什么?
3. 银行与支付的关系是什么?
4. 中央银行与支付的关系是什么?
5. 如何理解电子支付?

---

① 这里的虚拟货币和电子现金、数字货币是同一个概念。

第1章　支付工具演变的历史沿革

章首导言

伴随全球化、网络化、大数据的浪潮，金融业正在面临有史以来最为深刻的变革。银行，作为最古老的金融机构，伴随经济的发展和科技的进步，其业务形态与组织架构也不断发生着变化。在银行发展的历史中，科技发展和社会需求一直是推动银行业不断发展的动力，而银行所经营的"产品"——货币，更是经历了从实物货币（黄金、白银）、信用货币（纸币、纸质票据）到电子货币（数字货币）[①]的发展过程。

本章首先分析支付工具发展的历史演变过程，并总结了近年来支付工具的使用与发展趋势，介绍了常用的非现金支付工具，最后较为详细地剖析了电子货币，并分析了大量典型案例。

1.1　支付工具的发展

随着人类社会经济和科学技术的进步，作为商品交换和贸易发展的产物，支付工具和支付系统也在不断地发展变化，经历了实物支付阶段、信用支付阶段，目前处于电子支付阶段。电子支付阶段是信用支付阶段的高级形式。

1.1.1　实物支付阶段

实物交换到货币交换的转变是支付技术发生的第一次重要变迁，黄金和白银由于它们自身的特性，而充当了一般等价物——货币，并具有支付工具的职能，这是实物货币（Commodity Money）阶段。但无论是最初充当货币的牛、羊等支付工具，还是后来充当一般等价物的黄金与白银，在支付过程中都体现了相当于其实物本身的价值。

1.1.2　信用支付阶段

信用货币——纸币（Paper-Notes）的出现是支付技术与支付工具发生的第二次重大变革。

现金（Cash）支付是现今社会货币支付最普遍的形式。相对于黄金和白银等金属货币，现金使用更方便，便于携带，特别适合于小额交易，并且不留下交易痕迹。但是现金并非没有成本，根据美联储2016年8月的统计数据，美国2015年全年约有13 800亿美元现金处于流通中，每年约有1 000万美元以上的纸币由于缺损而被销毁，并需要印刷新的纸币代替。

自动取款机（Automated Teller Machine，ATM）的出现也是现金一直成为主要支付工具的因素之一，ATM的应用使得纸币易于获取。

但对于大额支付，在安全性和便利性方面，纸币有不可克服的问题，因此出现了许多通过银行进行转账支付的方式，如支票（Check）、本票和汇票。

---

① 黄金、白银、纸币和数字货币分别是这三个阶段的典型代表。

伴随电子技术的发展和信用体系的不断完善，出现了转账支付（Giro）、自动清算房支付（ACH）和支付卡（Card）等电子支付工具。

1.1.3 电子支付阶段

基于计算机技术和通信技术的支付系统是支付技术的第三次变革，尤其是互联网的出现，促使支付系统发生重大变革，电子支付系统正逐渐取代传统支付系统。同时，支付工具和支付手段也在发生变革，一种以电子数据形式存储在计算机中并能通过计算机网络而使用的货币形式出现，并被人们形象地称为"电子货币"或"虚拟货币"，电子货币从根本上改变了传统的纸币、支票和手工点钞、大出大进、存贷分流的结算方式。电子货币的出现不仅代表了支付方式的变革，而且从货币本质上对现代金融理论以及中央银行的货币政策提出了挑战。

所谓电子支付，指的是电子交易的当事人，包括消费者、企业（商户）和金融机构，使用安全电子支付手段通过网络进行的货币支付或资金流转。

电子支付是电子商务的基础与平台，电子支付通常包含买卖方支付信息与资金的传输。由于各种电子支付系统服务的对象不同、处理的支付类型不同、涉及的中介机构不同、支付业务处理和资金结算方式不同，大致可以划分成以下 4 大类。

1．大额资金转账支付系统

大额资金转账支付系统（HVPS 或 LVPS）也称作大额电子支付系统，是一个国家支付系统的主动脉，对金融市场的发展和国家的整个金融体系乃至经济发展具有十分重大的意义。

大额电子支付系统把各地方经济和金融中心联结起来，形成全国统一的系统。大额电子支付系统还对重要的跨国市场提供多种货币交易的最终结算服务，因此大额电子支付系统的设计和运行是决策者和银行家关心的主要问题。大额支付系统不仅能满足社会经济对支付服务的需求，而且支持金融市场，为中央银行采用市场手段实施货币政策创造条件。

大额支付系统的特点首先表现在它处理支付业务范围上。一般来说，跨行市场、证券市场或批发市场所发生的支付，其金额巨大、时间要求急迫，因此对可靠性、安全性、准确性和及时性要求较高。大额支付系统的另一个特点是处理支付交易金额巨大。例如，据 2016 年统计数据显示，美国联邦储备体系 FEDWIRE 大额资金转账系统每笔支付平均金额为 585 万美元每日平均交易金额 33 120 亿美元。中国人民银行现代化支付系统 2016 年第一季度，共处理支付业务 16.67 亿笔，金额 878.73 万亿元人民币，同比分别增长 33.04% 和 53.86%，日均处理业务 2 036.38 万笔，金额 143 306.54 亿元人民币。

通常大额支付系统由中央银行拥有和运行，建立高度安全可靠的电子大额资金转账系统非常重要。发达国家的大额支付系统正在朝着实时全额结算（RTGS）的模式发展，这是由于实时全额结算系统比净额结算系统能够更好地控制支付风险。

2．批量电子支付系统

批量电子支付系统（Bulk Electronic Payment System）是满足个人消费者和商业（包括企业）部门在经济交往中一般性支付需要的支付服务系统，亦称小额零售支付系统。这类系统能够支持多种支付应用，一般把这些支付交易划分为经常性支付和非经常性支付两大类。

与大额转账系统相比，小额支付系统处理的支付交易金额较小，但支付业务量很大（通常占总支付业务量的 80%～90%），因此这类系统必须具有极强的处理能力和吞吐能力，才能支持经济社会中发生的大量支付交易。

大额支付系统对数量较少的专业化市场的参加者提供支付服务，而小额支付业务系统对经济活动中每一个参加者提供支付服务。由于支付金额较少，时间紧迫性较弱，这类系统常采用批量处理、净额结算转账资金的方式。

3．联机小额支付系统

信用卡、ATM 和 POS 网络对小额零售支付提供通信、交易授权和跨行资金清算。从概念上，这类支付系统属于小额电子支付范畴，但由于这类系统独有的特点，一般都单列为一类，即联机（On-line，在线）的小额支付系统。因为这类支付系统的客户一般使用各种类型的支付卡作为支付工具，所以又称作卡片支付系统。这类系统，其电子授信通常需要实时进行，因而它比电子批量支付系统要求更高的处理速度（联机授信处理），但不要求大额支付系统中那种成本高昂的控制和安全措施。这些联机的小额支付系统一般提供以下两种功能。

（1）验证付款所持卡的有效性、持卡人身份的真实性和持卡人账户资金的充足性。

（2）在网络的各参与者之间传递支付指令。

这类支付系统中的资金清算和结算一般都采用批处理、净额结算方式。这类支付系统的另一个特点是：支付过程完全自动化。

伴随技术的发展，网络银行和网络支付日益普及，这些支付通常应用支付卡和银行账户进行转账支付，一般也称为在线支付。

4．电子货币支付

电子货币（Electronic Money）产品可以区分为基于卡片的系统和基于软件的系统。前者通过专门的计算机硬件设备作为货币载体实现，通常称之为智能卡（即包含微处理器芯片的塑料卡）、多用途预付卡或电子钱包。卡中的电子币值可以在持卡人之间进行转移而不用经过任何中央系统。这种产品也被称为卡基电子货币。

基于软件的电子货币产品，一般采用在标准的计算机硬件设备中安装专用软件的方式来储存或转移电子币值。这类产品的目标是通过开放式计算机网络，如 Internet 网络，进行安全支付。通常被称为虚拟货币。这类产品也被称作数基电子货币。

与传统的支付方式相比较，电子支付具有以下特征。

（1）电子支付采用先进的技术通过数字流转完成信息传输，其各种支付方式都采用数字化的方式进行款项支付；而传统的支付方式则是通过现金的流转、权证的转让及汇兑等物理实体的流转来完成款项支付。

（2）电子支付的工作环境基于一个开放的系统平台（如互联网）之中；而传统的支付则是在较为封闭的系统中运作。

（3）电子支付使用最先进的通信手段，如互联网和移动互联网等；而传统支付使用的则是传统的通信媒介。电子支付对软、硬件设施的要求很高，一般要求有联网的微机、相关的软件及其他一些配套设施；而传统支付则没有这么高的要求。

（4）电子支付具有方便、快捷、高效、经济的优势。用户只要拥有一台上网的 PC 机，便可足不出户，在很短的时间内完成整个支付过程。支付费用仅相当于传统支付的几十分之一，甚至几百分之一。

随着信息技术和通信技术的发展，电子支付的方式越来越多。对于小额支付，这些支付方式可以分为三大类：一类是在线卡基支付工具类，包括信用卡、借记卡、预付卡等；另一类是电子支票类，如电子支票、电子汇款（EFT）、电子划款等；还有一类是虚拟货币类，如电子现金。这些方式各有自己的特点和运作模式，适用于不同的交易过程。

电子支付可以通过三种形式传输：① 对于银行账户的贷记/借记（电子转账等）；② 通过卡片或

计算机进行支付（卡基支付工具）；③ 对于某个网站上电子账户的贷记/借记（虚拟货币①）。

1.1.4 支付工具的发展趋势

货币作为支付工具已经有很长的历史。随着经济的发展，支付工具发生了巨大变化，除了现金以外，支票曾经是最广泛使用的非现金支付工具，伴随技术发展，卡基支付工具快速发展，如信用卡②和借记卡等支付工具。同时伴随信息技术和支付技术的发展，在线转账支付快速发展。据国际清算银行 2015 年末的统计数据显示，在非现金支付工具的使用中，近五年来，支票的使用继续呈现下降趋势，而转账支付和信用卡交易持续上涨，图 1-1、图 1-2 和图 1-3 分别对比了支票、卡基支付工具和转账支付在非现金支付工具中的交易量的走势。

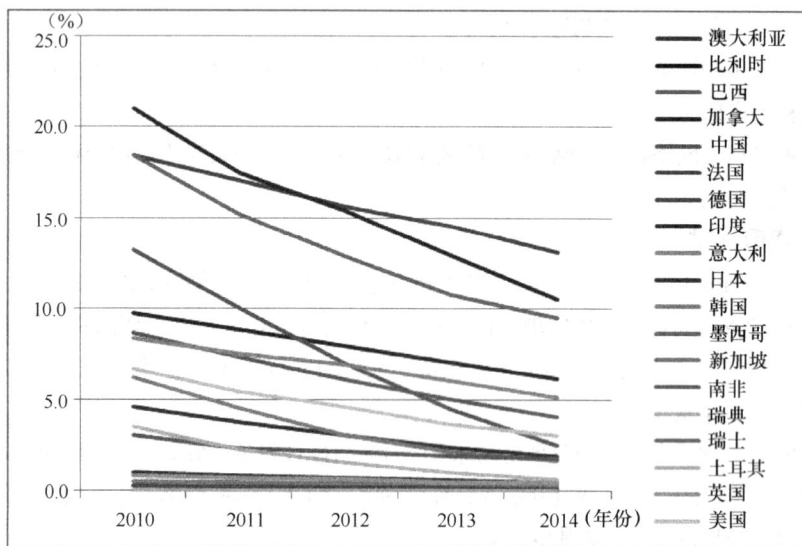

图 1-1　支票在非现金工具中交易量的百分比③

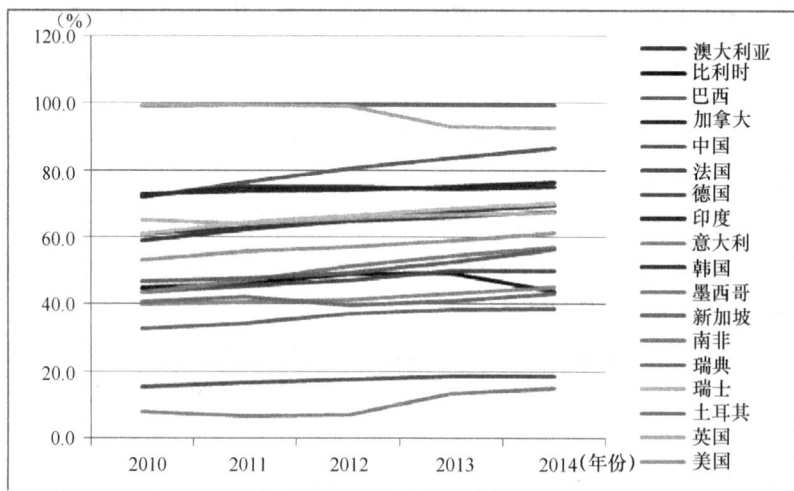

图 1-2　卡基支付工具在非现金工具中交易量的百分比

---

① 这里的虚拟货币和电子现金、数字货币是同一个概念。

② 本书中如不特别说明，所有信用卡都指贷记卡。

③ Statistics on payment, clearing and settlement systems in the CPMI countries. December 2015.

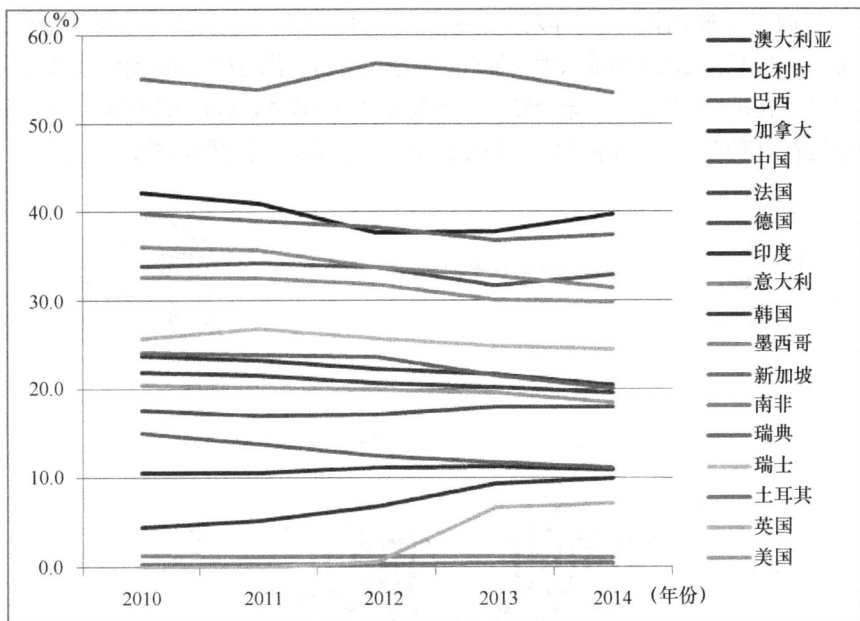

图 1-3　转账支付在非现金工具中交易量的百分比

从统计数字可以看出，支票作为主要的非现金支付工具，在交易额和交易量上均在下降，而卡基支付工具（以借记卡和贷记卡为主）在交易量和交易额上均呈上升趋势，而且在大多数国家，卡基支付工具的交易量已经大大超过支票，成为最主要的小额支付工具；而且近年来电子转账支付发展迅速。这说明，信用卡和借记卡等卡基支付工具已经逐渐代替支票，成为最主要的小额支付工具。

1.2　常用非现金支付工具简介

1.2.1　票据支付

传统票据有本票、汇票和支票。

本票是一项书面的无条件的支付承诺，由一人做成，并交给另一人，经制票人签名承诺，即期或定期或在可以确定的将来时间，支付一定数目的货币给某个特定的人或他的指定之人或持票人。

汇票是由一人开至另一人的书面的无条件命令，即发出命令的人签名，要求接受命令的人立即或定期或在可以确定的将来时间，把一定金额的货币支付给某个特定的人或他的指定之人或持票人。

汇票与本票的区别是，汇票的付款人可以是其他人，也可以是开票人，而本票的付款人是开票人。

支票是一种开票人（Drawer）对其银行存款账户开出的具有签字的、指令其银行（Drawee）即时将指定金额付款给指定的第三方（Payee）的书面文件。

支票与汇票的区别是，支票的付款人是银行。支票在流动性上等同于现金，并且可以在经过背书后进行转让。支票是很多经济发达国家普遍使用的一种支付工具，是一种借记支付工具，其支付指令由收到支票的收款人发出，收款人银行通过支票的托收，使资金从付款人账户转移到收款人账户。

收款人在收到付款人提交的支票后，将支票存入银行，其开户银行在贷记收款人账户后[1]，要对

---

① 是否马上贷记收款人账户还是等支票托收流程结束再贷记，取决于银行的客户管理和风险控制流程。

支票进行大量的内部处理工作，如将存入支票的金额用磁墨水编写成支票清分处理机可以认读的编码，根据支票下一步要送交的机构如付款人银行、支票清算所、代理行或中央银行对支票进行清分，安排托收等业务。在托收过程中，支票要经过多个金融中介机构才能到达最终收款银行；同样，付款银行要对支票进行内部处理后，付款人账户才能被借记。支票的支付过程如图1-4所示。

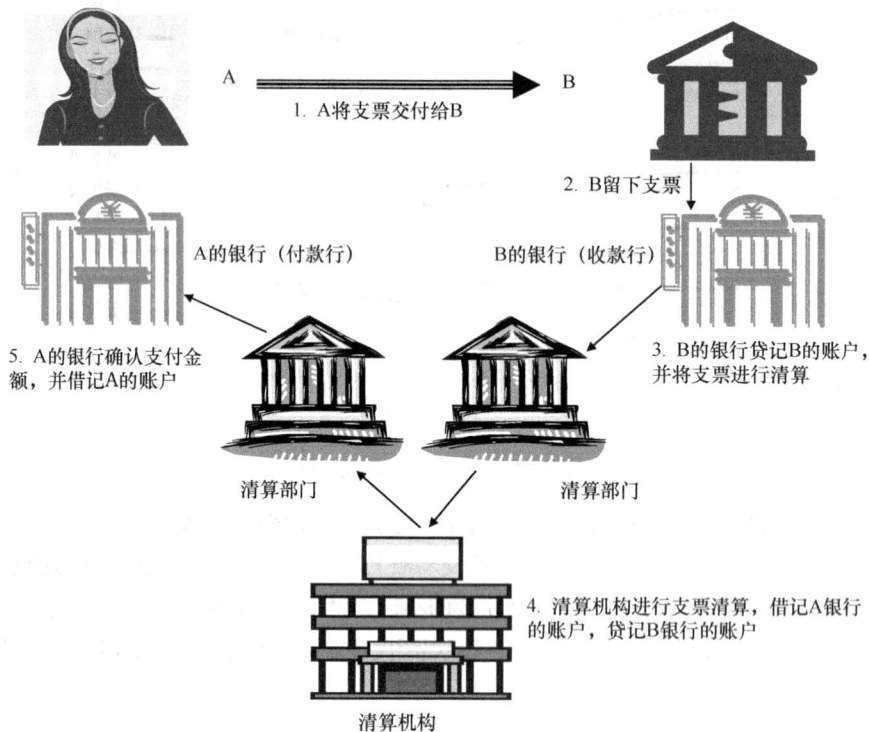

图1-4 支票的支付过程

银行A和银行B分别为A与B的开户行，银行A是为A开出的支票付款的银行，银行B是B的收单行。

首先，A将支票交付与B，然后B将支票交与它的收单行银行B。在多数情况下，支票交付后将立即贷记B的账户，但是也有例外。银行B将当日所有收到的支票传送给结算部门，并进行排序；第二天，这些支票送往清算机构进行清算，A开出的支票将发往银行A，并且通常在一天后，银行A将确认支付金额并对A的账户进行借记操作；如果由于支票上的签名不匹配，或由于出现其他问题造成支付金额未获得确认，那么支票将被退回收单行并给出提示，说明退单的原因。银行A通常会立即在一个工作日内处理该问题。如果支付金额获得确认，那么第二日，银行A和银行B将通过清算安排计算出应付或应收的头寸，并在它们存在清算机构的特定账户上进行借记或贷记操作。

这些所谓的退单（Returned Items）是支票作为一种支付工具而产生的最主要的问题，它造成支付的不确定性以及处理成本的提高，也会带来信用风险。因此，从支票的支付过程可以看出，使用支票进行交易面临的首要问题是支票的接受程度。商品或劳务的提供方用商品或劳务交换对方的支票，但支票要经过银行对支票的托收才能成为供货方的银行存款，而供货方在向对方提供商品或劳务时并不能确切知道他所收到的支票是否为一张有效的支票，这就产生了交易中对支票的接受程度问题。为了增强支票的流通性，许多银行为信誉好的顾客提供保付支票服务，在一定金额内，银行保证支票的解付，实际上是银行用信誉对支票进行担保。

支票从开出到托收完成，资金从付款人账户转移到收款人账户，不可避免地存在一定的时滞（Float），因此付款人就能享受到迟滞付款的好处，享受到资金的时间价值，这是很多人喜欢使用支票支付的一个重要原因。但后来出现的信用卡，所提供的免息期相当于增加了货币的时滞，对支票的使用带来了巨大的冲击。

除去退票成本，交易成本也是使用支票最主要考虑的原因，因为许多国家要求银行分支机构必须提供支票的物理原件。为减少成本，1970 年以来，在一些国家，通过发送支票的电子扫描样本进行确认，但该举措曾经受到法律的限制。随着技术的发展，大多数国家都修改法律，以适应技术的发展。英国是修改法律较晚的国家，一直到 1996 年 5 月，才修改相关法律条文，允许传送电子样本作为凭证。

现在支票仍然是一种主要的支付工具，但受到电子支付工具，主要是信用卡等卡基支付工具的挑战，其使用频率在逐年下降，特别是在小额支付中。

1.2.2 转账支付

转账支付分为贷记转账和借记转账两类。贷记转账是指由付款人发出支付指令，指令其银行将一定金额转移到指定的收款人账户中去的转账支付。消费者可用这种方式支付房租、医疗保险、煤气费、水电费、电话费以及归还银行的房屋贷款利息等。企业也常利用这种方式支付职员工资，而美国政府支付给美国公民的社会福利金也广泛使用这种方式。借记转账与贷记转账相反，借记转账是由收款人发出支付指令，指令对方银行将一定金额从对方银行客户的账户转移到收款人的银行账户中。债权人可用这种方式收取房租、水电费、保险费等。贷记转账支付与借记转账支付都非常适合自动化处理。为了解决支票的退单问题，出现了贷记转账支付系统，如 Giro 系统。

Giro 贷记转账支付（Credit Transfer）过程如图 1-5 所示。使用转账支付使得退单问题大为减少。Giro 是付款人向付款行发出传送资金的指令，转账支付过程与支票的处理过程很相似，主要的区别是由付款人发出支付指令，银行 A 在获得资金以后才会开始该交易，这就减少了支付的不确定性和由于退单造成的额外成本。这是电子支付的早期过程。借记转账支付过程与其类似，只不过是收款人发出支付指令。

在欧洲许多国家，这种支付非常普遍，许多邮政部门都使用该系统进行小额支付转账操作。

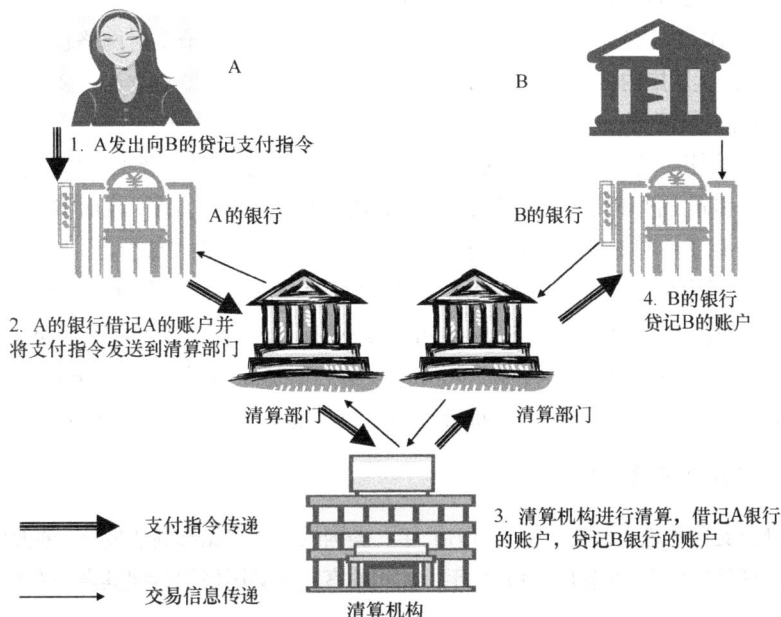

图 1-5　贷记转账支付过程

1.2.3 自动清算房支付

自动清算房（Automated Clearing House，ACH）是由成员存款机构达成的在成员机构间以电子借记或贷记方式进行支付的一种安排，一般用于支付小额交易，通常以净额结算的形式，对支付指令的处理采取批量处理方式。

随着纸质清算任务的不断增加，银行开始寻找更自动化的支付方法，而计算机的出现和信息技术与通信技术的发展为此提供了契机。1968 年，美国加利福尼亚州的一个银行组织成立了一个特殊的无纸化委员会（SCOPE），并于 1972 年成立了加利福尼亚清算房协会，这是美国的第一个自动清算房。英国的情况也很类似，第一个自动清算中心于 1968 年产生，并于 1971 年成立了银行自动服务组织（Bankers Automated Clearing Service，BACS）。1974 年美国银行家协会组建由各地方自动清算所参加的全国自动清算所协会，对跨地区电子支付的规则及标准格式进行设计。目前 12 家储备银行都为美国财政部及其他政府部门发起的自动清算所的支付进行处理，除纽约联储银行外，其他 11 家联储银行还对私营公司通过存款机构发起的自动清算所的支付进行处理。目前美国重要的私营清算所有三家，即纽约自动清算所、威士美国公司及 DELUXE 数据系统公司，但联储体系仍占自动清算所交易量的绝大部分市场。美国自动清算所网络成员目前约有 14 000 家金融机构，分属 29 个地方自动清算所协会，同时 10 家银行持股公司和威士公司也是自动清算所的成员。

目前美国自动清算所主要进行五种形式的支付：（1）现金集中，就是大型连锁公司通过 ACH 将各地零售机构的资金向总部进行集中，便于总部对资金的利用；（2）雇员工资的直接发放；（3）财政部养老金及社会福利的直接发放；（4）固定金额资金的支付，如保险费、住房抵押贷款利息等；（5）企业间货款的支付。

ACH 系统的运作过程与纸质清算过程相似，只不过是以电子方式实施。在 ACH 的早期阶段，用磁带进行信息的传输，后来逐渐被远程通信所代替，并实现实时交易。

在美国，ACH 最初处理的信息被称作企业现金支付信息（Corporate Cash Disbursement，CCD），由 94 个字符组成，用来确认被支付者、金额以及其他细节。伴随技术的发展，传送的信息更加丰富，并且数据传输的格式也符合电子数据交换（EDI）标准。最初 ACH 网络更多用来处理循环支付，现在已经扩展到单次借记支付。储备银行（Reserve Banks）与电子支付网络［Electronic Payments Network（EPN）］是美国国内两个主要的 ACH 运作机构。两个机构既独立运作又有合作，交叉的支付最终由储备银行进行清算。

ACH 系统被广泛用于企业支付雇员的工资、发放社会保障福利金以及税收返还等业务。ACH 特别适合中小型交易和固定循环支付，对于大型交易，由于是批量清算，而非实时清算，其风险增加。在美国，ACH 主要用于小额支付，大额支付大多通过 FEDWIRE 和 CHIPS 完成。

ACH 最初用于国内交易，不同的国家所使用的数据传输格式不尽相同，国际间支付传输主要通过环球银行间金融通信协会 SWIFT（The Society for Worldwide Interbank Financial Telecommunication）实现。目前，美国 ACH 正逐步发展跨境美元清算服务。联储银行通过 FedGlobal® ACH Payments（FedGlobal）提供国际跨境清算服务，该项服务已经扩展到北美、拉丁美洲和欧洲的 35 个国家。

1.2.4 金融卡支付

利用卡片进行支付的想法最初产生于 1915 年，美国的一些旅馆和商店发行一些所谓的"购物卡片"招揽生意，这是信用卡①的雏形。1951 年，加州的富兰克林国民银行向其客户发行一种上面记录

---

① 本书中的信用卡如不特别说明，都为贷记卡。

客户账户信息以及存款数量的卡片，客户可以用这种卡片在当地的零售商店进行购物，由于这种方式深受客户欢迎，各银行争相效仿。早期的信用卡不对持卡人收取费用和利息，但要求持卡人在既定的结算日前必须将债务全部归还。1965 年，美洲银行在美国西海岸形成了第一个信用卡网络，随后伊利诺伊的银行也组成了中西部银行卡协会，这就是威士卡和万事达卡的前身。信用卡为银行客户和广大零售商提供了一种方便并且安全的支付工具，因此深受欢迎，信用卡业务迅速发展。

伴随信息技术的发展和客户的需求，出现了联机支付的卡片—借记卡、ATM 卡以及具有联机支付和脱机支付双重功能的卡片，以及预付卡等多种卡基支付工具，并且借记卡和预付卡的使用近年来在全球迅速增长。金融卡是所有用作支付工具的卡基支付工具的总称，金融卡已逐渐成为主要的小额支付工具。金融卡包括商业金融卡（简称商业卡，如商业信用卡）和银行卡。

信用卡是一种发行行在取得信用卡发行公司的商标使用授权后，授予持卡人一定信用额度的塑料卡片。持卡人可以在既定信用额度内进行购物或提取现金，在指定的结算时间，持卡人可以将已运用的信用额度全部归还或部分归还。信用卡卡片交易与支付过程如图1-6 所示。

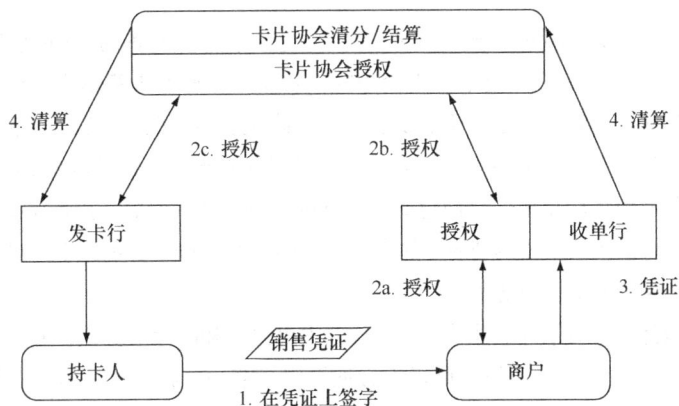

图1-6　信用卡支付过程

多年以来，信用卡产业一直充满竞争，现在世界主要市场被两大信用卡公司占据，这就是威士卡国际组织（VISA-International）和万事达卡国际组织（Master Card）。

信用卡被设计用于零售交易，这意味着商户和持卡人都接受该种卡片，而信用卡公司并不直接与商户和持卡人进行交易，而是由其会员（通常为银行）来进行。发行信用卡的银行称作发卡行（Card-Issuing-Bank），商户所注册的银行称作收单行（Acquiring-Bank 或 Acquirer）。

在基于纸质的信用卡支付中，商户要准备销售凭证，该凭证包括付款人卡片号码、支付金额、日期以及商品描述等信息。依据规章，交易需要授权，授权包括查看卡号是否在黑名单上以及账户上是否有足够的金额进行支付。当天交易结束后，商户将销售凭证交付收单行，并通过卡片协会进行清算，然后商户的账户被贷记，而持卡人的账户被借记，并且交易细节会出现在下个月的月结单上。

近年来，伴随技术的发展，信用卡协会正致力于信用卡交易的无纸化进程，这意味着带有持卡人签名的销售凭证只有在争议发生时起作用，所传输的众多信息都是电子化信息。

由于交易成本的存在，信用卡不适合过小金额（一般为$2 以下）的交易。

从支付的角度看，金融卡可以分为三类：先支付（预付卡或被称作电子钱包）、实时支付（借记卡）、后支付（信用卡）。

信用卡是先消费后付款的卡片，真正的信用卡也就是贷记卡，只需要在银行约定的时间进行支付；还有一种需要在交易发生的当月月末进行补款的卡片，这种卡片通常称作充值卡（Rechargeable

Card）、签账卡、记账卡或准贷记卡；另一种卡片是持卡人银行账户在交易发生的同时进行支付的卡片，这种卡片称作借记卡（如储蓄卡、ATM 卡等）；还有一种先存款后消费的卡片，就是将银行账户中的金额存入某种卡片介质中，这种卡片介质通常称作储值卡、预付卡，现在的电子钱包一般就是指这种储值卡。

1.3　电子货币概述

电子货币的概念伴随计算机技术、通信技术和微电路集成技术的发展以及多用途预付卡而产生，而 20 世纪 90 年代以来 Internet 的普及以及电子商务的快速发展更加促进并拓宽了电子货币的发展与应用。2013 年比特币被爆炒，使得电子货币再次成为焦点。

1.3.1　电子货币的含义

电子货币既有一般意义上货币的含义，又不同于一般的货币。目前对货币的定义在理论界尚有各种说法。因为信用卡是第一个应用电子技术的小额支付工具，曾有人将信用卡认为是最早的电子货币，这种界定存在误区。尽管信用卡由于联机和可以在线交易等特性而具有了某种"电子"属性，但是信用卡仅仅是一种延期支付的信用凭证，只具有支付工具的属性，而不具备货币的价值本位和购买力储备的职能，因此不应当归于电子货币范畴。而伴随电子商务的发展，出现了很多利用信用卡进行支付的网络信用卡支付模式，比较典型的产品有 Cybercash 和 First Virtual，这些支付模式只是信用卡交易在线支付，也不属于电子货币支付。

目前电子货币依然处于发展中，根据 BCE 欧洲中央银行和国际清算银行对于电子货币的定义，电子货币通过电子手段储存货币币值，可以不必通过银行账户，在使用后最后由发行者进行最后的兑付。

目前公认的电子货币的法律定义[①]为：电子货币意味着由发行者进行清兑的某种债权所表示的货币币值。该债权具有这样几个特性：储存在电子设备上；所发行的票面价值不低于其货币币值；由非发行者作为支付工具而接受。

该定义包含了多用途预付卡[有时被称作电子钱包（Electronic Purses）]和利用计算机网络的预付软件产品（有时被称作数字现金）。对于卡基产品，预付币值可储存于嵌入在塑料卡片（智能卡）中的微芯片中，而基于网络的产品利用安装在某种硬件设备（如计算机）中的特定的软件来储存币值，币值可储存在计算机的存储器上，币值的存取类似于 ATM 机上货币价值的转移。随着通信技术、电子技术和计算机技术的发展，这种网络可以是有线网络，也可以是无线网络，而硬件设备的范围也在不断扩大，可以是个人计算机，也可以是手机或其他硬件设备。自 2004 年以来，国际清算银行和欧洲中央银行有关电子货币的统计报告中，已将移动支付纳入统计范畴。

电子货币工具通常具有"储值"（Stored Value）或"预付"（Prepaid）的特性。与实物货币不同，电子货币不能重复使用。电子货币一般用于小额交易。

电子货币主要基于两种模式。一种为卡基，就是基于卡片技术，在卡片上植入微处理器，通常称作电子钱包（Electronic Purses）。这种支付工具可以通过网络（包括有线和无线网络），利用计算机和特殊的终端设备进行交易；并且可以在计算机上安装特定的卡片装置，或利用特殊终端设备对卡片进

---

① Article 1 of European Parliament and Council Directive 2000/46/EC（OJ L 275 of 27 October 2000, P39-43）.

行预充值和补充币值。典型产品有 Proton。另一种为数基，就是基于软件技术或计算机的存储器来存储和流通货币，这时货币币值表现为虚拟的数字流，通常称作虚拟电子钱包或数字现金（Digital Cash）。该支付工具可通过 Internet 进行交易，交易所进行的支付实际上是数字币值的传输。典型产品有 Digital Cash。

电子货币有时也被称为网络货币（数字货币、数字现金、电子现金，虚拟货币）或者电子钱包，是货币流通现代化的产物，它以计算机通信、金融与商业专用计算机和机具等现代化科技为基础，通过电子信息转账形式实现的一种货币流通方式，或者说是基于现代电子技术而出现的用来取代纸币、支票的电子支付手段。这种电子支付手段所代表的金融债权以电子文件的物理形式存储在计算机设备的存储器中，而计算机设备可以是智能卡，也可以是个人计算机。这些金融债权可以从一台设备的存储器中转移到另一台设备的存储器中，就像现金一样，代表着金融债权在个人之间的转移，并在这种转移中作为流通手段和支付手段。目前，电子货币包括正在采用和已经开发的各种类型的基于现代电子技术的卡基产品（电子钱包或称作多用途预付卡），以及通过 Internet 进行支付的各种计算机网络支付方案（数字货币）。

1.3.2　电子货币的发展

电子货币于 20 世纪 90 年代开始出现，随后世界上很多国家都在进行电子货币的研究。如今，卡基电子货币产品已经很成熟，应用日益广泛；伴随移动通信技术的发展，手机支付等移动支付产品应用渐广，如二维码支付、苹果手机推出的 Apple Pay 等；特别的，2013 年比特币的爆炒让电子货币再次进入人们的视线，2016 年比特币再次被中国炒家炒作，价格出现一路飙升。

欧美是研究电子货币项目较早的地区。1992 年 11 月，欧共体开始了一项称作 CAFé 的试验计划，该计划持续 3 年，由当时欧共体的七个国家（包括荷兰、英国、丹麦、比利时、法国、德国以及挪威）的政府或公司联合执行参与，主要研究新的数字支付系统及其安全性，其成果后来为许多卡片公司采用。

1998 年 7 月 29 日，美国运通公司（American Express）、比利时的 Banksys 公司、澳大利亚的 ERG 公司以及威士国际共同成立了质子世界公司（Proton World International），目标是为电子钱包建立一个世界标准。1998 年 10 月，Interpay Nederland 也加盟其中，这 5 家公司成为质子世界公司的股东。截至 2000 年 7 月，质子世界公司的战略伙伴已包括 ACI、BEA Systems、康柏、微软和摩托罗拉。尽管随着电子商务低谷的来临，2001 年 10 月，ERG 公司收购了质子世界公司，但是 Proton 技术已在很多国家得到应用。比利时的 Banksys 公司发行的 Proton 电子钱包，是一种预储值且不需要授权的卡片，这种卡片可以在银行系统或机构专用的 POS 机上再充值。Proton 主要用于停车场交费，以及一些小额商品的自动售货机。ERG 公司除了致力于接触式/非接触式智能卡技术，还应用于零售支付、公共交通、打电话、公路通行税的征收、售卖和停车服务等。中国香港的八达通就是 ERG 公司的产品。

欧美是最早在国内发行电子钱包产品的地区。比较著名的产品有法国的 Modeus、芬兰的 Avant、瑞士的 Cash、荷兰的 Chipknip 和 Chipper、冰岛的 KLINK、加拿大的 Dexit 等。在亚洲，电子货币已被广泛应用于公交系统以及自动售货加油站等小额支付中。例如韩国首尔发行的应用于地铁和巴士的新交通卡 T-Money、日本的西瓜卡（Suica）、中国香港的八达通（Octopus）、马来西亚的 Touch'n Go CashCard 和 MEPS Cash、尼日利亚的 ValuCard、新加坡的 Singapore CashCard 和 EZ-Link 等。

国际上两大信用卡组织威士国际组织和万事达卡国际组织一直致力于电子货币产品的研发以及有关电子钱包的标准和协议的制定。1996 年底，Mondex 公司成立不到半年，便被万事达卡国际组织以巨资收购，万事达卡国际组织成为该公司最大的股东（占 51% 的股份）。EMV 标准是由国际三大银行卡组织——Europay（已被万事达收购）、万事达卡国际组织和威士国际组织共同发起制定的银行卡从磁条卡向智能 IC 卡转移的技术标准，是基于 IC 卡的金融支付标准，目前已成为全球公认的统一标准。第一版的标准发布于 1996 年，称作版本 3.1.1；最新的版本 EMV 4.3 发布于 2011 年 1 月。目前 EMV 公司共有六个成员，即万事达卡国际组织、威士国际组织、JCB、美国运通（American Express）、Discover 和 UnionPay。

与前面介绍的电子钱包产品不同，荷兰 Digital Cash 公司发行的 E-cash 产品是一种在互联网上流通的数字现金。使用者在自己的个人电子计算机上准备一个电子钱筒，然后再从 Digital Cash 公司设计的"快速电子银行"账户中提领 E-cash 并存入个人电子钱筒内，在互联网购买商品时，即可使用 E-cash 支付。E-cash 由于不记录支付场所和姓名等信息，从而保证了货币的匿名性，具有保护个人隐私的特性；同时，它能追踪特定的某笔现金的流向，因此可追踪某些不法交易。E-cash 的发行需要与现行的银行账户进行兑换，因而具有预先储值的特性。

1999 年，总部位于纽约的 Beenz.com 公司发行了称作 Beenz 的电子货币，该电子货币最初只能在互联网上使用，其发行量曾经达到 7 500 万货币单位，该数目相当于一个小国的货币总量。Beenz 是一种在网上流通的货币，可以在网上赚取并消费。例如，通过访问指定站点，或在网上购买指定物品，然后就可以在接受 Beenz 的网站上进行消费，例如购买 CD、书籍、鲜花等。但是，由于电子商务低谷的到来，2001 年 10 月 4 日，Beenz 公司被 Carlson Marketing Group 收购，并停止交易。Beenz 这种以行为激励作为基础的"货币"与具有预先储值和预付卡机制的电子货币在货币发行上略有区别，电子货币的发行由在线商家提供，并且由该在线商家进行最后支付；消费者可以通过提供某些"电子工作"的方式获取该种虚拟价值单位，比如浏览网页、参与在线购物或仅仅通过网络运营商的服务器访问互联网。与 E-cash 不同，Beenz 电子货币的发行没有现实银行中的账户进行兑换，这种电子货币发行方式更类似于早期银行券的发行方式。

比特币是目前世界上影响力最大的电子货币之一，在金融危机后备受关注。比特币宣称具有难以被盗、匿名性、有限性的特点。价格曾一度超过千美元，价格之高和增长之快令人震惊。一些商业机构和慈善机构已经宣布接受比特币支付，但尚未有一个国家正式宣布接受其作为法定货币进入流通。比特币是（Bitcoin）是一种由开源的 P2P 软件产生的电子货币，诞生于 2008 年 11 月 1 日，最初由中本聪（Satoshi Nakamoto）提出。比特币不依靠特定货币机构发行，它通过特定算法的计算产生。比特币使用整个 P2P 网络中众多节点构成的分布式数据库来确认并记录所有的交易行为。比特币可以用来兑现，可以兑换成大多数国家的货币。使用者可以用比特币购买一些虚拟物品，比如网络游戏当中的衣服、帽子、装备等。目前已有商家宣布接受比特币购买现实生活当中的物品。比特币与其他虚拟货币最大的不同是，其宣称总数量非常有限，具有极强的稀缺性。比特币宣称具有去中心化、全世界流通、专属所有权、低交易费用、无隐藏成本以及跨平台挖掘等特点。2013 年比特币被爆炒，价格一路飙升，到 2013 年 12 月突破 1 000 美元，随后价格开始下跌；2016 年，比特币再次受到中国炒家的追捧，价格在一个月内上涨超过 50%，截至 2016 年 8 月，比特币报价 624 美元。

从电子货币发展轨迹可以看到，卡基电子货币产品发展迅速，而数基电子货币产品发展较为缓慢。目前，卡基产品已经在很多国家获得成功，例如澳大利亚、奥地利、比利时、玻利维亚、巴西、中国、捷克、丹麦、芬兰、法国、德国、加纳、希腊、印度、意大利、日本、韩国、立陶宛、卢森堡、马拉维、马来西亚、墨西哥、荷兰、尼日利亚、挪威、菲律宾、俄罗斯、新加坡、西班牙、瑞士、土耳其和委内瑞拉；在其他一些国家和地区，卡基产品也正逐步被接受。

卡基产品通常可以在 ATM、特定终端或通过网络进行重复充值，并且一般有限额，例如几百美元，而且可以不通过发行者而在不同的电子钱包间转移价值。比利时、荷兰和新加坡都开发了可以通过电话线连接的手持终端。在瑞典，卡片可以通过连接在电话上的特殊终端进行充值和调用；在立陶宛，可以基于特定的微机终端实现充值；在比利时、加拿大、芬兰、希腊、意大利、韩国、新加坡，卡片可通过互联网进行充值和使用；加纳、挪威和新加坡允许电子钱包之间的交易（Purse-to-purse Transactions），即电子钱包相互间可以进行币值转移。在某些国家和地区，电子货币还同时混合了信用卡和借记卡的功能。通常卡基电子货币的应用仅限于某个国家或地区范围，跨国界的电子货币产品的应用较少。

与卡基产品相比，基于网络和软件的数基电子货币产品的发展比较缓慢，并且用途和范围都有限。基于网络的电子货币产品曾经在许多国家和地区有所发展，但大多应用了一段时间就放弃了，例如法国和德国已经放弃了一些基于网络的电子货币产品。典型的数基电子货币有荷兰 Digital Cash 公司发行的 E-cash，近期比较火热的比特币也是一种数基电子货币产品。数基电子货币产品通常都可以跨国界使用。

通信技术的发展，特别是手机的广泛使用，促使银行和非银行金融机构开发出一种新的支付工具——移动电子钱包，比如目前应用于各类场景的二维码支付，苹果公司新推出的 Apple Pay 等。

1.3.3 电子货币的种类

1．卡基电子货币产品

卡基电子货币产品也就是通常所称的电子钱包。电子钱包是基于银行卡发展而来的一种电子货币。目前所指的电子钱包通常为包含智能芯片的多用途预付卡。

电子钱包是一个装有电子芯片的智能卡（又称 IC 卡，即 Integrated Circuit Card，集成电路卡），它由法国工程师罗兰·莫雷诺于 20 世纪 70 年代发明。电子钱包与传统信用卡的最大不同，是它的多用途性，无时效性（通常没有有效期的限制）和匿名性。它像钱包一样存有现金，无须授信，可以在任何装有 POS 终端的场合使用，消费金额的大小完全取决于电子钱包内存有现金的数量，而且在内存现金用完后，可自动将银行账户上的钱转入该电子钱包。由于电子钱包的使用原理同将现金装入钱包一样，因此，也被称为电子现金。

2．数基电子货币产品

数基电子货币产品即通常所说的网络货币（数字现金、电子现金、虚拟货币、数字货币）。

网络货币（Cyber）是用一串经过加密处理的数字来代替现金。比起电子钱包，基于卡片形式的电子钱包使货币以卡为载体，而数字现金则连卡的形式也没有了，货币仅仅表现为计算机中的一串数字流，支付表现为二进制数字流从一个计算机中转移到另一个计算机中。网络货币的性质与处理原则和电子钱包相同。

1.3.4 多用途支付卡与单用途支付卡

电子货币产品是一种多用途的支付工具，与单用途支付卡不同。多用途卡支付网络是一种开放式网络，而单用途卡支付网络是一种封闭式网络。

单用途卡支付模型如图 1-7 所示，多用途卡支付模型如图 1-8 所示。

如图 1-7 所示，单用途卡交易流程是一种封闭式的网络。通常由商品或劳务的提供者自己发行单用途预付卡，如电话卡、洗衣卡。消费者购买单用途预付卡后，通常作为一种支付工具而用于购买指定的商品或劳务，如打电话，洗衣服务等。在这种交易中，货币流从特定商户发出，经过消费者，然后又流向该特定商户，形成一个闭环。

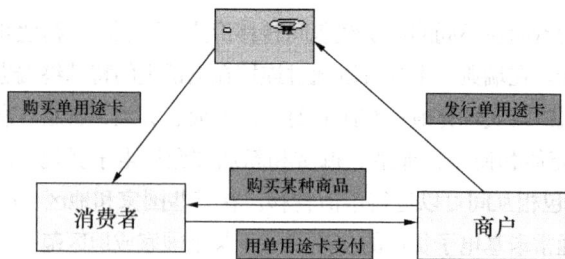

图 1-7　单用途卡支付模型

在这个闭环过程中，单用途预付卡只是充当了支付工具，而并不具有价值本位和购买力储备的能力。因为一旦该特定商户破产，该单用途卡就不具有任何价值。因此单用途卡不具有货币的通用职能，不能视作电子货币。在该过程中，用于一次支付的余额信息必须返回到发行主体，即余额信息在"发行主体→顾客→商店→发行主体"这样的闭合环路中流动。

如图 1-8 所示，与单用途卡不同，多用途卡交易流程是一种开放式的网络。通常由特定的电子货币发行机构发行多用途预付卡。消费者购买多用途预付卡后，可以像使用现金一样用于购买商品或劳务，如打电话、洗衣服务、汽车加油、购买小额商品等。在这种交易中，货币流从特定电子货币发行机构发出，经过消费者，然后流向不同的商户，形成一个开环。商户在收到该虚拟现金后，可以选择用于向其他商户支付而购买所需的生产资料，也可以选择直接向电子货币发行机构进行清兑。

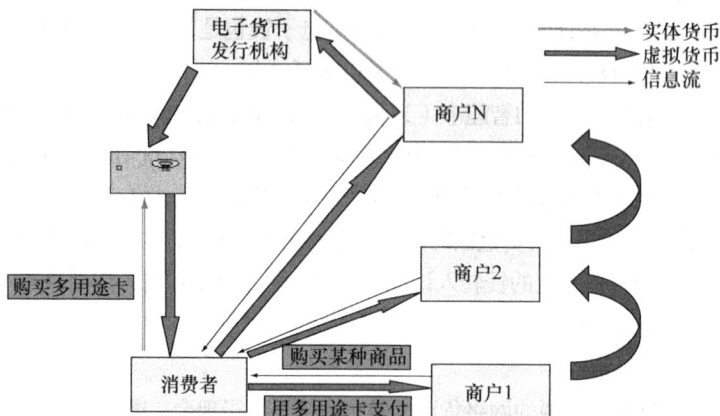

图 1-8　多用途卡支付模型

在这个开环过程中，多用途预付卡不仅充当了支付工具，而且还具有价值本位和购买力储备的能力，具有货币的职能，因此可视为电子货币。由于发行机构不限定于中央银行，因此和早期银行券发行有些类似。在该过程中，余额信息在个人或企业之间可以辗转不断地流通下去，信息的流通路径没有限定的终点（不构成闭合环路），这种类型的电子货币，其流通形态类似于现金，可以无数次换手。

1.3.5　电子货币的特性

电子货币作为一种货币，具有货币的一般属性，但是又有其特殊性。电子货币具有以下特性。

（1）电子货币具有内生性

货币供给内生性（Inside Money）是指货币供应量难以由中央银行控制，而是由经济体系内部各经济共同体共同决定。内生性货币具有可赎回性，即货币的持有者对货币的发行者拥有法律上的赎回权，货币的持有者可以将手中持有的货币卖回给货币发行者，换回等价物品。货币的价值就是它实际可兑换的商品价值量[①]。电子货币发行与银票和银行券的发行十分相像，只不过银票和银行券与等值的金属铸币相对应，如黄金；而电子货币的发行者并没有等值的资产相对应，只是一个"债务承诺"，当消费者使用电子货币消费，商家将电子货币"返回"发行者时，发行者才支付该笔债务。

货币供给的外生性（Outside Money）指货币供应量主要由经济体系以外的货币当局决定。中央银行货币体系具有典型的外生性。中央银行通过发行货币、规定存款和储备金比率来控制作为经济系统外生变量的货币供应量。

电子货币的出现，对现代货币供给理论提出了巨大挑战。电子货币的发行具有强烈的竞争性，通过市场方式发行，是一种天然的"世界货币"，具有强烈的内生性。与纸币不同，电子货币的产生是经济实体的内在需求。纸币由中央银行或特定机构垄断发行，中央银行承担其发行成本，享受其收益，是一种外生货币。而从目前发展情况来看，电子货币的发行机制不同，既有中央银行，也有一般金融机构，甚至非金融机构，并且更多为非中央银行发行[②]。电子货币的出现，使得信用进一步扩张。公众可选择的资产持有形式日益多样化，商业银行的存款和资产规模不仅受到资产偏好、银行贷款和投资机会的影响，受到非银行金融机构新的金融创新产品的竞争，还受到电子货币的影响，从而使货币供应量增加和难以控制。经济波动取决于货币供给与货币需求的相互作用，统计实证已表明货币需求函数在长期内极为稳定[③]，因此货币供应量的变化就成为影响经济波动的根本原因，中央银行可以通过控制货币供应量的变化来控制产出和价格波动。电子货币供给内生性的存在会降低中央银行对货币供给量的控制效应，但承认货币供给具有内生性并不等于否认中央银行控制货币供给量的有效性，电子货币实现了流通手段、价值尺度和储藏手段的职能分离，并且电子货币在承担不同手段时，对货币供给总量和供给机制的影响不同。

（2）电子货币是一种信用货币

纸币是以中央银行和国家信誉为担保的法定货币，具有无限法偿的性质，被强制接受和广泛使用；电子货币发行依赖各个发行者自身的信誉，是一种具有强网络外部性的产品，其接受程度受到发行网络规模大小的影响。与其他已经存在的电子支付工具（如借记卡和贷记卡）不同，电子货币有可能是一种完全的私人货币，与任何银行账户没有关系，可用做交易媒介和记帐单位。而借记卡和贷记卡只是一种支付工具，用作资金在不同银行账户间的传送。在储值卡和计算机存储器上的电子货币余额是一种信用的体现，是电子货币发行者的债务。电子货币发行者发行电子货币相当于一种无息或低息的债务。

（3）电子货币的清算具有多元性

纸币清算多以中央银行为核心的支付清算系统完成，而电子货币清算可以是电子货币的发行者，也可以是第三方机构，而通常情况下会委托第三方金融机构进行。

（4）电子货币是一种低成本的货币

电子货币可以重复充值，具有多用途，可以不需要在线授权。相对于纸币的发行和支付具有较低的成本。据估计，美国零售商和银行体系每年处理货币的费用为 600 亿美元[④]，这些费用包含纸币处理、清点、存储、运输和安全成本。电子货币本质上是一组二进制的数据信息，其生产过程简单，运输费用和边际成本几乎为零，也不需要支付保管和清点费用。可有效降低货币的使用成本，同时电子

---

① Hellwig, M.F. What do we know about currency competition? Zeitschrift fur Wirtschafts-und Sozialwissenschaften 105, 1985: 565-588.
② 1993~1996 年，芬兰曾尝试由中央银行控制的一家公司 Avant 垄断电子货币的发行，未取得成功。1997 年该公司被商业化，由 AUTOMATIA 运作，其拥有者为芬兰国内三家银行 Leonia、Merita 和 Okobank 集团。
③ 伍海华：《西方货币金融理论》，北京：中国金融出版社，2002：89.
④ Hayes et al., 1996: An Introduction to Digital Money Issues, prepared for the United States Department of the Treasury Conference "Towards Digital Money and Banking: The Role of Governments", Washington D.C.

货币可以直接减少纸币印刷、防伪、替换、销毁等费用。电子货币在交易时不受地理位置的影响，支付效率高，不存在资金迟滞效应，极大地提高了资金周转效率，降低了资金的结算成本。

（5）电子货币的匿名性具有相对性

追求货币使用的匿名性一直是电子货币发行者的初衷，例如 Digital Cash 一直标榜其具有支付的匿名性。但是，电子货币的发行和支付通过计算机网络实现，因此其所有的交易踪迹其实都可记录并且可跟踪，因此其匿名性具有相对性。但是，网络货币和储值卡被购买后，其持有者和交易者的身份难以区别，由于网络交易的快速性使得交易跟踪具有一定难度，且交易记录和跟踪成本巨大，因此很容易被洗钱等犯罪活动利用。

为更好地说明电子货币的特性，表 1-1 列出了电子货币与其他常用支付工具的主要区别。

表 1-1　电子货币与其他主要支付工具特性比较

特性	电子货币	通货	支票	卡基支付工具
法定货币	不是	是	不是	不是
可接受性	有限	广泛	有限	有限
每笔交易的边际成本	低	中	高	中
面对面交易方式的支付	支持	支持	支持	支持
非面对面交易方式的支付	支持	不支持	不支持	支持
匿名性	相对的	有	无	无

1.3.6　卡基电子货币典型产品简介

卡基电子货币产品的技术已经比较成熟，在经历了最初的激烈市场竞争后，目前各国的卡基电子货币市场已经处于比较稳定的状态，这里介绍几个典型产品。

1. GeldKarte

GeldKarte（GK）是德国最主要的电子钱包产品，最初于 1995 年在瑞文斯堡进行项目试点，至1998 年已发卡超过 3 000 万张，目前在德国得到广泛使用，并得到大多数德国银行的支持，并且已经逐步和德国银行业协会的 Girocards 合并在一起。

GeldKarte 产品的主要类型有"欧洲支票卡""银行卡"和"单一 Geld 卡"。"银行卡"即与银行账户相连的 GK，比如和 Girocards 合并在一起；"单一 Geld 卡"即独立存在的 GK，后者也称为白卡。在账户相连卡中，它与持卡人的个人银行账户相连，这样使得卡充值操作十分简单。而白卡主要应用于小额支付，主要应用于乘坐公共交通工具、支付停车费、公共电话费用以及自动售货机等。GeldKarte 最多可充值 200 欧元。

德国法律规定，16 岁以下的未成年人不得购买香烟，在普通商店要通过检查身份证来验明身份，比较繁琐。在利用自动售货机购买香烟时，大多数机器不能找零钱，并且未成年人同样可以通过自动售货机购买香烟。GK 解决了这个问题，人们不必担心找零的问题，同时也增强了对未成年人的保护。自 2007 年 1 月 1 日起，德国的香烟自动售货机能通过 GeldKarte 芯片完成年龄检查。

GeldKarte 快捷方便，无须找零；支付已被担保，无须输入密码或签名，无须在线授权。GeldKarte 安全，难以伪造。德国四家最具影响力的银行联合体，德国银行业协会、德国储蓄银行、德国联邦银行和德国公共银行均支持 GeldKarte 系统。交易流程被全程监控，所涉及的各种设备如终端、读卡器等都必须符合由德国银行系统颁布的严格的标准。

2．Modeus 和 Moneo

法国是智能卡应用的先驱，1999 年，法国开展了三个不同的电子钱包试验项目：Modeus、Moneo 和 Mondex。法国银行卡组织的下属机构 SFPMEI 专门负责法国电子钱包的试验项目。法国是国际通用电子钱包规范（CEPS）的积极支持者。

Modeus 是一种双界面卡，它在一张卡上集成了电子钱包、公交电子车票和其他应用，它由法国的四家金融组织和两家交通机构共同运行。Modeus 的非接触界面的电子车票用于乘坐地铁、轻轨和公共汽车，而其接触界面的电子钱包可以在车站附近的商店或公共电话亭使用，Modeus 还可以用于高速公路、停车场以及市政设施的收费。Modeus 与巴黎地区的单一功能的非接触电子车票系统融合。

Moneo 是一张由法国货币服务公司（BMS）推出的纯银行应用的电子钱包卡，它的特点是将 GeldKarte 电子钱包与已经在法国得到广泛应用的 CB 银行卡结合在一起。Moneo 主要实现小额支付，其充值的最高额度为 200 欧元，用于 30 元以下的小额支付。这种卡尤其适用于停车场计时器、面包店、学校食堂、香烟店等小金额消费场所。最初在里昂、波尔多等部分城市和地区开始使用，2003 年底，Moneo 已在全法国流通。Moneo 电子钱包商业化速度很高，在该公司股民们的推动下，公司说服法国所有的大银行、金融集团以及大公司，包括邮政总局、法国国营铁路公司、巴黎公交公司、法国电信公司等，接受并使用这种小面值信用卡，Moneo 兼并、打败了其他竞争对手，成为法国最常用的电子钱包。从 2006 年开始，Moneo 开始发行非接触式电子钱包，并且已经有超过 50 万张卡片在流通。

目前，随着网络支付的发展和移动支付等新兴支付工具的发展，Moneo 已慢慢成为一种"传统的"支付工具。

3．Mondex

Mondex 是英国西敏寺（National Westminster Bank，NWB）银行开发的电子钱包，是世界上最早的电子钱包系统，于 1995 年 7 月首先在有"英国的硅谷"之称的斯温顿（Swindon）市试用，发行 IC 卡万余张，可实现货币的存取，提供匿名性和无痕迹服务。起初，Mondex 名声并不那么响亮，不过很快就在斯温顿打开了局面，并被广泛应用于超级市场、酒吧、珠宝店、宠物商店、餐饮店、食品店、停车场、电话间和公共交通。

Mondex 计划始于 1991 年，它的创始人为英国西敏寺国民银行的 Tim Jones 和 Graham Higgins，后者是已有 28 年经验的资深银行职员。Mondex 之所以引起重视并赢得资金赞助，主要得益于他们是银行的业内人士，抓住了 Mondex 对提高银行业务管理上的针对性。1993 年 12 月，Mondex 电子钱包正式公布于众。Mondex 致力于方便用户的小额交易支付，款项可以通过 ATM 或电话输入卡内。1995 年 7 月开始，它在英国的斯温顿试行，至 1996 年 5 月，已流通 10 万张卡，在地方银行顾客中达到 24%的渗透率；一次性从银行输入电子钱包的额度大多在 25～30 英镑之间，与 ATM 取款的平均额大致相等。多数购买额在 5 英镑以下，集中在超市、百货商店和加油站。电子钱包在零售商店的使用与现金类似，却更为简捷，节省了点钞、银行卡授权的时间。

随着电子钱包在世界范围内的发展，万事达国际组织意识到了电子钱包对信用卡在支付技术及支付系统上的潜在威胁。因此，万事达国际组织决定与 Mondex 国际集团（MXI）携手。万事达广泛的国际网络恰巧与 MXI 的全球战略一拍即合，于是双方开始切磋共同在世界各地推行 Mondex。1996 年 11 月，万事达宣布征购 51% 的 MXI 股份，并采用 MXI 技术作为今后万事达发展智能卡的技术平台。1997 年初，Mondex 的国际业务已全部归属万事达。万事达总裁兼首席执行官 Robert Selander 亲自为 Mondex 电子钱包做了第一笔跨国交易。他在纽约的一家麦当劳，用香港上海汇丰银行颁发并已储存了港币的 Mondex 卡支付早餐费。之后，又在纽约大通曼哈顿银行的 ATM 存入美金。

（1）Mondex 的运作流程

Mondex 智能卡将电子货币存储在卡上的芯片内，使用时通过特殊设计的 Mondex 设备将货币币值从一张卡转存到另一张。Mondex 卡内的电子货币也可以通过电话线或互联网进行转移，币值转移可以在任何两个拥有 Mondex 卡的人之间进行。Mondex 系统支持 5 种不同币种的货币。图 1-9 显示了 Mondex 的运作过程。

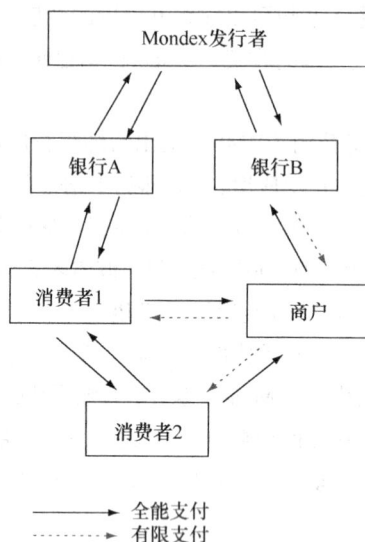

图 1-9　Mondex 的运作过程

Mondex 电子现金的循环开始于 Mondex Originator，即 Mondex 发行者。参与 Mondex 计划的银行 A 用现金向 Mondex Originator 购买等值的 Mondex 虚拟货币。持有 Mondex 卡的消费者用现金向 A 银行购买 Mondex 虚拟货币，然后充值到他们的 Mondex 卡中，然后消费者就可以用 Mondex 卡进行消费或与其他有 Mondex 的消费者转账了。图中的实线表示既可以支付款项，也可以接收货币（或商品）。虚线表示只能接收钱款而不能支付。具体来说，商户指向消费者的虚线表示商户可以通过 Mondex 接收消费者为购买商品或服务而转账支付的虚拟货币，而商户却不能转账给消费者。消费者指向商户的实线表示消费者向商户支付虚拟货币从而得到商品。银行 B 指向商户的虚线表示银行可以接收商户给它的虚拟货币，用于兑换现金，却不能给商户虚拟货币，因为商户的 Mondex 卡同消费者的卡是两个品种，商户的卡只能用于收取货款，而不能用于消费。商户指向银行 B 的实线表示商户既可以给银行虚拟货币，也可以接收银行兑换给他的现金。

Mondex 虚拟货币在银行、消费者和商户之间的流动都依靠转账来完成。消费者在购物后用卡片支付，需要将卡片插入商户的 Mondex 卡终端机，而在终端机中已经预置了商户的 Mondex 卡，因此支付过程就是用两张 Mondex 卡转账的过程。消费者通过 ATM 机向 Mondex 卡转账也是如此，即 ATM 机中也有一张 Mondex 卡。

Mondex 卡不仅能储存一定限额的虚拟货币，还可以储存最近的交易记录。消费者的卡片可以储存最高 2 000 英镑的货币和最近的 10 笔交易记录。而商户的卡片可以储存最近 300 笔交易记录。

（2）Mondex 卡的专用设备及使用方法

要想顺利地使用 Mondex 电子钱包，需要一些电子装备的支持。

① Mondex 卡片，如图 1-10 所示。持卡人可向提供 Mondex 业务的银行申领卡片。

② Mondex 电子钱包。如图 1-11 所示，如钱夹大小的 Mondex 电子钱包，包括 1 或 2 个读卡器、1 个键盘和 1 个屏幕。两张 Mondex 卡可以通过电子钱包进行转账。

③ Mondex 余额读取器，如图 1-12 所示。Mondex 余额读取器小巧易带，便于持有者随时随地了解自己电子钱包的余额，在余额不足时及时充值。当 Mondex 卡中余额不足时可以有 3 种充值方式，第一种是去银行直接用现金充值，第二种是用 Mondex 电话充值，第三种是用 ATM 机转账。

④ Mondex 电话。如图 1-13 所示。持卡者在家里就可以通过该电话为 Mondex 卡充值，把 Mondex 卡插到规定的电话接口里，然后拨通本人的开户银行，输入卡片密码和要存入卡中的现金数额即可，非常方便。

⑤ 可以向 Mondex 转账的 ATM 机，如图 1-14 所示。其内置有银行的 Mondex 卡片，用户向 Mondex 卡中充值的过程即为与银行的 Mondex 卡片发生转账的过程。

⑥ 商户用的 Mondex 电子收款机，如图 1-15 所示。消费者刷卡 3 秒、5 秒后就会有消费收据打印出来。如果持卡人设定了密码，还要在刷卡后输入密码才能完成转账交易。

图 1-10　Mondex 卡片

图 1-11　Mondex 电子钱包

图 1-12　Mondex 余额读取器

图 1-13　Mondex 电话

图 1-14　Mondex 中转账的 ATM 机

图 1-15　商户用的 Mondex 电子收款机

（3）Mondex 卡的主要特点

Mondex 卡在英国大受欢迎，主要在于具有以下特点。

① 安全性。Mondex 系统采用强大的安全措施，使得几乎不可能进行货币的伪造，Mondex 采用强大的加密技术以保护货币的传送过程。Mondex 的货币转移只能在 Mondex 卡间进行，这使得它成为一套封闭的系统。

在卡片丢失时，Mondex 系统允许客户锁住卡上的货币余额。Mondex 系统提供密码保护功能，以防止不法分子的恶意侵入。并且在丢卡之后，拾到者由于不知道密码而无法使用，所以很少有人会偷窃 Mondex 卡，而 Mondex 的发行银行也有一系列的奖励机制来鼓励人们在拾到 Mondex 卡后及时交还给银行。同时，用户可以重新申请一张 Mondex 卡，把原有金额再转入新卡内。另外，Mondex 的安全性还体现在它的完善的防诈欺系统。Mondex 的安全防欺诈理念包含下列三个元素：即防侵入、审计监控和数据恢复。

② 简便性。与现金相比，Mondex 卡省去了点钞、找零的麻烦；与信用卡相比，不用等待授权，简化了手续；账户查询、充值、修改密码等操作可通过电话进行，可以不用去银行或 ATM。

③ 高效性。用 Mondex 卡进行交易的成本比信用卡或借记卡都要低，有时甚至比商家整理现金的开销还要小。

④ 交易不被追踪。Mondex 的交易是不被追踪的，这也是 Mondex 电子现金最有争议的地方。有人说，由于银行无法追踪审计每笔交易，这给违法犯罪者进行非法的资金划拨创造了条件；而且由于没有银行的审计追踪，这对技术范畴的安全性实现也提出了高得多的要求。但也有人说，这恰恰是 Mondex 最灵活、最优越的地方，正是由于 Mondex 电子现金可以方便实现卡与卡之间资金无追踪的划转，Mondex 才是真正的电子现金，而且可以保证持卡人的隐私，因为持卡人在使用电子钱包网上购物付账时，有时并不想让自己的行为被某处的计算机记录下来。

（4）Mondex 产品展示

下面列出几张比较有特点的 Mondex 卡。

图 1-16 展示了两张设计很独特的 Mondex "your e-life card"：Mondex 卡的芯片正好位于人的头部，体现了 Mondex 与人的智慧和思想的高度融合。图 1-17 展示了美国 Mondex 和快餐店共同推出的 "BURGER KING" 卡，使用该卡在购买套餐时会有一定的优惠。Mondex 电子钱包在我国台湾地区的发展非常成功。图 1-18 是台湾兆丰国际商银发行的 "enjoy 享乐卡" 和 "怒海争锋典藏 Mondex 卡"。

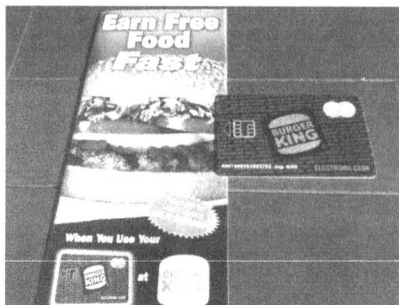

图 1-16　设计独特的 Mondex "your e-life card"　　图 1-17　美国 Mondex 和快餐店共同推出的 "BURGER KING" 卡

万事达国际还在我国台湾地区推出了 MasterCard 信用卡和 Mondex 双卡合一的信用卡，如图 1-19 所示。持卡人在进行小额交易时可以选择使用 Mondex 卡，非常方便。

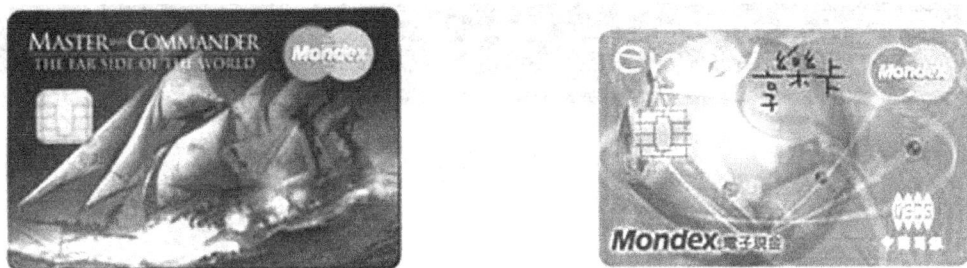

图 1-18 台湾兆丰国际商银发行的 "enjoy 享乐卡" 和 "怒海争锋典藏 Mondex 卡"

图 1-19 MasterCard 信用卡和 Mondex 双卡合一的信用卡

4．Oyster

Oyster 卡是大伦敦地区交通用的电子收费系统，由 TRANSYS 联盟和电子数据系统公司（EDS）及立方交通系统公司（CTS）共同实施并于 2003 年开始发行，是采用 RFID 技术的预付非接触智能卡。Oyster 是英语 "牡蛎" 的意思，故 Oyster 卡又称牡蛎卡。

2003 年 7 月 7 日，伦敦/慕尼黑—伦敦电子票务系统的启动结束了每天早晨伦敦地铁站前排队买票的现象。第一批乘客开始使用 Oyster 智能卡，他们买票时不再需要现金。图 1-20 显示 Oyster 卡与读卡器。

图 1-20 Oyster 卡与读卡器

Oyster 智能卡拥有一个存储微处理器芯片和天线。使用时，乘客只需要将卡片靠近电子读卡器。读卡器和智能卡之间的通信只需要 1/5 秒甚至更少的时间。非接触智能卡提供更高的安全性，防止欺骗和伪造，如果丢失或被盗，乘客可以随时注册。卡片的大小和信用卡相同，可以储存伦敦交通的旅行卡（Travelcard）、公交卡（Bus Pass）及预付费（Pre-pay）。使用时把卡片放在黄色的圆形读取器上即能通过。由于 Oyster 卡可以充值循环再用，这比传统的纸造车票要环保。同时使用 Oyster 卡要比每次用现金购票更加简便。

Oyster 申请时需付 3 英镑押金，得到一张 Oyster 后就可以反复充值使用。上车时，把 Oyster 放在黄色读卡器上刷一下，然后下车时再刷一下。Oyster 卡运作坚持 "走多少支付多少"（"pay as you go"）的原则。当你卡上的钱剩余很少时，你可以在伦敦的任何车站或是 Oyster 的代理处充值。

Oyster 具有高效率、更加灵活、更简便以及更便宜的特点。为方便中国游客的出行，牡蛎卡还开设了中文网站，如图 1-21 所示。

图1-21　牡蛎卡中文网页

选择伦敦一卡通+牡蛎旅行卡套餐出行，乘搭伦敦交通设施更便利。牡蛎卡覆盖伦敦的所有公共交通网络，可在任何日期任何时间乘搭地铁、巴士、地上铁和码头区轻便列车等。

5．Dexit

Dexit是一种新颖的用于取代现金的无线射频识别（Radio Frequency Identification）智能卡方案，为消费者提供了一种方便快捷的小额支付手段。不用等待找零，消费者只要把他们的Dexit标签朝购物点终端上一扫就可以完成日常支付，比如咖啡、快餐以及停车费。Dexit通过特殊的读取器完成一次安全的电子交易。目前有钥匙智能卡和手机智能卡两种类型，如图1-22所示。

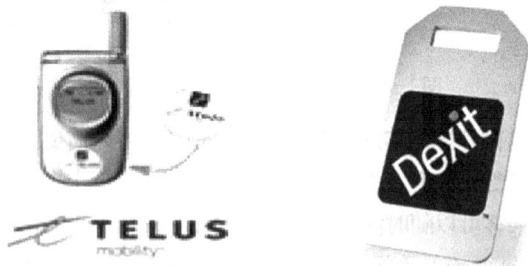

图1-22　Dexit钥匙智能卡和手机智能

Dexit的研发始于2001年，并于2003年9月起开始在多伦多市区推广。2004年开始面向多伦多的校园推广。2004年4月开始同加拿大贝尔公司（Bell Canada）、加拿大道明信托银行（TD Canada Trust）、加拿大国家银行（National Bank of Canada ）以及盈科传动（Telus Mobility）合作。随后在加拿大开始普及应用。

消费者可通过在线注册或填写表格注册提供基本个人信息；消费者也可在售货亭或商店获取一套完备的工具包。消费者通过致电消费者服务代表或上网将工具包中的智能卡号码和特殊密码在Dexit

主系统上进行识别，即可完成注册程序。

消费者必须有一个预付款的 Dexit 账户。消费者可通过电子付账、现金或贷款等方式将资金转移到 Dexit 的预付款账户，Dexit 主系统还具有自动续款功能来管理消费者的账户。消费者在 POS 终端完成一笔交易时，其 Dexit 账户余额就会自动减少。

消费者服务支持中心通过网络、WAP、IVR 和电话中心将消费者的账户余额、交易记录和个人信息传送给消费者。

提示服务为消费者提供每日账户余额、续款提示和续款认证，以帮助消费者有效地管理他们的 Dexit 账户。目前使用电子邮件和语音信息的方式进行。

消费过程如图 1-23 所示，消费者只要把他们的 Dexit 卡朝购物点终端上一扫就可以完成日常支付。在每一个参与 Dexit 服务的零售商店都安装有 Dexit 读取器、POS 终端机和通信工具。自动零售商结账程序用来管理零售商通过 Dexit 系统完成的交易金额。零售商可在他们指定的银行账户里收到 Dexit 消费的付款。

图 1-23　交易过程

Dexit 具有以下特点。

（1）更安全

首先，Dexit 使用个人化的安全的射频识别技术，比磁条卡等更安全，减小了卡片被盗用的风险。其次，由于卡片不与银行账户相连，故无法通过卡片得到账户及个人信息；由于从账户上转移下来的存款不是存在卡片上，而是存在一个 Dexit 账户上，即使遗失了卡片，及时挂失就不会有任何损失，并且挂失后 7～10 天会收到一张新卡，与原来的 Dexit 账户相连。另外，Dexit 每日限额 100 加元，即使出现问题，损失也是极小的。

（2）更高效

Dexit 为消费者提供电子付账、现金或贷款等续款方式；每日账户余额、续款提示和续款认证；通过网络、WAP、电话等传送消费信息

对于商户来说，Dexit 通过网络和柜台服务将交易和结算记录提供给零售商。

这些都大大提高了 Dexit 的使用效率。同时，使用 Dexit 没有交易手续费，只是每次充值时收取 1.5 加元。

（3）更简单

小巧、坚固的外形使 Dexit 卡更加便于携带。

同时，消费者只有在查询 Dexit 账户信息时需用到密码，而交易时不用输入密码，也不用签名和授权等，消费时完全实现了"tap-and-go"。消费者只要提供信用卡的信息就可以在互联网上设定自动充值，Dexit 公司就可以在你的账户余额低于 20 加元的时候自动从你的信用卡上扣除你预先设定的金额，自动充入相应的 Dexit 账户中，金额可以是 20、40、60、80 或 100 加元。

自动零售商结账程序也使更多商户乐意接受这种方便的交易方式。

6．ERG 与八达通

ERG（Energy Research Group）集团是开发和供应综合收费管理软件系统，并提供智能卡系统与服务的世界领先集团，总部位于澳大利亚的珀斯，已在澳大利亚股票交易市场上市。

ERG 公司有两个主要商业领域：具有世界领先地位的 ERG 运输自动售检票系统和 ERG 智能卡系统以及解决方案。该智能卡系统包括会员项目、忠诚度计划、安全通道、生物测定数据和社会保障信息，以及电子钱包功能，可以在零售业、公共交通票务、电话公路收费、自动贩卖机和停车场中使

用.ERG 公司对所有类型的智能卡项目提供智能卡的系统设计，并结合专业知识进行项目管理服务。

ERG 公司于 1995 年与 Banksys 结盟，建立了 quicklink。1998 年 7 月 29 日，ERG 与美国运通（American Express）、Banksys 以及 VISA 国际共同成立了质子世界国际公司，2000 年 ERG、Telstra 和 ANZ 共同组成了一个联合公司 ECARD，并为澳洲的智能卡提供了一个共同的标准作为基础，同年设计香港八达通智能卡系统。2001 年 10 月，ERG 公司收购了质子国际。2002 年，ERG 宣布成功推出新加坡智能卡系统。2003 年，ERG 宣布出售质子世界，完成重建工作，并签署了华盛顿合同。同年 ERG 集团总裁宣布转型。

ERG 集团设计并提供能处理各种非接触智能卡的机器，这些产品在公共汽车、电车、渡轮和车站月台等地被广泛使用。ERG 的硬件产品包括司机控制台、智能卡处理器、手持式读卡机、Gate Adaption Kit 平台上的智能卡处理器，智能卡办公终端和增值机等，如图 1-24 所示。

图 1-24　读卡机

ERG 的成功产品之一是 RFID 智能卡。RFID 是 Radio Frequency Identification 的缩写，即射频识别。RFID 系统由三部分组成：标签（Tag）、读写器（Reader）和天线（Antenna）。RFID 卡的应用领域包括高速公路自动收费及交通管理系统、门禁保安系统、RFID 卡收费系统、生产线自动化、仓储管理、汽车防盗、防伪、电子物品监视系统 、畜牧管理、火车和货运集装箱的识别、运动计时等。2006 年，ERG 北京公司签订"自动售检票清算管理中心系统项目"，简称"北京 ACC 项目"。ACC 项目于 2008 年 8 月奥运会前投入运营，作为全国首个地铁网络化运营的指挥中心和清算管理中心，通过运用世界先进的现代信息集成系统和管理模式，承担北京市轨道交通指挥控制和票务清算两大职能。

八达通是 ERG 的成功产品案例之一。我国香港的"八达通"（Octopus）卡，是全世界最发达的公交一卡通系列之一。1997 年 9 月 1 日正式启动投入运营；同年年底，八达通只经过短短 3 个月便已发行了 300 万张。八达通最初只能用于联俊达有限公司的营运路线，但到 1999 年，八达通就扩展到非公共交通的零售服务，同年推出自动充值服务及八达通手表。2000 年，香港金融管理局发放许可证，并取消八达通非交通类业务不得多于 15% 的限制。2000 年，部分便利店、快餐店、饼店、自动售卖机、学校及停车场开始接受八达通卡付费；2001 年八达通卡有限公司由亏损转为盈利。

2002 年，电车、缆车、影印中心、公众游泳池、运动场地及马场入场也进入八达通支付范围；2003 年发展至部分家居用品商店、粥品店和政府停车收费表；2003 年 6 月 29 日，八达通另外一个新功能启用——我国香港特区政府决定使用八达通系统取代全香港 18 000 个泊车付款器。这次行动最后在 2004 年 11 月 21 日完成。2005 年进一步发展至部分服装消费；2005 年 11 月，八达通推出一项名为"八达通日日赏"的优惠计划。八达通使用者只要在指定商店内（包括惠康超级市场、UA 院线、屈臣氏个人护理商店及麦当劳等）购物，可用八达通或现金付款，然后使用已申请八达通日日赏计划的八达通卡储值积分。2006 年 8 月，深圳部分商户开始接受香港八达通付款，八达通卡开始走向区域化。目前八达通卡的流通量仍在稳定增加，支付范围越来越广，支付额度逐年增加。2014 年 2 月推出的"八达通网上付款服务"，是首个使用非接触式智能卡完成网上付款的全新项目，让香港市民可随时随地在网上轻松购物，感受新颖便捷、安全可靠的网上付款新体验。2016 年 6 月八达通推出为淘宝网用户提供网上退款服务。

八达通充值的方法也由最初的充值机扩展至商店付款处和用信用卡、银行账户自动转账。

八达通的中文名称字面的意思是"凭卡可以四通八达"。中文的"八"可以代表"很多"，也因其与"发"谐音被视为幸运数字，也与"发达"谐音。八达通的"八达"取自成语"四通八达"，代表一卡在手到处通行。这个名称是 1996 年的征名比赛中，由地铁公司前主席苏泽光选出来的冠军作品。而八达通的英文名称 Octopus（八爪鱼之意），则呼应中文名称的"八"字。八爪鱼的触腕可以同时抓取很多东西，代表八达通可以同时应用于不同种类的交易。八达通的标志是一条打斜的莫比乌斯带，既像阿拉伯数字的 8，又像无限的符号∞。前者在于与八达通的名称呼应，后者的意思则在于代表八达通的"无限"功能。标志图样如图 1-25 所示。

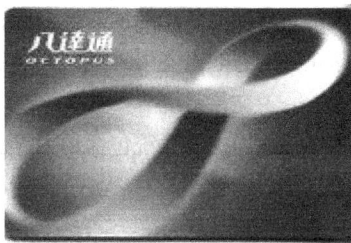

图 1-25　八达通标志图样

八达通是一种非接触式智能卡，在使用上非常方便。无论进行交易还是充值，操作都十分简单。使用八达通付款时，使用者只需将八达通卡放近阅读器，款项会自动扣除。交易时间平均只需 0.3 秒。交易完成后，读卡器会发出"哔"的声音，显示屏会显示被扣除的金额及卡内的余额。交易未完成时，阅读器的红灯会亮起，常见原因是卡并未对准阅读器、交易时余额等于或低于 HK$0，或交易后余额会低于 HK$-35。阅读器能自动判断适当的优惠收费，如积分计划、转乘优惠及"地铁特惠站"等。

八达通几乎适用于香港所有的公共交通工具以及部分大型连锁店。香港许多新款自动售卖机亦接受八达通付款，应用范围包括：停车场、快餐店、饼店、便利店、超级市场、个人护理商店、自动售卖机、公众收费电话、影印机、戏院以至学校及预订康乐设施等。只需看见八达通标志，即可享有"一触即可"的消费便利。目前八达通已通行澳门及深圳。如图 1-26、图 1-27 所示，在公共交通中使用八达通。

图 1-26　在公共交通中使用八达通

图 1-27　在地铁中使用八达通

几乎所有设有八达通阅读器的商店都可为八达通充值，包括"7-11"便利店、OK便利店、百佳超级市场、惠康超级市场、麦当劳、美心快餐、大家乐、大快活等快餐店。地下铁路、九广东铁、九广西铁全部车站的充值机和票务处，九广轻铁车站站内的充值机和客户服务中心，以及九巴、新巴和新渡轮（离岛航线）的客户服务中心等也提供充值服务。每张八达通卡最多可储值港币1 000元。图1-28所示为八达通阅读器。

若交易金额比卡内剩余金额大，只要差额不大于港币35元，仍然可以在无须充值的情况下，进行该次交易。这容许卡主在储值金额不足的情况下，仍能搭乘香港大部分交通工具或购买商品。

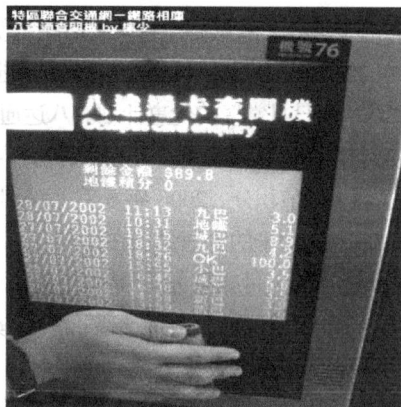

图1-28 八达通阅读器

八达通卡报失服务为个人八达通卡持卡人及自动增值服务客户的专享服务。如遗失个人八达通卡或附有自动增值功能的八达通卡，你应立即致电八达通卡报失热线，通过24小时语音系统报失。以防止失卡遭他人盗用，将损失尽量减小。失卡一经报失，将不能重新使用。

（1）交易系统

八达通交易系统包括用户界面、本地数据处理器、服务提供商中央计算机、中央清算系统以及安全系统。

① 用户界面。

用户界面层次包括摆放在各个地方的非接触式智能卡处理器和充值设备。在香港的各辆公交车、火车站及轮渡码头，共安装了7 000多部八达通读卡机。

② 本地数据处理器（LDP）。

LDP用于收集和控制事务处理数据。例如，地下铁路公司在每个地铁站均装备了一台或多台Sun工作站，用于收集和报告来自由处理器控制的入口处和充值设备的数据。通过这个由50多台Sun工作站组成的LDP网络，地下铁路公司可以直接访问实时信息，了解每个地铁站的八达通设备情况。香港油麻地小轮船公司和九广铁路（东铁和轻铁）也采用了类似的基于Sun工作站的系统。在九巴和城巴公司，每个巴士站的Sun工作站均连接至无线局域网，便于巴士在每天结束时上传和下载数据。

③ 服务提供商中央计算机（SPCC）。

SPCC将单个服务提供商分布在各个服务点的所有事务处理数据进行合并，例如将香港油麻地小轮船公司运营的所有轮渡码头的数据进行合并。这些数据将上载至SPCC数据库，以便传送给中央清算系统。

④ 中央清算系统（CCHS）。

CCHS接收每个服务提供商的所有事务处理数据，然后对事务处理进行清算并将结果发回给每个服务提供商。CCHS区域数据库提供各种自动生成的管理报表，其中包括使用情况报表，该报表有助于联俊达跟踪每张八达通卡的使用情况历史记录。

八达通的八达通结算系统采用严密检核每个交易并进行结算。各服务供应商每天均会收到一份详细的结算报表。八达通结算系统应用模块如图1-29所示。

⑤ 安全系统。

目前有三个不同层次的保安设施，以杜绝违例使用八达通系统。第一层次：八达通采用精密和繁复的科技，以防止有人尝试破坏该系统的密码。第二层次：即上图卡片管理中的黑名单管理，这套系统可记录八达通卡的使用，杜绝违例使用；当发现有违例使用时，这套系统会把违例使用的八达通卡列入黑名单，禁上该卡再度在八达通系统使用。第三层次：八达通只能在香港使用，万一上述两层的保安被击破，而有关非法活动如贩卖违例八达通等在香港进行时，相信很快会被捣破；再者，因为追踪系统可以查出这些卡是违例使用的，也产生阻吓作用，使市民却步于购买非法的八达通卡。

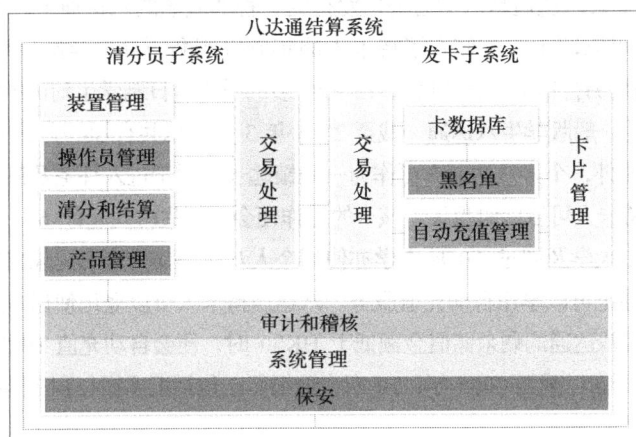

图 1-29　八达通结算系统应用模块

（2）八达通卡的种类

八达通在香港地铁和九广铁路各车站及机场均有出售，购买时需要缴付港币 50 元的押金和 20～100 元的预付票值。押金于退还八达通卡时退回。一般八达通是匿名性质，无须出示身份证明文件即可购买。使用者遗失了这张八达通，只会遗失卡内的储值金额，并不会遗失其他任何个人资料。除了三种为不同身份的人士而设的一般八达通，八达通公司亦有发行个人八达通。个人八达通卡背面印有持卡人姓名，亦可选择印上自己的照片。个人八达通卡会通过保存于卡内的持卡人年龄资料，自动设置为小童、成人或长者卡，让你从容享受由不同交通机构提供的专有优惠。

图 1-30 所示为不同种类的八达通。

	小童	成人	长者	个人
年龄	3-11	任何年龄	*	任何年龄
押金 (HKD)	$50	$50	$50	$50
储值额 (HKD)	$20	$100	$20	$30
手续费 (HKD)	—	—	—	$20
总额 (HKD)	$70	$150	$70	$100

图 1-30　不同种类的八达通

小童八达通：售价 HK$70，面值 HK$20，适用于年龄介于 3～11 岁的儿童。使用小童八达通乘搭公共交通工具（小巴及部分屋村巴士除外）可以有半价优惠。

学生八达通（已停止发行）：售价 HK$100，面值 HK$50，12～25 岁的学生使用此八达通乘搭地铁可享优惠。现已被个人八达通取代，此卡现可当一般成人八达通卡使用。

成人八达通：售价 HK$150，面值 HK$100，适合于任何年龄的人士使用。

长者八达通：售价 HK$70，面值 HK$20，适用年龄视乎不同商户的规定（城巴的适用年龄是 60 岁以上、九巴的适用年龄是 65 岁以上）。长者优惠不适用时会转做成人收费。

个人八达通：个人八达通需要注册，上面可以印有使用者的照片。多用于进入大厦等设施，或用于取代学生八达通。个人八达通是八达通公司发行的一种非匿名的八达通卡。卡上印有持卡人的姓名，持卡人的照片也可以印上，亦储存了持卡人的年龄以判断所属的年龄组别（小童、成人或长者）。而学生身份则需要另行申请，合资格的 12～25 岁的香港全日制学生均可申请。现时个人八达通已经取代已停止发行的一般版学生八达通。截至 2005 年 3 月，总共有 38 万人持有个人八达通。除了一般八达通的基本功能外，个人八达通亦可作为一张锁匙卡，用于进入住宅及商业大厦等设施。而当个人八达通遗失时，持卡人可以即时报失，该卡的运作便会于报失时间起计 6 小时后被冻结，以免该卡被盗用。而香港城市大学及超过 50 所中学亦使用个人八达通作为点名记录出席率及学校图书馆借书的用途。个人八达通也可以享用自动充值服务。八达通持卡人可以登记使用本地银行账户或信用卡为八达通自动充值。当八达通的剩余储值金额低于 HK$0 时，便会自动充值 HK$250 或 HK$500，每 24 小时只能自动充值一次。截至 2005 年，20 家本地银行，包括汇丰银行和中国银行（香港）等，均提供这项服务。

纪念版八达通：八达通公司不时会发行一些特别版本的纪念版八达通，通常是借由一些特别节日或事件时发行。它们通常价值为 HK$100，内有 HK$10 面额。虽然不能够退还，但可以当作一般八达通使用。

特别用途八达通：香港地铁推出了一套"机场快线游客八达通——三日香港交通通行证"，共有两个版本：

三日无限次乘搭香港地铁，及一张机场快线免费单程票，收费 HK$220；

三日无限次乘搭香港地铁，及两张机场快线免费单程票，收费 HK$300。

以上包括 50 港元的押金，该押金可退还。

另有"机场员工八达通"，专为机场员工而设，提供机场快线的价格优惠。

非卡类八达通：八达通公司由 1999 年起，出产融合八达通功能的"八达通手表"。这类腕表镶嵌了八达通的芯片。使用者在使用八达通付款时，只需将手表扫过读卡器便可。这些手表可于香港地铁的客户服务中心及部分便利店购买得到。诺基亚也于 2002 年推出了"八达通诺基亚手机电池盖"，使一部手提电话成为八达通。这款电池盖是专为 Nokia 33xx 手提电话而设的，包括当时较热门的 Nokia 3310。

7．日本的电子货币产品

（1）Suica

Suica（日本语为"スイカ"，中文又称"西瓜卡"）是一种可再充值、非接触式的智能卡（IC卡）乘车票证，适用于东日本旅客铁道（JR 东日本）、东京单轨电车及东京临海高速铁道 3 种路线。到 2006 年 5 月 31 日为止已发行约 1 655 万张。采用新力公司（Sony）的 FeliCa 技术。

JR 东日本从 2001 年 11 月 18 日开始在东京地区使用非接触式智能卡售检票系统 Suica，此后，东京单轨铁路、东京临海高速铁道以及 JR 东日本仙台地区也相继使用了 Suica 系统，Suica 系统的智能卡发售量超过了 1 000 万张。

Suica 采用 Sony 公司的 FeliCa 技术，取代了原本在自动售票机发行的储值磁卡（2005 年 3 月 31 日停止发售），Suica 与这种储值磁卡一样，可以在大部分的售票机购买，也可利用自动补票机（自动精算机）补票、充值；也有定期车票的功能，并能够在车站商店街中的部分商店使用。目前适用范围包括关东地方及仙台。

Suica 是非接触式的智能卡，不需要从皮夹中取出，只要挥动或碰触就可以感应使用。感应的范围在没有障碍物的情况下为半径 10 厘米。但是，为了加快 Suica 通过剪票口的速度，推荐使用"触碰即走"（タッチ&ゴー、Touch & Go）的方式，也就是将装有 Suica 的车票夹或皮夹直接触碰剪票口的感应部分。

Suica 的标志（Logo）以 JR 东日本的代表色绿色为主，将铁道路线以西瓜表现。Suica 字样的部分在"ic"两字使用反白的颜色，表示为使用 IC 卡的智慧型票证。吉祥物是一只企鹅，由插画家坂崎千春设计。

2002 年 4 月 21 日及 12 月 1 日分别推出了单轨 Suica 卡（Monorail Suica）及临海 Suica 卡（Rinkai Suica），用于东京单轨电车及东京临海高速铁道。2003 年 11 月，JR 西日本在关西地方推出了类似的智能卡系统 ICOCA，和 Suica 于部分地区互通。自 2007 年 3 月 18 日起，Suica 将私铁、地下铁、公共汽车整合，可通行于东京都会区的私铁、地下铁及公共汽车。并针对外国旅客于 2007 年 3 月 28 日发行 Suica+N'EX 的套票。目前，Suica 可以在很多地区使用。Suica 内存有的金额不仅可以用于乘车，还可用于购物。也可用于车内购物、自动售货机、投币式自动寄存柜、便利店、餐馆等各种场合。

日本两大移动通信商 KDDI 和 NTT DoCoMo，联合东日本铁路公司在 2006 年 1 月推出 MobileSuica 服务，使用内置在手机中的 Felicia 芯片，作为 Suica 服务的扩展，允许手机用户处理所有与车票相关的交易，例如预定、购买以及收费。而且，具有 MobileSuica 服务功能的手机可用来在 JREast 火车站和其他支持该服务的商店里进行购物。手机可以显示卡内余额和乘车券到期日。从 2006 年 10 月 1 日起可使用 JR 东日本 ViewCard 以外的信用卡充值。同年 10 月 21 日起开始启动 EASY Mobile Suica 服务，用户可以不使用信用卡而直接通过银行账户或现金充值。此外，从 10 月 21 日起作为网上结算方式，可以使用 Suica 的电子货币。从 2006 年 12 月 2 日起日本沃达丰（从 10 月 1 日起更名为软银移动）的手机也可使用"MobileSuica"服务。沃达丰开始提供该服务后，日本的 3 家手机运营商就都能够提供手机结算功能了。

购买 Suica 时必须支付 500 日元的保证金，保证金无法折抵车资。Suica IO Card 售价 2 000 日元，能实际使用的金额为 1 500 日元，保证金在退还 Suica 时将会全额奉还。若有 Suica 遗失或车资计算不符的情形将不会退还保证金。此外，退款时若 Suica 内仍有未使用的余额，将会收取 210 日元的手续费。如果余额不足 210 日元，仅会退还保证金。

Suica 卡可以在有"Suica"标志的"自动售票机（自动券壳机）""卡片发售机（カード発壳机）"以及"自动补票机（のりこし精算机）"等设备中，用现金来进行充值。每次可储值金额的单位是 1 000 日元、2 000 日元、3 000 日元、4 000 日元、5 000 日元以及 10 000 日元 6 种，卡片可储值的上限是 20 000 日元。

（2）PASMO

PASMO 是由 54 家东京、首都圈、近郊的地下铁、私铁及巴士等所共同投资、开发和加盟的非接触型 IC 卡，是与 Suica 同一原理的可循环储值卡。PASMO，以前叫 PASSNET，表示将 PASSNET 与公交巴士合为一体，有 Pass "more"的意思。其含意为"电车也能用、公交也能用、那里也能用、这里也能用" PASMO 是由"PASSNET"的"PAS"与表示"更加"含义的"MORE"的前两个字母组合命名而成。并且，"PASMO"的"MO"起到了表示将 PASSNET 与公交巴士合为一体的"&"这一助词的作用，含有表示扩展性的"mo"的意思，其含意为"电车也能用、公交也能用、那里也能用、这里也能用"。

PASMO 在 2007 年 3 月 18 日正式登场，PASMO 可以与现行 JREAST 发行的 Suica 共通使用，即是代表以后基本只要手持 PASMO 或 Suica，就可以一卡通行东京、东日本及关东的大部分地区，非常便利。PASMO 卡在有 PASMO 标志的商店及自动售货机上均可使用。2007 年 4 月 12 日 PASMO 由于出乎意料的畅销而暂停销售。据"株式会社 PASMO"（东京·新宿）声称，由于出乎意料的畅销，磁卡供不应求而被迫停止。紧急追加订购的 300 万张磁卡到达后，于 8 月或 9 月上旬开始重新贩卖。当初估计发行初始，年度需求量为 500 万张，可是，3 月 18 日销售开始之后，于 4 月 9 日不到一个月之际就超过了 300 万张。

PASMO 分为记名和无记名，记名 PASMO 卡是仅供记名人本人使用的 PASMO 卡，无记名 PASMO 卡任何人均可使用。丢失记名 PASMO 卡可重新发行。丢失卡重新发行时需要收取手续费。PASMO 具有自动补额度功能：低于 2 000，从指定信用卡自动补到 3 000，同时可累积信用卡积分。PASMO 卡在有 PASMO 标志的商店（700 家左右）及自动售货机上均可使用。可使用 Suica 卡的店也可以使用 PASMO 卡。

即使坐过站，检票机也能顺利完成自动补票。若已充值，超出月票付费区间的车费，只需接触检票机的读取器即可自动完成补票，而无须在补票机上核算。出于环保考虑，同一张 PASMO 卡可以反复使用，或者充值，或者连续购买月票，续购月票时，可修改票面。

（3）ICOCA

2003 年 11 月，西日本旅客铁道股份公司（以下简称"JR 西日本"）在关西地区推出了类似 suica 的智能卡系统 ICOCA（IC Operating Card），和 Suica 于部分地区互通。ICOCA 系统的智能卡发售量超过了 160 万张。

ICOCA 是西瓜卡的关西版，兼有定期车票和电子货币的智能。它的售价是 2 000 日元，内含 500 日元的押金。ICOCA 可以用来乘坐地铁、购买乘车券、在商场和超市购物等。但是外国人只能买 ICOCA，不能买 SMART ICOCA，除非你是留学生，能有银行户头。

从 2003 年 11 月 1 日开始 ICOCA 在近畿圈的城市网络开始使用，2006 年 1 月 21 日，近畿圈的私营铁路、地铁及一部分的公共汽车（PiTaPa 区域）也可以使用（PiTaPa 就是关东的 Passnet）。比关东的 Suica 早了一年，但 2007 年 3 月 18 日开始，Suica 一统江湖，私铁、地铁都可使用了。

乘客进出车站时，只需将预先充值的 ICOCA 卡对着自动检票机的智能卡读取头，就能完成检票。在东京地区和仙台地区，乘车时如果卡内余额不够车费的，则不能乘车。但在近畿地区，只要卡内的余额不为零，就可以乘车。

在车站设置的自动售票机、自动结算机和充值机等设备上可以对智能卡进行充值。在车站的智能卡自动售票机上，使用 ICOCA 系统的 SF 可以购买车票。

可进行越站结算。如果遇到下车时卡内余额不足的情况，可以用现金在车站的自动结算机上结算车费。在持其他车票乘车坐过站的情况下，可以使用 JR 西日本自动结算机上的 ICOCA 系统的 SF 结算车费。

在车站的自动售票机等机器上，可以显示和打印乘车记录。但是，用东京地区和仙台地区的自动售票机等设备打印在近畿地区的乘车记录时，不能打印详细站名，只能打印公司名称。在东京地区和仙台地区的乘车记录用近畿地区的自动售票机等设备也只能打印公司名称。

对比 ICOCA 与 Suica，它们的购买、充值等使用方法基本相同。但是 ICOCA 没有东日本的 Suica 那样方便。虽然便利商店也可以使用，不过店数相对少很多，没有 Suica 那样密集，而且大部分都是自营的店，不像东京 Suica，全家都能刷。不过这也证明它们拥有很大的提升空间。

2007 年 3 月 Suica 和 PASMO 实现通用。关东私铁、公交公司 2006 年 12 月 21 日宣布，从 2007 年 3 月 18 日开始使用共通 IC 卡乘车券"PASMO"。同一天开始，JR 东日本、东京 monorail 等发行的

IC 卡乘车券"Suica"也实现通用，用户可使用"Suica"或"PASMO"的任意一张 IC 卡乘坐首都圈 106 家公司的 JR、地铁、私营铁路、公交车。"PASMO"发行后，IC 乘车卡的发行总数将达到 3 000 万张。

目前日本还没有全国通用的交通卡，能够在东京近郊使用的卡片是"Suica"或"PASMO"等，能够在大阪近郊使用的是"ICOCA""KANSAI THRU PASS""PiTaPa"等。

Suica 除了 PiTaPa 区间不能使用，其他均可通用。PASMO 只能用在东日本地区 JR 与私铁，在关西等同废卡。

ICOCA 除了 PASMO 私铁部分不能使用，其他都通用，但无法到 Suica 的店买东西。PiTaPa 关西版的 PASMO，进关东形同废卡。

目前 JR 东日本的"Suica"和 JR 西日本的"ICOCA"已实现通用。另外，再加上 JR 东海的"TOICA"，电子车票在三大城市圈的通用体制得以建立。

（4）Edy

Edy 卡是 bitwallet 公司开发的基于 FeliCa 技术的非接触式电子钱包，是当前日本使用最为广泛的电子钱包之一。从字面上看，Edy 是 Euro、dollar 和 yen 三个单词首字母的结合，代表着其在欧元、美元、日元的使用地区都可使用的目标。

Bitwallet 公司是 2001 年 1 月为 Edy 的发行、市场推广，以及加盟店的管理等方面服务而成立的。成立时，索尼公司占 5% 的股份。FeliCa 是日本索尼公司开发的非接触式 IC 卡技术。日本另一大电子钱包西瓜卡以及我国香港的八达通也都应用了此项技术。

Edy 卡最早在 2001 年 11 月于日本的一家名为安宾（Am／Pm）的便利店中开始出售使用。在店中就可以购买 Edy 卡，售价是 300 日元。可以通过安装在店内的 Edy 充值机或是收银机读写装置充值。商户可以购置，也可租用 Edy 的读写装置，视具体情况向 BitWallet 支付相当于交易金额 2%～5% 的使用费。

Edy 可用于零售购物，也支持互联网支付。目前已成为日本的购物神器。

（5）Nanaco

2007 年 4 月 23 日上午 6 点，在东京都内（除町田市）的约 1 500 家 7-11 店铺开始了独有的电子金钱"Nanaco"的服务。

这是一种小额支付的预付式电子钱包，分为两种类型：Nanaco mobile 和 Nanaco card。2007 年 4 月 23 日起在东京都内的约 1 500 家 7-11 店铺试实行。Nanaco 不仅限于 IC 卡、预存付款等功能，还可以和利用手机进行操作。

Nanaco 手机是在你住的街上的 7-11 便利店可以使用的电子货币"Nanaco"的手机版。通过专用软件入网，只用手机就可以支付、查询余额和使用记录。在电子货币余额不足时，可以用现金在 7-11 收银台申请充值。

Nanaco 手机和 Nanaco 卡片就好像可以重复使用的钱包，在电子货币余额不足时，可以用现金进行充值。充值时以 1 000 日元为单位，卡中残留金额上限为未满 3 万日元。除此之外还具有点数积分累积服务。每 100 日元（不含税）积 1 点，1 点相当于 1 日元，可以用来交换商品，但需要 1% 的交换手续费。

Nanaco 使用方法如下。

① 带商品到柜台：和使用现金一样，把购买的商品带到收银台。

② 说明支付方法：说明用"Nanaco"支付。

③ 把卡交给收银员：将便携钱包或卡交给收银员，在听到"piling"声音后支付结束。

④ 确认支付内容：支付结束后，小票会打印出来，请再确认购物金额和余额。

8．韩国的电子货币产品

（1）K-Cash

K-Cash（Korea Cash 的缩写），是内嵌 IC 芯片又带有磁条的双界面智能卡，它是 KFTC 公司在 2000 年 7 月与银行和一些信用卡公司合作而开展的一项电子货币项目。除了拥有电子货币功能外，还具有 ID 功能、存储公认认证书等多种附加功能。

K-Cash 可通过 ATM 和互联网反复进行充值使用。在一些城市（如 Chuncheon 市、Kimhae 市等），K-Cash 主要被当作公交卡使用。除此之外，K-Cash 还可在零售店使用，以及在互联网上付款。另外，K-Cash 也可作为现金卡、信用卡和转账卡使用。K-Cash 被广泛使用在公共汽车、地铁、巴士（公交）/出租、停车场、零售店、自动售货机、游园地娱乐设施、饭店/小卖部、医疗/事务所、服饰/美容、消遣和互联网等领域。此外，因为 K-Cash 能存储证明身份的信息，从而可以作为身份证使用。

K-Cash 的发卡流程如下：申请人向银行申请 K-Cash 卡；申请资料被传输至银行/信用卡中心；银行/信用卡中心下传发卡数据；银行向申请人发行 K-Cash 卡。充值也很简单，用户向银行申请 K-Cash 卡充值或去增值服务商（加盟店）处充值即可。值得注意的是，K-Cash 有一个 500 000 韩元的业务限制。

（2）MYbi

MYbi 卡是韩国最成功的电子现金，它最早发行于大城市釜山，是亚洲的第一张双界面卡片，并且自问世以来已经在很广泛的范围内被应用。MYbi 应用范围包括运输、地铁、出租车、公共汽车、公路通行费、停车场、零售付款、公共业务、互联网电子商务、银行业务、身份证、存取控制、旅游卡片等。使用 MYbi 卡片在互联网购物是 MYbi 所具有的最吸引人的应用之一，通过网上虚拟的读者与 MYbi 卡片，您在家里或办公室也可享受在线银行业务。

（3）T-Money

T-Money 是新型的交通卡。从 2004 年 7 月 1 日起开始使用。

T-Money 主要用于支付交通费用。用 T-Money 卡支付交通费用的时候比用现金优惠 100 韩元，换乘的时候还可以得到优惠。T-Money 按照乘坐地铁、巴士等的距离计算费用。同时 T-Money 卡在坐巴士换乘地铁时，或坐地铁换乘巴士的时候可以享受换乘优惠价格。如果在首尔市内旅游且利用大众交通手段时，不妨在旅行期间购买 T-Money 卡，这是最方便且经济实惠的选择。

T-Money 分为普及型、卡型和装饰型。

普及型 T-Money 卡（购卡价格 1 500 韩元）。虽然没有积累交易额的功能，但在 T-Money 卡中是价格最优惠的，不论是谁都可以使用。所以是来韩国旅行或短期访问的游客最佳的选择。

卡型 Smart T-Money 卡（购卡价格 2 500 韩元）。这是最新型的积累额型 T-Money 卡，根据使用的费用可以累计交易额。但购买时要注册身份证号码，且只对首尔市内居住的人发行。这种卡分为一般型、青少年型（12～18 岁）、儿童型（未满 12 岁）3 种。

装饰型 Smart T-Money 卡（购卡价格 T 形 7 000 韩元 / I 形 5 000 韩元）。可以作为手机装饰品的 Smart T-Money 卡拥有丰富多样的图形和颜色，且携带方便。卡分为青少年型和一般型两种，之后将会开发更多的样式。

T-Money 卡使用方法如下。

① 购买 T-Money 卡。

在 T-Money 卡标牌的交通站点、地铁站的售票处、便利店 GS25、Familymart 都可以购买。购买了 T-Money 卡之后，最好是在购买的地方充值。因为没有充值的 T-Money 卡里面的金额为零，不能使用。

② T-Money 充值。

T-Money 卡的购买和充值是在同一个地方。T-Money 可在自动充值机上进行充值。

③ T-Money 卡的使用。

在乘坐地铁或巴士时，必须在进出站的时候各刷一次，如果在下车的时候没有刷卡，在换乘的时候就会以最长距离的费用自动结算，所以不要忘记下车时刷卡，以免造成不必要的损失。

④ T-Money 卡换乘时。

利用 T-Money 卡换乘的时候只能在巴士—地铁、地铁—巴士、巴士—巴士、巴士—区间巴士、区间巴士—巴士时使用。地铁换乘地铁的时候不能使用。换乘的时间在 30 分钟之内有效。例如乘坐区间巴士换乘地铁时，区间巴士的费用是 500 韩元，换乘地铁时基本费用是 300 韩元，其他按照距离另算费用。

⑤ T-Money 余额、底卡处理。

T-Money 卡内余额不足 2 万韩元时，可在便利店、充值所当场退还，但卡内的余额超过 2 万韩元时就要亲自到韩国 Smart card 总公司申请退卡。可以识别余额的卡，可当场退款，不能识别的卡或已经坏掉的卡需要 10 天左右时间，退还金额将存入申请人的账户。

⑥ T-Money 保证期。

T-Money 卡基本有 1 年的保证期，装饰型的 T-Money 卡的保证期是 6 个月。在保证期间由于使用者的不注意引起的卡的损坏，可得到全部赔偿（T-Money 卡的费用及卡内的余额）。

1.3.7　数基电子货币典型产品分析

与卡基电子货币不同，数基电子货币不依赖存储介质，以加密数字流的形式传输。数基电子货币的发行与存储方式有两种，一种是以发行机构账本的形式存在，交易中传输的只是交易信息，没有电子货币流传输，比如腾讯 Q 币、Beenz 币以及大多数游戏币；另一种是发行机构发行了一种经过加密的数字串，这种数字串仿照实体中现金的形式，交易和传输中，货币流随之移动，比较典型的有 E-cash 和比特币。因为现代货币信用特征，大多数货币以中央银行货币为背书，通过和中央银行货币进行兑换而发行相应的数基电子货币，比如腾讯 Q 币和 E-cash；另一种类似于早期银行券的发行，比如 Beenz 和比特币。下面分析的四种产品，代表了不同的发行方式。

1．腾讯 Q 币

20 世纪 90 年代末期，互联网的快速普及带来了一种新的交友和网络交流方式，点对点通信软件风靡网络世界。QQ 很快凭借其良好的用户体验占据了市场。同期，伴随网络聊天，QQ 又推出了 QQ 秀产品和网络游戏等服务，为方便网络产品支付，腾讯公司在 2002 年 5 月推出 Q 币。Q 币简称 QB，也称 QQ 币、腾讯 Q 币等。与一般电子货币不同，Q 币的运作机制是单向流通，即只能把人民币兑换为 Q 币，而 Q 币不能再兑换为人民币。

Q 币通过与人民币兑换获取，官方价格为 1 元人民币购买一个 Q 币。Q 币是腾讯公司推出的一种虚拟货币，可用来购买腾讯的服务，包括 QQ 会员、网络硬盘、QQ 音乐、QQ 订阅、QQ 游戏、QQ 宠物等。腾讯 Q 币，可通过购买 QQ 卡、电话充值、银行卡充值、网络充值、手机充值卡等方式获得。

Q 币的发展大致经历了四个阶段。

（1）第一阶段，Q 币用于购买腾讯自家的网络服务，如 QQ 游戏、QQ 音乐等。

（2）第二阶段，由于 QQ 的普及，以及当时网络支付工具匮乏，Q 币的使用范围超越了腾讯自身，扩展到了其他网络服务，如在互联网上购买游戏点卡、付费电影下载等。自 2005 年 4 月起，Q 币可以购买瑞星的所有在线产品，包括瑞星杀毒软件下载版、个人防火墙和在线杀毒等；当时有一些游戏网站和论坛使用 Q 币进行支付，甚至有一些中小论坛用 Q 币为其版主支付工资。

（3）第三阶段，2006 年夏天，一场狂热的全民选秀让 Q 币交易到达顶峰。Q 币可用于 2006 年"超女"投票，这一行为导致了 Q 币发行量和交易量猛增。在"超女"总决赛期间，由于无数粉丝疯狂抢购 Q 币，导致 Q 币发行量猛涨。由于 Q 币是单向流通，一些兑换的没有使用的 Q 币慢慢就成为"死币"，存在客户的账户中，为使 Q 币变现，很多人低价转让。之前 Q 币转让市场一直比较低迷，2006 年夏季的选秀使得 Q 币的交易市场变得火爆，Q 币"黑市"盛行，网上专门有人收集"沉睡"的 Q 币；而另一方面，急于出手的客户也导致 Q 币价格一路走低，从原来的 1 元跌到 0.4 到 0.7 元不等，同时一些卖家趁机囤积 Q 币，等待价格回升后售出。Q 币黑市交易过程如下，买方在网络电商平台收购游戏币，卖方把 Q 币转为 QQ 游戏币，再通过网络游戏将游戏币通过"赠送方式"转给买家，然后买家最后将游戏币转为 Q 币，实现 Q 币转账。卖家则在电商平台收付转让 Q 币所得"货款"。通过这一流程，Q 币即可完成地下流通过程，实现与人民币之间的双向流通。

（4）第四阶段：伴随各种网络支付工具的快速发展，Q 币交易增长开始趋于平缓，主要用于腾讯公司所提供的服务。Q 币黑市也逐渐萎缩。

严格意义上讲，Q 币不是标准的电子货币，因为只能将人民币兑换为 Q 币，而不能将 Q 币兑换为人民币，因此也可视为预先购买了腾讯公司提供的服务。然而，在支付方式上，Q 币又具有数基货币运作的一般特点。

Q 币的支付与交易流程如图 1-31 所示。

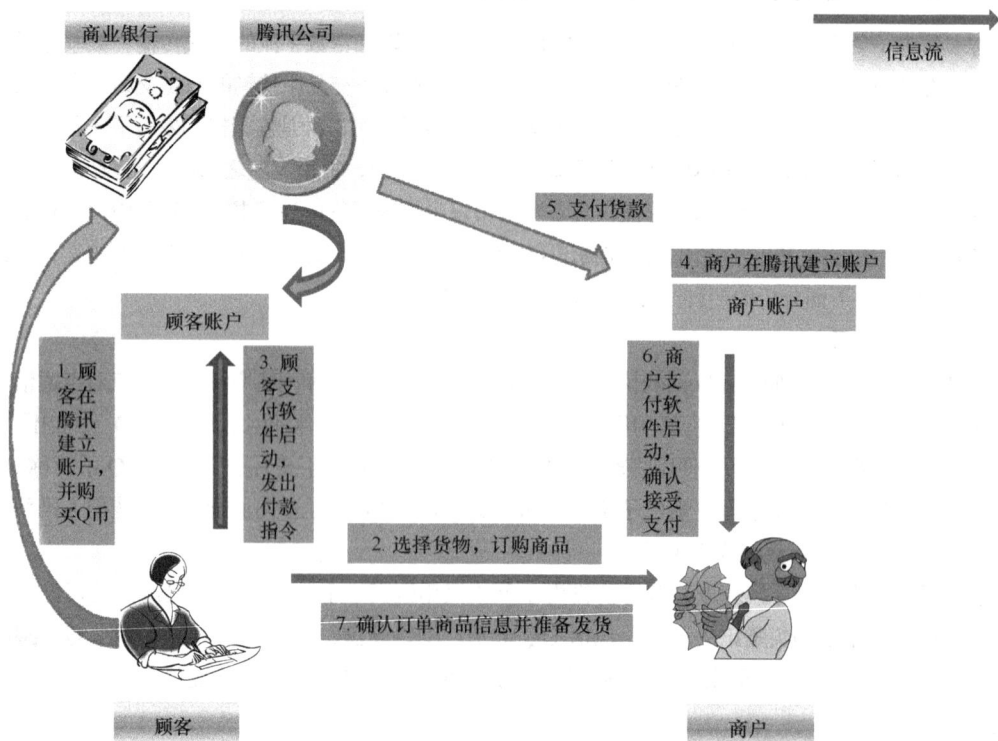

图 1-31　Q 币支付流程

利用 Q 币进行网络购物的流程如下。

（1）消费者在腾讯 QQ 平台建立账户，并购买 Q 币。

（2）选择货物，订购商品。

（3）顾客支付软件启动，发出付款指令。

（4）商户在腾讯建立账户。

（5）Q 币服务器检查顾客的账户余额，在账户余额充足的情况下，向商户客户进行转账，支付货款。

（6）商户支付软件启动，确认收到货款。

（7）确认订单商品信息并准备发货。

Q 币发行机制的特点是：简单、可操作性强。目前数基电子货币大多采用这种方式。在这种支付过程中，传递的都是信息流，没有货币流的传输。

2．Beenz

1999 年，总部位于纽约的 Beenz.com 公司发行了叫作 Beenz 的电子货币。Beenz 的创造者查尔斯·科恩（Charles Cohen）来自英国。Beenz 是一种在网上流通的在线货币，在网上通过执行指定操作赚取 Beenz 并消费。例如，通过访问指定站点，点击指定广告或在网上购买指定物品，然后就可以在接受 Beenz 的网站上购物消费，例如购买 CD、书籍、鲜花等。

Beenz 管理团队最初获得了 1 亿美元的风险投资。Beenz 管理层把市场和品牌定位于网络货币（the Web's Currency）和"世界货币"（Global Money），并意欲向世界主流货币发起挑战。但是，众所周知，在许多国家引入一种新的货币不合法，因此在欧洲，Beenz 管理层和法务团队不得不约见欧洲的金融管理当局，并承诺 Beenz 币只限定于网络环境。例如在进入英国时，Beenz 驻伦敦办事处被英国金融监管机构 FSA（Financial Services Authority）约见，并将网站上的"Beenz 银行"（Bank of Beenz）改为"我的 Beenz"（My Beenz）以迎合监管需求。

在 Beenz 发展的顶峰时期，曾在 12 个国家设有办事处，包括美国、瑞典、法国、德国、意大利、日本、新加坡、澳大利亚和中国。

Beenz 电子货币最初只能在互联网上使用，其发行量曾经达到 7 500 万货币单位，该数目相当于一个小国的货币总量。2000 年 4 月 27 日，Beenz 和 Mondex 签订了一项协议，希望把 Beenz 与 IC 卡相结合，允许消费者将在线的点数奖励（即所赚取的 Beenz）转化为信用卡信用额度，并存储在某种特定的万事达卡上，从而可在全球 1 800 万个万事达卡签约商户消费。最终就像现在的信用卡一样，能够在网下流通。这也是网络金融企业与传统金融行业的第一次合作。

但是，由于网络泡沫的破灭和电子商务低谷的到来，公司未能成功上市，也未能获得后续资金赞助。"9·11"事件后，高度依赖银行业务和航空公司航空里程返点业务的 Beenz 业务受到重创。2001 年 10 月 4 日，Beenz 公司被 Carlson Marketing Group 收购，Carlson 集团计划将 Beenz 系统整合到公司的客户管理工具中。公司被收购后，Beenz 给持币客户提供了一段时间的赎回期。

Beenz 这种以行为激励作为基础的"货币"与具有预先储值和预付卡机制的电子货币在货币发行上略有区别，电子货币的发行由在线商家提供，并且由该在线商家进行最后支付；消费者可以通过提供某些"电子工作"的方式获取该种虚拟价值单位，比如浏览网页、参与在线购物或仅仅通过网络运营商的服务器访问互联网。与 Q 币不同，Beenz 电子货币的发行没有现实银行中的账户进行兑换，这种电子货币发行方式更类似于早期银行券的发行方式。

Beenz 的商业模式基于套利原则。平台以确定的汇率购买 Beenz，然后通过顾客的增值活动，将这些 Beenz 奖励给顾客，顾客可通过在线购物等活动赚取 Beenz。然后顾客可以使用这些 Beenz 在指定商户中购物，商户收到 Beenz 后，可在网站以确定的兑换比率将 Beenz 卖给网站平台，网站平台通过赚取买卖差价盈利。

查尔斯·科恩为他的 Beenz 经济和 Beenz 币做了很多努力，但是，这种货币机制运作很有难度，并且很多国家认为这种货币不受欢迎，比如法国，并对该种货币进行抵制。

Beenz 币交易与支付流程如图 1-32 所示。

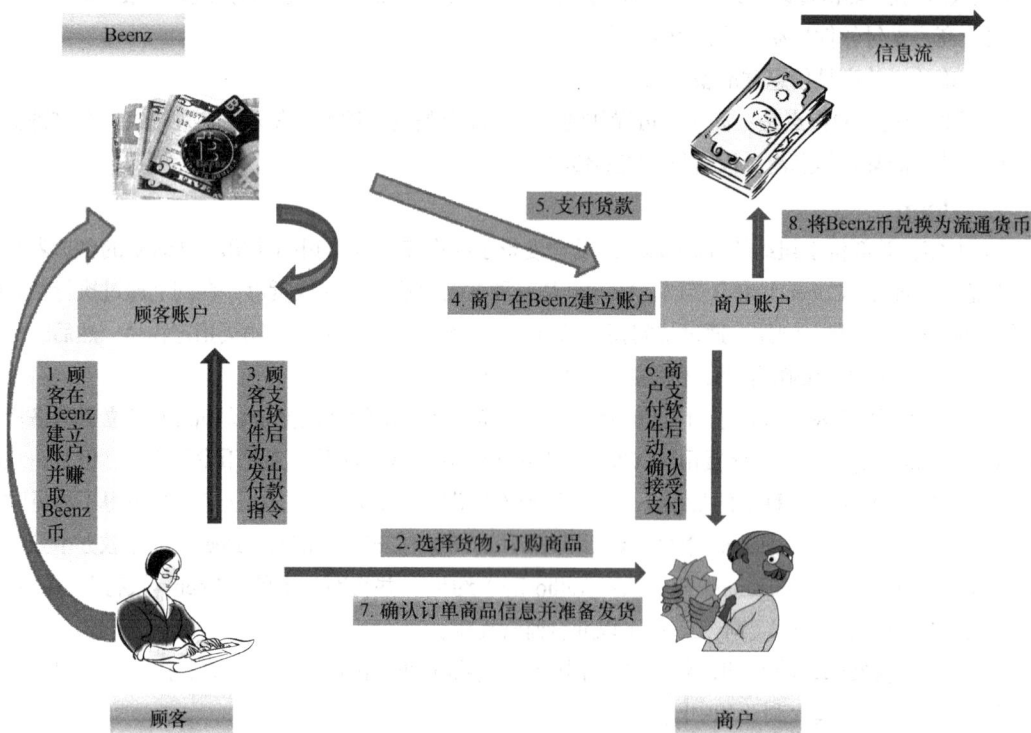

图 1-32　Beenz 币交易与支付流程

利用 Beenz 币进行网络购物的流程如下。

（1）消费者在 Beenz 网站平台建立账户，并通过指定操作，如点击广告等赚取 Beenz 币。

（2）选择货物，订购商品。

（3）顾客支付软件启动，发出付款指令。

（4）商户在 Beenz 平台建立账户。

（5）Beenz 币服务器检查顾客的账户余额，在账户余额充足的情况下，向商户客户进行转账，支付货款。

（6）商户支付软件启动，确认收到货款。

（7）确认订单商品信息并准备发货。

（8）商户将收到的 Beenz 币通过指定银行兑换成流通货币。

与 Q 币类似，在该种货币发行与流通中，只是账户余额的变动，没有实际的货币出现。在这种支付过程中，传递的都是信息流，没有货币流的传输。

与 Q 币不同的是，Beenz 币不是信用货币，也没有中央银行等机构的背书，获取 Beenz 币的过程类似早期的劳动创造价值。Beenz 币的发行和早期银行券的发行有相似之处。

3. E-cash

国际著名密码学家 David Chaum 在 1983 年发表的论文中阐述了匿名电子货币的想法。1989 年，David Chaum 创立 DigiCash 公司，并将 E-cash 注册为公司商标。DigiCash 公司位于荷兰的阿姆斯特丹，1994 年 5 月开发了 E-cash 网上支付体系。

与信用卡类似，E-cash 支付系统对消费者免费，而商家需要支付交易手续费。在三年的实验期中，签约了 5 000 名客户，在被一家大型信用卡发卡机构 Mercantile Bank 收购一年后，1998 年，公司破产。到 1998 年 6 月，DigiCash 在美国只找到一家银行接受 E-cash，即美国马克吐温银行（the Mark Twain bank in Saint Louis）。在欧洲，有很多家银行都接受 E-cash，如德国的银行（Deutsche Bank）、瑞士的 Credit Suisse、奥地利的 Bank Austria、瑞典的 Posten AB、芬兰 Merita Bank 和 EUnet、挪威 Den norske Bank 以及澳大利亚 St.George Bank 和 Advance Bank 两家银行。

E-cash 使用加密技术以保证支付机制的安全性，利用公钥数字签名机制（Public Key Digital Signature Schemes）和 RSA 盲签名机制（Blind Signatures）以保证交易的匿名性。

消费者使用 E-cash 进行交易，首先需要在 E-cash 平台进行注册并开立一个虚拟账户，然后可申请将银行账户的资金兑换为 E-cash，而银行则分配给用户每人一个"钱包"（Purse）软件以管理并转账 E-cash。这样，资金就可以从用户的银行账号上转移到 Purse 软件中。然后在自己的个人电子计算机上下载一个电子钱包，再从 DigiCash 公司设计的"快速电子银行"账户中提取 E-cash 并存入个人电子钱包内。你也可以不下载电子钱包，而把兑换好的 E-cash 存在 DigiCash 公司的"快速电子银行"账户中。之后，在互联网购买商品时，即可使用 E-cash 进行支付。

E-cash 的交易模式如图 1-33 所示。

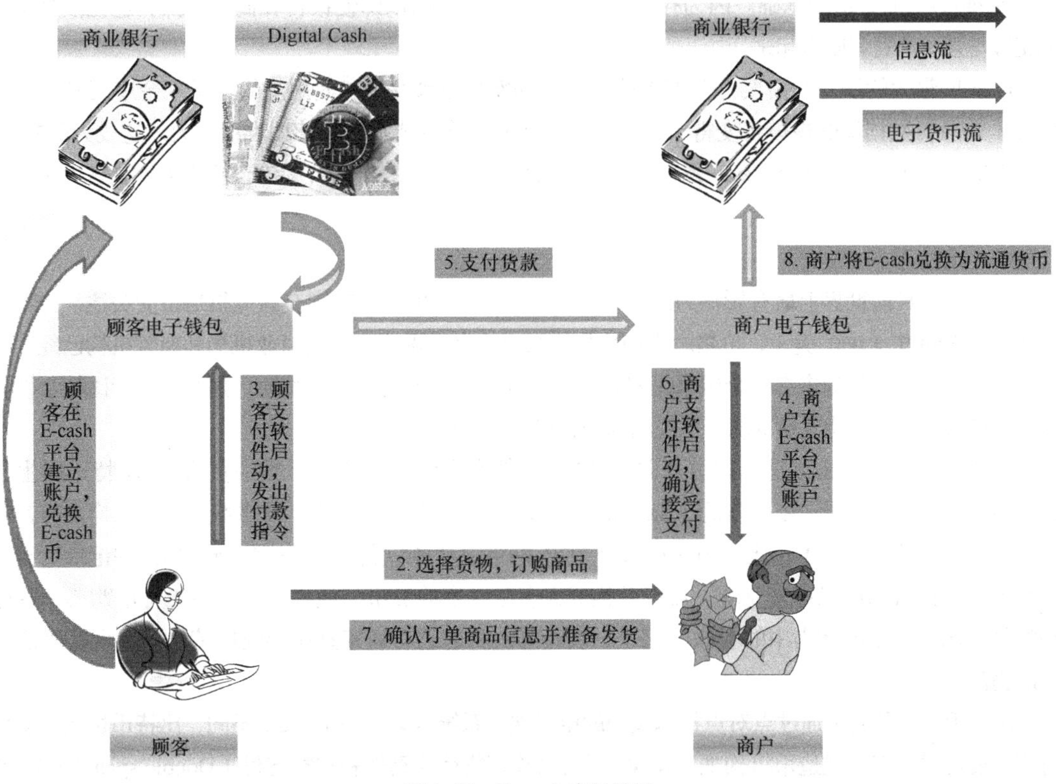

图 1-33　E-cash 交易机制

E-cash 交易与支付的流程如下。

（1）消费者获得 E-cash，电子钱包充值。用户在 E-cash 平台开立 E-cash 账号，用现金兑换 E-cash，这些 E-cash 被分成若干成包的"硬币"，消费者可使用下载的电子钱包软件存储，也可以存在 E-cash 平台的电子银行中。

（2）选择货物，订购商品。

（3）顾客支付软件启动，向自己的电子钱包发出付款指令。

（4）商户在 E-cash 平台开立 E-cash 账号或下载 E-cash 电子钱包。

（5）顾客的电子钱包向商户的电子钱包进行货款支付。

（6）商户支付软件启动，商户电子钱包在收到付款的电子货币后，向电子货币服务器发出支付请求，检验电子货币的真伪和合法性；E-cash 银行通过数据库检查此序列号的电子现金是否被使用过。如果电子现金未被使用过，则通知商店所收到的 E-cash 为真。如果电子现金在数据库中留有记录，表明并非第一次使用，那么便向商店发出拒绝信息。

（7）验币完成确认接受付款，并确认订单，准备发货。

（8）将收到的 E-cash 币发往接受 E-cash 的银行，兑换成流通货币。

E-cash 由于不记录支付场所和姓名等信息，从而保证了货币的匿名性，具有保护个人隐私的特性；E-cash 的实质是代表价值的加密数字串。这种支付方式的最大特点是交易的"匿名性"，即不论商店还是银行，都不知道是谁购买了哪些商品，有利于保护消费者的隐私。同时，它能追踪特定的某笔现金的流向，因此可追踪某些不法交易。

E-cash 的发行需要与现行的银行账户进行兑换，因而具有预先储值的特性。

E-cash 的主要目标是"交易绝对不可跟踪"，这一点以 Chaum 发明的打包加密（Blind-Cryptography）的方法为基础。因为存在一个打包的过程，所以即使银行和商店合谋，也无法将某一笔支付与某个消费者联系起来。

E-cash 最大的缺点是需要一个庞大的中心数据库来记录发行和使用过的电子现金序列号。如果 E-cash 普及，数据库的规模将变得十分庞大，目前的计算机技术进行管理难度很大，这成为限制 E-cash 推广的重要障碍。DigiCash 系统是目前比较成功的系统之一，该系统已经从实验室里运作到市场上了。

4. 比特币

比特币是目前世界上最有影响力的电子货币之一，在 2008 年美国金融危机后备受关注。比特币价格曾一度超过 1 000 美元，价格之高和价格增长之快令人震惊。一些商业机构和慈善机构已经宣布接受比特币支付，但尚未有一个国家正式宣布接受其作为法定货币进入流通。如今，由于比特币被爆炒，比特币的支付功能逐渐减弱，已经沦为一种投机和炒作工具。

比特币是（Bitcoin）是一种由开源的 P2P 软件产生的电子货币（数字货币）。比特币诞生于 2008 年 11 月 1 日，最初由中本聪（Satoshi Nakamoto）提出。比特币不依靠特定货币机构发行，它通过特定算法的计算产生。比特币使用整个 P2P 网络中众多节点构成的区块链来确认并记录所有的交易行为。比特币可以用来兑现，可以兑换成大多数国家的货币。使用者可以用比特币购买一些虚拟物品，比如网络游戏当中的衣服、帽子、装备等。目前已有商家宣布接受比特币购买现实生活当中的物品。

比特币是一种完全通过点对点技术实现的电子现金系统方案，与 E-cash 不同，比特币机制在支付时不需要通过第三方或造币机构如 E-cash 平台来验证货币的真伪和重复支付（Double-spending）。通常，在电子货币交易中，每一笔交易结束后，这枚电子货币就要被电子货币造币厂回收，同时造币厂将发行一枚新的电子货币；而只有造币厂直接发行的电子货币，才算作有效，这样就能够防止双重支付。因此整个货币系统的命运完全依赖于运作造币厂的公司，因为每一笔交易都要经过该造币厂的确认。比特币通过区块链公众传播来避免货币的重用。

比特币被定义为一种电子货币（An Electronic Coin），比特币由一串加密的数字签名构成，可以通过"挖矿"或交易获得比特币。所有挖出的比特币被存在一种称为区块链的数据结构中，如图 1-34 所示。

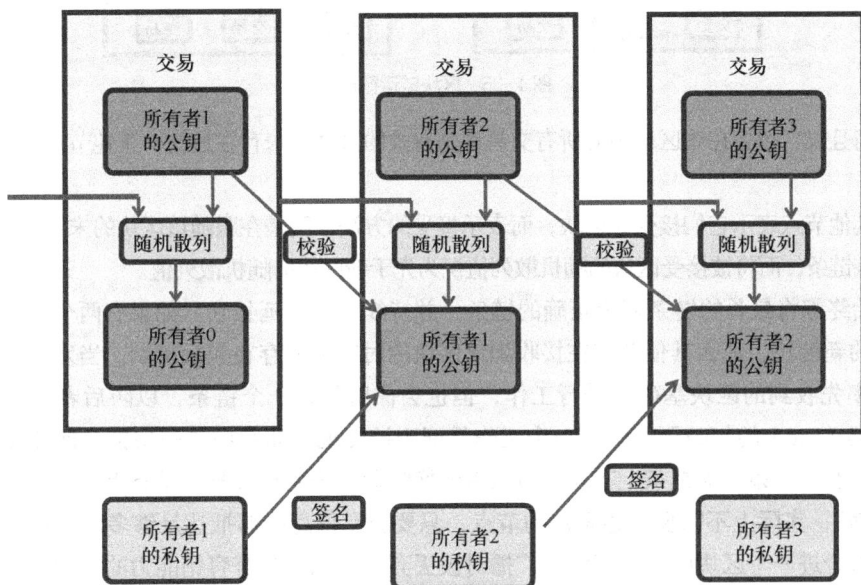

图 1-34　区块链结构

在该区块链中，每一个有效节点就是一个比特币单元，该单元包含新旧所有者的公钥和新所有者的私钥，并附加一个随机散列的数字签名和一个时间戳。一个新的比特币生成时，拥有者需要向所有节点发布信息，同样每次交易后也需要对外公布交易信息（Publicly Announced），让比特币链条上的所有节点都成为公证人，也就是收款人需要确保在交易期间绝大多数的节点都认同该交易是首次出现。这样一旦区块链链条受到攻击，只要诚实的节点数量大于被攻击节点的数量，诚实节点将被认可，该系统就是安全的。诚实节点以 CPU 为依据，一个 CPU 一票。

比特币支付机制通过随机散列（Hashing）和时间戳（Timestamps）技术实现安全性。只要大多数的 CPU 计算能力没有打算合作起来对全网进行攻击，那么诚实的节点将会生成最长的、超过攻击者的链条。节点（Nodes）可以随时离开和重新加入网络，并将最长的工作量证明链条作为在该节点离线期间发生的交易的证明。在现有的计算机计算能力下，比特币具有难以被盗、匿名性、数量有限性的特点。时间戳服务器通过对以区块（Block）形式存在的一组数据实施随机散列而加上时间戳，并将该随机散列进行广播，以证实该比特币或比特币交易的有效性。包含交易细节的区块链如图 1-35 所示。

如图 1-35 所示，比特币区块链网络运行机制如下。

（1）新的交易向全网进行广播。

（2）每一个节点都将收到的交易信息纳入一个区块中。

（3）每个节点都尝试在自己的区块中找到一个具有足够难度的工作量证明。

（4）当一个节点找到了一个工作量证明，它就向全网进行广播。

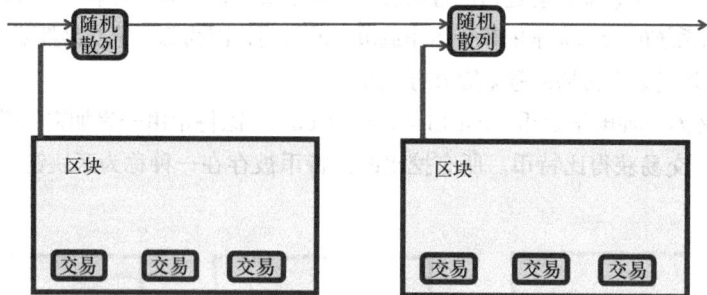

图 1-35　区块链运行机制

（5）当且仅当包含在该区块中的所有交易都是有效的且之前未存在过的，其他节点才认同该区块的有效性。

（6）其他节点表示它们接受该区块，而表示接受的方法，则是在跟随该区块的末尾，制造新的区块以延长该链条，而将被接受区块的随机散列值视为先于新区快的随机散列值。

节点始终都将将最长的链条视为正确的链条，并持续工作和延长它。如果有两个节点同时广播不同版本的新区块，那么其他节点在接收到该区块的时间上将存在先后差别。当发生此情形时，它们将在率先收到的区块基础上进行工作，但也会保留另外一个链条，以防后者变成最长的链条。该僵局（Tie）的打破要等到下一个工作量证明被发现，而其中的一条链条被证实为较长的一条，那么在另一条分支链条上工作的节点将转换阵营，开始在较长的链条上工作。所谓"新的交易要广播"，实际上不需要抵达全部的节点，只要交易信息能够抵达足够多的节点，那么它们将很快被整合进一个区块中。而区块的广播对被丢弃的信息是具有容错能力的。如果一个节点没有收到某特定区块，那么该节点将会发现自己缺失了某个区块，也就可以提出自己下载该区块的请求。

在不运行完整网络节点的情况下，也能够对支付进行检验。一个用户需要保留最长的工作量证明链条的区块头的拷贝，它可以不断向网络发起询问，直到它确信自己拥有最长的链条，并能够通过merkle 的分支通向它被加上时间戳并纳入区块的那次交易。节点想要自行检验该交易的有效性原本是不可能的，但通过追溯到链条的某个位置，它就能看到某个节点曾经接受过它，并且于其后追加的区块也进一步证明全网曾经接受了它。

因此只要诚实的节点控制了网络，检验机制就是可靠的。但是，当全网被一个计算力占优的攻击者攻击时，将变得较为脆弱。因为网络节点能够自行确认交易的有效性，只要攻击者能够持续地保持计算力优势，简化的机制会被攻击者焊接的（Fabricated）交易欺骗。那么一个可行的策略就是，只要他们发现了一个无效的区块，就立刻发出警报，收到警报的用户将立刻开始下载被警告有问题的区块或交易的完整信息，以便对信息的不一致进行判定。对于日常会发生大量收付的商业机构，可能仍会希望运行他们自己的完整节点，以保持较大的独立完全性和检验的快速性。

利用比特币进行网络电商交易的流程如图 1-36 所示。

比特币交易与支付流程如下。

（1）消费者通过挖矿或交易获得比特币，并下载比特币电子钱包，将比特币存储在电子钱包中，这里的电子钱包即为比特币区块链上的一个节点。

（2）选择货物，订购商品。

（3）顾客支付软件启动，向自己的电子钱包发出付款指令。

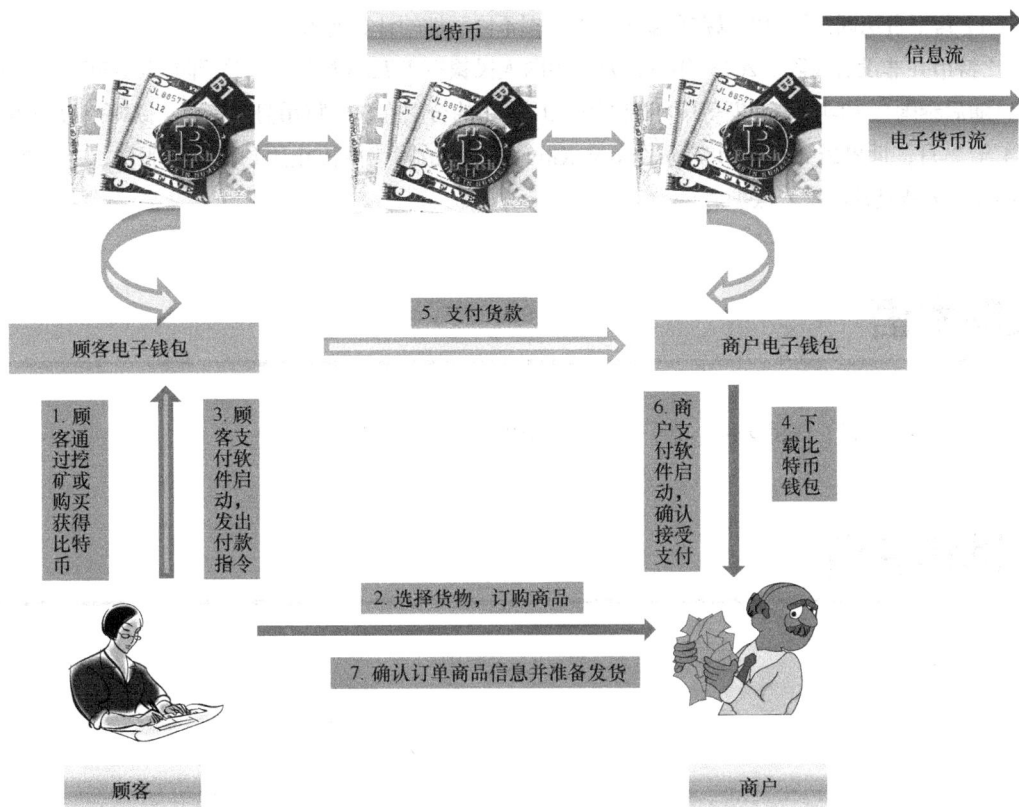

图 1-36 比特币交易与支付流程

（4）商户下载比特币电子钱包。

（5）顾客的电子钱包向商户的电子钱包进行货款支付。

（6）商户支付软件启动，商户电子钱包在收到付款的电子货币后，通过比特币区块链进行交易。

（7）验币完成确认接受付款，并确认订单，准备发货。

比特币与其他虚拟货币最大的不同是，其宣称总数量非常有限，具有极强的稀缺性。该货币在推出后前 4 年内只有不超过 1 050 万个，之后的总数量将被永久限制在 2 100 万个之内。

比特币具有以下主要特点。

（1）去中心化：比特币是第一种分布式的虚拟货币，整个网络由用户构成，没有中央银行。去中心化是比特币安全与自由的保证。

（2）全世界流通：比特币可以在任意一台接入互联网的电脑上管理。不管身处何方，任何人都可以挖掘、购买、出售或收取比特币。

（3）专属所有权：操控比特币需要私钥，它可以被隔离保存在任何存储介质中，除了用户自己之外，无人可以获取。

（4）低交易费用：可以免费汇出比特币，但最终对每笔交易将收取约 1 比特分的交易费以确保交易更快执行。

（5）无隐藏成本：作为由 A 到 B 的支付手段，比特币没有烦琐的额度与手续限制。知道对方比特币地址就可以进行支付。

（6）跨平台挖掘：用户可以在众多平台上发掘不同硬件的计算能力。

比特币并非没有风险。2013 年 12 月，中国人民银行等五部委发布《关于防范比特币风险的通知》，随后泰国、中国、俄罗斯等国相继不承认比特币的合法性，比特币身价大跌，跌幅超过 20%；2014 年 2 月，世界最大比特币交易平台 Mt.Gox 以技术故障为由停止用户提现的服务，2 月 25 日 Mt.Gox 正式申请法院破产保护。

关键术语

支付、实物支付、信用支付、电子支付、电子货币、数基、卡基

关键知识点

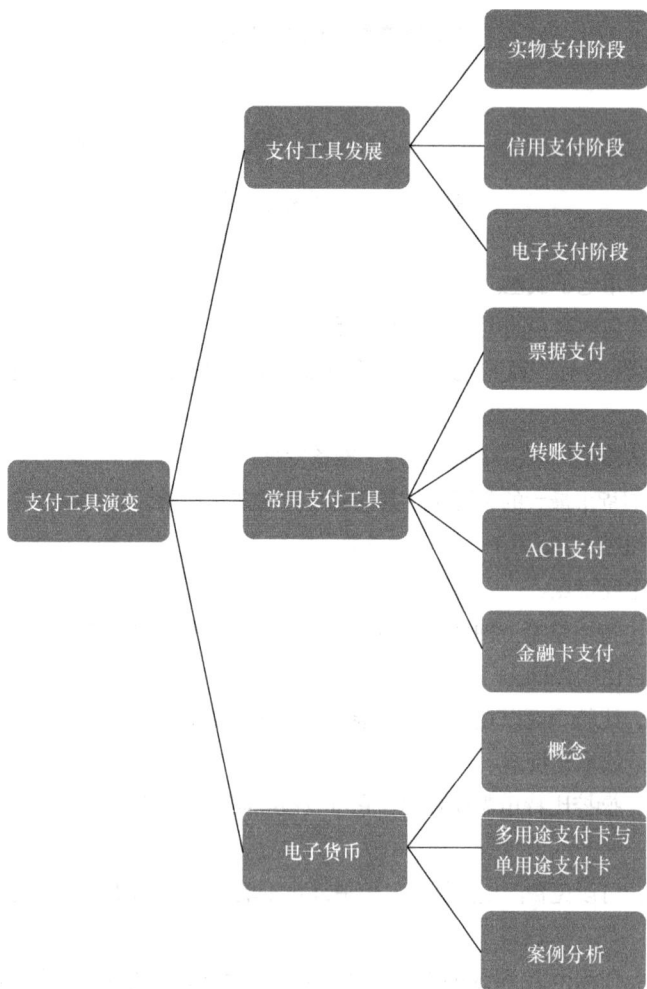

本章思考题

1. 信用支付阶段主要的支付工具有哪些？简述其支付过程。

2. 电子支付有什么特征？

3. 电子支付有几种传输形式？

4. 电子货币有什么特点？

第2章 现代化支付系统概述

章首导言

支付系统是金融体系的重要组成部分，是保证金融交易有效性和防范金融风险的基础。支付系统涉及资金转移的规则、资金转移的相关机构和资金转移的技术手段等诸多方面。

支付系统是由一系列支付工具、程序、有关交易主体、法律规则组成的用于实现货币金额所有权转移的完整体系。成本、效率和风险是支付系统设计时要考虑的主要因素。同时，特定的支付与结算安排也会对货币市场利率产生影响，从而对货币政策传输机制产生影响。

一个有效且高效的支付系统包括稳定的支付机构（如银行和清算机构）、有效且便利的支付工具、高效稳定的清分结算系统，同时还要有一套运作规章和法律法规作为保证。目前的支付系统一般可分为大额实时全额系统、大额轧差系统和小额批量净额结算系统三大类。

本章首先阐述支付系统定义与构成，分析构成支付系统的各要素的职能；其次讨论支付系统的分类与运作原理，最后通过典型案例进行分析说明。

2.1 支付系统的定义与组成

在市场经济中，经济行为人每天都有可能进行交易，消费者、工商企业、政府机构每天都要为各种需要而购买食品、原材料乃至金融产品甚至战斗机等军事武器。交易的完成需要实现商品和劳务的转移以及债务的清偿，需要支付清算服务。

2.1.1 支付系统的定义

支付系统是由一系列支付工具、程序、相关交易主体、法律规则组成的用于实现货币金额所有权转移的完整体系。

支付系统是市场经济下货币体系不可分割的一部分。根据国际清算银行（1992）的定义，"支付系统由特定的机构以及一整套用于保证货币流通的工具和过程组成"。任何支付系统的目的都是尽可能高效地组织实际交易和金融交易的资源的传送。支付系统包括资金转移的规则、机构和技术手段。

在经济中，任何有关支付的工具、手段等均是广义支付系统的组成部分，例如现金、支票、中央银行的票据处理中心以及有关票据的法律等。狭义上的支付系统是指以计算机网络系统为依托，由一系列交易主体参与的，由一系列相关支付工具、程序、有关法律组成的，用于实现电子资金转账的体系。

2.1.2 支付系统构成

在现代经济生活中，市场经济中的所有交易都以货币的形式支付商品和劳务。支付系统的效率和稳定性对经济活动有着极其重要的影响。

一个有效且高效的支付系统包括稳定的支付机构（例如银行和清算机构）、有效且便利的支付工具、高效稳定的清分结算系统，同时还要有一套运作规章和法律法规作为保证。支付系统作为一个完整的体系，每一部分都是维护这一体系的正常运转所不可缺少的。

如图 2-1 所示，银行是支付系统的重要组成部分。中央银行的职能之一就是对支付系统进行监督和监管，保证支付系统的稳定。

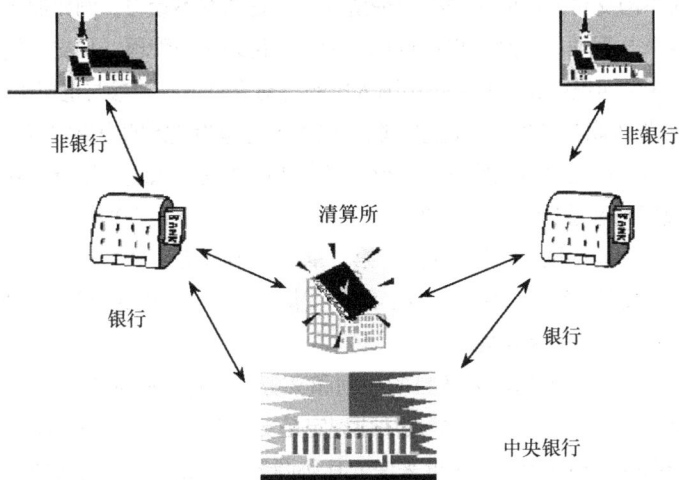

图 2-1　支付系统的构成

支付工具可以分为现金支付工具和非现金支付工具两大类。非现金支付工具或方法主要有支票、转账支付、自动清算所支付和金融卡支付等。

伴随着技术的发展，支付工具不断地发生着变革，信息技术和通信技术的发展使得非现金交易的比重越来越大。特别是电子货币的出现，对现金产生了替代作用。另外，尽管支票仍然是主要的支付工具之一，但其市场份额正逐渐被卡基支付工具所取代。

（1）银行

支付是为了清偿商品交换和劳务活动所引发的债权债务，而由银行所提供的金融服务业务，它源于银行与客户之间的经济交往活动。

由于银行"信用"中介的作用，支付演化为银行与客户、银行与银行之间的资金收付关系。在当前的各种支付系统中，银行扮演着重要的角色，绝大部分交易的支付都以银行转账的形式进行。

支付系统的要素来源于银行提供的服务和银行体系的基础设施。在发达的市场经济中，支付必须通过由商业银行和中央银行构成的银行体系来进行。

商业银行提供必要的清算账户和流动性来满足其客户对支付的需求。银行间的清算通过银行间账户的资金往来而进行；通过商业银行在中央银行的往来账，商业银行得以使用中央银行货币获得最终的清算。

银行不仅要求具备高水平的支付业务设施，而且是向广大客户提供支付服务的主体。

（2）清算机构（清算所）

清算机构负责金融机构之间（银行）以及金融机构和非金融机构之间资金的清分和结算。清算机构的出现，使得银行之间的资金收付交易，必须经过清算所进行资金清算，才能最终完成支付的全过程。

（3）支付系统的管理者（中央银行/清算机构）

支付系统的管理者负责制定支付系统的运作规章，并维护支付系统的日常运作。一般来讲，中央银行就是支付系统的管理者。但对于不同的国家和不同的系统，这个问题的答案并不同。

在现存的支付系统中，也有民间组织做支付系统管理者的情形，例如国际资金清算系统 SWIFT、美国的 CHIPS、威士国际组织和万事达卡国际组织等。伴随电子商务与互联网金融的发展，很多第三方支付机构也成为支付系统的管理者，如美国的 PayPal、中国的支付宝。

各国中央银行对本国支付系统的参与有两种情况：一是基本不参与，例如加拿大和英国，支付系统完全由私营机构经营与管理；二是中央银行积极参与支付系统的管理，从支付规则的制定到提供支付服务，典型代表是法兰西银行和美联储，中国人民银行对支付系统的参与也属于这一种。

1913 年，美国根据《联邦储备法》建立了联邦储备银行作为美国的中央银行，并授予其管理美国银行业活动的广泛权力，这些权力包括货币发行、经营美国的支付系统、银行监管以及货币政策的制定与实施。欧洲中央银行和法国中央银行也将支付系统的稳定高效运作作为中央银行的三大任务之一。根据《中华人民共和国中国人民银行法》[1]第一章总则第四条，中国人民银行将履行依法制定和执行货币政策、发行人民币、管理人民币流通、维护支付及清算系统的正常运行等职责。

（4）国家法律与支付系统的运作规章

国家法律规定了支付系统的参与者各自的权利和义务，并对一些基本问题，例如支付工具的使用、支付指令的有效性等进行了规定，明确的法律规定是支付系统正常运作的基础。

支付系统需要一系列内部的规章、制度来保证其协调运行。支付系统的运作规章规定了支付系统的方方面面，例如参与者、是否允许日间透支、如何提供日间透支、透支利率如何计算、支付指令能否撤销、是否收费、收费多少等。运作规章的制定是支付系统建设和管理中极其重要的组成部分，要根据本国的经济、法律方面的实际情况进行综合考虑。这些运作规章不是一成不变的，它们将根据新的情况、新的问题不断修改，以适应发展的要求。

（5）支付工具

支付工具可被视作支付指令的载体，是支付系统内进行清算的中介，它必须是被交易双方同时认可的一种支付手段。这一载体可分为有形和无形两种。有形的支付工具有现金、支票、汇票、本票、卡基支付工具等；无形的支付工具主要指承载支付命令的电子信息，这些信息必须为有关支付系统所承认。支付系统的类型是决定支付工具形式的重要因素。

一般来说，小额支付系统的支付工具为现金、票据和银行卡；为了保证支付效率，大额支付系统的支付工具往往以电子信息的形式存在。

2.2 支付系统的分类与运作原理

世界各国由于法律环境、经济环境以及历史习惯的不同，支付系统也呈现出多种不同的形式。

2.2.1 支付系统的分类

1. 按结算方式分类：全额和净额

全额结算是指在资金转账前并不进行账户金额的对冲，而是以实际的支付金额进行转账的结算方式。

---

[1]《中华人民共和国中国人民银行法》于 1995 年 3 月 18 日第八届全国人民代表大会第三次会议通过。根据 2003 年 12 月 27 日第十届全国人民代表大会常务委员会第六次会议《关于修改〈中华人民共和国中国人民银行法〉的决定》修正。

净额结算是指在进行双方或多方的资金转账前，先对各方账户上的余额进行相互冲减，之后才转移剩余资金金额的结算方式。净额结算又可分为双边净额结算和多边净额结算。

在净额结算的情况下，银行将与每笔支付有关的信息传送到清算所。参加清算所清算的所有银行，在发生支付义务的时候，并不立即通过银行间资金转账结算每一笔支付，而是在约定的时期（称作清算周期）内让债权和债务累积起来，然后在清算周期末的指定结算时间对其往来支付进行相互抵消。于是，银行只需把支付净额转给清算所。

净额结算通常于每日终了在结算银行（一般是中央银行）的账簿上进行，但也可以在计算出净头寸后的一个或几个营业日后进行。净额结算也可以通过在商业银行开设的往来账进行。下面举例说明全额结算、双边净额结算和多边净额结算之间的差异。

图 2-2 显示的是全额结算情况下的资金往来关系。假设有 4 家银行 A、B、C、D，共有 9 笔交易，交易金额如图 2-2 所示。

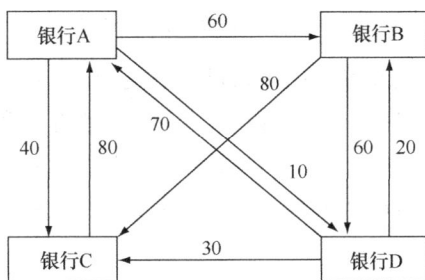

银行间潜在交流渠道的数量：6
银行间交换支付信息的数量：9
银行间资金转账的实际笔数：9
银行资金转账的实际总额：450

图 2-2　全额结算中的资金往来关系

在全额结算情况下，每一笔交易都单独进行。每一对银行间都有支付信息的交换，潜在的信息交流渠道较多（4 家银行有 6 条信息交流渠道），银行通过资金转账对每一笔支付进行单独结算。共进行了 9 笔银行间的资金转账，总额为 450 个货币记账单位。由于全额结算系统能够进行实时结算，系统风险小，目前许多国家中央银行都选择实时全额结算系统（Real Time Gross Settlement System，RTGS），例如 TARGET。但全额结算系统的资金占用成本比净额结算系统高。

在进行全额结算时，银行间债权债务关系如表 2-1 所示。对银行体系而言，各银行的债权总额等于各银行的债务总额。

表 2-1　全额结算时银行间的债权债务关系

发送行	接收行				
	A	B	C	D	债务总额（元）
A	—	60	40	10	110
B	0	—	80	60	140
C	80	0	—	0	80
D	70	20	30	—	120
债权总额（元）	150	80	150	70	450

图 2-3 显示的是双边净额结算情况下的资金往来关系。

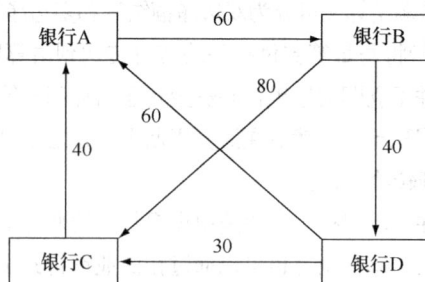

银行间潜在交流渠道的数量：6
银行间交换支付信息的数量：6
银行间资金转账的实际笔数：6
银行资金转账的实际总额：310

图 2-3　双边净额结算中的资金往来关系

在双边净额结算中，潜在信息交流渠道的数目几乎没有变化，任何两个银行间必须维持一条通信渠道，在每个清算周期结束时，发生一次资金转移。仍然是上述的 9 笔交易，交易总额仍为 450 个货币记账单位，由于银行间相互抵消了一些双边债务，结算中涉及的实际划拨金额明显减少了，只有310 个货币记账单位。于是，银行系统对结算资金的需求量几乎减少了 1/3，其债权债务关系如表 2-2所示。

表 2-2　双边净额结算时银行间的债权债务关系

发送行	接收行				
	A	B	C	D	债务总额（元）
A	—	60	0	0	60
B	0	—	80	40	120
C	40	0	—	0	40
D	60	0	30	—	90
债权总额（元）	100	60	110	40	310

图 2-4 显示的是在多边净额结算情况下的资金往来关系。

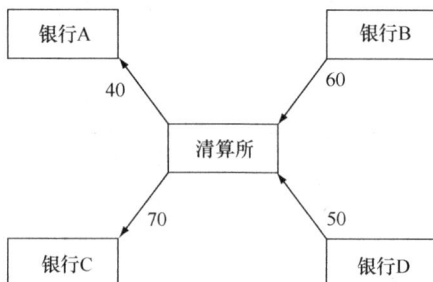

银行间潜在交流渠道的数量：4
银行间交换支付信息的数量：9
银行间资金转账的实际笔数：4
银行资金转账的实际总额：220

图 2-4　多边净额结算中的资金往来关系

在多边净额结算情况下，这种结算方式进一步减少了实际的结算金额。信息交流渠道的数目也大大减少（减少到 4），因为每家银行只需在中央清算所开设一条连接线路，而不必各自建立自己的往来通信渠道。有净借方头寸的银行通过把结算资金划到结算银行了结其债务。清算所可以充当净额处理的代理人，对结算账户进行监督，在净借方义务得到履行之后，命令把资金划给有净贷方头寸的银行。在这个例子中，银行的资金转账总额为 220 个货币记账单位，比双边净额结算节约了部分资金。在一个清算周期内，银行体系的资金净差额为零，其债权债务关系如表 2-3 所示。

表 2-3　多边净额结算时银行间的债权债务关系

银行	A	B	C	D	净差额（元）
差额（元）	40	-60	70	-50	0

对全额结算而言，不管是银行客户间的交易，还是银行的自营交易，每笔交易都可以单独通过在银行间进行相应的资金转账进行结算。

对净额结算而言，银行间的某些支付义务可以相互抵消，这样只需在指定结算期的期末对净债务进行结算。在这种情况下，银行对每一个支付指令都进行处理，并及时记录每笔交易，以便准确反映支付交易的情况。但在结算的时候，银行间只针对净额进行资金转账。

净额结算是在一给定清算周期内将支付指令进行累加，并计算各银行的资金接收与发送情况，在清算周期结束时将各银行的差额头寸通过清算银行或中央银行进行资金转移。净额结算可以是双边的，也可以是多边的，净额结算的风险也集中在清算周期结束的时刻。在整个清算周期内，参加清算的债权银行相当于向债务银行提供当日信贷，隐藏着信用风险和流动性风险。在清算时刻，债务银行应保证其清算账户上有充足的资金以满足支付要求。如果某债务银行在清算时刻无法履行其债务责任，清算可能就会无法继续进行。

为了保证清算能够继续进行，有 3 种方法可以选择。

（1）中央银行对债务银行的债务头寸加以承担，向债务银行提供信贷，从而保证净额结算各方能继续清算，然后再设法将损失在各参加方之间进行分担。

（2）参加净额结算的各方根据清算紧急安排承担债务银行的债务头寸，化解整个清算周期危机。这种情况要求参加清算的各方在事前就对风险的分担方式达成协议，在危机发生后立即按既定方案处理。一个净额结算系统是否安全，在很大程度上取决于其危机应对措施安排是否得当。

（3）如果债务银行无法履行债务责任，则所有与债务银行有关的支付指令就会被取消，在其他银行间重新计算头寸情况。这种情况比较复杂，有可能造成连锁反应，产生系统风险。

例如在上面的例子中，如果银行 B 无力履行债务责任，那么与银行 B 有关的所有支付指令都会被取消，头寸在银行 A、C、D 间重新计算，则银行 A、C、D 的头寸情况如表 2-4 所示：银行 C 从债权 70 单位变成了债务 10 单位，银行 D 从债务 -50 单位变为债务 -90 单位。C 银行从债权银行变为债务银行，那么势必需要筹措足够多的资金以满足重新计算后的债务责任。如果其中一方无法在短期内筹措到资金，那么与该方有关的支付指令将被再次取消，支付指令在剩余银行间重新计算，有可能再次造成流动风险，从而产生系统风险。因此，在一个银行无力履行债务责任的情况下，采用支付指令取消方式，极易打乱整个支付秩序，造成系统风险。在大额支付系统中，中央银行一般不鼓励采用此种方式。

表 2-4　净额结算时头寸变化示例

银行	A	B	C	D	净差额（元）
差额（元）	100	——	-10	-90	0

2．按交易金额分类：大额和小额

按照支付系统服务对象的不同与所处理的每笔资金的金额大小，可以分为大额支付系统和小额支付系统。大额支付系统用于每笔支付金额超过某一数量的支付业务，例如 10 万货币单位；小额支付系统的支付金额一般较小。

大额支付系统是为经济行为者中的一些特殊类别，例如货币、黄金、外汇、商品市场的经纪商与交易商，以及从事货币市场交易活动的商业银行提供的支付服务。这些经济活动行为者交易活动的特点是交易笔数相对较少，但每笔交易活动交易金额巨大，在支付的时间性、准确性、安全性上有特殊要求。例如外汇交易活动，外汇交易商每天要进行多笔交易，交易周转额巨大，同样一笔资金要支持多笔交易的周转，在交易的交割时间上要求相当准确。

小额支付系统的服务对象通常是经济行为者中的广大个人消费者、从事商品和劳务交换的工商企业。这些经济行为者交易活动的特点是交易发生频繁，但交易金额相对较小。

大额支付系统与小额支付系统是一国支付系统不可缺少的两个组成部分。大额支付系统支持一国的货币市场以及资本市场的交易活动以及大额商务活动，决定了一国金融市场、银行体系的效率，进而决定了一国经济活动的效率。大额支付系统还是支持跨国界多币种交易的支付服务系统，而且中央银行公开市场业务也依赖大额支付系统实现。因此大额支付系统的设计是一国支付系统设计的关键，体现了一国支付系统的发达程度。

大额支付系统和小额支付系统在管理和维护方面考虑的侧重点不同。大额支付系统对系统稳定性、安全性、准确性、资金转移的时效性等因素的要求比小额支付系统严格。然而，小额支付系统处理的交易数量远远超过大额支付系统，而且系统网络往往会扩展到商店甚至个人家中，因而小额支付系统的管理者对系统数据吞吐量等要求较高。

大额支付系统主要用于资本市场交易、货币市场交易和大额贸易的资金结算，而小额支付系统一般为小额贸易支付和个人消费服务。由于大额支付系统潜在的信用风险对整个系统的安全以至整个金融体系的安全至关重要，因此系统对用户的资格通常有严格的规定。

3．按结算时效分类：实时和非实时

结算时效是指某一支付工具发出指令后，资金从某人转给某人或从某账户转到其他账户所用的时间长短。所用的时间越长，时效性越差；时间越短，时效性越好。

支付系统按时效性可分为实时支付系统和非实时支付系统两种。实时支付系统的时效性最理想，当一方发出支付指令时，结算也同时完成（即实时）。在非实时支付系统中，从系统收到支付指令到完成结算之间有一定的时间间隔，此间隔的长短随支付系统的不同而不同。

时效性的好坏与结算方式密切相关。全额结算方式可以使时效性达到理想状态。这是因为在全额结算中，支付系统将对每一笔支付指令进行资金的转移，资金转移的速度与计算机系统的处理速度直接相关。当今计算机的性能早已使得这种资金转移可瞬间完成。

但是对于净额结算来说，时间间隔（收到支付指令与进行实际资金转账之间）无法避免，这由净额结算的方式所决定。要进行净额结算，必须要设定结算周期，在结算周期结束时，再对账户进行轧差。因为结算周期的存在，时效性自然与结算周期的长短直接相关。

4．按系统的管理者分类：中央银行和清算机构

管理者是支付系统顺畅运行的重要因素之一，由谁负责支付系统运行由历史、经济、政治等多方面因素决定。各国、各地区不同的支付系统从该角度一般可分为由中央银行主管和由清算机构主管两种。从理论上讲，由中央银行负责支付系统的运行更为科学。这是因为中央银行不存在信用方面的风

险，而民间清算机构不论其实力多么雄厚，总会存在信用风险。然而，在现实经济生活中，由民间清算机构运营的支付系统遍布全球。典型的如美国的威士、万事达，以及中国香港 1996 年前由汇丰银行运行的支付系统等。正是各方面的复杂因素造成了许多支付系统由民间清算组织负责运行，但由中央银行管理关键性支付系统是未来的发展趋势。例如中国香港 1996 年后由香港金融管理局管理新的 RTGS 系统，便是这一趋势的表现之一。伴随经济和电子商务的发展，由中央银行管理关键性支付系统，由民间清算机构管理其他支付系统，而形成的多层次支付机制将是一种趋势。

按照我们以上对支付系统的分类，目前的支付系统可以分为大额实时全额系统、大额轧差系统和小额批量净额结算系统三大类。

值得强调的是，在设计大额支付系统时，无论是全额系统还是净额系统都要求在支付信息接收与发送的当天对支付进行结算（同日结算），结算通过在中央银行的即期账户进行。在实时全额系统中，支付逐笔结算，通过借记和贷记发送行和接收行在中央银行的账户进行。根据这种程序，与支付结算有关的中央银行货币的转账是无条件的和不可撤销的。

多边净额系统的原则和实时全额结算系统存在本质的区别。在多边净额系统中，系统参加者之间电子信息的交换可能是实时的。银行在规定的结算时间通过支付中央银行货币履行其义务，银行之间可以相互抵消一些支付义务。根据清算所的规则和程序，结算义务可以通过对支付信息做净额处理计算出来。在规定的结算时间，如果清算所的参加者有多边净借方头寸，就必须通过支付中央银行货币履行其义务。

大额实时支付系统的建立可以提高同业货币市场和各个银行机构的流动性。快捷、低成本的支付系统，可使银行间的贷款交易、存款交易或其他货币合同及时结算，而且费用很低。这种系统降低了结算成本，市场的流动性得以提高。从而，各个银行调节流动资金的能力将会有所提高，流动性也会随之提高，中央银行可以更灵活地实施货币政策。

2.2.2 支付系统的运作原理

支付系统包含一系列参与者和运行机制。运行机制包括传递政府命令的各种工具、物理设施以及有关当事人之间的契约关系。支付系统是通过一定的物理设施或工具与经济的其他部分融合在一起的。货币转移的信号在参与者之间根据既定的规则进行传递。

图 2-5 所示为支付系统中各个参与者之间的相互关系。主要参与者包括非银行机构、商业银行、清算所和中央银行。划拨的资金包括：（1）由非银行机构持有的中央银行债务（银行券）；（2）商业银行在中央银行的存款（商业银行的准备金余额）；（3）银行对非银行的负债（银行存款）；（4）银行对银行的负债（同业存款）。

非银行机构之间划拨资金的最传统和最直接的方式是使用现金（银行券）。银行存款货币所有权的转移必须在发行机构（即中央银行或商业银行）的账户上办理记账手续才能完成。在这种情况下，某一经济实体会向一家银行发出指令，要求银行把资金从他（付款人）的账户转到另一经济实体（收款人）的账户中。在发出支付指令和存款实际发生转移之间通常存在时滞。

在付款人和收款人的开户行不同的情况下，为了进行支付，付款人的银行就必须把资金转给收款人的银行，这就产生了银行间的资金转账。于是，涉及存款货币的支付会引发一连串指令和记账手续，一笔支付可能会涉及多次资金划拨。

在银行间的资金转账中，银行担当了付款人和收款人的角色。银行客户间的支付会引起银行间的资金转账，银行在履行货币市场交易支付义务时也会引起这种资金转账。

资金转账主要有三种方法：（1）借记和贷记银行相互持有的双边往来账户，在往来账户的失衡累积到一定程度时，银行间将通过资金转账（支付）或银行间贷款进行调整；（2）借记和贷记双方在第三方代理行开设的账户；（3）借记和贷记银行在中央银行的账户，因为中央银行是银行的银行。

商业银行和中央银行之间这种资金结算的完成需要遵循一定的流程。图2-6所示为支付的一般流程。

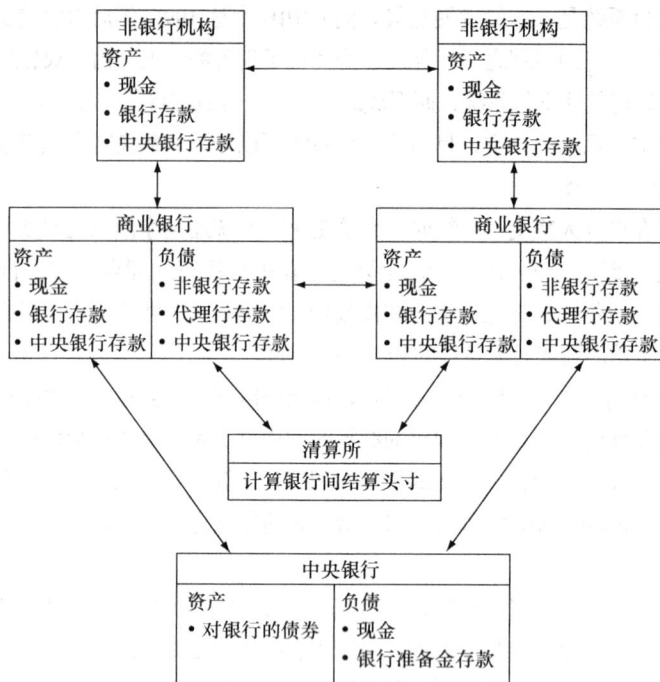

图2-5　支付系统有关各方的结构关系

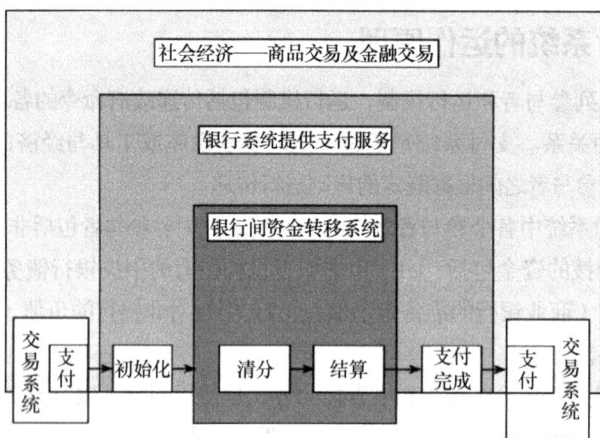

图2-6　支付的一般流程

在支付系统中，非现金支付全过程包括三种处理：支付（Payment）、清分（Clearing）和结算（Settlement）。支付发生在收、付款人与其开户银行之间，表现为付款人在其开户行账面余额减少，收款人在其开户行账面余额增加。清分是指收、付款银行交换支付信息，把支付指令按接收行进行分类，并计算其借、贷方差额的过程，为最终清算做准备。

清算涉及三方银行：收款人开户行、付款人开户行和清算机构。通过各家银行在清算机构开设的备付金账户，划转款项，清偿债权债务关系。在支付活动中，银行与客户之间的支付与结算，是银行为客户提供多种金融服务的窗口，其特点是账户多、业务量大，涉及客户、银行双方权益，是支付系统的基础，称之为支付服务系统。中央银行与商业银行之间的支付与清算，是政府授权中央银行实施货币政策、监督和控制商业银行金融活动、控制国家货币发行、管理国库、管理外汇的重要手段，称之为支付资金清算系统。两个层次的支付系统紧密相关、相辅相成，是国家稳定货币、稳定经济的重要间接调控手段。

清分和结算是支付结算过程最主要的两个步骤。清分是对支付指令进行计算、归类和传递等操作的过程，此时，资金并没有进行实际的转移。在清分结束之后，结算过程根据清分的结果进行资金在有关账户之间的实际意义上的转移。而商品和劳务交易是引起支付的主要原因。

（1）交易过程

绝大多数支付起源于各种市场，每一市场都使用其特定的交易系统。例如，零售业使用 POS 系统，而股票交易使用计算机撮合成交系统。这些交易系统由市场参与者自行开发，在一定意义上是游离于支付系统之外的。严格来说，交易系统不是支付系统的组成部分。支付系统的基本职能是转移资金的所有权，交易系统并不进行资金的转移，其职能是在进行交易活动时，计算交易金额、记录商品或服务的销售状况。然而，这些交易系统要与支付系统构建联系，从而在发生商品、服务、金融产品等交易时，可以使用支付系统提供的资金结算服务。

因此，可将交易系统看成支付系统的大门，各种有关对交易进行支付的信息都是通过交易系统进入支付系统，并由支付系统完成资金的转移。交易系统与支付系统的密切关系，决定了交易系统必须与支付系统建立信息交流渠道，即系统间的接口。在不同的市场上，交易系统的运作形式不尽相同，交易系统主要有以下几种类型。

① 零售交易系统。

零售交易系统面向零售市场，典型的代表是 POS 系统。零售系统遍布各类大小商店，在消费者购买商品或劳务时，如果使用银行卡作为支付手段，就需通过 POS 系统或其他前端设备，向发卡行的主机请求授权。一旦发卡行主机同意授权，交易便可完成。

② 批发交易系统。

批发交易系统主要面向企业间的交易。支票与电子转账系统是这类交易的主要载体。当两家企业达成协议后，一方会开出有关票据，该票据会通过一定的方式录入计算机中，从而为向支付系统发出指令做好准备。

③ 资金市场和货币市场的电子交割系统。

该系统的典型代表是大家都很熟悉的股票交易系统。股票交易系统必有一定的支付系统为其进行资金的结算。

以上三种只是交易系统的典型代表，并不能涵盖所有的交易系统。随着经济的发展和社会分工的不断分化，新型的交易系统会不断涌现。

（2）清分过程和结算过程

① 清分过程。

交易系统在处理交易之后，会将支付指令传入支付系统。支付系统对支付指令进行处理的第一个步骤就是清分。

清分是指对进入系统的支付指令进行归类、排序、分析或计算，使随机传入支付系统的支付指令被整齐地分类，以便于系统进一步处理。

对支付系统来说，清分的对象是各经济主体发出的各类支付指令。支付指令，就是交易的某一方向支付系统发出的向交易的另一方支付金额的命令，显然支付指令代表了交易双方的一种契约关系。

清分的一般流程如图 2-7 所示。

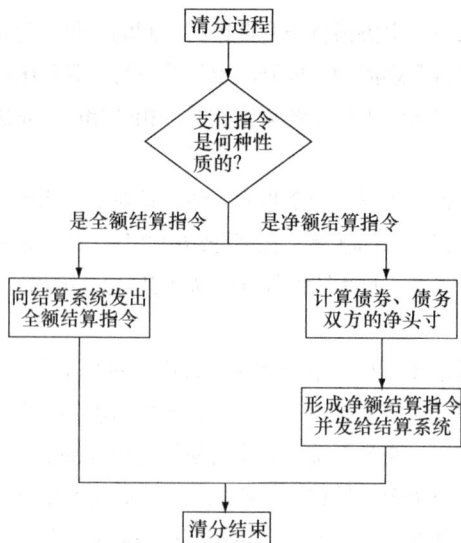

图 2-7　清分流程

首先，清分系统必须对支付指令的属性进行判断。有时，净额结算系统和全额结算系统共用同一清分系统。在这种情况下，清分系统需要区别支付指令的属性，并决定支付指令传向哪个结算系统。

在全额支付中，支付指令清分的步骤比净额结算中的少，清分系统只需根据支付指令的内容向结算系统发出结算指令即可。而对于净额结算的支付指令，必须经过轧差的操作。

当清分系统识别出一个用于净额结算的指令后，它就会根据此指令的内容计算债权和债务双方的净结算头寸。在清分周期结束时，再根据系统参与者各自轧差之后的净债权、债务生成结算指令，传入结算系统，清分过程就此结束。

② 结算过程。

结算过程进行实际意义上的资金转移。一般来说，这种转移主要体现为支付各方账户上的变化。账户上的变化分成两个层次：一是交易双方在各自开户银行内账户的变化；二是提供支付服务的银行系统账户上的变化。一般讨论的结算过程多为银行间资金转移服务，因此现在主要考虑第二个层次的意义。

结算过程涉及两种基本处理对象：结算指令和账户。结算指令由清分系统根据支付指令生成。结算指令的基本信息包括收款方、付款方、金额。结算指令虽是根据支付指令生成的，但并不是说一条支付指令便对应一条结算指令，往往支付指令多于结算指令。这是因为，对于净额系统来说，在清分过程中会将许多支付指令进行轧差，真正用于资金转移的是账户之间的净债务，所以没有必要对每一条支付指令都进行资金的结算。然而，对于全额结算系统来说，支付指令与结算指令应该一一对应。账户是付款方和收款方在清算中心所开立的账户，所有的结算操作都对应该账户。

结算处理的流程包括三个步骤，即结算指令登记、结算指令的处理和最终结算处理。结算指令的处理过程就是根据指令内容进行资金结算或净额轧差操作。

通常，大额支付系统都设定支付指令的不可撤销特性。最终结算处理程序进行最终的和无法撤销的结算，这是结算过程的最后一个步骤，此过程将判断账户上是否拥有足够的资金。如果拥有充足的资金，最终结算处理程序就会发出符合会计规定的借记和贷记指令，有关账户将被相应地更新，同时会向付款者发出确认信息。

如果相关账户上的资金不足以进行结算，则根据不同系统的设计，结算系统可能会进行以下三种处理。① 将结算指令挂起，放入一个队列中，待到账户中有足够的资金时再进行最终结算。② 对付款者提供日内贷款（或日内透支），使结算可照常进行。如果在当日，付款者取得了足够的资金，则归还贷款。一般来说，日内贷款有两种形式，一种是信用贷款，另一种是抵押贷款。抵押品一般是记账式的债券。从防范风险的角度考虑，多数支付系统采用后一种贷款方式。③ 向付款者提供隔日贷款。这是在付款者无力在当日结算系统关闭前取得足够的资金来归还日内贷款的情况下进行的。

2.2.3　支付系统的运作模式

目前世界各国在大额支付系统设计中，根据系统的提供者是中央银行还是私营清算所，结算方式是全额还是净额，时间上是连续还是间隔，以及是否有透支安排通常分为4种模式。

1. 中央银行全额、连续、无透支系统

这种系统的典型代表是瑞士国民银行经营的瑞士同业清算系统（SIC）。SIC是只为银行同业资金转移提供清算服务的系统。SIC从1989年开始投入运行，目前有160多个银行参加，这些银行都在瑞士国民银行设有清算账户，资金转移以清算账户间全额拨款的方式进行。该系统是贷记支付系统，付款指令由付款银行发出。瑞士国民银行不为商业银行提供透支便利，如果付款银行发出付款指令时清算账户上没有足够的余额，则支付指令无法执行，命令转入等待执行状态。只有当资金从别的银行转入，使清算账户具备足够余额时，命令才被激活。等待执行的命令按时间顺序排列，命令按先入先出的顺序执行，但银行可以对命令的优先程度做出安排，优先的命令优先执行。银行也可以通过取消一些命令来使后面的命令提前执行。SIC的一个营业周期是从每天下午6时到第二天下午4时15分。如果一个营业周期结束时命令仍处于等待状态，则该命令自动取消，银行需第二天再次提交命令。SIC是连续系统，命令随时来随时处理，不需要等命令累积到既定处理时间再进行处理。如果发送来的支付指令因账户余额不足无法处理，瑞士国民银行会通知接收银行，然后在支付指令激活后再次通知该接收银行，这样接收银行可随时了解其交易对方的头寸情况，各参与银行也可以随时向瑞士国民银行查询命令执行状况，以随时掌握自己的头寸情况并进行相应的头寸调剂。在下午3时前付款银行可以单方面取消指令，但在3时后命令的取消就要得到接收银行的同意。支付命令被执行后，资金转移最终完成，交易不可撤销。

2. 中央银行全额、连续、有限透支系统

这种系统的典型代表是美国联邦储备体系经营的联邦电子资金划拨系统（FEDWIRE）。FEDWIRE是美国同业银行清算、记账证券交易以及公司间大额支付的大额支付系统，也是通过中央银行货币，即各商业银行在美联储体系的储备账户存款实现的商业银行间同业清算的主要支付系统。FEDWIRE始建于1918年，当时商业银行的联络还是通过电报的形式进行，目前美联储的批量转换电子通信系统已经将美联储总部、12个联邦储备银行、25个分行以及70%的FEDWIRE客户相连接。

与SIC一样，FEDWIRE也是全额、连续的贷记支付系统，资金的转移也是无条件、不可撤销的。与SIC不同，FEDWIRE能够为用户提供有限的日间透支便利（Capped Intraday Credit）。FEDWIRE的这一措施解决了商业银行资金流动性的问题，提高了支付系统的效率，能够实现及时的资金转移，但同时也给中央银行带来了一定的支付风险，当某支付方发生清偿危机时，中央银行将承担全部风险。

3. 中央银行定时、净额结算系统

这种系统的典型代表是日本银行经营的日本银行金融网络系统（BOJ-NET）。比较独特的是，BOJ-NET系统实际上包含两种做法：一种是类似SIC的全额、连续、无透支系统，该系统与SIC的区别是，如果用户账户没有足够的资金，命令则被自动拒绝，不允许命令进入等待状态；另一种是BOJ-NET

的定时、净额结算系统，其处理量是全额、连续、无透支系统的 50 倍。BOJ-NET 定时、净额结算系统在一个营业周期（上午 9 时至下午 5 时）指定 4 个命令处理时间（分别为上午 9 时、下午 1 时、下午 3 时和下午 5 时），在两个指定时间内对收到的支付指令进行差额计算，在指定时间对差额资金进行划拨。在指定时间如果银行账户没有足够余额应如何处理，BOJ-NET 没有做出明确规定，由日本银行自主决定是提供贷款还是取消该行的支付命令。

4．私营多方净额结算系统

该系统的典型代表是纽约清算所协会（NYCHA）经营并运行的清算所银行同业支付系统（CHIPS），它是全球最大的私营支付清算系统之一，主要进行跨国美元交易的清算。参加 CHIPS 系统的成员有两大类：一类是清算用户，另一类是非清算用户。例如 CHIPS 是一个净额多边清算的大额贷记支付系统，CHIPS 系统提供了双边及多边信用限额来控制信用风险。

2.3　支付系统典型案例分析

2.3.1　国际资金清算系统 SWIFT

1．SWIFT 系统简介

环球银行间金融通信协会（Society for Worldwide Interbank Financial Telecommunication，SWIFT）是一个由金融机构共同拥有的私营股份公司，按比利时的法律登记注册，由会员银行（包括中央银行）和其他金融机构协同管理。SWIFT 为金融机构提供安全的、标准化的信息服务和接口软件服务，以促进金融交易过程的自动化，完成资金的清算服务；并通过 Sibos 论坛为金融机构讨论金融清算和通信服务方面的问题提供一个交流场所。SWIFT 信息交换服务的对象包括银行、经纪人、经销商和投资经理，并为其提供在支付、债券、证券和商贸等方面的安全交易机制。

SWIFT 成立于 1973 年，由来自 15 个国家的 293 所银行出资兴建，目的是促进各国、各银行之间的通信自动化与规范化，快速、高效地完成银行间的资金清算，为国际贸易结算提供一个有效的支付平台。当时，跨国银行间的支付信息主要是通过电报传递，费用多且错误率高。随着国际金融业务的日益增长，人们认识到采用电子化的信息传送可以大幅提高通信质量和效率。在这种需求推动下，银行界提出了建设共用的国际金融通信网络系统的计划（即 SWIFT）。该系统可以向金融机构提供传送信息的通信网络，并且为信息交换设定了标准的格式。从这以后，不断有金融机构和国家加入到 SWIFT 中。

SWIFT 是一家会员制机构，提供标准化的金融信息交换服务，并确保数据在安全交换的同时具有机密性和完整性。SWIFT 具有双重职责：一方面，为用户提供专有的通信平台、产品和服务，让客户接入并交换金融信息；另一方面，作为沟通媒介带领金融界同仁一起协同工作，形成市场规范，制定标准并探讨双方感兴趣的问题的解决方案。2013 年，SWIFT 迎来了第一位来自中国的董事会成员。

2．SWIFT 的管理方式

SWIFT 是一个私营会员制股份公司，股东来自会员，最高权力机构是由 25 名董事长领导下的执行董事会。SWIFT 的股东来自世界各地，执行部门由一组全职员工构成，由 CEO 领导，并处于董事会的监管之下。董事会包括 6 个委员会，其决策权由董事会授予。

这 6 个委员会分别是：财务委员会（Audit and Finance Committee，AFC）负责会计、财务报告与财务管理、审计与常规监督、预算、融资与长期财务计划编制、监督 SWIFT 运作和内部控制；偿付委员会（Board Compensation Committee）负责评估公司绩效，并且决定董事会成员和其他主要主管的薪酬，负责雇员薪酬并管理津贴计划；两个商务委员会（Business Committees），分别负责银行与支付（Banking and Payments）和证券（Securities）；两个技术委员会（Technical Committees），分别负责标准（Standards）以及技术和产品（Technology and Production）。

SWIFT 的成员分为三类：会员（Members，持股会员或非持股会员）、附属会员（Sub-members，由会员管理的附属机构）和参与者（Participants）。

（1）会员：包括经董事会认可的银行、符合条件的证券和相关金融工具的经纪人/经销商、规范的投资管理机构。会员可以根据自身情况选择是否持股，但获得的服务相同，即 SWIFT 提供的所有服务。

（2）附属会员：持股会员对该机构组织拥有 50% 的直接控制权或 100% 的间接控制权。此外，该机构组织还需满足附属会员条例中第 8 款第 1 节的要求，即必须和会员所参与的业务相同。

（3）参与者：只能获得与其业务相关的一系列特定服务，并且需满足公司条例中为其设定的标准。参与者不能持股。主要由证券业的各个机构组成，例如证券经纪人和经销商、投资经理、基金管理者以及货币市场经纪人等。

为了对 SWIFT 进行有效管理与监督，十国集团（G10）的中央银行做出了特定的安排。比利时（SWIFT 总部设立于该国）的国家银行（NBB），在 SWIFT 的监管中起主导作用，G10 的中央银行从旁进行协助。NBB 负责 SWIFT 的日常监管，支付清算委员会（CPSS）对检查的结果做出指示或建议，提示监管应注意的问题。

对 SWIFT 进行监管的重点在于系统的安全性和操作的可靠性。具体地说，监管的目的是使 SWIFT 具备良好的系统结构、处理能力、风险管理与控制方式。这样，SWIFT 对金融稳定可能造成的威胁就能得到有效的控制。NBB 每年至少举办两次高峰会谈，参与者包括从 G10 中央银行中选出的代表、SWIFT 的资深管理者、SWIFT 董事会的代表。G10 中央银行提出有关监管方面的议题，并向 SWIFT 提出建议和计划。对于这些建议，SWIFT 解释已采取的措施或提出将要采取的措施。监管会并不对 SWIFT 提供的服务给予任何认可与保证，SWIFT 仍需为其系统、产品和服务的安全可靠性负责。

3．SWIFT 提供的服务

SWIFT 为其会员提供各种快捷、安全的金融服务，如图 2-8 所示。

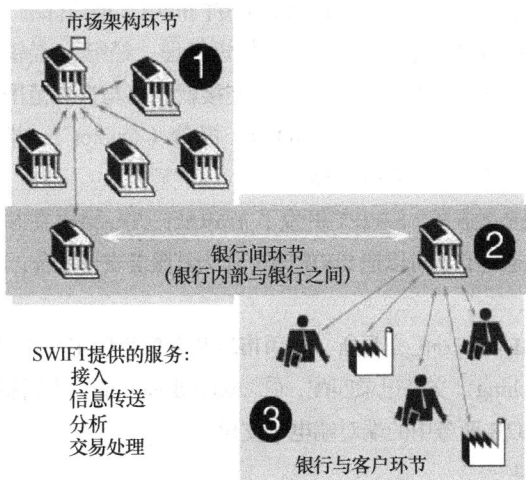

图 2-8　SWIFT 提供的服务

SWIFT 提供的服务分为以下四类：接入服务（Connectivity）、金融信息传送服务（Messaging）、交易处理服务（Transaction Processing）以及分析服务/分析工具（Analytical Services/Tools）。

（1）接入服务

金融机构若想通过 SWIFT 的全球网络系统与合作伙伴进行通信，就要用到 SWIFT 的接入服务——SWIFTAlliance 系列产品。通过 SWIFTAlliance，用户可以使用 SWIFTNet 和 FIN 服务。SWIFTAlliance 系列产品包括：① SWIFTAlliance Access and Entry，传送 FIN 信息的接口软件；② SWIFTAlliance Gateway，接入 SWIFTNet 的窗口软件；③ SWIFTAlliance WebStation，接入 SWIFTNet 的桌面软件；④ File Transfer Interface，文件传输接口软件，通过 SWIFTNet FileAct 可以使用户方便地访问其后台办公系统。

SWIFTNet Link 软件内嵌在 SWIFTAlliance Gateway 和 SWIFTAlliance WebStation 这两个产品中，它提供传输、标准化、安全和管理服务。连接后，它确保用户可以用同一窗口多次访问 SWIFTNet，获得不同服务。

（2）金融信息传送服务

在金融信息传送方面，SWIFT 的核心服务是 FIN。它是通过 SWIFT 网络接收、存储、转发各种金融业务处理中的数据的。内置的冗余、分布式处理系统确保 FIN 服务安全、灵活、可靠。其增值处理服务包括：按 SWIFT 标准进行信息格式化、信息的保存与恢复、信息管理及优先级控制。为支持大额支付以及与证券相关交易中的清算、结算、净额结算（Netting），SWIFT 提供 FIN Copy 服务。在交易指令传达给接收方之前，指令要备份并通过第三方（如中央银行）的认证。FIN 服务使 SWIFT 成为世界上使用最广泛的支付服务系统，各国银行的国际业务都依赖于它，其信息种类、格式和技术架构已成为全球支付系统中的典范。SWIFT 处理的信息量逐年递增。

SWIFTNet 启用以后，传统的 FIN 服务转而在新的网络 SWIFTNet FIN（已于 2002 年 8 月开通）上提供。SWIFT 把传统的 FIN 服务与新开发的、交互性的服务进行了整合，开发出 SWIFTNet 信息传送服务以满足现代金融机构不断发展的需要。在信息存储与转发、文件传输的基础上提供更多的交互性，而且可以在网上浏览、使用这些服务。具体包括以下两种服务：① SWIFTNet InterAct，提供交互（实时）和存储与转发两种信息传送方式，适合要求实时应答的金融业务；② SWIFT FileAct，提供交互和存储与转发两种文件自动传输方式，适合大批量数据的传输。通过 SWIFTNet 浏览器，用户可以方便地使用这两种服务。

针对证券交易和相关信息的传送，SWIFT 制定了专门的电子通信标准 FIX（Financial Information eXchange）协议。SWIFTNet FIX 信息传送服务为投资经理、经纪人/经销商、交易所提供了安全可靠、统一的信息传送平台。用户只需与 SWIFTNet 连接就能够与世界范围内的合作伙伴交换金融信息，包括利率指数（Indications of Interest，IOI）、报价（Quotes）、指令（Orders）、执行报告（Execution Reports）以及资金划拨（Allocations）。

针对金融机构提供在线金融服务，SWIFT 开发了 TrustAct。TrustAct 在 SWIFTNet 与 Internet 之间建立起通信的桥梁，金融机构通过它就可以把 SWIFTNet 作为其服务支持平台，同时提升自身的品牌。

（3）交易处理服务

利用 SWIFTNet，SWIFT 向外汇交易所、货币市场和金融衍生工具认证机构提供交易处理服务，具体包括：① Accord Matching，交易记录匹配；② Accord Netting，实时报告的双边净额清算服务；③ E-PaymentsPlus，支持 B2B 商务中的端对端电子支付。

（4）分析服务/分析工具

SWIFT 也向金融机构提供一些辅助性服务，即分析服务/分析工具，包括以下工具：① BIC

Online 和 BIC Directory Update broadcast，向金融机构提供最新的、世界范围内的金融机构的代码（BIC）；② Traffic Watch，可以监视 SWIFT 当前传送信息的数量；③ Transaction Watch，可以监视信息从发出到接收所经历的过程，获得各种参数，为提高证券系统和支付系统的效率提供分析数据；④ STP Review，金融机构为提高自身竞争力，直达处理（Straight Through Processing，STP）能力变得愈加重要。SWIFT 可以向用户提供独立、客观的 STP 评估。

4．SWIFT 服务的特点

（1）降低了金融信息传输的费用

SWIFT 已拥有大量用户，其服务范围广泛，交易量庞大，经营达到了规模效应。且每笔业务传输的费用不断下降，在过去十几年中降幅超过 70%。SWIFT 还采取了一系列措施，以促进费用的降低。例如，在收费方面，SWIFT 向大用户倾斜，数据量越大费用越低。这可以吸引大用户入网，从而促进业务量增加，带动整体价格的下降。SWIFT 不断对现有硬件进行更新，例如对原有网络进行升级以降低交易成本。

（2）提高了金融通信和金融机构业务处理的效率

SWIFT 为世界各地的金融机构建立了一个共享的、标准化的、可重复使用的信息传送平台。利用接入服务 SWIFTAlliance，用户只需面对 SWIFT 的标准服务窗口，不必在不同的支付系统间进行切换，提高了处理的效率。而且，SWIFT 充分利用先进的网络技术，构建 SWIFTNet 以提高信息传输的效率。SWIFT 提供的 FIN、FIX 信息标准化服务，避免了各地区金融机构间因语言、通信方式、数据格式差异而引发的各种问题，实现了自动化的金融通信处理。SWIFT 的标准体系是开放式的，不断有适应金融机构发展变化需要的新标准加入。为促进大型支票清算银行和其合作伙伴使用 SWIFTNet 与基于 XML 的支票报告工具，SWIFT 成立了一个新机构来设计解决方案。在大额支付方面，SWIFT 也不断更新信息标准。在电子商务领域，SWIFT 也在和会员机构一同研究电子商务基本标准。

在促进金融机构提高自身办事效率方面，该系统每天都为其成员发送详细的业务处理记录。这些记录能够节省有关机构内部决算、查对账目和控制过程的处理时间。在此基础上，新开发的分析服务还可以帮助金融机构更好地利用该系统：Transaction Watch 服务可以监视信息从发出到接收所经历的过程，为提高证券系统和支付系统的效率提供分析数据；STP Review 服务可以向用户提供独立、客观的 STP 评估，帮助提高金融机构的服务质量。

（3）提供了有效的安全措施和风险管理机制

SWIFT 从多个方面入手，为其用户提供了成熟、完善且安全可靠的措施，建立了一套较为完备的存储系统，两个互为备份的系统中心，两套独立、完整的设备和线路。通过日常监测，排除系统、网络和设备中的故障，制定突发事件的解决方案。这些措施确保了 SWIFT 系统从物理上万无一失，从而也保证了世界范围内的金融通信能够年复一年、稳定地进行。而且，认证、入侵检测、对信息流量进行控制（必要时采取分流措施）等措施进一步保证了系统的安全。在 SWIFTNet 上，用户可以利用公开秘钥基础设施（PKI）对 SWIFT 系统进行安全可靠的访问。SWIFT 的认证理事会（Certificate Directory，CD）、认证中心（Certificate Authority，CA）和注册中心（Registration Authority，RA）提供并管理 PKI，有权对其更新或撤销。

（4）不断扩展服务范围和服务对象

随着 SWIFT 的发展，其服务范围也在不断扩大。早期 SWIFT 的会员主要是银行、证券机构等。现在，SWIFT 向大量金融服务机构提供信息传送和接入服务，例如 Euro 1、欧洲银行联合会的 Step 1、欧洲证券交易所（Euronext）、CSDs（CREST）、CCP（LCD），ICSDs 和大额实时结算系统 RTGS。在欧盟，SWIFT 向 TARGET 网（共有 15 国的中央银行的 RTGS 与之相连）提供信息传送服务。同时，SWIFT 网络也在一些国家的 RTGS 系统中占据绝大部分，例如比利时的 ELLIPS、丹麦的 KRONOS、芬兰的 BOF-RTGS、法国的 TBF/PNS 等。2001 年 9 月，NewCHAPS（英国为其货币和欧元清算建立的 RTGS 系统）开始使用 SWIFT 的 FIN 传送信息。11 月，德国的 RTGS 系统开始在 SWIFTNet 上运行，并使用 FIN 传送信息。而且，SWIFT 正逐步把企业吸收到协会中。2001 年，SWIFT 董事会通过了一项协议，允许一部分企业以"MACUG 服务参与者"的身份加入该组织。与某个会员银行有密切业务往来的企业可以组成一个集团 MACUG，由会员银行进行管理，从而 MACUG 中的企业就可以使用 SWIFT 提供的服务。这项措施对企业和会员银行都有利：一方面提高了企业信息传输的效率和安全性；另一方面，会员银行可以吸引到更多的客户，这不仅可以增加信息传输量，降低每笔业务的费用，而且银行还可以为客户提供更多种类、更为优质的服务，例如在线金融服务。2014 年底，SWIFT 宣布进入国际零售业务市场，并首选澳大利亚。

2.3.2 美国支付系统构成

美国的支付系统是一个高度发达的系统，迄今为止已经形成一个规模庞大、结构科学、高效稳定、功能齐全的综合体系。美国的支付系统具有以下特点。

（1）提供支付服务。除银行外，有众多的金融机构提供支付服务。全美有包括商业银行、储蓄和贷款协会、信用社在内的约 27 000 家存款机构，为客户提供不同形式的支付服务。

（2）私营清算组织众多。这些私营清算组织既包括众多的从事支票托收、经营自动取款机网络以及现场销售网络的地方性同业银行组织，又包括经营全国性信用卡支付网络以及大额资金转账系统的私营机构。

（3）法律法规体系。规范支付活动及金融机构支付服务的法律、法规众多，既有联邦、州一级的法律，又有大量私营清算组织为其成员清算活动制定的规定，这些法律、法规共同作用，形成了制约美国支付活动的基础。《统一商法典》（UCC）是各州对包括银行业与证券业交易在内的商业与金融活动进行管理的标准法，美国各州对商业与金融活动的管理主要遵循《统一商法典》的规定。该法典包括了关于可转让支付工具、银行存款及托收、资金转移与证券投资等活动相关规定的条款。《加速资金到位法》（EFAA）赋予美联储改进美国支票托收与退票体系的广泛权力。在此法律下，美联储颁布了 CC 条例，对吸收存款机构加速支票托收与退票过程进行了大量的规定。美联储 J 条例的 A 部分对通过联邦储备体系进行的支票托收与退票进行了规定，J 条例的 B 部分对通过联邦电子资金划拨系统进行的大额支付活动进行了规定。《电子资金转移法》（Electronic Fund Transfer Act）与美联储 E 条例是制约美国电子资金交易活动的主要法律，它对消费者及提供电子资金转移服务的组织（包括自动清算所、自动提款机及现场销售网络的金融机构）的权利和义务进行了规定，还对各金融机构的财务公开、银行卡发行以及错误更正程序制定了统一的标准。另外，各清算系统也有相应的规章以保证其正常运作。

（4）中央银行在支付系统中发挥主导作用。中央银行既是支付法规的制定者与金融机构支付服务的监管者，同时又向金融机构提供支付服务，经营小额与大额支付系统。

（5）可供消费者、金融机构选择的支付工具众多。既有建立在纸质实物基础上的支付工具，又有各种不同类型的电子支付工具。

美国的支付系统由大额支付系统和小额支付系统构成。在小额支付系统中，根据经济行为者的不同需求，美国银行体系提供了现金、支票、贷记支付工具、借记支付工具、银行卡等支付工具。其中支票和信用卡是美国使用最普遍的小额支付工具。迄今为止，全美已发行信用卡近 10 亿张，为广大客户提供了既方便、又安全的支付手段；贷记支付工具主要用于支付诸如房租、煤气费、水电费、电话费、工资、社会福利金等；直接借记工具则通常被用于周期性的固定支付业务；现金仍然是人们进行日常购物的一种支付手段，但它在支付业务中所占的比例呈逐渐下降趋势，正逐步被各种更加方便、快捷、自动化的支付工具所代替。

美国的大额支付系统主要包括美联储管理和运行的联邦电子资金划拨系统（FEDWIRE）、纽约清算所协会经营并运行的清算所银行同业支付系统（CHIPS）、美联储的支票清算系统、自动清算所系统以及电子数据交换系统。

在美国，绝大部分的大额美元支付都是由两大资金转移支付系统处理：其一是由美联储管理和运行的联邦电子资金划拨系统（FEDWIRE）；其二是由纽约清算所协会经营并运行的清算所银行同业支付系统（CHIPS），这是一个专门处理国际交易中资金转账的私营支付系统。通常，金融机构及其客户会使用这两大系统在全球范围内进行大额的、以美元为单位的、对时间性要求高的资金转账或簿记债券的转让。此外，金融机构也可利用独立的通信系统向相关机构发送支付指令并获得相应的资金，或启用 FEDWIRE 或 CHIPS 完成支付。这两个系统都属大额支付系统，通过它们能实现全美近 80% 以上的大额资金转账。下面重点对这两个系统进行介绍。

1．FEDWIRE 系统

FEDWIRE 系统，是由美联储开发与维护的电子转账系统，是一个贷记支付系统。FEDWIRE 提供电子化的联储资金和债券转账服务，是一个实时大额结算系统，在美国的支付机制中发挥着重要的作用。

FEDWIRE 系统自 1914 年 11 月开始运行，从 1918 年起开始通过自己专用的莫尔斯电码通信网络提供支付服务，从每周结算逐渐发展到每日结算，联邦储备银行安装了一套只供其使用的电报系统来处理资金转账。20 世纪 20 年代，政府债券也开始用电报系统进行转让。截至 70 年代早期，国内资金、债券的转移仍然主要依赖于该电报系统。随后美联储开始建立自动化电子通信系统。

FEDWIRE 的用户包括联邦储备银行及其分支机构、国库和其他政府代理机构，以及储蓄机构、信贷联盟、外国中央银行及政府机构等。储蓄机构主要使用 FEDWIRE 向伙伴银行转移账户余额，或根据客户的要求向其他机构转移资金。根据银行客户的要求而进行的转账包括买卖政府债券、储蓄和其他大额、时间性强的支付。国库和其他联邦政府代理机构也利用 FEDWIRE 大量筹集、分配资金。

通常一个金融机构若在联邦储备银行开立账户，就可成为 FEDWIRE 的参与者。要使用 FEDWIRE，在联邦储备银行设立账户的机构需符合运作规程 6（Operating Circular 6）中规定的条款，并遵循联邦储备委员会关于支付系统风险（PSR）管理方面的要求。在遵守 J 条例的 B 部分及运作规程 6 的条件下，联邦储备银行可以对使用 FEDWIRE 的机构提出附加的要求。特别是各 FEDWIRE 参与者必须与其联邦储备银行就安全过程达成协议。金融机构向联邦储备银行发送支付指令也需要有足够的资金，或者在联邦储备银行的账户上有足够的余额，或者未超出透支限额。

现在，FEDWIRE 的参与者大约有 9 500 家机构，都可以通过 FEDWIRE 进行支付和清算。这些储蓄机构通过计算机或终端直接与 FEDWIRE 的网络相连，99% 以上的资金转账是由这些机构的交易产生的，其余的机构可以通过非在线方式访问 FEDWIRE，但其交易量很有限。

（1）FEDWIRE 的资金转账系统

FEDWIRE 资金转账的主要功能是：通过各商业银行在联邦储备体系中的储备账户余额，实现商业银行间的同业清算，完成资金调拨。1918 年，FEDWIRE 通过电报的形式第一次向各商业银行提供跨区的票据托收服务，通过 FEDWIRE 实现资金调拨、清算净差额，但其真正建立自动化的电子通信系统是在 1970 年，此后 FEDWIRE 获得了飞速的发展，由其处理的各类支付业务逐年增加。该系统成员主要有：美国财政部、美国联邦储备委员会、12 家联邦储备银行、25 家联邦储备分行及全国 1 万多家商业银行和近 2 万家其他金融机构。

FEDWIRE 的资金转账系统是实时、全额、连续的贷记支付系统，即支付命令随时来随时处理，不需等到既定时间统一处理，且每笔支付业务都是不可取消和无条件的。交易业务量大的 FEDWIRE 用户往往会采用专用线路与 FEDWIRE 相连；中等或较小业务量的 FEDWIRE 用户则是采用共享租赁线路或拨号方式与 FEDWIRE 连接；业务量非常小的用户则通过代理行或脱机电话方式向 FEDWIRE 发送支付指令。

FEDWIRE 资金转账系统，是一个高速的电子支付系统，归联邦储备银行所有，并处于其操作与控制之下。FEDWIRE 参与者可以利用该系统发送、接收以中央银行货币进行的最终支付指令，完成相互间的支付或代理客户间的支付。在营业日内，FEDWIRE 分别处理支付指令，并完成清算。发送方银行提交的支付命令都将在当日完成，完成支付一般只需几分钟。接收方银行通过 FEDWIRE 获得的支付是最终的、不可撤销的。

通常，利用 FEDWIRE 进行资金转账采用在线方式提交支付指令，即通过美联储的通信网络访问 FEDWIRE。但也可以使用非在线方式，通过电话服务提交支付指令。大量收发信息的参与者一般都使用在线方式，通过特定的接入服务软件（这类接口软件必须通过美联储的认证）访问 FEDWIRE 资金转账系统和 FEDWIRE 债券服务系统，它们具备很高的直达处理能力和办公自动化水平。在 9 500 家金融机构中，大约 350 家机构使用这种接入方式，大约 7 850 家通过其他电子方式进行在线访问。

FEDWIRE 的运行过程如下。在一个典型的资金转账过程中，个人或企业向其开户银行提出资金转账要求。发送方银行贷记支付命令发送方的账户，启动一个 FEDWIRE 资金转账命令。相应地，美联储贷记支付命令发送方银行的账户，借记支付命令接收方银行的账户，然后 FEDWIRE 通知支付命令接收方银行有资金转账发生。支付命令接收方银行借记接收方的账户，通知资金接收方接收这笔资金。当资金接收后，资金转移即成为最终性的，不可撤销。资金接收方就可以立即使用这笔资金。

（2）FEDWIRE 的证券簿记系统

FEDWIRE 证券转账系统建于 20 世纪 60 年代末，它的主要功能是：实现多种债券（如政府债券、企业债券、国际组织债券等）的发行、交易清算的电子化，以降低交易成本和风险。它是一个实时的、交割与支付同时进行的全额贷记转账系统。具体实现时，由各类客户（如金融机构、政府部门、投资者等）在吸收存款机构开立记账证券账户，而各吸收存款机构在储蓄银行建立其相应的记账证券账户。清算交割是通过各吸收存款机构在储备银行的记账证券账户进行的。目前，已有近 98%、约 20 万种可转让政府债券通过该系统进行处理。

FEDWIRE 的证券转账同样也会产生储备账户的透支（例如当接收的记账证券量大于发送证券量时），但由于证券转账实时、交割与支付同时进行（即一手交钱、一手交货）的特性，使得资金账户的透支可以用证券作抵押，因此降低了中央银行的信用风险。与此同时，联邦储备银行也采取了一系列措施，例如实行证券转移的最大限额（1988 年规定，每一笔证券转移资金最大不得超过 5 000 万美元），以最大限度地降低由于证券转移产生的透支所引发的风险。

由于 FEDWIRE 系统在安全控制、风险防范、电信格式、信息传递等方面都实行了严格的规范和标准化措施，因此，该系统大大提高了美国国内资金清算的效率，确保了联邦储备银行体系中大额资金清算和证券交易的安全。

FEDWIRE 债券是可进入市场流通的、以电子形式存在的债券，属于簿记（Book-entry）债券。FEDWIRE 债券服务包括债券的安全保管、债券的转让与结算。债券的保管即在监管账户中保存债券的电子记录；债券的转让与结算即在不同机构间转移债券。

FEDWIRE 簿记债券的转让与 FEDWIRE 资金转账的运作方式相同。超过 9 100 个参与者在联邦储备银行设立了准备金账户。债券（包括以抵押资产为基础发行的债券）的发行方包括美国政府（财政部）、金融代理机构、国际组织（如世界银行）和联邦储备银行认为有资格开立债券账户、进行债券转让的其他金融机构。联邦储备银行为 FEDWIRE 参与者维护债券账户，并实现簿记债券的转让。

FEDWIRE 债券转让系统是一个实时、采用付款交割方式（DVP）的大额支付系统，可以支持在支付资金的同时迅速地转让债券。尽管在某些情况下，债券的转让不需要进行支付，或只需签名即可，但采用 DVP 方式进行债券转让是主要方式。DVP 是价值交换结算系统中的一种机制，确保他方在并且仅在他方的资产最终转让发生的同时发生本方的资产最终转让。因此，FEDWIRE 在实施货币政策中发挥了重要作用，提高了美联储公开市场操作的效率，确保了政府债券市场的流动性。

只有储蓄机构和少数政府组织，例如联邦代理机构、州政府的财政办公室，以及某些为特定目的成立的、属于联邦储备体系成员的信托公司可以访问 FEDWIRE 债券服务系统。非银行的经纪人和经销商必须通过特定的储蓄机构持有和转让债券，这类机构是 FEDWIRE 的参与者，并且提供政府债券的清算服务。

（3）FEDWIRE 的风险管理

联邦储备银行以账户日间透支的形式，为在其开立账户的金融机构提供中央银行的日间信贷。只要 FEDWIRE 的参与者遵循联邦储备委员会的支付系统风险管理政策（Policy on Payment System Risk）政策要求，中央银行也向其提供这项服务。许多 FEDWIRE 的参与者在营业日内利用日间信贷进行支付。

FEDWIRE 为用户提供有限的透支便利，根据各商业银行的一级资本来匡算其最大透支额。只有出现超过透支额的支付业务时，该支付命令才处于等待或拒绝状态。如果商业银行的账户余额不足，只要支付金额在透支额度内，美联储就自动提供贷款，使支付命令得以执行。银行的账户余额在一个营业周期结束时一定要轧平。如果在营业周期结束时，银行的账户余额仍然为负数，就意味着该银行在当天无法在市场上找到资金来弥补结算头寸，银行就必须求助于中央银行的贴现窗口请求中央信贷来轧平头寸。中央银行的贴现利率一般为一种惩罚性利率，高于当天的同业拆借利率。如果一个银行当天找不到愿意提供资金的其他银行，往往表明其他银行对该银行的财务状况有怀疑，中央银行对这种情况要严密监视并作出分析，判定这是流动性问题还是清偿性问题。FEDWIRE 的这一措施解决了商业银行资金流动性的问题，提高了支付系统的效率，能实现及时的资金转移，但同时也给中央银行带来了一定的支付风险：当某支付方发生清偿危机时，中央银行将承担全部风险。为了降低中央银行的信用风险，避免商业银行利用中央银行提供的透支便利转嫁风险，从 1994 年 4 月起，联邦储备银行开始对在其账户上的透支收取一定的费用，开始时年利率为 24%；从 1996 年开始，年利率已提高到 60%，用以控制商业银行的日间信贷。

由于通过 FEDWIRE 进行的资金转账是以中央银行的货币进行清算的，具有最终性，因此消除了资金接收方的信用风险。由于联邦储备银行向 FEDWIRE 的参与者提供日间信贷，因而参与者面临的风险转移给了联邦储备银行。联邦储备委员会制定的 PSR 政策不仅可以用于控制联邦储备银行面临的风险，也可以用于保证开立账户的机构拥有足够的流动性，能够及时完成支付。PSR 政策规定了风险评估、净债务的最高限额、日间透支的收费，以及在特定情况下金融机构需提供的抵押，以减少联邦储备银行因日间信贷所面临的风险。

直到 1980 年，美联储的成员银行使用 FEDWIRE 提供的服务时，收费标准仍未明确，成员行不缴纳或很少缴纳费用。但是，随着对储蓄机构监管的放松，以及 1980 年的货币控制法案的出台，FEDWIRE 服务的收费被确定下来（即利用 FEDWIRE 进行资金、债券的转移都要收取费用），并且非联储成员银行也允许使用该转账系统。为鼓励私营部门的竞争，法律规定 FEDWIRE 服务的收费必须反映提供此项服务的全部成本，以及因资金占用所引发的潜在成本和应有的盈利。

根据这些要求，联邦储备银行向那些资金余额不足以完成支付命令的 FEDWIRE 成员提供额外的信用，这使得联邦储备银行面临经济损失的风险。为减少这种风险，联邦储备银行采用了一系列控制日间信贷额的政策，其中包括债务最高限额，以及日间信贷的管理与收费等。

为了加强风险管理，FEDWIRE 建立了以下风险控制系统：① 账户余额监控系统（Account Balance Monitoring System，ABMS）；② 日间透支报告和定价系统（Daylight Overdraft Reporting and Pricing System，DORPS）；③ 风险管理信息系统（Risk Management Information System，RMIS）。

另一方面，FEDWIRE 还实施了以下风险管理策略：① 对大额清算系统日间透支收取费用（Daylight Overdraft Fees）；② 透支上限（Net Debit Caps）；③ 记账证券交易抵押（Collateral）；④ 对金融机构支付活动的监控（Condition Monitoring）。

2. CHIPS 系统

CHIPS（Clearing House Interbank Payment System，纽约清算所银行同业支付系统）是由纽约清算所协会（NYCHA）经营管理的清算所银行同业支付系统，它是全球最大的私营支付清算系统之一，主要进行跨国美元交易的清算。

CHIPS 是一个净额多边清算的大额贷记支付系统。该系统建立于 1970 年，与其直接联机的银行最初只有 15 家，到现在已达 140 多家，目前，全球 95% 左右的国际美元交易通过该系统进行清算。以前 CHIPS 每天只有一次日终结算，其最终的结算是通过 FEDWIRE 中准备金账户的资金转账来完成的。2001 年采用新系统后，CHIPS 已逐步成为实时清算系统。

参加 CHIPS 系统的成员有两大类：一类是清算用户，它们在联邦储备银行设有储备账户，能直接使用该系统实现资金转移，目前共有 19 个，其中有 8 个在为自己清算的同时还能代理 2～32 个非清算用户的清算；另一类是非清算用户，不能直接利用该系统进行清算，必须通过某个清算用户作为代理行，在该行建立代理账户实现资金清算，这些用户可以是纽约的商业银行、埃奇法（Edge Act）公司、投资公司以及外国银行在纽约的分支机构。

CHIPS 电子支付系统自 1970 年开始运行，代替了原有的纸质支付清算方式，为企业间和银行间的美元支付提供清算和结算服务。自 1998 年起，CHIPS 归 CHIPCo 公司所有并处于其管理之下。所有 CHIPS 的参与者（Participants）都是 CHIPCo 公司的成员（Members）。CHIPCo 公司由一个 10 人董事会进行管理；根据 CHIPS 参与者的交易量，董事会中的 4 人从 CHIPS 参与者中选出，其余 6 人由清算所任命。CHIPS 作为一个私营的支付清算系统，在以美元进行的交易结算和清算方面，已成为一种国际通用方式，对 FEDWIRE 有很强的竞争性。

从 CHIPS 开始运行起，其支付处理结构发生了数次改变。最近，CHIPCo 将 CHIPS 从日终的多边净额结算系统转变为一个新的系统：在营业日内，当指令从 CHIPS 支付队列中释放出来以后，该系统就为这些指令提供实时、终结性结算；当营业时间结束时，那些已在 CHIPS 支付队列但仍未结算的指令将首先通过多边净额结算进行处理，若仍无法结算才取消指令。

商业银行机构，以及满足 CHIPS 规则中第 19 款要求的埃奇法公司也可以成为 CHIPS 的参与者。CHIPS 的参与者受州或联邦银行的监管，而 CHIPS 也要接受州或联邦银行的年度检查。如果一家非参与者机构想通过 CHIPS 进行支付，它必须聘请一个 CHIPS 参与者作为其支付代理。至 2016 年 5 月底，CHIPS 共有 48 名参与者。中国的很多银行都是该系统的参与者。

通过 CHIPS 进行的支付转账通常与跨国银行间的交易相关，包括由外汇交易（如当期合约、货币掉期合约）而产生的美元支付，以及欧洲美元的流入与流出。此外，人们还可以利用 CHIPS 调整往来账户的余额，进行与商业相关的支付、银行贷款以及债券交易。CHIPS 系统的可靠性高达 99.99%。它维护着两个数据中心，两者之间通过光纤电缆连接，可以在 5 分钟内从主系统切换到备份系统，以保证支付指令和数据的安全存储与备份。

CHIPS 系统还支持电子数据交换（Electronic Data Interchange，EDI），每次付款的同时还可以向客户提供客户编码、发票号、折扣等信息。这不仅减少了信息传送错误，而且提高了效率，促进了相互间的合作关系。

（1）CHIPS 的运行

从 2001 年 1 月起，CHIPS 已成为一个实时的终结性清算系统，对支付指令连续进行撮合、轧差和结算。CHIPS 的运行时间是从早上 7:00 至下午 4:30，资金转移的最终完成时间为下午 6:00，遇到节假日则适时延长营业时间。对支付指令的处理通常只需几秒，85% 的指令可在下午 12:30 以前完成清算，这极大地提高了流动性。一般地，新系统为从 CHIPS 队列中释放的支付指令提供实时的最终清算。支付指令的结算有三种方式：① 用 CHIPS 簿记账户上正的资金头寸进行支付；② 由反方向的支付来对冲；③ 以上两者同时进行。

为实现该流程，纽约联邦储备银行建立了一个 CHIPS 预付金余额账户（Prefunded Balance Account），即 CHIPS 账户。在结算实时且终结性的制度安排下，每个 CHIPS 参与者都有一个预先设定的起始资金头寸要求（Pre-established Opening Position Requirement），一旦向此 CHIPS 账户注入相应的资金，就可以在这一天中利用该账户进行支付指令的结算。如果参与者没有向 CHIPS 账户注入这笔资金，未达到初始头寸要求，则不能通过 CHIPS 发送或接收支付指令。在美国东部时间凌晨 0:30，CHIPS 和 FEDWIRE 开始运行以后，这笔规定的资金头寸就可以随时通过 FEDWIRE 转入 CHIPS 账户，但不能晚于东部时间上午 9:00。

在 CHIPS 的运行时间内，参与者向中心队列提交支付指令，该队列由 CHIPS 维护。在不违反 CHIPS 第 12 款规定的前提下，系统通过优化算法从中心队列中寻找将要处理的支付指令。当进行某一次结算时，优化算法会将相关的支付指令从中心队列中释放出来，对支付指令做连续、实时、多边匹配轧差结算，根据结果在相关参与者余额账户上用借记/贷记方式完成对支付指令的最终结算，同时标记 CHIPS 记录以反映资金头寸的增减变化。在系统关闭前，东部时间下午 5:00，参与者随时可以从队列中撤出指令。对当前头寸的借记、贷记只反映在 CHIPS 的记录中，并未记录在纽约联邦储备银行的簿记账户中。按照纽约的法律和 CHIPS 的规定，支付指令的最终结算时间就是从 CHIPS 队列中释放的时间。

东部时间下午 5:00，CHIPS 尝试进行撮合、轧差和结算，并尽可能多地释放尚在队列中的指令，但不允许某个参与者出现负头寸。当这一过程结束以后，任何未释放的指令将通过多边轧差的方式进行处理。对每一个参与者而言，轧差后的净头寸与其当前头寸（为零或为正）相关。若轧差后的头寸为负，其数值就是参与者的"最终头寸要求"（Final Position Requirement）。

有"最终头寸要求"的参与者必须将所要求的资金通过 FEDWIRE 转入 CHIPS 账户。当所要求的资金转账后，资金将贷记到参与者的余额中。当所有 FEDWIRE 资金转账收到后，CHIPS 就能够释放余下的支付指令，并对其进行结算。在这一过程完成后，CHIPS 会将账户中尚存的余额转账给相应的参与者，日终时将其在 CHIPS 账户的金额减为零。

由于预付资金数量相对较少，并且对支付指令的清算和结算是在多边匹配轧差的基础上进行的，所以预付资金 240 万美元，就可以进行超过 12 亿美元的支付，1 美元资金的平均效率乘数达到 500 以上。这加速了资金再循环，减少了流动性需求和日末流动性短缺的风险。

（2）CHIPS 的风险管理

CHIPS 在风险控制方面一直处于领先水平，1990 年国际清算银行（BIS）制定跨国、多币种净额结算方面的规定时就采用了 CHIPS 的风险管理模型。现在，CHIPS 对风险的控制接近 RTGS 系统的水平，超过了国际清算银行的 Lamfaulssy 标准。

CHIPS 要求参与者在每天交易开始前存储一定数量的资金。在系统的运行时间内，只有参与者当前的资金头寸足以完成借记 CHIPS 才释放支付指令，而且任何参与者当前的资金头寸都不得小于零。对于接收方的参与者而言，从队列中释放的支付指令都是终结性的。为保证 CHIPS 的参与者可以获得信贷来源，并有足够的流动性以迅速应对每日初始和最终的资金头寸要求，CHIPS 为参与者提供了信贷限额。若一家机构要成为参与者，它就必须接受纽约州银行或联邦储备银行规章制定机构的管理，以确保它接受了定期的检查，并且运行稳定。此外，它还需接受 CHIPCo 的信用评估。CHIPS 的参与者也必须向 CHIPCo 的董事会提交财务状况方面的文件，接受董事会的定期问讯。

CHIPS 系统可以提供双边及多边信用限额以控制信用风险。双边信用限额（Bilateral Credit Limits）是指清算成员双方根据信用评估分别给对方确定一个愿意为其提供的信用透支额度；多边信用限额（Multilateral Credit Limit）则是指根据各个清算成员对某清算成员提供的双边信用限额，按比例（如 5%）确定出该清算成员的总信用透支额度。清算时，只要双边及多边信用限额不突破，CHIPS 就会根据支付命令对其清算成员行进行相应的借记/贷记记录；如果超出限额，则拒绝执行其支付命令。自 1990 年起，CHIPS 规定在一天清算结束时，若有一家或多家银行出现清偿问题，且这些银行找不到为其代理的清算银行的话，则被视为倒闭，这时，由其造成的损失由其余各成员行共同承担，以确保一天清算的完成。这些风险控制措施的实施，不仅控制了成员行的风险，而且控制了整个系统的信用风险。因此，可以说 CHIPS 为国际美元交易支付提供了安全、可靠、高效的系统支持。

2003 年 11 月 4 日，CHIPS 对系统接入方式做了新的调整，并且提供基于 Internet 的管理报告和更高效的清算处理，参与者和其他用户可以利用 Internet 更加方便地使用该系统。

首先推出的网上服务是追加资金（Supplemental Funding），它允许参与者追加资金并指定优先处理某些支付指令，立即清算。作为终结性的多边净额结算系统，CHIPS 可以对多个参与者的支付指令进行匹配，然后进行实时的清算和结算。大部分指令的清算在 15 秒内完成，但有时银行会希望某些指令具有更高的优先级，能够立即清算。通过这项服务，银行就可以在网页上控制该过程，根据需要更改支付指令的处理顺序。

此外，CHIPS 提供在线的管理报告，而以前该报告只能在客户端生成。现在，金融机构在登录后就可以看到自己与交易对象的相对头寸，查询支付状况，进行与 CHIPS 相关的管理。追加资金和管理报告这类网上服务为 CHIPS 的参与者提供了更大的便利。

2.3.3　欧洲支付系统 TARGET

欧洲间实时全额自动清算系统（Trans-European Automated Real-Time Gross Settlement Express Transfer System，TARGET）为欧盟国家提供实时全额清算服务。欧盟的 TARGET 是一个区域性支付清算系统，它具有鲜明的一体化色彩。与 SWIFT 一样，TARGET 的总部设在比利时的布鲁塞尔，支付清算机制高度发达，支付清算服务优质高效。如今，TARGET2 已逐渐替代 TARGET。

TARGET 于 1995 年开始建设，1999 年 1 月 4 日正式启用，2008 年 5 月 19 日完全过渡到 TARGET2。TARGET 由 15 个国家的 RTGS 系统、欧洲中央银行的支付机构（EPM）和互联系统（Interlinking System）构成。互联系统可以将各国的 RTGS 系统与 EPM 相连，这样支付指令就能够从一个系统传递到另一个系统，如图 2-9 所示。

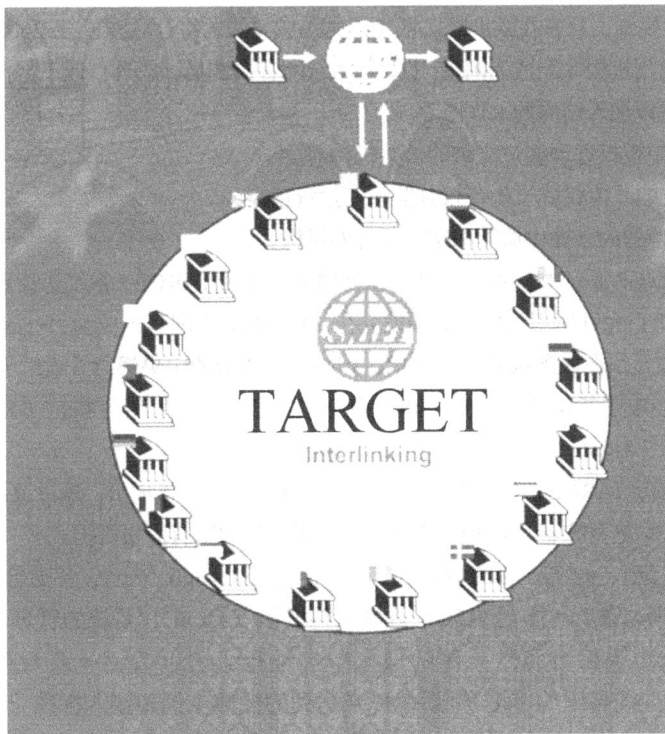

图 2-9　TARGET 的组成结构

TARGET 系统的清算成员均为欧元区内各国的中央银行。任何一家金融机构，只要在欧元区内所在国家的中央银行开立汇划账户，即可通过与 TARGET 相连接的所在国的实时全额结算系统进行欧元的国内或跨国清算。欧洲中央银行及成员国中央银行负责监督 TARGET 的运营，并作为清算代理人直接参与 TARGET 的运行。

1995 年 3 月，欧洲货币机构（EMI）会议决定建立 TARGET 系统，目的是：建立统一的欧洲货币市场以利于单一货币政策的实行；促进欧元支付系统的稳定性，提高支付效率；在各国

RTGS 系统的基础上，为各国间的清算提供一个安全可靠的机制，使支付的风险降到最低。利用 TARGET，与外汇及货币市场的交易相关的大额支付就可以在欧元区内安全、高效地进行，且费用低廉。TARGET 系统使得跨国转移资金就像在国内转移资金一样安全便捷，而且一天之中这笔资金可以使用多次。

TARGET 只处理以欧元为单位的信用转账业务。作为实时全额结算系统，TARGET 对无限制条件的支付指令逐一自动进行处理。在营业日内，这一过程连续不断地进行。所以，只要指令发出方在中央银行账户上有足够的资金或未超出透支限额，TARGET 就会为所有的支付命令提供实时的、最终的清算。

虽然建立 TARGET 的主要目的是为了促进单一货币政策的实施，但是欧盟内的每个国家都与其相连，享受以欧元为单位的支付服务，超出了欧元区的范围。为了减少各国中央银行和信用机构筹建 TARGET 的时间和费用，各国 RTGS 系统只进行了必要的改造：既可满足欧洲中央银行货币政策的执行，也便于国内信用机构的使用。尽管各国中央银行采用的技术、成立的机构仍有不同之处，但是 TARGET 可以确保其成员机构无论在国内模式还是跨国模式下都能用相似的方法使用该系统。

（1）TARGET 系统的管理

根据 TARGET 规则，只有在欧洲经济区（EEA）成立的、符合欧洲议会 2000/12/EC 管理文件 I 规定的、受监管的信用机构才能成为国内 RTGS 系统的直接成员。此外，以下经济实体在获得国家中央银行的批准后也可以加入国内的 RTGS 系统。

① 欧盟成员国中授权管理客户账户的公共机构。

② 在 EEA 建立的、由权威机构授权并监管的投资银行。

③ 由权威机构监管的、提供清算和结算服务的机构。

所有加入国内 RTGS 系统的信用机构都可以自动获得使用 TARGET 系统进行跨国支付的权利。通过远程访问，TARGET 允许信用机构（必须设立在 EEA 的某个国家）成为另一国 RTGS 系统的直接使用者。该信用机构无须在该国设立分支机构，但必须在该国的中央银行开设欧元的清算账户，且具有一定的账户余额。电子货币机构（ELMIS）由于不符合金融清算管理机构（SFD）的信用机构定义，现在还不能加入 TARGET。

截至 2012 年年底，TARGET 有 999 名直接成员、3 386 名非直接成员，通过该系统可以访问 13 313 家银行或其分支机构。这意味着，TARGET 几乎覆盖了欧盟的所有信用机构。

由欧洲中央银行制定的 TARGET 指导方针（TARGET Guideline）、各国针对自己的 RTGS 系统制定的一系列规则与条款（国内 RTGS 规则）构成了 TARGET 系统的管理规章。TARGET 指导方针适用于欧洲中央银行和欧元区的国家中央银行。它包括了一系列条款，明确了加入 TARGET 或与之相连的各国的 RTGS 系统应当达到的标准（例如接入标准，货币单位，定价规则，运行时间，通过 TARGET 可以进行哪些类型的支付，支付命令何时执行、何时不可撤回，日间信贷要求）；通过 TARGET 的互联系统进行跨国支付的安排；TARGET 的安全措施和相应要求；TARGET 的管理等。对于那些未加入欧元区的国家，其中央银行也可以与 TARGET 相连，同时要遵循上述条款。针对这些国家的特殊情况，TARGET 在与之协商后制定了一些相应的调整措施。

（2）TARGET 的交易服务

TARGET 支持以欧元为单位的、所有类型的信用转账服务。它可以处理银行间（MT202）、客户与银行间（MT103/MT103+）的支付指令，而且对交易金额没有上下限要求。所有支付指令都同样对待，无论金额大小。TARGET 主要处理以下三种交易。

① 与中央银行的运作直接相关的支付（即与实施货币政策直接相关的支付），发送方或接收方使用欧洲中央银行系统；该项支付是委托 TARGET 进行的清算服务之一。

② 提供大额支付服务的净额结算系统以欧元为单位进行的清算，这一交易需委托 TARGET 完成，目的是降低支付系统的风险。

③ 以欧元为单位的银行间支付以及商业支付。

此外，TARGET 也用于处理欧洲中央银行系统的交易指令，EURO Ⅰ（EBA）系统的日终结算，以及 CLS（持续联系结算）银行及其成员间的欧元结算。

（3）TARGET 的清算过程

TARGET 是一个实时全额结算系统。国内 RTGS 系统成员在该国的中央银行设立清算账户，支付命令发出方在该账户中的资金用来实现支付。在处理支付命令时，TARGET 采取实时、逐一处理的方式，支付信息在与之相关的两国的中央银行间直接传送而不是通过某个中心机构，进行双边结算。

在进行跨国支付时，提出请求的信用机构先通过本地的 RTGS 系统将支付指令传送到国内的中央银行。中央银行检查支付命令的有效性（提交的支付命令要符合标准并包含必要的信息）、该机构是否拥有足够的资金，或是否超出透支限额。此外，中央银行还会检查接收方的 RTGS 系统是否为TARGET 成员。发送方银行必须完成以下工作（若有必要）：将支付指令的信息格式转换为互联系统的标准格式；增加额外的安全信息以便于中央银行间的通信传输；运用互联系统向接收方银行发送支付请求（PSMR）。一旦发送方银行验证了支付命令的有效性，且该机构拥有足够的资金，或在透支限额之内，那么发出支付命令的信用机构在该国 RTGS 中的账户就会立即借记这笔资金，同时发送方中央银行在互联系统的账户上贷记这笔资金。接收方的中央银行收到支付信息后，立刻检查安全信息，并验证支付命令中指定的接收方银行是否为国内 RTGS 系统的用户。如果满足以上条件，接收方中央银行就会将支付信息的格式由 TARGET 的标准格式转化为国内格式，借记发送方中央银行在互联系统中的账户，贷记接收方银行在 RTGS 系统中的账户，并向国内中央银行/欧洲中央银行发回交易成功的确认信息（PSMN）。最后，接收方中央银行通过本地 RTGS 系统将支付信息传送给受益的信用机构。若接收方银行不是 RTGS 系统的用户，则接收方中央银行拒绝支付命令，并要求发送方中央银行再次贷记同样金额到发送方银行。

TARGET 的清算过程有以下两大特点。

① 不可撤销性。各国的 RTGS 系统规定，当支付命令发送方在 RTGS 中的账户被该国的中央银行/欧洲中央银行借记后，支付命令不可撤销。

② 终结性。一旦接收方在该国的中央银行/欧洲中央银行的账户被贷记，支付即告终结。这意味着接收方银行可以将获得的资金立即转给最终的受益人，且没有信用风险。因此，TARGET 为用户提供了管理支付系统风险的有效方法，避免了用户在其他支付系统中会遇到的支付风险。

客户间进行跨国支付的案例如图 2-10 所示。

图 2-10 显示的是意大利的客户向葡萄牙的客户进行支付。首先，意大利客户向该国的开户行 A 银行提出支付请求，然后 A 银行将支付命令传送到意大利中央银行 NEW BIREL。NEW BIREL 对支付命令进行检查之后，通过 SWIFT 网络接入 TARGET 互联系统，将命令传送到葡萄牙的中央银行 SPGT，进行相应的贷记、借记操作。SPGT 再将资金借记在客户的开户行 B 银行的账户上。

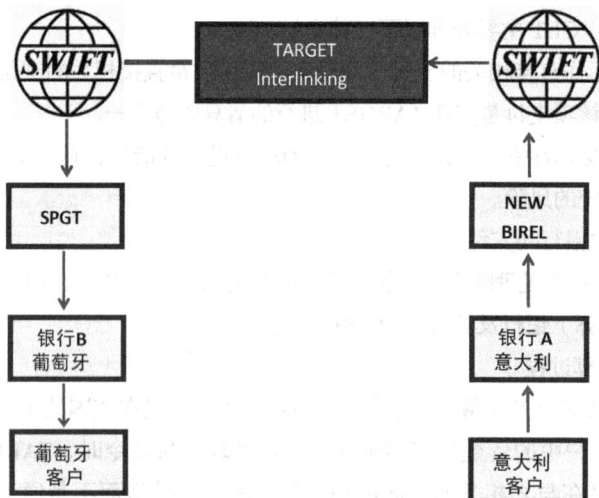

图 2-10 客户间跨国支付的案例

（4）TARGET 的信用风险与流动性风险管理

TARGET 系统对支付指令采取立即结清的方式。在 TARGET 中，接收方的账户只有在发送方账户借记以后才会贷记。因此，对于接收方而言，通过 TARGET 得到的资金都是无条件限制的、不会被撤回的，接收方不会因这些支付而面临信用风险。

在实时大额清算系统中，保持高的流动性和降低维持这种流动性所需的费用是人们始终追求的两大目标。在 TARGET 中，流动性管理很灵活，而且获得这种高流动性所需的费用很低。TARGET 要求信用机构必须在中央银行保持一定数量的资金，即达到准备金最低限额，这笔资金将用于日间清算。此外，TARGET 只要求信用机构每日在中央银行资金的平均值达到该最低限额，这为银行日终的流动性管理提供了很大的灵活性。隔夜借贷也为银行处理突发的流动性问题提供了方便。此外，欧洲系统还向其成员（各国中央银行）提供无限的日间信贷，不计利息。不过，所有中央银行的借贷必须是全额担保的。但是抵押品的范围很广，可用于货币政策方面的资产，也可用作日间信贷的抵押品。

（5）TARGET 的特点

TARGET 的业务范围包括与欧洲中央银行执行统一货币政策有关的资金收付、银行间的大额欧元清算、银行客户间的大额欧元收付结算等。TARGET 有以下 3 个特点。

① 采用 RTGS 模式，系统在整个营业日内连续、逐笔地处理支付指令，所有支付指令均是最终的和不可撤销的，从而大大降低了支付系统风险，但对参加清算银行的资金流动性的要求较高。

② 由于资金可以实时、全额地从欧盟一国银行划拨到另一国银行，不必经过原有的货币汇兑程序，从而减少了资金占用，提高了清算效率和安全系数，有助于欧洲中央银行货币政策的实施。

③ 欧洲中央银行对系统用户采取收费政策，用户业务量越大，收费标准越低，这一收费规则对大银行就越有利。此外，系统用户必须在欧洲中央银行存有充足的资金或备有等值抵押品，资金规模要求较高；加之各国中央银行对利用该系统的本国用户不予补贴，故 TARGET 系统的清算成本高于其他传统的清算系统。

（6）TARGET2

2002 年 10 月 24 日，欧洲中央银行管理委员会确定了 TARGET 的未来发展战略：TARGET2。TARGET 的发展方向是：① 向客户提供更为协调一致的服务平台，更好地满足客户的需要；② 提高系统效率，降低系统成本；③ 增强适应性，为欧盟、欧洲系统的扩大做好准备。从 2007 年 11 月 19 日起，TARGET 系统逐渐向 TARGET2 过渡，并于 2008 年 5 月 19 日全部转移至 TARGET2。

TARGET2 所有交易分为"大额银行间交易"和"小额零售交易"，前者是指银行间大额实时批量交易，主要由大额支付系统（LVPS）负责，后者主要是指客户间相对小额的结算，每一笔小于 5 万欧元。大额交易笔数少、金额多，金额占全年交易总额的 91%；而小额交易笔数多，占全年交易笔数的 68%。

TARGET2 的一个明显优势是其支付服务可以提供给欧盟以外的国家，即非欧元区国家的中央银行也可以通过 TARGET2 来获得欧元结算服务。目前，已经有 24 个欧洲国家的中央银行成为 TARGET2 的成员，包括 20 个欧元区国家和 4 个非欧元区国家（分别是保加利亚、丹麦、波兰和罗马尼亚）。

截至 2016 年，一共有 1 007 名直接成员在 TARGET2 系统设立账户，这些直接成员共有 837 名已注册的间接成员。通过 TARGET2 系统总共可以访问 5 037 家信贷机构。TARGET2 日处理交易量平均为 354 263 比，日交易额为 1.9 兆欧元。

TARGET2 的主要原则与基本框架如下。

① TARGET2 仍是一个与多种平台兼容的系统，由各国开发的部分和"共享的部分"构成。后者是一个 IT 平台，由数个中央银行自愿结合为一个团体，共同建设并使用该平台。事实上，各国的中央银行不必坚持使用自行开发的平台。如果各国都保持其自有的系统平台，那么 TARGET 就必须维护一个完全多元化的 IT 结构，这不利于提高系统效率和降低成本。考虑到随着欧盟的扩大，更多的国家会加入进来，TARGET 会与更多的成员国相连，TARGET2 的发展趋势必然是进一步提高系统的一致性，在更大程度上使用共享平台。在 TARGET2 启用后三年内，管理委员会将评估单一的共享平台是否能满足所有中央银行以及那些不愿再维持本国平台的银行的需要。最终，管理委员会可能会考虑再建一个附加的共享部分，以适应 TARGET2 进一步发展的需要。

② 与 TARGET 系统相似，TARGET2 的主要功能仍然是以欧洲中央银行的货币结算以欧元为单位的、大额的、系统相关性强的各种支付。

③ TARGET2 系统具有更高的一致性。核心服务的定义将更为宽泛，包括 TARGET2 各组成部分，即各个系统平台所提供的服务与功能。当然，各国的中央银行仍可以在核心服务之外提供特殊的国内服务。TARGET2 提供的服务取决于 TARGET 用户的需要与期望。

④ 针对 TARGET2 的核心服务，管理委员会将为国内、跨国交易制定统一的价格机制（适用于整个欧洲系统）：根据用户发送的支付指令的数量或支付的急迫性，设定不同的价格。附加服务的价格仍将由各国的中央银行制定。

与 TARGET 一样，TARGET2 继续提供各类支付服务。因为 TARGET 设计的初衷是以欧洲中央银行的货币结算以欧元为单位的、大额的、系统相关性强的各种支付，TARGET2 继续与已有的、以欧元为单位的支付系统相兼容。

TARGET2 的交易服务主要有以下几类。① 客户与银行间交易。② 银行间交易，包括两个信用机构之间或者国家中央银行和信用机构之间的交易，交易范围包括货币市场支付交易、外汇交易和衍生品交易等，以及信用交易发起者和受益人的交易。③ 直接借记业务，该业务被定义为大额的银行间交易。部分 TARGET2 成员必须同意其账户内的部分存款可以用于这项业务。④ 保管欧盟各国中央银行的流动性资产。

为了让更多不同层次的机构加入清算和结算服务中，TARGET2 制定了准入标准。欧元经济体中的信贷机构是优先参与者，其他保险公司、归属于政府的清算结算机构也可以加入。其中，直接成员拥有 RTGS 账户，能够获得实时信息并掌握操作工具。它们为自己账户内所有收发到的支付负责。

TARGET2 建立了高效的流动性管理模块。① 设立了支付优先级，所有交易按照对流动性的影响被分为正常、紧急和非常紧急三个级别。② 设立了定时交易，TARGET2 允许成员提前申请交易，提前的时间最多为五天。定时交易可以设定最早交易时间或最晚交易时间，并在规定时间进行交易。③ 设立了流动性储备，所有成员都可以选择为紧急或非常紧急的情况储备流动资金。当账户内一部分流动资金成为非常紧急交易的储备后，就再也不能用于紧急交易或者正常交易。此外，成员也可以为结算的外围系统（Ancillary Systems）做储备。④ 是允许设定账户资金流出和流入的限制。⑤ 是设立了资金池，银行可以选择使用资金池功能来保护自己的流动性。⑥ 是设立了优化程序，该程序能够按照紧急程度为正在排队的交易排序。

2.3.4　中国国家现代化支付系统概述

中国人民银行是我国支付系统的组织者、规划者、监督者、推动者，以及跨行支付服务的提供者。目前，我国已建成以中国人民银行现代化支付系统为核心，银行业金融机构行内支付系统为基础，票据支付系统、银行卡支付系统为重要组成部分，支持多种支付工具应用，并满足社会各种经济活动支付要求的中国支付清算网络体系，对加快社会资金周转、提高支付清算效率、促进国民经济健康平稳的发展发挥着重要作用。

中国国家现代化支付系统（China National Advanced Payment System，CNAPS）为世界银行技术援助贷款项目，主要提供商业银行之间跨行的支付清算服务，是为商业银行之间和商业银行与中国人民银行之间的支付业务提供最终资金清算的系统，是各商业银行电子汇兑系统资金清算的枢纽系统，是连接国内外银行重要的桥梁，也是金融市场的核心支持系统。

中央银行和商业银行是支付服务的主要提供者。银行体系包括四家大的国有商业银行、十几家小型商业银行、数目众多的城市信用合作社和农村信用合作社（信用社正在合并成为银行）、合资银行以及外国银行的分行和办事机构。三家政策性银行也提供某些支付服务。四大国有商业银行都已经建立起各自系统内的全国电子资金汇兑系统，大约 2/3 异地支付交易是通过这些系统进行清算的。

中国人民银行运行着 3 个跨行支付系统，它们是 2 000 多家同城清算所、全国手工联行系统和全国电子联行系统。中央银行运行的支付系统主要处理跨行（包括同城和异地）支付交易和商业银行系统内的大额支付业务。中央银行的支付系统还为一些没有自己系统内支付网络的小型银行提供支付服务，使它们能够不依赖于其竞争者提供类似的服务。

中国国家现代化支付系统是中国人民银行按照我国支付清算的需要，并利用现代计算机技术和通信网络自主开发建设的，能够高效、安全地处理各银行办理的异地、同城支付业务及其资金清算和货币市场交易的资金清算的应用系统。它是各银行和货币市场的公共支付清算平台，是中国人民银行发挥其金融服务职能的重要的核心支持系统。

中国国家现代化支付系统建有两级处理中心，即国家处理中心（NPC）和全国省会（首府）及深圳城市处理中心（CCPC）。国家处理中心分别与各城市处理中心连接，其通信网络采用专用网络，以地面通信为主，由卫星通信备份。

中国国家现代化支付系统集金融服务、金融经营管理和金融宏观货币政策职能于一体，以中国国家金融网为支持通信网络，主要是由上层支付清算系统组成的综合性金融服务系统。下层为支付服务系统，即各商业银行的柜台业务系统。上层支付清算系统是中国现代化支付系统建设的基础，用以实现商业银行之间支付资金的最终结算。该系统主要包括：大额实时支付系统、小额批量电子支付系统、网上支付跨行清算系统、同城清算系统、境内外币支付系统、全国支票影像交换系统、银行业金融机构行内支付系统、银行卡跨行支付系统、城市商业银行汇票处理系统和支付清算系统、农信银支付清算系统以及人民币跨境支付系统。

其基本构架如图 2-11 所示。

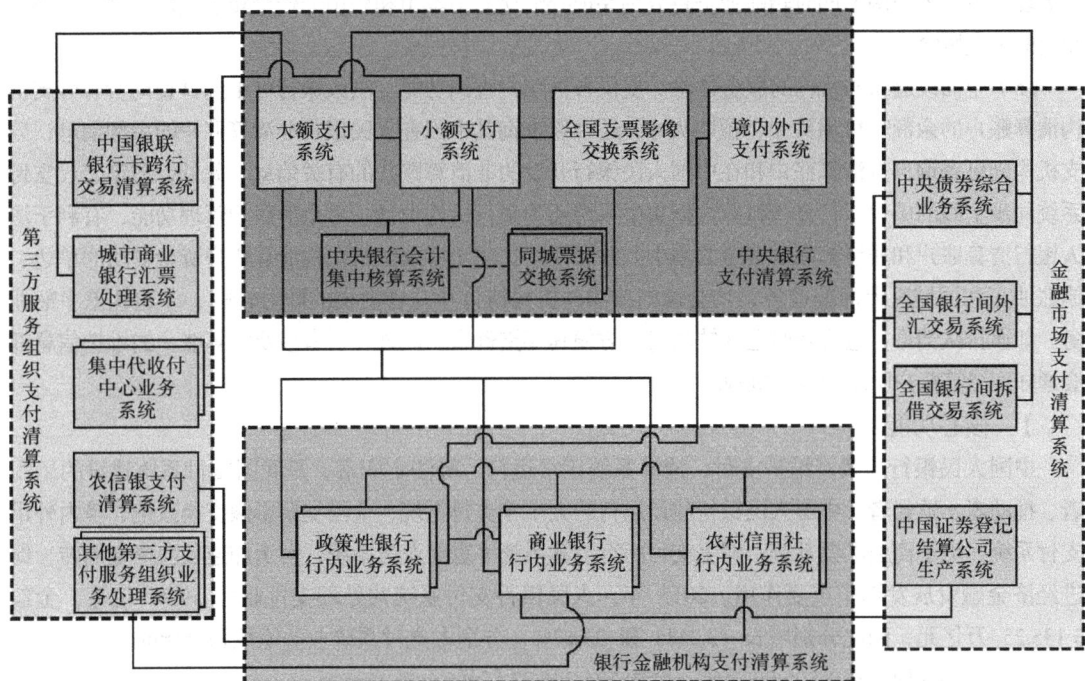

图 2-11 中国国家现代化支付系统基本构架图

2008 年中国人民银行计划组织建设新一代支付系统，即第二代支付系统，并统筹兼顾建设中央银行会计核算数据集中系统（ACS 业务）。2009 年底该计划正式启动。第二代支付系统将引入先进的支付清算管理理念和技术，丰富系统功能，拓展服务范围，加强运行监控，完善灾备系统。2013 年 10 月，第二代支付系统顺利完成上线切换运行工作，实现了第一代向第二代的平滑过渡。

第二代支付系统具有以下主要特征。

（1）统一接入，集中处理。统一第一代系统分散的接入渠道。第二代系统在信息传输方面采用类似于 SWIFT 的传输渠道，信息传输和业务处理相分离，所有参与机构接入到公共信息传输平台，业务信息经公共信息传输平台后，分别提交大额、小额、网银三个应用系统处理。调整国家处理中心和城市处理中心的功能定位。引入云概念，全国 32 个 CCPC 仅作为参与机构接入第二代系统的物理接入节点，进行最基本的报文格式检查，不再具备第一代系统的轧差、管理和数据存储功能。各 CCPC 可以互为备份。所有轧差、数据存储和管理功能均集中到了 NPC，时序、权限和参数管理也由位于 NPC 的公共控制管理系统进行。

（2）各个业务应用系统相互独立。第二代系统解除了大额系统和清算账户系统的绑定关系，以及小额系统和轧差服务器的内嵌关系，清算账户系统直接为大额、小额和网银系统提供资金结算服务。小额和网银系统无须通过大额系统提交轧差净额，轧差服务器从小额系统中分离出来，为小额和网银系统管理净借记限额和提供轧差服务，因此，大额、小额和网银 3 个应用系统相互独立，可分别运行。

（3）提供多边轧差净额结算模式。除了支持各种贷记，借记、即时转账业务外，第二代系统还开发了多边轧差净额结算模式，能为支付清算组织提交的一揽子参与机构提供多边轧差净额资金结算服务。

（4）支持外汇交易市场的"款款对付"结算。"款款对付"结算简称 PvP 结算，是指不同币种资金同步进行交收并互为交收条件的结算方式，一直被视为外汇交易结算系统应该实现的最重要的功能之一。第二代系统设计了 PvP 结算的完整流程，通过大额支付系统，外汇交易清算系统和结算银行同步处理，本、外币两笔即时转账业务将分别完成外汇交易中本币和外币的资金转账处理，避免了外汇交易的本金风险。

（5）全面改进参与机构的服务体验。提供各类账户查询功能。法人银行可于当日查询所有分支机构清算账户的余额、可用头寸、预期头寸，还可以查询其中国在人民银行非清算账户的余额信息；分支机构则可查询自身清算账户和在中国人民银行开设的非清算账户的有关信息。此外，与第二代支付系统同步上线的中央银行会计核算数据集中系统还为银行机构设计了零余额账户管理功能，有利于法人银行清算账户和非清算账户资金的集中归并和使用。对于涉及银行机构清算账户资金变动的单边、错账冲正和同城轧差净额业务，均会通知该参与机构特许参与者发出的即时转账、多边轧差净额业务。如遇排队情形，也会及时通知缺款行，方便其筹措资金。此外，所有涉及清算账户的维护信息都会通知到清算账户所属的银行机构。

1．核心功能

中国人民银行肩负"维护支付、清算系统正常运行"等法定职责，是我国支付系统建设的组织者、推动者、监督者。中国人民银行建设运行的大小额支付系统、全国支票影像交换系统、境内外币支付系统、电子商业汇票系统、网上支付跨行清算系统等重要业务系统，对于加速社会资金周转、促进经济金融发展发挥了重要作用。2015 年，人民银行支付系统共处理支付业务 59.96 亿笔，金额 3 135.25 万亿元，同比分别增长 43.31% 和 27.67%，分别占支付系统业务笔数和金额的 12.77% 和 71.53%。日均处理业务 1 805.00 万笔，金额 125 246.92 亿元。

（1）大额实时支付系统

大额实时支付系统（High Value Payment System，HVPS）主要处理同城和异地的、金额在规定起点以上的大额贷记支付业务和紧急的小额贷记支付业务。支付指令实行逐笔实时发送，全额清算资金。大额实时支付系统的参与者包括人民银行国库、人民银行营业部、商业银行、农联社、外汇交易中心、国债登记公司等机构以及电子联行系统。中央银行能够通过该系统直接监督和控制全国 80% 左右的资金，实时跟踪各清算账户的资金情况。

大额实时支付系统是现代金融市场基础建设中最关键的组成部分，是一国支付系统的主动脉，通过它能实现大额支付信息的处理和清算。大额实时支付系统与中央银行会计集中核算系统、国家金库会计核算系统、银行业金融机构行内支付系统、中央债券综合业务系统、外汇交易及同业拆借系统、银行卡支付系统、城市商业银行汇票处理系统等多个系统连接。

因为大额实时支付系统支付交易的金额大、速度快，又是最终性支付，要求实时逐笔进行支付处理，所以对支付交易信息报文传输、处理系统的安全性、可靠性要求很高，系统安全、可靠是大额实时支付系统的关键。

大额实时支付系统连接各银行金融机构参与者，实行从发起行到接收行全过程的自动化处理，每笔支付业务实时到账，实现了全国跨行资金清算的零在途。

大额实时支付系统设置了接入管理功能、业务控制功能、队列管理功能和清算账户控制管理功能。中国人民银行可对严重违规或发生信用风险的直接参与者的清算账户实施部分金额控制、借记控制直至关闭。

大额实时支付系统可为中央银行实施公开市场操作业务提供实时清算。大额实时支付系统与中央债券综合业务系统直接连接，支持中国债券交易及其资金清算采用付款交割（DVP）方式，实现了债券交割和资金清算的同步。大额实时支付系统还与外汇交易及同业拆借系统连接，为外汇交易市场和同业拆借市场提供快捷、低成本的资金清算服务。

为防范风险，大额支付业务实施全额实时清算，不足支付的交易做排队处理，并建立债券质押与资金融通相结合的自动质押融资机制。对日终仍不足支付的交易，中国人民银行提供贷款。

（2）小额批量支付系统

小额批量支付系统（Bulk Electronic Payment System, BEPS）处理借记支付业务和规定金额起点以下的小额贷记支付业务。支付指令实行定时批量或即时发送，净额清算资金。小额批量支付系统的参与者包括人民银行国库、人民银行营业部、商业银行、农联社等机构。

这些业务的特点是金额相对较小，采用定时批量业务处理，对批文件进行分类，借记、贷记交易双方账户，用多边净额轧差清算方式控制支付风险。

小额批量支付系统主要用于实现基于消费支付的小额支付，通常包括：各类预授权的定期定额支付，如工资、津贴、保险金支付等；各类定期不定额的支付，如房租、水电费、电话费等；各种截留票据的贷记、借记支付等业务。

小额批量支付系统实行"全天候"服务，7×24 小时连续运行。小额批量支付系统处理的业务种类齐全，不仅可以处理小额汇兑、委托收款等传统的借、贷记业务，还可以处理财税库行横向联网、跨行通存通兑、支票圈存和支票截留等业务，公用事业费的收取等定期借记业务，以及工资、政府福利津贴、养老金和保险金的发放等定期贷记业务。

针对小额支付系统业务的转发和资金清算不同步、易产生流动性风险和信用风险的情况，小额批量支付系统对直接参与者提供净借记限额管理，并要求其对净借记限额提供质押品或资金作为担保。参与者发起的支付业务只能在净借记限额内支付。小额支付业务轧差净额的清算统一纳入大额实时支付系统处理，通过自动质押融资限制，加强银行业金融机构的流动性管理。

（3）中央银行会计集中核算系统

中央银行会计集中核算系统是以中国人民银行地市以上机构为基本核算单位，运用计算机网络和电子通信技术，遵循会计基本原理、准则和特定方法进行设计的，集中核算、反映和管理中国人民银行各类会计业务的电算化系统。该系统提供资金最终结算服务，是中国人民银行现代化支付系统的运行基础，中国人民银行履行各项职能的核心支付系统，其业务范围涵盖中国人民银行对金融机构的存贷款业务，公开市场业务，质押融资业务，货币投放、回笼业务，中国人民银行内部资金汇划、清算和财务核算等业务。

中央银行会计集中核算系统与中国人民银行现代化支付系统、会计报表系统和统计信息系统相连，可快速完成数据交换。

（4）全国支票影像交换系统

全国支票影像交换系统是运用影像技术将实物支票截留，转换为支票影像信息，通过计算机网络将支票影像信息传递至出票人开户银行提示付款的业务处理系统。

全国支票影像交换系统主要处理银行业金融机构跨行和行内支票影像信息交换，其资金清算通过小额批量支付系统处理。支票影像业务的处理分为影像信息交换和业务回执处理两个阶段，即支票提出行通过影像交换系统将支票影像信息发送至提入行提示付款；提入行通过小额批量支付系统向提出行发送回执完成付款。

2006 年 12 月，全国支票影像交换系统在北京、天津、上海、广东、河北、深圳六省市试点运行，六省市之间企事业单位和居民个人签发的支票可以互相通用。2007 年 5 月底，全国支票影像交换系统正式建成，实现了支票的全国通用，企事业单位和个人持任何一家银行的、金额在 50 万元以下的支票均可在境内所有地区办理支付。从 2010 年开始，全国支票影像交换系统业务增长量持续下降。

（5）境内外币支付系统

境内外币支付系统是为我国境内银行业机构和外币清算机构提供外币支付服务的实时全额支付系统，它是我国第一个支持多币种运营的外币系统。2007 年，为了进一步完善中国支付系统，中国人民银行启动了境内外币支付系统和支付信用信息查询系统的建设。2008 年 4 月 28 日，中国人民银行组织建设的境内外币支付系统成功上线运行，先后开通了港币、日元、欧元、美元、英镑、澳元、加元及瑞士法郎八个币种的支付业务。

外币支付系统采用"Y"形信息流结构，由外币清算处理中心负责对支付指令进行接收、清算和转发，代理结算银行负责对支付指令进行结算。各币种分别由四大国有银行做代理银行，代理结算银行的任期均为三年。系统处理的主要是两类业务：一是境内跨行贷记业务，即境内付款银行通过外币支付系统向境内收款银行发起的支付业务；二是轧差净额业务，即外币清算机构为结算其外币轧差净额向外币支付系统发起的多边支付业务。

为了提高内地和香港跨境支付清算效率，中国人民银行利用境内外货币支付系统和香港金融管理局建立了两地多种货币支付系统，境内外币支付系统通过内地代理结算银行及其在香港的代理行或分支机构连接香港全额结算系统，内地银行和香港银行可分别通过本地支付系统发起和接收多种货币跨境支付业务。2009 年 3 月，两地支付互通安排开通美元、欧元、港元和英镑四个币种的支付业务。

境内外币支付系统的优势主要有以下几点。

① 资金到账速度更加快捷。境内外币支付系统采用实时全额结算（RTGS）机制，支付指令一经清算，即时到达接收清算行，接收清算行即可动用可用额度。同时，参与者承诺 T+0 结算，付款人付出的资金可在当天转入收款人账户，解决了传统外币支付清算到账速度慢的问题。

② 流动性管理更加方便。境内外币支付系统采用"一点接入、一个账户"架构，该架构有利于银行对其全行流动性的统一调度，提高银行资金使用效率，解决传统外币支付清算安排资金存放分散问题，降低外币清算成本和风险。

③ 商业秘密更加安全。境内外币支付系统由中国人民银行清算总中心对支付指令进行接收、清算和转发，转发给代理结算银行的记账信息不包含参与者的客户信息，可以有效保护参与者的商业秘密，有利于中小银行开展外币支付业务。

2015 年，境内外币支付系统共处理业务 207.88 万笔，处理业务金额 9 062.04 亿美元（折合人民币约为 57 002.02 亿元），同比分别增长 8.76% 和 5.25%。日均处理业务 0.83 万笔，金额 36.39 亿美元（折合人民币约为 228.92 亿元）。

（6）网上支付跨行清算系统

网上支付跨行清算系统是专门针对网上支付等新型电子支付业务的发展需要，为银行业金融机构提供跨行清算和业务创新的公共平台。通过连接各银行业金融机构和非金融机构的业务系统，该系统主要支持网上跨行零售支付业务的处理，业务指令逐笔发送、实时轧差、定时结算。客户可以通过在线方式提交支付业务，并可以实时获取业务处理结果。2010 年 8 月 30 日，中国人民银行组织建设的网上支付跨行清算系统成功上线运行。2011 年 1 月 24 日，完成了网上支付跨行清算系统在全国的推广，网上支付跨行清算服务质量进一步提升，有效促进了电子商务的发展。

网上支付跨行清算系统能够支持非金融机构接入，为经央行批准许可的支付机构提供接入渠道，且 7×24 小时持续运行。系统处理的主要业务包括跨行贷记、跨行借记、第三方贷记、跨行账户信息查询以及在线签约等。依托该系统，客户通过商业银行的网上银行可以足不出户地办理多项跨行业务，并及时了解业务的最终处理结果。为防范业务风险，网上支付跨行清算系统处理贷记业务的金额上限暂定为 5 万元。从业务管理角度来讲，网上支付跨行清算系统是小额支付系统在网上支付方面的延伸；从系统管理角度来讲，网上支付跨行清算系统是与大、小额支付系统并行的人民币跨行清算系统。

截至 2015 年末，共有 161 家机构接入网上支付跨行清算系统。2015 年，网上支付跨行清算系统共处理业务 29.66 亿笔，金额 27.76 万亿元，同比分别增长 80.92% 和 56.03%。日均处理业务 819.21 万笔，金额 766.75 亿元。

（7）电子商业汇票系统

电子商业汇票系统（ECDS）是接收、存储、发送电子商业汇票数据电文，提供与电子商业汇票货币给付、资金清算行为等相关服务的业务处理平台。该系统由电子商业汇票系统国家处理中心、电子商业汇票城市处理中心、接入银行或者接入财务公司内部系统三层组成。客户通过接入银行或接入财务公司内部系统接入电子商业汇票系统完成业务处理。系统的核心业务功能包括票据托管、票据信息接收存储、信息发送、票款兑付等。

2008 年，为支持商业银行票据业务创新，促进商业票据市场发展，中国人民银行正式启动了全国电子商业汇票系统的建设，并完成了需求拟定、需求确认、需求分析等工作。2009 年 10 月 28 日，中国电子商业汇票系统正式开通运行，第一批上线机构包括 11 家全国性银行、2 家地方性商业银行、3 家农村金融机构和 4 家财务公司。2010 年 6 月 28 日，中国人民银行实现了电子商业汇票系统在全国范围内的全面上线运行。

（8）银行卡支付系统

银行卡支付系统由银行卡跨行支付系统及发卡行行内银行卡支付系统组成，专门处理银行卡跨行交易信息转接和交易清算业务，由中国银联建设和运营，具有借记卡和信用卡、密码方式和签名方式共享资源等特点。2004 年银行卡跨行支付系统成功接入中国人民银行大额实时支付系统，实现了银行卡跨行支付的实时清算。

银行卡跨行支付系统业务保持高位增长。2015 年，银行卡跨行支付系统共处理业务 206.68 亿笔，金额 49.28 万亿元，同比分别增长 75.01% 和 46.62%，分别占支付系统业务量的 44.02% 和 1.12%。日均处理业务 5 662.35 万笔，金额 1 350.01 亿元。

2. 流动性管理与风险管理

（1）流动性管理

第二代系统启用多种排队业务解救机制进行流动性管理。

① 不仅为小额排队业务提供撮合功能，还为大额排队业务设计了日间双边撮合和业务截止多边撮合机制，只要排队业务符合撮合条件，即可解救因账户余额不足导致的排队队列。

② 为在央行开立多个清算账户的法人银行提供了"资金池"管理功能。当分支机构清算账户因缺乏头寸而出现排队业务时，系统依据法人银行的事先授权自动将资金从法人银行调入分支机构账户解救排队业务。

③ 为不同法人银行提供自动拆借功能。当法人银行头寸不足支付时，系统依据法人银行事先签订的拆借协议，启动法人银行之间的资金拆借功能，化解流动性风险，确保当日不能解退的轧差净额清算业务完成最终结算。

（2）风险管理

为了完善支付系统风险防范机制，2007 年中国人民银行建成小额支付系统全国处理中心应急灾备系统，并修订、完善了《支付清算系统危机处置预案》，启动了支票影像交换系统总中心应急备份系统的建设。

2008 年，CCPC 集中应急灾备系统和支票影像交换系统应急备份系统已经具备应急演练条件，央行还制定了支付系统有计划切换和应急指南。

随着 2010 年第二代支付系统的建设，对应的灾难备份系统也开始同时建设，最终形成了以北京中心为运行中心、以北京主站为同城备份中心、以上海中心为远程备份中心的"两地三中心"架构。第二代支付系统的灾难处置以快速恢复系统运行为目标，采取内部试算平衡后即恢复运行的策略，支持各应用系统从运行中心向备份中心的独立或整体切换和回切。国家处理中心运行中心业务数据与同城备份中心之间采取实时同步备份技术，实现系统自动切换和数据零丢失目标；运行中心与远程备份中心之间采取实时异步备份技术，实现 2 小时内快速切换和数据零丢失目标。各城市处理中心以通用 CCPC 为备份系统，通用 CCPC 与支付清算系统运行中心、同城备份中心及远程备份中心同位摆放，实现2 小时内快速切换和数据零丢失目标。

关键术语

支付系统、支付系统的构成、全额、净额、大额、小额、实时、非实时、清分、结算、SWIFT、FEDWIRE、CHIPS、TARGET、CNAPS

关键知识点

本章思考题

1. 简述支付系统的构成和各个组成部分的作用。
2. 中央银行对支付系统负有哪些责任?
3. 比较全额结算系统和净额结算系统的异同与特点。
4. 为什么说实时全额结算系统有利于规避支付系统风险?
5. 大额支付系统和小额支付系统有哪些差异?
6. 清分和结算的区别是什么?
7. 根据系统管理者、结算方式以及是否有透支安排,可将支付系统分为几种模式? 有哪些特点?
8. 简述 SWIFT 管理上的特点。
9. 简述美国支付体系的构成。
10. 分析 FEDWIRE 与 CHIPS 的异同。
11. 简述 TARGET 的特点。
12. 简述中国支付体系的构成。

第3章　信用卡运作与管理

📝 **章首导言**

2003 年被卡界称为"中国信用卡元年"，具有循环信贷功能的信用卡发卡量从 155 万张增长到 544 万张，增长率为 350%。2004 年信用卡的发行增量呈井喷态势，各家商业银行纷纷推出自己的信用卡产品。截至 2016 年第一季度末，全国银行卡在用发卡数量 56.58 亿张，信用卡和借贷合一卡在用发卡数量共计 4.50 亿张。面对蓬勃发展的中国信用卡市场，加强信用卡管理和风险防范十分重要。

信用卡是商品经济高度发展的产物，发达的信用经济和飞速发展的现代科技是信用卡快速发展的基础。信用卡的本质是信用。

卡基支付工具包括借记卡、贷记卡和储值卡。

信用卡的基本功能可概括为转账结算、存取现金和消费信贷。信用卡运作的构成要素通常包括持卡人、特约商户、发卡行、收单行和信用卡组织五方。在信用卡管理中，特约商户与持卡人管理是信用卡成功的关键。

本章从信用卡的发展与信用卡产品分析出发，介绍了信用卡运作机制、信用卡管理与信用卡风险防范。

3.1　银行卡概述

银行卡是商品经济高度发展的产物，信用卡等新型支付工具的出现，提高了社会资金的使用效率，方便了人们的生活。伴随信息技术与网络技术的发展，借记卡、储值卡等小额支付工具的使用也日益普及。

自 1985 年中国银行发行国内第一张银行卡，中国银行卡产业就开始蓬勃发展。截至 2016 年第一季度末，全国银行卡在用发卡数量 56.58 亿张，同比增长 13.18%，环比增长 3.96%。其中，借记卡在用发卡数量 52.08 亿张，同比增长 14.72%，环比增长 3.95%；信用卡和借贷合一卡在用发卡数量共计 4.50 亿张，同比下降 1.98%，环比增长 4.12%。全国人均持有银行卡 4.15 张，其中，人均持有信用卡 0.30 张。同时，受理环境不断完善。

2003 年广发银行发行第一张真正意义上的信用卡，因此 2003 年被业界称作"中国信用卡元年"，具有循环信贷功能的信用卡发卡量快速增长。各家商业银行纷纷推出自己的信用卡产品。

3.1.1　信用卡发展历史沿革

一般认为，世界上第一张信用卡于 1915 年在美国诞生。当时美国一些商品零售商，如百货商店、饮食店和加油站等为了招揽生意，扩大营业额，对他们比较熟悉而又有一定支付能力的顾客颁发了一种类似金属徽章的信用凭证，这一凭证称为"购物卡"（Shoppers-Plates）。

作为一种信用凭证，持有这一凭证的人可以到该店或其分号赊购商品，再于约定的日子结清欠款。这个金属凭证就是今天信用卡的老祖宗，也许是出于仿效硬币的考虑，这个现代信用卡的雏形使用金属牌作为凭证。由于塑料技术的出现与发展，金属牌沿用了一段时间之后，就换成了轻巧、便于携带的塑料卡片。

这一时期的信用卡实质上是以信用度标志和优待券的形式存在的，而且仅能在发行的商号内使用，因而使用范围较为狭窄。它的另一个局限性还表现在：它主要是记账性质的支付卡，除少量可以先消费后付款外，大量是先存款后消费，这也限制了它的使用范围及用途。

由于这种做法能够吸引顾客，方便购物，扩大销售，因而众多商家纷纷仿效。商业信用卡的出现是一个了不起的创新，第一，在商品销售环节上打破了"一手交钱，一手交货""款到发货""银钱两讫"的传统结算方式，商品买卖的过程被有意识地颠倒，并在时间和空间上实现了分离；第二，为卡基支付工具孕育了市场，为银行信用卡的出现提供了原型。

随后，1920 年美国各大电器公司、石油公司推出了签账卡；1924 年美孚石油公司发行了用于加油站服务的贷记卡。20 世纪 50 年代初期，商业信用卡的应用范围进一步扩大，但主要还是集中在商品销售方面，信用卡所体现的信用关系仍然是商品销售者与商品消费者之间的一种直接的商业信用关系。

现代信用卡的发展是在 20 世纪 50 年代以后，大莱俱乐部的诞生标志着现代信用卡运作机制的产生。据说，1949 年的一天，有位美国商人麦克纳马拉请人吃饭，吃完结账的时候，他大吃一惊，钱包忘带了！于是不得不赶紧打电话请夫人带着现金来结账。于是，引发了一件可以载入信用卡发展史的事件，麦克纳马拉产生了创建信用卡公司的想法。1950 年他与朋友施奈德合作投资一万美元，开办了一家"大莱俱乐部"（DinersClub 晚餐者俱乐部），为会员提供一种能够证明身份和支付能力的卡片，会员可以凭卡到饭店记账消费，这就是大莱信用卡公司的前身。这段故事至今仍然出现在大莱卡官方网站上。大莱信用卡公司的出现与运转，标志着现代信用卡运作机制的诞生。

起初，大莱公司只有 200 来位会员，每年交 3 美元会费就可以在纽约 27 家饭店中的任何一家饭店先吃饭后付款。到了 1951 年底，大莱卡的交易额已达到 100 万美元以上，公司开始赢利。

大莱卡虽然也是一种商业信用卡，但它与以往发行的信用卡有所不同，其最大的不同就是发卡人——大莱俱乐部已不是买卖双方中的一方，而是买卖双方之外的第三方，这是一个实质性的变化。大莱俱乐部自身并不经营餐馆，也不靠其餐馆的盈利生存，而是专靠发展持卡人和发展特约商户来赚钱。持卡人因享受了商业信用，感觉到了方便，为此心甘情愿交纳会费；而特约商户，也就是那些接受大莱卡的饭店因为承诺接受持卡消费的方式而有了新的固定的顾客群，为此也乐于从扩大的交易额中分一些好处给大莱公司。大莱卡的出现，已不完全是商业信用的形式，商业信用卡从直接的商业信用形式发展到间接的商业信用形式，已经很类似于银行信用。

1950 年，大莱俱乐部首先发行"旅行与娱乐"卡。8 年后，American Express 美国运通卡诞生。1978 年大莱俱乐部改名为大莱国际信用卡公司。

1952 年，美国富兰克林国民银行发行了信用卡，首开银行信用卡的先河。这时，信用卡已由商业信用发展到了银行信用，同时正是由于银行提供的信用担保，使得信用卡不仅具有先存款后消费的支付功能，而且具有了消费信贷的功能。这种银行发行的信用卡允许持卡人透支，即在账面余额不足的情况下，可以先消费后付款。这一特点大大加速了银行信用卡的发展，使得不断有许多新的银行加入到发卡银行的行列中。

由于美国金融监管的限制，银行发卡受到地域、机构的诸多限制，这给客户跨地域、跨机构交易带来了不便，也影响到信用卡发展，所以迫使多家发卡机构联合起来，组成信用卡发卡联合组织。1959 年，美洲银行发行美洲银行卡，一年后专门组成了信用卡公司，于 20 世纪 60 年代中期吸收了部分中小银行参与联营逐步；1974 年美洲银行信用卡公司与众多商业银行合作成立了国际信用卡服务公司，1977 年改称威士国际组织，并以"VISA"为该组织的标志。发展成为现在的 VISA 国际组织；1966 年美国加州的富国银行联合 77 家银行成立了同业银行卡协会，1969 年改名叫万事达集团，1979 年起正式叫作万事达卡国际组织（Master Card International）。1967 年，三和银行和日本信贩公司合作设立了"日本信用卡公司"，发行 JCB 卡。

追溯信用卡的发展，从 1952 年美国银行业介入信用卡领域以来，到 20 世纪 80 年代初跨国信用卡集团雄睨世界，期间也就是 30 多年。银行卡何以获得如此巨大的发展？①相对于商业部门，银行部门更容易了解持卡人的经济实力和货币收支情况，能够更好地进行风险管理。②相对于商业信用卡，银行卡的信用程度较高，使用范围较广，功能较为多元化（同时具有消费信贷、转账结算、存取现金的功能），多元业务的优势无与伦比。③银行信用卡提供的延期支付、循环信贷的功能大大冲击了支票的使用，已成为最方便的小额支付工具。到目前为止，世界上很多国家，信用卡在使用频度上已经超过支票。④银行卡对银行自身来说已日益成为其利润增长的新的支撑点。银行卡的出现及其发展在信用卡的历史上和现代支付结算的历史上都具有划时代的意义。

目前，全世界的发卡总量超过 15 亿张，年交易额超过 300 110 亿美元。信用卡业务收入逐步成为商业银行经营收入的主要来源。在中国，第一张信用卡发行于 1985 年，中国银行珠海分行发行了中银卡。1 年后，中国银行北京分行开始发行长城卡。

全球较著名的信用卡组织主要有 6 个，即威士国际组织（VISA）、万事达国际组织（MasterCard）、美国运通公司、大莱信用卡公司、JCB 信用卡公司和中国的银联。

1．威士国际组织

威士国际组织（VISA International）是目前世界上最大的信用卡组织。它的总部设在美国洛杉矶市，总处理中心在洛杉矶的卫星城市曼托市（St.Manto），它的前身是美洲银行信用卡公司，1959 年开始发行"美洲信用卡"。到了 1974 年美洲银行信用卡公司与几家银行联手合作，共同发起成立了现在的 VISA 国际信用卡组织。1976 年改称威士国际组织，并以"VISA"为该组织的标志。发展到今天，VISA 组织已经成为一个拥有超过 21 000 万多家会员银行、特约商户达 2 200 多万家，发卡量超过 10 亿张（不包括 Interlink 卡）的大型国际组织。

2．万事达国际组织

万事达卡国际组织（MasterCard Card International）也是一个服务面达到全球范围的大型组织。它的前身是美国加州几家银行机构成立的美加州联合信用卡协会，后来发展成为万事达国际组织，发行以"Master Card"为标志的信用卡。目前它们的服务范围已遍及世界各地，拥有会员机构 3 万多家，特约商户 980 多万家，交易额达 2 200 多亿美元。万事达国际组织是服务于金融机构（商业银行、储蓄银行、储蓄和放款协会、存款互助会）的非营利性全球会员协会，其宗旨是为会员提供全球最佳支付系统和金融服务。万事达国际组织目前已经发展成为仅次于威士国际组织的世界第二大信用卡国际组织。

3．美国运通公司

运通公司是美国最大的信用卡公司之一，它成立于 1941 年，于 1958 年开始发行运通卡。目前，运通卡已发行了 3 660 万多张，业务范围覆盖了世界各地的 170 多家旅游公司和 330 万多家特约商户，成为世界上的第三大信用卡组织。美国运通公司的主要业务有 5 项：即旅游服务、国际银行、投资业务、信托财务咨询服务和保险服务。在第一项旅游服务业务中，运通信用卡和旅行支票是主要的组成部分。运通的特点是重视吸收中上层人士，那些消费层次高的政府官员、大款往往是运通卡的持卡人。运通卡分绿卡、金卡和白金卡三种。这是一种旅游娱乐卡，而不是银行卡，适合消费者外出旅游使用，当持卡人收到运通公司的对账单后要一次还清所欠款项。运通卡的年均消费水平要远高于 VISA 卡和万事达卡。

4．大莱信用卡公司

美国的大莱信用卡公司是由大莱俱乐部发展而来的，它在世界范围内发行大莱卡。目前，该公司的特约商户已达到 200 多万家，发卡量达 700 多万张，交易额达 180 多亿美元。大莱信用卡公司走的也是一条阳春白雪的道路，发卡条件较高，注重社会地位和高收入。大莱卡的显著特点是不设最高消费限额，提供应急现金服务，凭大莱卡可在全球 4 万部大莱 ATM 机上提取现款，最高提取额为 1 千美元或等值货币。凡用大莱卡购物均可免费享有"大莱购物万全保险"，其最高赔偿额相当于 3 万港元。而用大莱卡外出旅游，可免费享有 200 万港元的巨额旅游意外保险。1981 年花旗银行收购了大莱信用卡总公司的大部分股权，也就是说，大莱公司已成为花旗银行的附属公司。

5．JCB 信用卡

JCB 信用卡公司是日本的一家大型信用卡专营组织，它是 1967 年由几十家日本商业银行联合成立的。该公司发行的 JCB 卡经过几十年的发展，现已成为世界五大信用卡之一。其持卡人已达 1 650 多人，特约商户 50 多万家，交易额为 1.697 兆日元。日本 JCB 公司有普通卡和金卡两种产品。母公司负责日本国内业务，子公司 JCBI 负责国外业务，1981 年进入国际市场。目前在 140 多个国家和地区，340 万家特约商户可使用 JCB 卡。JCB 卡在日本国内占有绝对优势。

6．银联卡

2002 年 3 月 7 日，中国银联创立大会在北京召开。中国银联是中国银行卡联合组织。通过银联跨行交易清算系统，实现银联卡在商业银行系统间的互联互通和资源共享，保证银联卡跨行、跨地区和跨境使用。截至 2016 年第一季度末，全国银联卡在用发卡数量 56.58 亿张，银联网络遍布中国城乡，并已延伸至亚洲、欧洲、美洲、大洋洲、非洲等境外 150 个国家和地区。中国银行卡在经历井喷式上涨后，现逐步进入稳定发展阶段，主要有以下特点，即发卡量增速连续放缓、受理环境不断完善、消费业务显著增长。

3.1.2　银行卡相关概念

卡基支付工具包括借记卡、贷记卡和储值卡。

借记卡是指由商业银行向社会发行的具有消费信用、转账结算、存取现金等全部或部分功能的支付工具，不能透支。

储值卡是指非金融机构发行的具有电子钱包性质的多用途卡种，不记名，不挂失，适应小额支付领域。

贷记卡（信用卡）是由银行或信用卡公司向信用状况良好的个人和机构签发的一种信用凭证，持卡人可在指定的特约商户购物或获得服务。信用卡既是发卡机构发放循环信贷和提供相关服务的凭证，也是持卡人信誉的标志，可以透支。按照授信程度的不同，贷记卡分为真正意义上的贷记卡和准贷记卡。

贷记卡是指发卡银行给予持卡人一定的信用额度，持卡人可在信用额度内先消费、后还款的信用卡。准贷记卡是指持卡人须先按发卡银行要求交存一定金额的备用金，可在发卡银行规定的信用额度内透支的信用卡（通常透支额度不能超过备用金的额度）。

信用卡是国际上广泛使用的、先进的新型支付手段与结算工具，它在很多场合可以代替现金而发挥作用，比如支付货款、偿还他人的债务，都可以通过信用卡来完成。

一般来说，信用卡是金融机构或专营公司向消费者签发的一种信用凭证，持卡人到发卡机构指定的商店或场所购买商品或劳务时，可以凭卡结算而不必支付现金，这是信用卡本源上的意义。信用卡上印有信用卡的标志、信用卡名称、发卡行名称和代码、持卡人的姓名、代码、有效期等信息。

对于持卡人来说，信用卡的使用具有以下优点。

（1）信用卡是一种非常方便的支付工具。持卡人在特定的商店和场所购买商品、在宾馆住宿、酒店就餐的时候，可以不必携带现金，凭卡就能轻松实现资金结算，或者在异地旅行时可以持卡到当地银行分支机构兑取以满足临时现金需求等等。信用卡的使用避免了携带大量现金所带来的不便，使得购物过程变得轻松、舒适。这些特定的可以使用信用卡进行消费的场所，如商场、宾馆、酒店等，就是特约商户。

（2）信用卡还能自动提供一定的透支信用额度，这使得持卡人在额度内获得了银行的授信，可以"先消费，后付款"，这解决了客户消费时资金头寸临时不足的困难。

（3）对于持卡人来说，信用卡还提供了安全的保证。首先，信用卡避免了客户携带大量现金进行支付所带来的问题，如容易丢失、被盗等，增加了持卡人资金支付的安全性。其次，信用卡本身就带有各种安全的信息，如信用卡本身具有防伪标志、持卡人签名、卡号、发卡行标识等，同时信用卡还提供了各种安全的交易机制，如检查止付名单、授权管理机制等，这些机制都有效防止了信用卡的不合法使用，从而大大地增强了信用卡交易的安全性。

（4）通过信用卡交易，持卡人可以享受到发卡的银行或信用卡公司提供的这种相关的高效资金结算服务。持卡人在信用卡账户上的存款、取款、转账等服务要求可以得到很快的办理，同时关联银行还可开办 24 小时不间断的电话银行服务，这样不管持卡人在什么地方、什么时候，只要他（她）一接通电话，就可查询自己的信用卡账户的余额或办理信用卡账户和其他账户之间的资金转移。

对于商户而言，使用信用卡一方面能大大促进其库存商品的销售，另一方面可以通过银行高效、及时的清算服务，实现了资金的顺利回流和资金的快速增值。

对于发卡行来说，开办信用卡业务有助于形成一个银行服务消费的固定客户群体，同时还可获得可观的手续费和服务费的收入。

正是由于信用卡具有这么多的优点，因此自信用卡出现以来，它就得到了社会各界的普遍欢迎，从而获得了迅速的发展，成为银行获取利润的一项重要来源。

在中国，信用卡有广义和狭义之分。广义的信用卡包含贷记卡和借记卡，而狭义的信用卡，仅指贷记卡。

银行卡以银行信用为基础，此处的银行信用有两层含义：其一，它是指银行和商户之间的信用关系；其二，它是指银行与持卡人之间的信用关系。在银行和商户之间的信用关系中，银行负有为持卡人的持卡消费向商户担保付款的责任。从这个意义上说，银行发行的各种卡都具有信用特征，不管是具有透支性质的贷记卡，还是非透支性质的借记卡。对商户而言，这些卡在银行担保付款这一点上没有区别。因此，所谓广义上的银行卡既包括了贷记卡，也包括了借记卡。而根据银行与持卡人之间信用关系的不同，银行卡得以划分为具有透支性质的卡和非透支性质的卡两大类，其中具有透支性质的卡就是所谓的狭义上的信用卡，即贷记卡。贷记卡更加表现了银行与持卡人之间的信用关系，是个人信用的体现。

说到底，信用卡也好，银行卡也好，主要还是一种用于持卡人个人消费活动的支付工具。银行卡一般不用于大宗生产资料的购买，例如不用来购买飞机大炮。它只是个人消费活动的支付工具，这意味着消费额度比较小，能满足几千元、几万元的消费需求就可以了。银行卡主要的竞争对手是现金和私人支票。在我国，由于历史原因，个人支票一直没有普及，人民银行大约在 1995 年下令禁止中资商业银行开立私人支票账户，并于年底禁止使用私人支票。

信用卡是信用的标识，是一种支付工具。信用卡的本质就是信用。总而言之，信用卡与信用具有天然的联系，信用卡背后的契约关系和运作规章体现了信用的本质。

信用卡是一种支付工具。信用卡的本质就是信用。

3.1.3　信用卡的功能

信用卡基本功能可概括为三项：即转账结算（支付）、存取现金和消费信贷。

转账结算是信用卡最主要的功能，当持卡人在特约商户消费之后，不以现金货币付款，而是以信用卡为凭证，由特约商户、收单行、发卡行一系列受理、授权、清分、结算、清偿等操作，最终完成交易的过程，就叫做转账结算。在转账结算的全过程中，没有现金的流动，因此通常说信用卡能够有效减少社会现金流量。

信用卡的转账结算功能方便了消费者和商户之间的购销活动，减少了现金的使用量，提高了资金的利用率。

信用卡存取现金的功能是指持卡人随时随地可以在发卡行指定的银行受理网点和自动取款机（ATM）上实现现金存取。它不受存款地点的限制，不受工作时间的限制（指 ATM），有较好的安全性，借记卡按活期储蓄计付利息。

信用卡的消费信贷是发卡行根据持卡人的信用等级给予不同的信贷额度，在这一额度内，持卡人可以无限制地融通资金以进行购物消费。这一功能使得持卡人在进行购物的同时获得了一定的信用支持，从而解决了其资金暂时短缺的困难。当然，发卡行在对持卡人进行融通资金之前，必须对持卡人进行详细的资信审查，同时对顾客拖欠的信用贷款实行一定的利率惩罚。

3.1.4　信用卡的分类

根据信用发卡机构的性质、信用卡的清偿方式、发卡对象及信用度、信用卡所采用的介质等的不同，信用卡有不同的分类，如表 3-1 所示。

表 3-1　信用卡的分类

发卡机构	清偿方式	发卡对象	营销手段	载体材料	流通范围	信誉等级	结算币种
银行信用卡 商业信用卡 （非银行卡）	借记卡 （不允许透支） 贷记卡 （允许透支） 预付卡 （用于小额支付）	个人卡 单位卡 （公司卡）	联名卡 认同卡 品位卡	磁条卡 IC 卡 塑料卡 激光卡	国际卡 本地卡	金卡 本地卡	本币卡 外币卡

（1）根据发卡机构的性质不同，信用卡可分为银行信用卡和商业信用卡（非银行信用卡）。

所谓银行信用卡，就是指由商业银行（含邮政金融机构）向社会发行的具有消费信用、转账结算、存取现金等全部或部分功能的信用支付工具。由于银行信用比一般商业信用范围更广，而且相对于商业部门来说，银行部门更容易了解持卡人的经济实力和货币收支情况，因而能够更好地进行风险管理。在现在的市场份额的较量中，银行卡占了上风。

非银行信用卡主要包括商业信用卡、旅游信用卡等。商业信用卡由零售百货公司、石油公司、煤气、电气公司发行，属于赊购购物卡。在性质上，通常这类卡不属于现金信用类型。最初这类卡的流通区域有限，功能较为单一。但伴随经济和金融的发展，部分非银行信用卡已经具有现金信用的特征，使用范围及功能和银行信用卡类似。旅游信用卡由航空公司、旅游娱乐公司发行，用于购买火车票、飞机票、船票以及用餐、住宿、娱乐等。

（2）按清偿的方式划分，可将其分为借记卡（实时支付）、贷记卡（后支付）和预付卡（预支付）。

借记卡的清偿方式是先存款，后消费，一般不允许透支。目前我国大多数银行卡都是借记卡。其功能不同，借记卡又可分为转账卡、专用卡和储值卡。转账卡是指具有转账结算、存取现金功能并实时扣账的借记卡。而专用卡指在百货、餐饮、饭店等行业之外在特定区域使用的借记卡，它也具有转账结算、存取现金的功能。如 ATM/PLUS 卡、VISA Interlink 卡、VISA Electronic 卡等。

贷记卡是本源意义上的信用卡。持卡人可获得发卡行提供的一个信用额度，可以先消费，后还款，允许透支。国外发行的信用卡大多是贷记卡。

充值卡（Rechargeable Card）是一种"签账卡"。当使用签账卡时，交易金额将被累加到持有者的账户余额上，余额必须在付款期内全部支付（通常为 1 个月）。

预付卡是一种新的支付方式，也被称作"电子钱包"，它具有替代零钱的作用，不需要建立持卡人档案，不需要提供担保，一般用于小额交易，事先在卡内储存一定的款项，在交易时直接从卡内扣款。这种卡的持卡人在消费时无须输入密码，方便快捷，同时可方便地通过 ATM、柜台等多种设备向电子钱包转入"电子钱"。电子钱包限额存款，一旦丢失给持卡人造成的损失不大。对于商户来说，无须准备大量零钞，同时能够接受电子钱包的交易设备较简单，无需即时与卡中心通信，可节省大量费用。如 VISA CASH 卡，是一种多功能电子钱包，可替代零钱；面向小额支付（小于 20 美元）；无须使用个人密码（PIN）；可重复充值，脱机处理，无需授权；预先付款，不允许取现。

"准贷记卡"是一种介于"借记卡"与"贷记卡"之间的信用卡，它是指持卡人须先按发卡银行要求交存一定金额的备用金，可在发卡银行规定的信用额度内透支的信用卡。

举例来说，在国内，属于"贷记卡"的信用卡品种有工商银行牡丹国际卡、中行长城国际卡、广东发展银行国际卡等。属于"准贷记卡"的曾经有工商银行牡丹卡、农行金穗卡、中行长城卡、建行龙卡、交通银行太平洋卡等。属于借记卡的有牡丹灵通卡、金穗万事顺卡、长城电子借记卡、商行万事顺卡、招行"一卡通"等。

（3）根据发卡对象的不同，可分为"个人卡"和"单位卡（商务卡）"。

① 个人卡即供个人消费的卡，凡是任何有固定收入的个人都可以向发卡行申请办理个人卡。而发卡行将根据年龄、职业、工作年限、月收入等项目来进行资信审查。在个人卡中，按照信用卡的信誉等级，还可划分为普通卡、金卡、白金卡、钻石卡等，这些卡根据它们信誉的高低分别享受到不同的信用额度和银行服务。

普通卡的发卡对象通常为所有资信审查合格的持卡人群体，是一个大众市场产品。对于持卡人来说，由于普通卡所提供的持卡消费的便利性和安全性，而深受广大持卡人的欢迎。普通卡持卡人还能享受到一定程度的"核心"服务，如紧急补卡和紧急提现服务（当然有可能会收取一定的费用），但也提供了相当的便利。对于发卡行来说，由于普通卡持卡人的大众化，通过年费、交易费和货币转换费提供可观的收入机会。

金卡的服务对象与发卡对象通常是富裕的、高消费的个人，是那些高官显贵，大款名腕。对于金卡持卡人来说，因为能够享有完全的"核心"服务和更高、更宽松的消费额度而乐于持卡，这些核心服务通常包括旅游辅助服务、24 小时电话服务、免费的紧急补卡与取现服务等。而且手持金卡，有时候，特别在亚洲，似乎也是一种社会地位的象征。对于发卡行来说，由于金卡的持卡人通常每月的消费额是普通卡持卡人的 4 倍，因而给发卡行带来了很大的盈利。同时在年费、交易费和货币转换费中有可观的收入机会，而且与市场上其他持卡群体相比，通常认为金卡持卡人的信用风险要小。

② 单位卡就是用于单位消费的卡，同样单位在申办信用卡时也要接受银行的信用调查。个人卡的发行对象是具有完全民事行为能力的公民。个人卡的主卡持卡人可以为其配偶及年满 18 岁的子女申领副卡，最多不能超过 2 张。单位卡的发行对象是企业、机关、团体、部队、学校等法人组织，以

这些法人组织的名义申领并承担在信用卡使用中的责任。事实上，所谓单位卡也是由具体的个人使用的。凡在中华人民共和国境内金融机构中开立基本存款账户的单位均可申领单位卡，单位卡可申领若干张，具体持卡人的资格由申领单位法人代表书面指定或注销。

商务卡若根据服务内容和风险管理程度划分，具体推出的品种有公司卡、企业卡和购物卡。

公司卡是指向大小不一、各式各样、范围广泛的公司发行的银行卡，涵盖了大部分的公司。公司卡由公司发给雇员，由公司付账，用于公司雇员的商务消费活动，例如，商务旅行及娱乐、小额公款购物等。公司卡适合于各种规模的公司。

企业卡是指向超大型企业，如通用汽车公司、可口可乐这样的跨国跨地区的大型企业发行的银行卡，也就是向特殊的公司发行的银行卡。为了争取到这样的客户，发卡行甚至会在企业卡的面上同时标注出这家公司的标志和名称，甚至给这张卡派发一个完整的银行标识号 BIN。无论是公司卡，还是企业卡，在信用等级上同样有普通卡和金卡之分，也就是说，公司卡可进一步细分为公司普通卡和公司金卡，企业卡可进一步细分为企业普通卡和企业金卡。

购物卡旨在帮助大中型公司处理小额（少于或等于 5 000 美元）的日常分散交易，这些交易通常占据 80% 的交易量，但只占 10% 的交易额，结果造成了过高的管理费用支出。例如威士公司提供的威士购物卡是一种签账卡，可以代替购物订单和发票处理，以保持公司对雇员消费额的控制。

通常购物卡主要作为签账卡使用，而还款和支付的期限则通常由发卡行和客户（公司客户而不是个人客户）谈判决定，所以该卡通常没有循环信贷，因而风险低。对于发卡行，购物卡有很高的潜在收入，因为购物卡通常用于经常性的交易和欺诈较少的特约商户，且这类交易总体上超过一般卡片的消费额，并且购物卡从年费、交易费和货币转换费中可为发卡行提供可观的收入机会。

在管理模式上，公司卡与企业卡基本相同。

公司可以限定和修改每张卡片的消费限额。举例来说，对于一家公司的某职员，公司限定她手里的那张卡每月消费限额是 200 元，在这个钱数下由她自己做主，买些文具，就不用给公司领导打报告了。只有花销超过了 200 元时，才需要额外打报告。但是随着时间变化，物价上涨，文具也越来越贵，每月 200 元的额度买了打印纸就不能买墨盒，怎么办？其实只是一句话的事，通知发卡行把这张卡片的消费限额从下月起提高到 300 元，就可以解决问题，这就是公司卡的优越性。公司卡不仅可以限定每张卡的消费限额，还可以根据需要随时调整。公司卡的第二个特色是对不同层级的员工可以指定不同的信用额度。总经理、副总经理、财务总监、一般职员，每个人的信用额度都可以不一样，一个可能是每月 8 000 元，一个可能是每月 1 000 元。经常出差的可能比不经常出差的信用额度要高，这是职位、岗位体现在信用额度上的区别。

公司卡允许公司选择多种付款方式和多种记账方式：个人明细、部门级分类账、公司级总账等。商务卡是为企业、公司支付购买商品和服务的费用而开发的，包括在旅游和娱乐市场中的消费。商务卡可以帮助公司减少预付现金量和潜在的雇员不正当开支，并能通过给企业提供有效的管理分析（成本效益分析），帮助企业改进管理，赢得竞争优势。

由于商务卡使用频繁且每笔交易额大，年均消费额高可以给发卡行带来丰厚的收入，而且商务卡通常发卡量较低（大致上一个公司里只有 30% 的雇员能够持卡消费），并且坏账少，拒付少，风险较低，因此为发卡行提供了低成本较高收益的市场机会。

对于企业和公司来说，商务卡可以增强员工认同感，提升企业形象。员工持卡可以增强对企业的认同感。商务卡能够加强资金周转，提高资金效益。借助商务卡"先消费，后还款"功能，企业可以取消员工差旅备用金，减少借款的资金占压，员工也可以免除事先申领大量现金的麻烦。而免息还款期，可以让企业灵活运用资金，充分发挥资金的周转效益。

商务卡能够简化财务部门的作业流程，工作更有效率。公务卡可以根据企业财务管理要求，由企业自行选择合适的账单日期。每月提供给企业的账单均详尽列明了每位持卡员工本期应还金额及所有持卡员工合计应还总额，企业可以直接根据账单金额统一代员工还款，免除了逐笔报销、付款的作业时间及纸张、支票等资源成本的耗费，也减少了员工一个月多次报销请款的不便。

利用商务卡，可以有效管理商旅开支，增加财务管理透明性。如招商银行公务卡将按月向企业提供各员工的消费明细账单，清楚列明每一位持卡员工的当月业务开销，消费日期、内容、金额等账项一目了然。企业核对员工公务开支明细更为准确。完善的管理报表，帮助企业提升财务管理能力。每月账单日，公务卡将为企业提供卡片状况明细、月消费实际状况分析等分析报表，可以为企业管理决策提供较充分的依据。

（4）从营销的角度来划分，可划分为联名卡、认同卡、品位卡等。

联名卡是由银行和盈利性的合作伙伴一起合作开发的信用卡产品，它为了吸引社会公众而对该卡的持有人提供一定的奖励，如一定比例的折扣优惠和服务支持。对于银行来说，这是增加发卡量的一个重要途径。而认同卡则是指银行和非盈利性机构联系开发的信用卡产品，它的对象是有着共同意愿的消费者，所以发卡的范围有限。而品位卡通常是银行和盈利性机构联合开发的信用卡产品，它的对象是对同一品牌有共同消费愿望和认可度的消费者，所以发卡的范围有限，品位卡与联名卡很相似。

（5）按照载体材料可划分为塑料卡、磁卡、IC卡和激光卡等。

① 塑料卡。20世纪50年代末60年代初开始用塑料卡片制成信用卡，持卡人消费时要出示此卡以示身份，验明无误后即可享受信用消费。这种塑料卡当时与计算机无关。

② 磁卡。磁卡诞生于20世纪70年代初。磁卡是在其上贴有磁性条纹或涂上一层磁性材料或是在其内部植入磁带的卡片，在磁性材料上记录有持卡人姓名、卡号等信息，以供读卡机器读出这些信息来查证磁卡及其持卡人的真伪。它在变形特性、耐热性、可燃性等物理特性上都必须符合国际ISO标准。磁卡由于在塑料卡片上粘贴一条磁条而得名，通常把磁卡中的磁条分为三个磁道，其中第一、二磁道规定为只读磁道，第三磁道为读写磁道；第一磁道是字符型磁道，第二、三磁道是数字磁道。第一磁道基本保留给发卡行使用；第二磁道主要存放主账号、国家代码、有效期限、服务代码，例如此卡是POS用，还是ATM用，是否允许透支等；第三磁道主要记载主账号、授权额度、周期余额、周期长度、密码重输次数、个人密码、加密校验值等，第三磁道的全部信息均可读写。通常POS机写只读磁道，ATM机写读写磁道。应用时，磁卡在读卡机上"刷"过，读卡机的磁头读出磁条中的信息并将其转变成电信号，经过计算机或专门电路的解码，又可将电信号进一步复原为可理解的信息内容。出于业务和安全的需要，国际标准化组织（ISO）已经对磁卡的尺寸、物理特性、凸印符号、磁条的位置、尺寸、读写性能、数据格式等做了统一的规定，也就是说制定了国际通行的磁卡通信标准、数据标准和生产标准。信用卡器具的研发、生产和销售是一块巨大的、利润丰厚的市场。磁卡的主要优点是技术简单、成本低廉，而缺点是：a. 记忆容量小，只有100字节左右；b. 安全性能差，破译和仿制磁条信息成了信用卡犯罪的常用伎俩；c. 不适合脱机处理。从技术上看，可以说磁卡已是明日黄花，但目前在一些功能简单的应用领域，例如小额购物、电话、车票、门锁等，还是在大量使用着磁卡。

③ IC卡。IC卡（Integrated Card）是一种安装有集成电路的卡片。其中对仅具有存储器的IC卡称为存储卡，对于不仅含有存储器还具有微型计算机芯片的IC卡，常被称为智能卡（Intelligent Card）。它具有存储量大、功能较多、难以伪造以及联网要求低等特点。IC卡是由法国计算机工程师Roland Moreno于20世纪70年代发明的，是在塑料卡上封装一个非常小的微型IC芯片，用来存储记录数据。IC存储卡中不含有CPU，但是含有数据存储器（E^2PROM）、工作存储器（RAM）和程序存

储器（EPROM）。存储器可存储持卡人的个人信息和账户信息。IC 智能卡是在塑料卡片上嵌入含有 CPU、存储器和 I/O 接口的芯片，该芯片除了具有存储功能外，还具有信息处理功能。现在通常所说的 IC 卡，是 IC 智能卡。

IC 卡安全性高、难以仿制，具有 CPU 和较大的存储量，具有联机处理和脱机处理双重能力等优点，是未来信用卡的发展方向。近年发展起来的射频卡是目前广泛使用的非接触式 IC 卡，它相对于接触式 IC 卡，还具有快捷方便、高可靠性、高安全性、抗干扰性等特点。目前全球信用卡正在向 EMV 迁移。

④ 激光卡。激光卡是在塑料卡片中嵌入激光存储器的卡片，同样具有安全性高和存储量大的优点，目前未大规模进入市场。

（6）按照流通范围的不同，信用卡还可分为国际卡和本地卡两种类型。

国际卡是一种可以在发行国之外使用的信用卡，并可在全球使用；地区卡只能在发行国国内或一定区域使用的信用卡。例如，中国银行发行的外汇长城万事达卡就属于国际卡，而仍是同一家银行发行的人民币长城万事达卡就是本地卡。

威士卡（VISA 也称"维萨卡"）、万事达卡（Master）是国际卡，中国银行外汇长城万事达卡也是国际卡，广发银行有个广发港币卡。地区卡只能在国内范围内，甚至在某一区域内使用。

（7）按信誉等级分类，可将信用卡分成金卡和普通卡等。

金卡一般发给经济实力强、社会地位高、一贯信誉好的人士。金卡所享有的服务更多，当然相关收费也比较高。普通卡属于大众卡，普通百姓通常就申请这个卡。随着信用卡的发展，现在很多信用卡组织又推出了拥有更多特殊服务的白金卡、钻石卡等。

（8）按结算币种分类，可将信用卡分成本币卡和外币卡。

本币卡是指发卡机构用母国货币记账并进行结算的信用卡，通常只能用于母国货币计价的商品；如中国国内发行的本币卡就是人民币卡。外币卡或双币卡和全种卡指发卡机构用指定币种记账或进行结算，可以用于支付规定的计价货币商品。如国内银行发行的美元/人民币双币卡，既可以支付人民币计价的商品，也可以支付美元计价的商品；而全币种卡片，可以支付目前世界上大部分币种计价的商品。目前国际上，威士卡和万事达卡都采用美元结算，我国发行的外币卡有人民币结算和外币结算多种形式。

3.2　银行卡运作机制

3.2.1　银行卡交易中的参与者

在银行卡交易中，参与者的类型可分为发卡行、收单行、特约商户、持卡人和信用卡组织。

1. 发卡行

发卡行通常为金融机构，它的主要职责是与持卡人签订使用账户的合同条款并向持卡人发卡。同时，发卡行还定期向持卡人发送对账单催收应收款项，为持卡人提供各种各样的服务，如解决持卡人的疑难问题、提供信用卡挂失服务、提供 24 小时电话服务等。发卡行还必须保留持卡人的账户记录以备查。在某些特殊情况下，如交易金额较高时，为了控制交易的风险，发卡行还要通过授权网络为商户和代理行提供授权支持。

发卡行是向客户发行银行卡的会员银行。他们的客户就是持卡人，发卡行和持卡人将签署一项协议，其中发卡行将决定单个账户的费用、收费、还款要求和服务。

发卡行拥有持卡人的账户并有下列职责。

（1）争取持卡人，与持卡人签订合同协议并决定账户的使用条款，例如服务项目、收费项目和还款要求等。

（2）发卡。

（3）向持卡人发送对账单，并收取应收款项。

（4）向收单行和特约商户提供授权决策并在 VISA 集成支付系统内设置参数以控制风险。

（5）向持卡人提供各种各样的服务，例如听取持卡人的申诉、解决持卡人的疑难问题等，如旅行保险和额外的购买担保。

（6）保留持卡人的账户记录并向客户提供解决争议的服务。

发卡行从以下项目中获得收入。

（1）年费。即发卡行向持卡人收取的信用卡印刷工本费、服务管理费等，不同卡有不同标准（如普通卡100元、金卡300元）。

（2）透支息。贷记卡通常提供最长为 60 天左右的免息期，超过免息期就要交纳透支息，目前一般贷记卡的透支息为日息万分之五。

（3）滞纳金。持卡人未能按要求在到期还款日之前偿还最低还款额的，除应支付贷款利息外，还须按最低还款额未付部分的 5% 支付滞纳金。

（4）低成本存、贷利差。

（5）交易回佣费，按交易金额的一定比例由收单行支付给发卡行。人民币信用卡一般为交易金额的1%。使用 POS 或 ATM 刷卡时，发卡行得到1%。持卡人每次持卡购物，发卡行就能从特约商户的开户银行（收单行）那里收到一笔费用，这笔费用根据交易额的一定百分比计算，旨在对发卡行提供信用和承担欺诈损失予以补偿。

（6）国际卡交易中的货币转换费。如 VISA 卡规定，按每笔交易金额的 1% 收取，其中，发卡行得到其中的 15%，收单行得到其中的 15%，VISA 国际组织得到其中的 70%。发卡行对于自己得到的份额，还可以根据市场能够接受的程度自行决定是否增加一点。

2．收单行

收单行是与特约商户（如商场、饭店、航空公司等）签订合同的银行，也就是说，特约商户同意接受以某银行卡作为购买商品和劳务的付款方式，而该商户在收单行开设账户。收单行事先与发卡行签订条款，约定在由它向商户提供受理信用卡和获取授权的电子设备的同时负责偿付商户应得的交易款项。然后，在发卡行与代理行的清算中，款项由持卡人在发卡行上的账户流向代理行而得到清偿。

收单行的职责如下。

（1）发展特约商户，与特约商户签订协议并决定它要支付的各种费用。

（2）向特约商户提供受理银行卡和获取授权的电子设备或手工设备，这里指的是销售点终端机 POS、压卡设备等，并提供授权服务。

（3）负责偿付特约商户应得的交易款项。

（4）负责处理交易收据，将其明细送交信用卡国际组织，实际上就是送往清算系统。

收单行从以下项目中获得收入。

（1）特约商户折扣费。收单行从为商户提供的这些服务中获得收入，这种收入按商户使用信用卡交易销售总额的一定百分比计算，通常称为商户折扣费或商户服务费，在我国也叫交易手续费。由收单行按交易金额的一定比例向特约商户收取。人民币信用卡的交易手续费一般为交易金额的 1%（在中国一般是发卡行自身的分支机构作为特约商户的收单行，故此种交易称为本行交易或自我交易，本行交易的手续费在分支机构之间也有一个分配比例）。

（2）手工取现。对于国际卡，通常收单行可从发卡行处得到 1.75 美元 + 取现额的 0.33% 的交易回佣费；对于国内卡，是否收费各家银行有不同的规定。

（3）ATM/PLUS 交易，收单行可从发卡行处得到交易回佣费。

（4）国际交易的货币转换费，一般收取每笔交易金额的 1%，其中，收单行可得到其中的 15%。

3．特约商户

特约商户是指受理信用卡业务的商户，这些商户大多数服务于商业零售领域，它同信用卡代理行签定合同，同意接受以信用卡作为购买商品和劳务的支付方式，并且将交易单据送至代理行处。在信用卡业务完成后，特约商户还须向发卡行和收单行支付一定比例的手续费，一般为交易额的百分之几。

4．持卡人

持卡人是指持有信用卡进行购物消费的客户。持卡人与发卡行签订持卡合同，并要遵守信用卡账户使用的规章制度，同时也可以享受到信用卡带来的消费便利以及其他的权利，如查询账单、信用卡丢卡挂失、银行实时电话服务等。

5．信用卡组织

信用卡组织往往不直接发卡也不参与交易本身。它的职责包括提供统一的组织规则和运作规章，为交易结算提供全球电子通信网络和技术支持，负责在国际范围内进行其产品的广告及促销活动，同时它还负责对成员之间的纠纷进行裁决。如威士国际、万事达国际信用卡组织、中国银联组织等国际、国内的信用卡组织。

3.2.2　信用卡交易的有关概念

1．信用额度

信用额度是指信用卡最高可以使用的透支金额。主卡、附属卡共享同一额度。

2．可用额度

可用额度是指所持的信用卡还没有被使用的信用额度。

计算方式如下：

可用额度=信用额度-未还清的已出账金额-已使用未入账的累积金额

例如：您的信用额度为 20 000 元，未还清的已出账金额为 10 000 元，已使用未入账的金额为 4 000 元，则此时您的可用额度为 6 000 元。可用额度会随着每一次的消费而减少，随着每一期的还款而相应恢复。

3．免息还款期

对于非现金交易，从银行记账日至到期还款日之间的日期为免息还款期。免息还款期最短 20 天，最长 60 天。在此期间，只要全额还清当期对账单上的本期应还金额，便不用支付任何非现金交易由银行代垫给商店资金的利息（通常预借现金或取现交易不享受免息优惠）。

4．最低还款额

最低还款额是指使用循环信用时最低需要偿还的金额，最低还款额列示在当期账单上。

最低还款额计算公式如下：

最低还款额= 信用额度内消费款的10% + 预借现金交易款的100% + 前期最低还款额未还部分的100% + 超过信用额度消费款的100% + 费用和利息的100%

例如，你在上个月消费了 2 000 元，上个月没有预借现金，也没有以前未还款金额，那么该月的最低还款额为 200 元。

如果上个月除消费 2 000 元，还取现 2 000 元，取现交易的手续费加上利息为 150 元，那么该月最低还款额为 2 350 元（200+2 000+150）。

5．循环信用利率

循环信用利率由中国人民银行统一规定，日利率万分之五，按月计收复利。

6．滞纳金

如果您在到期还款日实际还款额低于最低还款额，最低还款额未还部分要支付滞纳金。滞纳金的比例由中国人民银行统一规定，为最低还款额未还部分的 5%。例如，招行信用卡中心对人民币账户最低收取人民币 10 元，美元账户最低收取 1 美元。

3.2.3　银行卡业务基本处理流程

银行卡业务的处理流程包括 3 个环节，即客户申请持卡、客户持卡消费和资金清算。

1．客户申请持卡

卡片申请过程包括填申请表、审核、开户、制卡、发卡与开卡等过程。

（1）填申请表

客户向发卡银行申领银行卡时，需首先填写申请表。申请表的内容一般包括申领人的名称、基本情况、经济状况或收入来源、担保人及其基本情况等。

申请借记卡的申请表格较为简单，一般只包括个人基本信息，无须填写个人经济状况和收入来源。

预付卡分为记名和不记名两种，不记名预付卡无须填写申请表格，记名预付卡申请与借记卡相似。

申请贷记卡的表格最详细，要能反应申请者的个人经济能力和还款能力。

申领银行卡的对象可以分为单位和个人。申请的单位应为在我国境内具有独立法人资格的机构、企事业单位、三资企业和个体工商户。每个单位申请信用卡可根据需要领取一张主卡和多张（5～10张）附属卡。个人申领贷记卡则必须具有固定的职业和稳定的收入来源，有时还需要向银行提供担保。担保的形式包括个人担保、单位担保和个人资金担保。

客户按照申请表的内容如实填写后，在递交填写完毕的申请书的同时，还要提交有关资信证明。

（2）审核

发卡银行接到申请人交来的申请表及有关材料后，要对申请人的资信状况进行审查。审查的内容主要包括申请表的内容是否属实，对申请的单位还要对其资信程度进行评估；对个人还要审查担保人的有关情况。

（3）开户

申请人申领银行卡成功后，发卡行将为持卡人在发卡银行开立单独的银行卡账户，以供购物、消费和取现后进行结算。

（4）制卡与发卡

发卡银行经审查后，将制作卡片并向申请人发放银行卡。

（5）开卡

申请人向发卡银行进行验证，激活卡片。

2．持卡购物消费

申请人领到银行卡后，持卡人可进行购物和享受劳务，也可以到银行支取现金。这一过程又包括以下过程。

（1）验卡

银行卡特约商户或银行受理银行卡后，要审查银行卡的有效性和持卡人的身份。

（2）授权

商户确认银行卡有效，根据与收单行签订的合同与银行联系，请求授权。授权过程将进一步验证持卡人的身份并认证可以使用的消费金额。

发卡银行收到请求授权通知后，根据持卡人存款账户的存款余额及银行允许透支的协议情况发出授权指令，答复是否同意进行交易。

（3）签字供货

特约商户最后确认持卡人可以使用银行卡进行消费。由持卡人在签账单上签字，经商户认证无误后，特约商户须向持卡人提供货物或服务。对于使用密码机制的贷记卡，在输入密码且校验无误后，特约商户须向持卡人提供货物或服务。对于使用密码验证机制的贷记卡和借记卡，签字只作为消费记录，不作为持卡人授权交易的凭证，持卡人输入密码即认同为发出交易授权。

3．资金清算

发卡行与收单行将在与商户约定的交易周期结束后，与特约商户进行资金清算。现在通常为每个交易日后进行清算，过程如下。

（1）提交签账单。特约商户将持卡人签署的签账单或取现单送交收单行，与收单行进行清算，收回垫付的资金。

（2）提请付款。收单行在向特约商户付款时扣除了一定的手续费。接着，收单行向发卡行提出付款请求。这一过程是通过将请款文件传送给发卡行来实现。

（3）付款。如果发卡行对交易无异议，则向收单行支付款项，同时通过预扣的方式与收单行分享业务的手续费。否则，进入拒付或再请款阶段，甚至最后要提交更高一级的组织来裁决。

（4）持卡人付款。发卡行在每个月末或约定日期向持卡人发出对账单，即付款通知书，持卡人对对账单上的交易无疑问后向发卡行支付相应的款项。

4．借记卡交易与支付流程

借记卡交易与支付流程如图 3-1 所示。

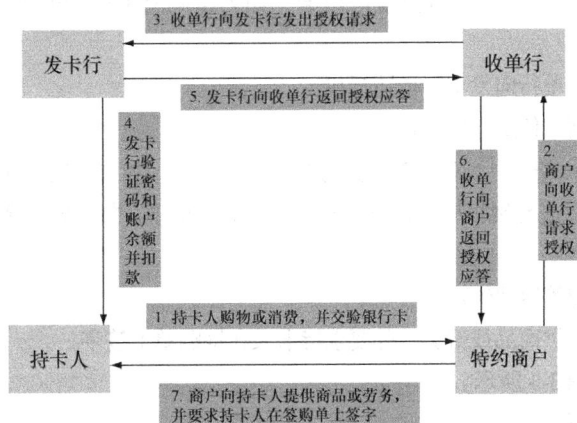

图 3-1　借记卡交易与支付流程

借记卡交易过程与支付过程如下。

（1）持卡人购物或消费，结账时交验信用卡，并输入交易密码。

（2）特约商户通过收单行向发卡行申请授权。

（3）收单行将授权请求传送给发卡行。

（4）发卡行检查持卡人账户，如果交易密码正确且账户余额充足则返回交易授权应答。

（5）发卡行将授权应答返回给收单行。

（6）收单行将授权应答返回给商户。

（7）商户向持卡人提供商品或劳务，并要求持卡人在签购单上签字。交易结束的同时即扣除持卡人账户相应交易金额，即持卡人付款。

（8）商户向收单行提供签购交易中的单据。

（9）收单行向发卡行提交单据，并要求付款。

（10）收单行向商户付款。

（11）发卡行向收单行结算付款。

5. 贷记卡交易与支付流程

贷记卡交易流程如图3-2所示。

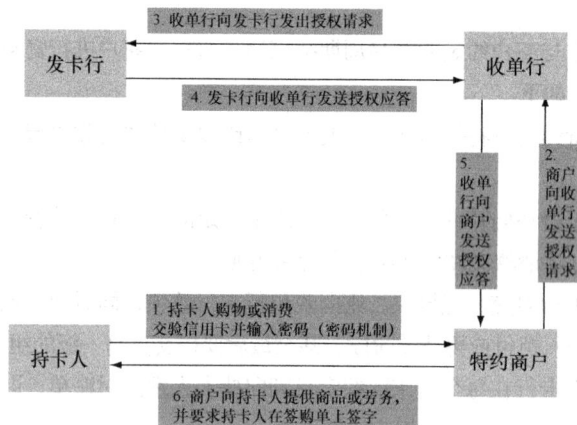

图3-2　贷记卡交易流程

贷记卡卡交易过程如下。

（1）持卡人购物或消费，结账时交验信用卡，如为密码交易机制的贷记卡，则需要输入交易密码。

（2）特约商户通过收单行向发卡行申请授权。

（3）收单行将授权请求传送给发卡行。

（4）发卡行检查持卡人账户，对于密码交易机制的贷记卡，如果密码验证无误，且账户余额充足或信用额度充足，则返回交易授权应答；对于签字机制的贷记卡，如果账户余额充足或信用额度充足则返回交易授权应答。

（5）收单行将授权应答返回给商户。

（6）商户向持卡人提供商品或劳务，并要求持卡人在签购单上签字。

贷记卡支付流程如图3-3所示。

贷记卡支付过程如下。

（1）商户向收单行提供签购交易中的单据。

（2）收单行向商户付款，收单行在向特约商户付款时扣除了一定的手续费。

（3）收单行向发卡行提交单据，并要求付款。

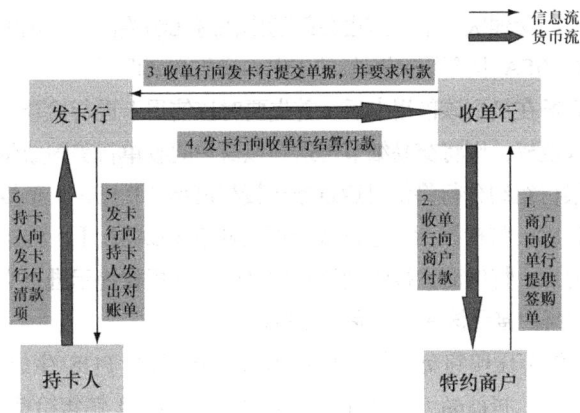

图 3-3　贷记卡支付流程

（4）发卡行向收单行结算付款，如果发卡行对交易无异议，则向收单行支付款项，同时通过预扣的方式与收单行分享业务的手续费；否则，进入拒付或再请款阶段，甚至最后要提交更高一级的组织来裁决。

（5）发卡行向持卡人发出对账单，即付款通知书；发卡行在每个月末或约定日期向持卡人发出对账单，即付款通知书。

（6）持卡人对对账单上的交易无疑问后向发卡行支付相应的款项。

6．预付卡交易与支付流程

预付卡交易与支付流程如图 3-4 所示。

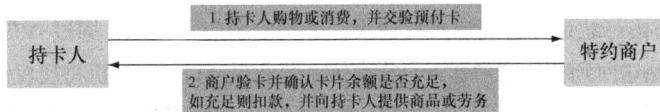

图 3-4　预付卡交易与支付流程

预付卡交易与支付流程如下。

（1）持卡人购物或消费，结账时交验预付卡。

（2）如果预付卡账户上余额充足，则扣款完成交易，同时商户向持卡人交付商品。

7．信用卡运作实务案例（威士国际卡消费支付过程示例）

以持有威士国际信用卡消费为例说明信用卡的交易支付过程。信用卡交易支付过程通常由信用卡授权和信用卡清分结算两个部分组成。

例如，一个中国银行北京分行的威士卡持卡人目前在美国旅游。一日，该持卡人在纽约春天百货商场看中一套标价 400 美元的西服，并准备购买。

美国威尔士银行纽约分行也是威士国际组织的会员银行，该纽约春天百货商场是该银行发展的特约商户，美国威尔士银行纽约分行作为纽约春天百货商场的收单行。

在该交易中，持卡人：持有北京分行的威士卡、住在北京、在美国旅游的中国人。

特约商户：春天百货商场。

发卡行：中国银行北京分行。

收单行：美国威尔士银行纽约分行。

交易：决定购买一套标价 400 美元的西服。

作为持卡人来到美国，希望该信用卡能够被各类商户接受，当走进百货商场，看见著名的威士徽标，这意味着这家商店可以受理威士卡，这也会鼓励你在这儿购买商品。选中西服后，决定使用该威士卡支付，于是把手中的 VISA 卡给了营业员，"先生，我买那套西服。"

特约商户春天百货商场在接到该信用卡后，首先要对该信用卡进行检查，然后判断交易金额是否需要授权。如果需要获取授权，则将交易细节传送到该商户的收单行美国威尔士银行纽约分行请求授权，收单行美国威尔士银行纽约分行将信息通过威士授权网络（BASE I）传送到发卡行请求授权，发卡行接收到传来的信息后，将授权指示通过威士授权网络（BASE I）传送到收单行，收单行再将该授权信息传送到特约商户，特约商户接收到授权后可以根据授权提示进行交易。该示例中，发卡行批准了该交易请求，特约商户接受该威士卡完成交易。

于是特约商户将交易细节压印到交易单据上（现通常通过电子 POS 生成交易单据），让持卡人签名，在验证签名的有效性后，将商品（一套标价 400 美元的西服）销售给持卡人。（目前有些发卡行发行的信用卡可以利用密码机制进行交易，即持卡人输入正确的密码后完成交易。该密码的有效性等同于签名。）

营业员首先把 VISA 卡在 POS 机上一刷，于是 VISA 卡上的账户信息被记录下来，接着，营业员把交易额 400 美元输入 POS，转眼之间，POS 系统已通过网络将此笔交易送往收单行美国威尔士银行纽约分行申请授权。美国威尔士银行纽约分行接到春天百货商场的授权申请后，首先通过卡号判断这张 VISA 卡是不是它自己发的，如果不是它自己发的，假如是由中国银行北京分行发的，于是按照规定将授权请求转往 VISA 网络的 BASE I（授权系统）来处理。BASE I 授权系统将根据中国银行以参数形式给予的代理授权权限自动对交易做出判断。事实上，大多数交易也的确是通过 BASE I 授权系统而得到实现的。在此例子中，假定 BASE I 恰好不能对此笔交易做出判断，于是授权请求被最终送往发卡行中国银行。

经过审核，中国银行北京分行同意授权请求，于是发出应答代码，通过 VISA 网络的授权系统 BASE I，收单行一路送回到特约商户春天百货商场。营业员通过 POS 机将授权代码写在收据上，要求持卡人当面签字。若签字与银行卡背面预留的签字相符，遂将卡片、交易收据以及西服递交给持卡人。"先生您的西服，请走好，欢迎再来。"

看起来这个过程相当复杂，但授权时间实际上是有严格规定的，使用个人密码的 VISA 卡，授权时间不得超过 25 秒钟，不使用个人密码的 VISA 卡，授权时间不得超过 10 秒钟。即使这一信息也许已经通过若干个计算机中心从北美横跨太平洋，又从亚洲转了回来，传遍了世界，也得在规定时间内做出授权决定。

现在银行卡交易的第一环节授权交易已经结束。但春天百货商场、美国威尔士银行纽约分行、中国银行北京分行，乃至 VISA 国际组织都还两手空空，它们如何得到自己应得的收入呢？银行卡交易的第二环节，清分结算开始。

春天百货商场把交易明细通过 POS 系统直接传送给美国威尔士银行纽约分行。美国威尔士银行纽约分行一收到交易数据就向春天百货商场付款，当然不是整整 400 美元，而是扣掉一些费用后的款额。现在是发卡行欠美国威尔士银行纽约分行 400 美元了。于是美国威尔士银行纽约分行使用 VISA 提供的一种叫作编辑包的软件对交易数据进行了一番处理，随后通过 VISA 清分结算系统 BASE II 向发卡行中国银行北京分行请款。

BASE II 从收单行接口机中收集交易数据，按照发卡行进行分类，并计算出每一会员银行的应收和应付款项，在总结算额的基础上再算出净结算额来。由于西服以美元计价而持卡人将以人民币付款，所以 BASE II 要根据当天的汇价把 400 美元转换为等值的人民币。

当发卡行中国银行北京分行收到 BASE II 发来的结算报表时，应当代表持卡人向收单行美国威尔士银行纽约分行支付交易费用，该费用为 400 美元扣减掉手续费后的金额。事实上会员银行之间的付出款项和收进款项都是通过结算银行进行的，速度很快。走到这一步后，是持卡人欠发卡行 400 美元了。

到该月末发卡行利用 BASE II 发送过来的交易明细生成对账单寄送给持卡人。当持卡人付给中国银行纽约分行相当于 400 美元的人民币时，这笔交易就结束了。

综观上述过程，可以分为以下几个步骤。

（1）特约商户交易前检查

在交易前商户应该进行一些检查。首先检查卡片的可靠性与持卡者的身份，持卡人是否有权使用这张威士卡，交易时商户会要求持卡人在压印的收据或者 POS 终端打印出的收据上签字，商户必须把持卡人的签字和威士卡上的签字式样相比较，以确认它们是相符的。

（2）判断交易是否需要授权，并检查止付名单

如果交易额超过一定数额，商户必须得到同意才能接受威士卡——也就是获得威士卡发卡银行的授权，这一数额称为最低限额。

每个商户都有收单行所给的最低限额，在该案例中，纽约的这家商店被授予零美元最低限额，所以这家商店的所有威士卡交易都必须得到授权，最大的可允许最低限额由威士组织设定并按照商户类型和国家的不同列在威士的运作规章中。

如果交易额低于最低限额，商户将根据威士卡支付名单或收单行提供的警示名单检查账号。

如果交易额超过最低限额，商户将账户细节和交易细节送至威士授权系统以获取授权。

（3）获取授权的过程

如果交易额超过最低限额，威士卡账户的细节将被送至 BASE I（授权系统），并与例外文件进行核对，例外文件包括非正常信息（如丢失或被盗的威士卡号码）或正常信息（以使地位较高的顾客尽可能得到不受限制的授权）。

首先，商户必须把持卡人的名字，所持有威士卡的细节以及有关这次交易本身的细节记录到一张交易收据上，商户怎么完成授权取决于收单行提供的设备。

电子设备：如果配备了电子设备，划卡后，POS 终端会自动获取授权以进行交易。在这种情况下，商户把威士卡在终端上划卡，从而自动地从威士卡的磁条或者计算机芯片（如果有的话）中记录账户信息，然后商户把交易额（例如 400 美元）输入终端。

手工方式：商户通常通过电话与收单行的授权中心取得联系，以请求授权。（目前亚太地区和非洲地区已经禁止使用手工方式，手工方式只在欧美地区少量存在。）

该例子中，这家商店有收单行提供的一台电子 POS 终端，所以，划卡后，由终端自动请求授权。

银行卡获取授权的过程如图 3-5 所示。

（4）授权中心做些什么

收单行在该例子中是美国威尔士银行纽约分行，接受来自商户的授权请求。

首先检查卡片号码。如果威士卡也是由美国威尔士银行纽约分行发行的，它们可以不通过 VISAnet 的其他部分，就对授权请求做出回答，这种交易叫作本行交易。

但是，通常情况下不是本行交易，上面的示例中威士卡是由中国银行北京分行发行的，因为收单行不能进行授权，授权请求必须通过授权系统来处理，因此将授权请求传送给 BASE I。

授权请求由收单行通过 VISAnet 送至 BASE I，由它处理所有的授权请求，然后授权请求由 BASE I 传送至发卡行以获取授权响应。

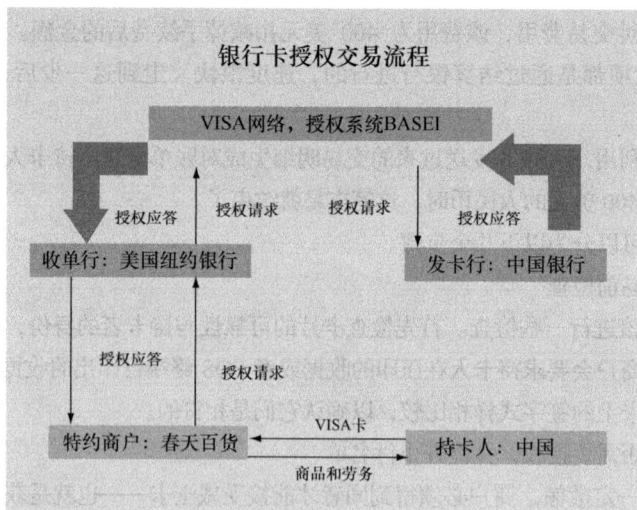

图 3-5　银行卡授权交易过程

BASE I 有两个主要功能：报文转换和代理发卡行授权。

报文转换：BASE I 把收到的授权请求从收单行送至发卡行，然后将发卡行的响应送回收单行。

代理发卡行授权：某些特定的情况下，BASE I 并不将授权请求送到发卡行，BASE I 可以根据发卡行预先设定的参数进行授权。这种情况下，BASE I 会代表发卡行向收单行送出响应，这叫作代授权（STIP）。在发卡行决定低风险的交易无须经过它来授权，或者在发卡行无法做出授权决定的情况下，可由 BASE I 系统进行代授权。例如，深夜，发卡行授权中心已关闭或者通信系统出了问题，以致数据传送不到发卡行。

回到上面的例子中，假设中国银行北京分行指示 BASE I 把所有授权请求直接送给他们，这样，400 美元交易的授权请求将通过 BASE I，从美国威尔士银行纽约分行送到中国银行北京分行。

发卡行可以对交易发出同意授权或者拒绝授权的请求。发卡行也可以向商户做其他响应，例如要求没收威士卡（如果卡是偷来的），或者要求提供更多有关持卡人的信息，发卡行的响应通过 BASE I 和收单行送到商户。

在上面的例子中，发卡行（中国银行北京分行）同意了这一授权请求，并通过收单行（美国威尔士银行纽约分行）把授权代码送回商户（春天百货商场）。营业员把授权代码写在收据上，并给持卡人一份收据，当然还有购买的商品。

虽然这看起来似乎是一个复杂的过程，但从商户发出授权请求到收到发卡行的应答所花的时间，可能短得只有几秒钟，即使这一信息也许已通过几个计算机中心传遍了世界。

（5）商户如何得到商品的价款

当时持卡人就得到了所需要的商品西服，但商户却被欠着 400 美元，他怎么得到这笔钱呢？

首先，春天百货商场（商户）必须将所有以威士卡付款的交易明细提供给美国威尔士银行纽约分行，同样，这一工作如何完成也取决于收单行提供给商户的设备。

电子设备：如果使用了 POS 电子数据处理终端，由终端存储的数据就可以直接以电子方式传送给收单行的处理中心。

手工方式：商户将交易收据送交给收单行，这些收据将被收单行接受并用以付款。然后收单行把所有收据中的交易明细（包括威士卡卡号、有效日期、商户名称、交易日和交易额）输入自己的计算机系统，这一过程通常被称为数据获取。

　　回到上面的例子中，因为春天百货商场有一台 POS 终端，交易明细从商户直接传送到美国威尔士银行纽约分行，就完成了数据获取。

　　（6）向商户付款

　　一旦交易数据已被获取，收单行通常尽快地向商店付款，但是，这有可能依收单行和客户的协议规定而不同，有的收单行一直等到它们从发卡行手中拿到钱才向商户支付。

　　在上面的例子中，美国威尔士银行纽约分行一收到交易数据就向商户付款，春天百货商场（商户）将从美国威尔士银行纽约分行（收单行）收到 400 美元西服款，但要除去收单行向商户收取的一些费用。现在是美国威尔士银行纽约分行被欠 400 美元了。

　　（7）收单行如何处理交易数据

　　收单行负责将获取的交易数据转换成一种能送进威士清分和结算系统的格式，这样它们才能得到付款。

　　数据转换使用的是威士提供的一种叫编辑包的软件，编辑包检查数据中的错误并拒绝不正确的交易数据（例如一个无效的银行识别码）。威士清分结算系统，即 BASE Ⅱ，从收单行处收集经过编辑包处理的数据。

　　除了星期日，BASE Ⅱ 每天从收单行处收集交易数据，数据收集从格林威治时间 20:00 开始。BASE Ⅱ 收集到交易数据后，将按发卡行对数据进行排序并传送给发卡行；此外，对于国际间的交易，BASE Ⅱ 会将交易发生时所用的货币（交易货币）转换为持卡人将支付的货币（结算货币）。

　　在上面的例子中，购买的西服以美元计价而持卡人将以人民币付款，所以 BASE Ⅱ 将根据当天的汇价将 400 美元的交易金额转换为等值的人民币。结算发生在发卡行代表持卡人将交易金额支付给收单行时。这样，中国银行北京分行将代表它们的居住在北京的持卡人向美国威尔士银行纽约分行支付 400 美元（除去一点费用）。

　　当然，这仅仅是每天发生的数以百万计的交易中的一例。所以，BASE Ⅱ 将为各会员结算他们之间的净结算余额。每天（除星期日除外）都为各会员计算出他们被欠或欠人的总金额，用例子来说明这一过程。

　　假设在示例中，由于其所有持卡人的交易行为，中国银行北京分行欠美国威尔士银行纽约分行 10 000 美元，其中包括了那套西服的买卖。

　　然而，有可能由于美国威尔士银行纽约分行的持卡人在北京所做的交易，美国威尔士银行纽约分行欠中国银行北京分行 6 000 美元。

　　这时，BASE Ⅱ 将计算出中国银行北京分行一共只需支付给美国威尔士银行纽约分行 4 000 美元，这一计算结果叫作净结算余额（净额结算）。净结算余额将由 BASE Ⅱ 传送到各会员银行，然后这些会员银行将付出或收进指定数额的货币，每一个会员银行都指定一家银行作为结算业务的开户行，这家银行称为结算行，结算过程较快，可每天进行，也可在两天内结算。

　　作为由 BASE Ⅱ 计算出的净结算余额的一部分，美国威尔士银行纽约分行（收单行）将因这套西服的买卖而从中国银行北京分行（发卡行）收到 400 美元。现在，持卡人欠中国银行北京分行相当于 400 美元的人民币。

　　（8）发卡行如何得到付款

　　除了传送给发卡行有关净结算余额的信息，BASE Ⅱ 还将它们的持卡人所做交易的明细传送给他们。

　　发卡行利用这些交易记录从持卡人那里获得付款，如果所涉及的威士卡交易和存款账户有关，交易金额将直接借记持卡人的账户，如果这张卡片是贷记卡或签账卡，这些数据将用于生成送给持卡人的对账单，以获得付款。

在上面的例子中，当北京的持卡人付给中国银行北京分行相当于 400 美元的人民币（有时发卡行还要求持卡人支付一些货币兑换服务费）时，这笔交易就结束了。信用卡清分结算过程如图 3-6 所示。

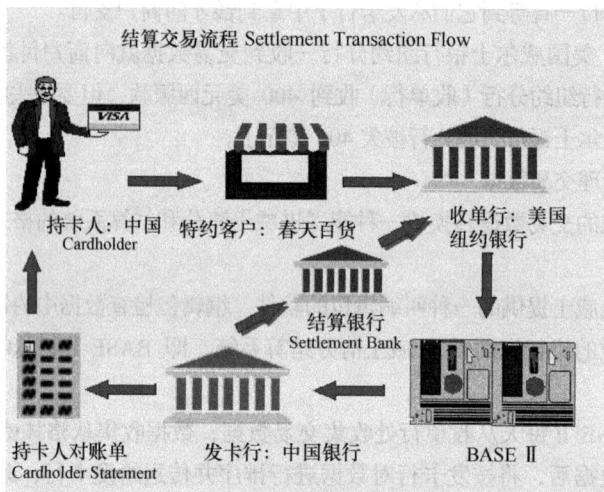

图 3-6　信用卡清分结算过程

在整个过程中，特约商户、收单行和发卡行都遵循着特定的程序。例如商户必须检查威士卡的安全性以确认它是真的，收单行必须遵循设定的程序将数据发送给 BASE Ⅱ 等。威士的责任之一是使交易尽可能更快、更有效率地进行。为了确保能坚持这些程序，威士组织有一套所有会员和商户必须遵守的规则，这些规则叫作《威士国际组织运作规章》。

3.3　银行卡管理与风险防范

3.3.1　银行卡营销管理

信用卡是一种支付工具，同时信用卡也是一种金融产品，可以给发卡行和收单行带来利润。作为信用卡的接受者，特约商户对信用卡的认可和接受程度决定了信用卡的用卡环境；而作为信用卡的使用者，持卡人对信用卡的认可与使用决定了发卡行最直接的利益。因此在信用卡管理中，特约商户与持卡人管理是信用卡成功的关键。而从营销角度考虑，认同卡与联名卡的发行是现代营销成功的典型，也是强强联合、带来双赢的体现。

1. 持卡人管理

在持卡人管理中，首先要争取持卡人，因为持卡人可能意味着利润，这就要让持卡人知道为什么信用卡比现金好，同时要有良好的用卡环境和完善的服务。

（1）对不同持卡人提供不同类型的产品

每个发卡行都会面对不同类型的顾客，他们都有不同的要求，因此银行提供的产品要能够满足不同层次顾客的需要。而发卡行在决定为不同的顾客层选择哪一种产品来满足他们的需要时，通常依据两个因素：效率和风险。

发卡行希望使其持卡人在尽可能少的限制下在世界上大多数地方使用信用卡，同时又能控制住风险。产品的效用越大，就意味着对持卡人的便利越多，这就必然会导致更多更广泛地使用卡片，对发卡行而言则利润也就越大。在尽可能扩大持卡人使用卡片的效用时，隐含的风险也就越大，发卡行需要对由此而可能产生的坏账及欺诈风险进行控制。卡片的风险程度主要取决于卡片的使用环境，如：有无销售点终端机（POS），是否基于个人密码（PIN），是否是手工处理，以及有没有免授权限额。在信用卡管理中通常是效率与风险之间的权衡。

例如，假设你作为发卡行，提供以下两种类型的卡片。

卡 1：是基于 PIN 的，只能在具有联机电子终端机（POS）的商店中使用的卡片。这种终端机免授权限额为零。这意味着对所有的交易都将自动地向你要授权，也就是说，由发卡行来决定是否批准此卡的交易。

卡 2：是以持卡人签字为基础的卡片，可以在很多特约商户处使用，包括联机的或不联机的 POS 终端机以及手工操作的环境，对特约商户设定多种多样的免授权限额，所以发卡行对每一笔交易都亲自决定是否批准。

显然，卡 1 效用少，但可以使发卡行对风险进行有力的控制，因为发卡行通过授权来监视每一笔交易，从而控制持卡人的支出。相反，卡 2 具有强大的效用，给持卡人提供了较大的方便，同时，也给发卡行带来潜在的巨大收入。但是，由于其使用的范围太广，发卡行对账户的控制程度就会下降。

在信用卡管理上，发卡行通过提供普通卡和金卡对持卡人群体有了一个粗犷的划分。拥有银联标志的普通卡持卡人可以在全球所有有银联标志的特约商户、自动柜员机和银行分支机构使用，并且可以享受发卡行提供的紧急换卡等服务。针对具有高资产、富裕的个人，发卡行通过提供"核心"服务吸引金卡持有者。据威士信用卡组织统计表明，金卡持卡人通常每月消费的金额为普通卡持卡人的 4 倍，且使用信用卡的频率比普通卡持卡人高 40%，每笔交易额平均为普通卡交易额的 2 倍，平均周转速度是 VISA 普通卡持卡人的 2 倍，且相对来说风险较小，因此金卡持卡人是信用卡消费的主体。通过提供特别核心服务和紧急救援服务帮助持卡人以培养客户的忠诚度，如与旅行相关的应急服务、紧急补卡和紧急取现服务以及一天 24 小时、一周 7 天顾客电话服务等，发卡行可使他们的金卡产品符合当地惯例并以此在当地市场上获得竞争优势。对于集团消费者，通过提供公司卡、商务卡等品种促进信用卡市场的发展。

相对于个人卡，公司卡信用风险低且消费额度较大。而对公司来说，商务卡/公司卡还可帮助企业有效地管理支出，减少应付现金的支付以及减少雇员潜在的滥用职权。

（2）对持卡人分层次的管理

信用卡通过对用户提供免息的授信额度来实现循环信贷。信用卡所提供的免息期，对支票构成了巨大挑战，并有可能为发卡行带来相当的利润，但也有可能带来坏账的风险。这时分层次的管理就非常重要。

持卡人群体中，不同的持卡人的信用程度实际是不同的，而普通卡持卡人占信用卡持卡人的大多数，因此对普通卡持卡人的管理细分十分必要。

（3）争议解决服务

争议解决服务是维护信用卡用卡秩序，保证良好的用卡环境的基础。VISA 卡提供的争议解决服务非常值得我国信用卡体系借鉴。

特约商户是信用卡受理的最前沿部门，因此特约商户对卡的接受与受理水平直接会影响信用卡的使用。VISA 不仅通过加强对特约商户的培训来培育良好的受理环境，而且还给持卡人提供了 VISA 卡受理投诉服务。如果某一商户违反了受理程序，持卡人可提出投诉，顾客服务代表将在"VISA 卡受理投诉表"上记下具体细节。

对于对账单中出现的问题，往往是持卡人与发卡行产生纠纷的起因，处理不当就会降低持卡人的用卡积极性，降低信用卡的效用。VISA 提供了拒付、再清款、仲裁、依从和旅游娱乐业的争议解决服务来解决争议。

① 对账单常见的问题。

a. 重复计费。这种重复收费或重复记账很明显，因为对两次收费的描述相同。重复记账的事也有可能发生，例如，特约商户碰巧将它自己和收单行的收据副本都寄给了收单行，或收单行碰巧对交易信息重复处理了一遍。当然也有可能是持卡人在同一天又到特约商那儿购买了相同东西。

对于航空公司的交易，一旦同样的机票识别码记了两笔账，则可认为发生了重复计费。航空公司对每一笔交易都设置了一个特殊的识别码。

在确认发生重复计费后，发卡行可通过"争议解决程序"帮助持卡人"纠纷裁决"。

b. 错误交易金额。若特约商户改动了收据上的交易金额，就需要用到持卡人收据和特约商户收据的副本。如果发现交易金额不同，则特约商户有可能未经持卡人允许而改动了交易金额，或收单行恰巧输入了错误的金额。在这些情况下，发卡行可通过"争议解决程序"帮助持卡人。

c. 旅游和娱乐业的特约商户附加费用。

旅馆和汽车租赁业的交易程序与一般商户有所区别。经营此业的特约商户可以在交易完成后调整交易额，以便能揽括持卡人离店或退车后才发现的迟交或补交费用。调整的迟交或补交费用包括：旅馆的房租、食物和饮料费用、送餐费、洗衣费、电话费、适当税费、汽车出租的日租费、洗车费、汽油费以及里程费等。

对汽车租赁业而言，如果持卡人同意的话，可追加迟交或补交费用，如车辆损坏费、交通肇事费和停车费等。如果向持卡人收了附加费（他不同意用 VISA 卡付费），则须通过"争议解决程序"解决。为避免纠纷，VISA 要求汽车出租公司或旅馆寄给持卡人一张关于已发生附加费的单子及交易收据副本。

d. 错误的交易日期。

当记入持卡人账单中的某笔交易日期不能被确认时，持卡人可能会迷惑不解，这种情况有可能是由于持卡人向特约商户出示信用卡的日期与收单行记录的日期不一致造成的。

② 争议解决程序。

当持卡人表示不会为某 VISA 卡的某笔交易付款时，顾客服务代表有责任来判断持卡人的要求是否正确和合理。如果要求有效，持卡人的问题必须立即解决以保证他们的声誉和忠诚。如果要求无效，顾客服务代表要巧妙地与持卡人交涉，使他们承认该笔交易收费是合理的。

a. 拒付（Chargebacks）。

拒付的产生通常为四个方面的原因，即特约商户的差错、收单行处理过程中的错误、可有欺诈嫌疑以及收单行没有对调阅签单请求做出答复。

因特约商户的错误而引起的拒付，包括以下情况：

⇒ 特约商户接受了已过期的信用卡。

⇒ 对于超出免授权限额的交易额，特约商户没有要授权。

⇒ 特约商户没有核对信用卡止付名单（Recovery Bulletin）。

⇒ 特约商户未能让持卡人在交易单据或旅游娱乐单据上签名。

⇒ 特约商户没有压卡（Imprint）（通过手工或电子方式）。

⇒ 在交易日后 60 天内，特约商户仍未发出或持卡人未收到预订的货物。

⇒ 特约商户发错了货物或货物有问题。

  ⇒ 特约商户未能及时提交这笔交易，要求付款。

  ⇒ 特约商户没有将退款还给持卡人。

  在这些特约商户的错误中，有些的确是真的疏忽，而有些则可能是特约商户有欺诈行为。在接到拒付后，收单行可以决定是接受该项交易的债务责任还是借记到特约商户的账户中。

  收单行在处理交易给发卡行时，可能出现差错。例如：

  ⇒ 收单行在 BASE Ⅱ 中输入了错误的账号、交易代码或金额。

  ⇒ 收单行将一笔交易重复处理了两次。

  ⇒ 收单行处理交易不及时。

  ⇒ 收单行处理交易时用错了币种。

  有欺诈嫌疑，例如：

  ⇒ 特约商户将一笔交易分割成若干笔交易，以此来避免因总额超过免授权限额而需要取得授权。

  ⇒ 特约商户未经持卡人的许可而处理了多笔交易。

  ⇒ 特约商户没有取得适当的授权或没有进行必需的信用卡安全检查就完成了交易。

  收单行没有对调阅签单请求做出答复产生的拒付包括以下方面：

  ⇒ 发卡行要求获得交易单据或旅游娱乐单据而收单行没有提供。

  ⇒ 收单行提供的签购单或旅游娱乐单据是非法的。

  b. 再请款。

  如果一收单行收到一无效拒付，收单行可以对拒付进行再请款。无效拒付通常为以下情况之一：

  ⇒ 拒付、无效或不正确。

  ⇒ 它们能提供其他的信息以补救。

  ⇒ 拒付被错误地归给了别的收单行。

  ⇒ 收单行参考代码或信用卡账户号码无效或者与开始提供的号码不符。

  ⇒ 拒付所必需的辅助文件不完整或没有在时限内送达。

  如果收到拒付之日 60 天内，收单行没有再请款，就放弃了再请款权。另外，收单行也必须保证所有驳回拒付的辅助文件在再请款到达之日起 30 天内送达发卡行中心。

  c. 仲裁。

  VISA 不允许收单行进行第三次请款，或发卡行第二次拒付。如果拒付纠纷尚未解决，发卡行或收单行可将纠纷提请威士裁决，这种程序被称为仲裁。仲裁是向 VISA 的特别委员会 VISA 称其为仲裁依从委员会提出的申请。该委员会在 VISA 专家的建议下客观地审理争议，并决定争议中的哪一方应对交易负有付款责任。败诉方（发卡行或收单行）必须支付交易款和 VISA 受理此案所收取的手续费。

  d. 依从。

  当有会员违反某项 VISA 运作规章，并且因违反规章，提交申请的一方已经或将会在经济上遭受损失同时该会员不存在拒付权，会员可以提请使用依从争议裁决程序。

  提请依从的一方必须能指出运作规章中的哪一条被违背，并能清楚地出示因此而遭受的经济损失证明。仲裁和依从委员会将裁决纠纷中的哪一方应对交易和依从诉讼及审理费用负责。注意：如果存在拒付权，依从案将被驳回。

  e. 旅游娱乐业纠纷裁决。

  当引起纠纷的交易发生在美国的旅馆或专门汽车出租商户处，并且是有关放空交易的纠纷，可提请使用此纠纷裁决程序。

当某个持卡人在美国的旅馆或专门汽车出租商那里预订了担保的房间或汽车而后来又未出现时，就发生了放空交易。在 VISA 卡的担保预订服务项目中，持卡人必须在商户规定的时间期限内取消他们的预订，否则美国的旅店将收取一夜的费用，专门汽车租赁商户要收取两天的租金。

当持卡人在规定的时间内取消预订时，商户必须给他一个取消代码并要求他保留该代码以备纠纷发生时使用。

商户和持卡人之间可能会因取消预订和取消代码发生争执。持卡人可能声称他们在规定的时间内取消了预订却没有收取取消代码，而商户却坚持认为持卡人未能及时取消预订应当为放空交易付款。也可能商户会否认持卡人出示的取消代码有效。

在这种情况下，发卡行或收单行可以提请用旅游娱乐业裁决程序。VISA 将判决究竟是持卡人还是商户出了错。然而，由于很难判断哪一方应对交易负责，往往由 VISA 亚太区组织承担这样的交易费用，条件是发卡行要教给持卡人，收单行要教给商户取消担保预订的正确程序。

旅游娱乐纠纷裁决程序没有提案费和审理费。如果成员有拒付权或依从权时，VISA 拒绝以旅游娱乐裁决审理此案。

f. 提交争议裁决程序前应考虑的因素。

从以上信息可知，尽管在 VISA 的运作规章内提供解决争议的方法，但这些程序很昂贵，除了可能要支付的提案和审理费外，还应当考虑花在与持卡人联络、收集必需的文件、要求交易收据、计算时限等工作上的时间。

顾客服务代表应当明了自己机构应考虑的因素之后再决定是依据拒付过程还是提请纠纷裁决程序。其中有如下因素：

⇒ 金额。交易金额是否值得用纠纷裁决程序解决？顾客服务代表应查找本机构是否具有某项政策，即当交易金额低于一定的价值时，可以冲销这宗有争议的交易。(如：金额低于 25 美元的交易可能被冲销，因为为补偿这笔小金额而牵涉的费用更大了)。

⇒ 顾客。持卡人以前曾被牵涉入纠纷吗？持卡人账户良好吗？他们可信吗？

⇒ 原则。是否需要由 VISA 来裁决以澄清牵涉在纠纷中的原则。

⇒ 体面地私了。是否不向威士纠纷裁决程序提案，仅通过与争议会员进行交涉就能解决纠纷？

⇒ 整个案件。该案能胜诉吗？至今已采取了正确的行动吗？能在合理时限内提起诉讼吗？必需的支持文件容易获得吗？

⇒ 消费者纠纷投诉表。

当不存在拒付、再清款、仲裁、依从和旅游娱乐业争议裁决程序而发卡行收到持卡人的投诉时，发卡行可以填写消费者纠纷投诉表。这一表格列出了各种消费者投诉，如：对退款政策的异议、商品质量或对持卡人恐吓/勒索。

VISA 对这种投诉连同信用卡受理投诉表一起进行追踪调查，从而为采取行动或将来修改运作规章提供有价值的信息和反馈。

2．合作营销的威力

（1）合作营销概述

技术革新推动了经济发展，面对全球经济一体化与市场结构的变化，行业竞争日益加剧，新支付工具迅速发展，零售商为竞争需要扩大品牌效应，扩大销售。而商业银行同样面临这样的选择，因此强强联合成为发展的动力与内驱力，认同卡与联名卡成为近年来信用卡发展中增长最快速的产品。

随着市场竞争的不断加剧，消费者的要求不断提高，消费者更注重自己的选择，更具有理财能力，寻求更多更好的个人化服务、更低的价格、更大的利益以及更大的便利。

尽管大多数消费者宣称忠诚于对其最初的金融服务提供者，但当对新产品需求增强时他们会选择其他能提供服务的银行，同时价格因素仍然是非常重要的选择因素，"免费服务"将继续盛行。由于消费者的需求增加与辨别力增强，需要银行与消费者建立更可靠的关系，基于产品的选择与组合，新的交付机制以及通过有特殊价值的合作来增强其竞争力。

金融服务营销的动力来自直接目标市场营销，实现从"顾客营销"到"合作营销"的转变，开展合作营销需"大量定制营销"，顾客要求金融服务部门按照他们的特殊需要提供相应的产品和服务。合作营销意味着把自己内部核心优势与合作者独特的能力相结合，合作营销给了企业和商业银行机会，认同卡与联名卡应运而生。通过了解市场、区分定价、成本管理、风险管理，击败竞争对手，以建立长期可持续的盈利基础。

认同卡是更好地细分市场的产品。有一群合格的群体，早期计划定位于高收入的目标群体，如医生、律师、慈善捐赠人，通过背书保证使目标群体予以实施。

联名卡是银行卡市场细分的新趋势，在美国已获巨大成功，在欧洲（尤其是英国）和拉丁美洲发展迅猛，在亚太地区尤其是在我国香港地区和澳大利亚已相当普及，我国 2004 年大量联名卡发行。

认同卡的持卡者基于认同群体受益而持有并使用银行卡，联名卡的持卡者基于持卡人受益而持有并使用银行卡。

对于认同卡，非银行的合作者通常不具有商业性，目标是提高凝聚力和增加收入以支持非营利目标，报酬是个人和集体的结合，目标群体中的每一个人拥有共同利益和共同行动，以及特定组织中的成员关系，通常为非营利、内部认同。认同卡的实例有 VISA-Alumni（香港大学）、红十字会卡、马来西亚工程师协会卡、拯救世界国际基金会卡、SAGA 卡、曼彻斯特体育联合会卡等。发卡行通常与合作者分享商品销售或年度收入，合作者提供对发卡行的营销支持；持卡人通过购物消费表达对所属机构的支持，以及获得参与机构活动的便利。

对于联名卡，非银行的合作者通常具有商业性，目的是要通过保持和提高消费者忠诚度来增加收益，报酬总是迎合个人。联名卡通常体现为两个联合体对商业伙伴的潜在顾客销售特定的会员卡，通常为某种已被认知的品牌，以获取利润为目标，通过对持卡人提供折扣来吸引持卡人。联名卡产生一种独特的产品，这种产品比合作者提供的单一产品对目标市场更具吸引力。联名卡实例有中国民航卡、曼谷银行/丰田公司汽车卡、《泰晤士报》伦敦卡、美季石油公司卡、Galeries Lafayette 百货商店会员卡、Dasit Thani 酒店卡、英国电气公司卡、日本电信电话株式会社卡等。

通过联合营销，发卡行得到更低的发卡和营销成本，培养了持卡人的忠诚度，由新卡的交易量和手续费带来增长收益、交叉销售机会、更低的违约率和坏账率（基于目标顾客群体的特性）。发卡行提供国际支付系统商标支持、有关银行卡的专门服务、专业化银行卡特征、持卡人信用评估及交易处理、账单和消费者服务支持建议。联名者得到销售增长、品牌知名度提高、消费者忠诚度的提高、与消费者经常交流的机会、竞争力提高、可能的新收益来源。联名者提供商标资产、消费者、营销的专门知识、增值收益、广告宣传。国际信用卡组织得到持卡者的增多、增加交易数量、增强知名度、增加货币份额。国际信用卡组织提供规划设计和咨询、市场营销与公共关系支持、市场调查分析、银行卡和联名卡培训以及咨询。持卡人得到购买折扣、经常购买计划、赠送商品、技术革新、特殊服务等。

认同计划与联名计划有很多相似之处，通过认同或联名，银行与其合作者在消费者基础上形成一种密切的协作关系，并且合作双方都想产生固定收入流。

银行的合作目标是为了扩大市场份额，增加销售收入，提高消费者忠诚度，获取比目前的会员银行网络系统更优的销售渠道，减少发卡成本。广泛的研究表明，联名卡使用率高于卡平均利用率，发卡成本低于平均发卡成本。联名营销使收益与忠诚度有机地结合起来（根据与顾客的关系），顾客越忠诚，他们使用的产品就越多；他们越多地使用产品，创造的收益也就越大。

联名卡目标是创造边际增值，通过联名卡的吸引力可给联名者带来更多的交易，给银行更多的手续费/收入，给持卡人带来对其有益的附加值。

（2）合作营销成功的准则

① 选择合适的合作者。

如何选择合适的合作者是合作营销成功的第一步。可以查看银行现有的业务关系，通过对品牌/信誉、对消费者的吸引力、地理因素、人口因素和产品的有效性等因素的评估，选择能够补足自身力量的合作者。

然后分析以下因素来考虑联名卡发行的可能性：合作双方的目标是否一致？合作伙伴的形象与银行是否一致？合作伙伴是否改善或增强了银行形象？合作者是否愿意承担主要来源？联合是否对双方有利？伙伴关系对银行的独立性是加大了还是减小了？合作伙伴的麻烦是否也是银行的烦恼？合作的一致性和稳定性如何？

② 战略考虑。

清晰的战略是合作营销成功的基础。在战略上通常要考虑这些因素：这种合作关系会持续多久，合作者想要得到什么，是产品销售收入，是广泛的持卡人群体，银行的支持，还是更好的消费者吸引力，或是其他因素？为什么销售这种联名信用卡？产品会影响银行的信用控制吗？对银行的消费者人数有影响吗？需要应付合作者的竞争对手吗？银行是否有退出战略？

在发行联名卡之前，要提出产品/方案，对象人群、财政的考虑、独特的需求、时间和步骤，对产品目标达到共识，明确各自的角色与责任，做到收入分享，风险共担，明确产品的有效期与终期。

③ 方案实施。

联合营销的主要需求是保持现有消费者，扩大目标市场，优化成本，通过较多的有价值的回报使消费者产生消费动机，而刺激消费，扩大市场氛围，获得更有利的竞争优势。

联合营销成功的关键因素是通过市场调研确定目标市场的需求，借助合作伙伴的营销力量以实现产品营销最大化，通过联合开发与实施，进行销售。根据顾客反馈信息和近期市场趋势与商家联名发行多功能联名卡，可通过零售、推销、广告、公关等发卡策略进行。

通过联名发行多用途支付卡，联合合作伙伴，通过让利（折扣）促销的方式吸引持卡人和持卡消费，如使用卡时对所有购买累计积分，年消费在一定基数上给予最大回报，特定时期或节日期间的最大回报，并可通过专用持卡人服务部门为持卡人提供的诸如紧急服务、电话服务、免费综合保险以及特惠服务等附加服务和增值服务吸引消费者，比如现在很多大型商场或超市与银行发行的联名卡，多采取这种方式以培养客户的忠诚度和信用消费。多用途卡由于具有多功能，因此也是具有市场竞争力的支付手段。

在联名卡的发行中，也要注意风险和利益的均衡。联名卡可以增加客户信任感，增加产品销售量，降低业务成本，收入分享，增加盈利，提高品牌知名度，加强与客户的沟通联系，但也会由于合伙伙伴缺乏共识，而导致较多的执行成本，由于缺乏有效的市场调研，缺乏双方互利的环境以及地方法规的限制等因素导致计划失败。

联合营销要注意分担风险管理，注意品牌定位，利益分成，应该把商业和财务问题分离，由合伙者从事商业运作，包括客户奖励计划等，而由银行来进行金融运作，包括联名卡的核准申请、授信额度等。

通过建立盈亏分析财务模型，对收入分配总量进行动态分析，分析每个新账户的固定支付与每个续期账户的固定支付；通过对商户交易量百分比和利息收入百分比以及年度费用百分比预测，分担风险。

发卡行/合作者契约上应明确广告与营销的控制权，明确双方的预期，包括新计划的最小目标与不能达到目标的结果；明确法律依从和争议解决的责任以及终止条款，明确消费者资料库的所有权和明确界定双方对消费者资料库的权利。

在联名卡发行运作中，还要考虑影响联名卡的法律因素，如地方法规限制回扣和报酬的数量，计划可能会侵犯现存专利或商标，地方法规可能会限制合作者共享信息资源，在计划阶段，某些限制会迫使合作伙伴重新限定产品和计划。

（3）合作营销实例

① 英国零售商 Tesco 会员卡。

1995 年 2 月，英国零售商 Tesco 发行联名卡 Tesco 会员卡，2 个月后发行了 500 万张会员卡，1 年后吸引了 850 万消费者，其中 75% 的会员使用该卡频繁消费。Tesco 会员卡对消费者的优惠政策是：消费者每花费 10 英镑可积点，积累到一定点数可获得店内消费的回馈礼券，到 1996 年 6 月已回馈 8 000 万英镑。会员卡使 Tesco 销售增长 7%，扩大了市场份额——两倍于同行业平均水平。

持卡者的构成突出消费者的偏好和目标顾客，会员卡的成功使 Tesco 进入金融服务业。1996 年 6 月，Tesco 会员卡发行得到了 Nat West 银行的支持，以邮寄 100 万份、到商店领取申请表、免费电话的方式发行，信贷余额提供 5% 的利率，而对借款者只收取 9% 的利率（英国信用卡 APR 平均收取 20%～30% 的年利率），持会员卡可从 Nat West 银行和 Tesco 商店提取现金，同时也允许消费者在商店购买食品杂货和汽油，并享有返券。Tesco 会员卡通过附加服务赢得消费者的忠诚，并通过丰富的市场商品，获得了频繁的交易。

② 通用汽车服务卡。

这是由 Howsehold 银行和通用汽车联合发卡，给客户提出 5% 的回扣计划以及通用公司额外提供的其他优惠。通用汽车服务卡有普通卡和金卡，该联名卡持有者免付年费。普通卡折扣上限为每年 500 美元，7 年以上 3 500 美元；金卡折扣上限为每年 1 000 美元，7 年以上 7 000 美元。合作者还有 Alamo、Marriott、Mobil、MCI 和 Traval 等机构，合作者计划给消费者提供 10% 的优惠。通用汽车服务卡提供 24 小时服务和交通事故保险，普通卡 15 万美元，金卡达 40 万美元，无论是在家或在外遇紧急情况都可得到家庭援助服务。该联名卡的发行，提高了通用汽车知名度，提高了汽车的销售量。尽管 45% 的持卡者并不拥有 GM 汽车，但近一半的持卡者是 GM 的股东。该联名卡在美国、加拿大、巴西、澳大利亚发行，1992 年 9 月开始发行，1995 年末结束。其中在美国发行卡获利 1 200 万美元，售车获利 35 万美元，活动率远远高于银行卡平均趋势。

3.3.2　银行卡风险管理

1．银行卡风险概述

信用卡风险指信用卡运作过程中造成资金损失的可能性。信用卡运作过程中，因受主客观因素的影响，风险在所难免。信用卡风险防范是指采取措施减少信用卡风险发生的可能性。信用卡风险控制是指发卡银行对持卡人的交易活动和特约商户是否遵守协议和规定实行监督，及时采取措施防范各种风险和案件的发生，一旦发生风险和案件就及时处理，最大限度地减少发卡银行所受的损失。

由于信用卡运作过程中牵涉到持卡人、特约商户、发卡行和收单行四方，且持卡人众多，流通范围广，因此信用卡风险具有涉及面广、形式多样、危害性大等特点。

由于发卡行（收单行）的问题造成风险通常是对持卡人资信调查和审批不严、授权失误、对特约商户监督不力、从业人员素质不高、清分结算不及时等原因；特约商户和银行网点的原因造成的风险通常是由于安全检查不认真、不按规定申请授权、单据处理不规范、从业人员素质不高等原因；由于持卡人的问题造成风险通常是保管不善、随意放置、银行卡与身份证混放在一起、随意借人或转让、对密码不注意保密、与发卡机构联系不紧、单据保管不好等原因。法律的原因以及不可抗力的原因有时也是产生信用卡风险的成因。

由于信用卡风险通常产生于持卡人、特约商户和银行自身3个环节，因此信用卡的风险防范和控制主要包括对持卡人、特约商户和银行自身的风险防范和控制3个方面。

2．银行卡风险的种类

信用卡风险通常有以下5种类型。

① 恶意透支：以套取资金为目的，超出透支限额或故意不按期还款的行为。

② 信用卡欺诈：指利用信用卡进行资金欺诈的行为。信用卡欺诈是最常见的风险。

③ 特约商户受卡不当。指由于特约商户在接受卡片时未进行安全检查和正确的授权程序而造成的风险。

④ 内部作案或内外勾结。指银行内部人员擅自打制信用卡、冒充持卡人提取现金、伪造记账凭证、非法授权、更改电脑资料等行为。

⑤ 持卡人变故。持卡人由于经济状况恶化，联系中断，单位倒闭、被兼并或拍卖，财产被冻结等以外情况发生而导致还款出现问题。

信用卡欺诈是最常见的风险，通常有以下形式的欺诈行为。

（1）冒用丢失卡或冒用被盗卡

卡片的丢失和被盗是两种截然不同的欺诈类型，但它们各自产生的后果相同。卡片丢失是指卡片的正当持卡人报告其卡片丢失。卡片被盗是指卡片的正当持卡人报告其卡片被盗。

一旦卡片丢失或被盗，欺诈者便会用其获得商品、服务或现金。只有在丢失或被盗被报告之后才能采取防范措施，所以，通常在卡片刚刚丢失或被盗时，欺诈活动最多。

欺诈的起因在于持卡人这一方不够小心和安全防范措施差或社会治安不够好。为防范此类风险，发卡行可提醒它们的持卡人；让持卡人尽可能快和尽可能方便地报告卡的丢失与被盗，也很重要，例如给持卡人提供易记的免费电话来报失。如VISA紧急援助中心（VEAC）可为全球持卡人提供每周7天、每天24小时的服务，所以持卡人可以很方便地报告卡片的丢失和被盗。

一旦卡片报失，发卡行应在自己的系统内冻结该卡所对应的账户，并把卡号列入止付名单（Card Recovery Bulletin，CRB）。

（2）截留信用卡

卡片在邮寄过程中被截取，之后被欺诈使用。卡片可能在邮寄过程中的不同环节被截取，这些环节通常是：发卡行的分发中心；运输商的大批运输过程中；邮件的分检系统；持卡人所在处。

这种欺诈类型的平均欺诈损失一般比丢失/被盗卡片的损失要高，这是因为卡片被截时还未签名，使欺诈者可随意地在卡上签名，并在交易单据上使用他自己的签名。

防范这类风险主要是要减少欺诈者截取卡片的机会。这些措施包括：① 在分发中心，用摄像机监控职员，控制无关人员进入卡片的存放地点，并监控卡片的存放地点；② 在大批运输中，在雇佣运输商之前要对其进行安全资格审查，并使用安全的交接程序；③ 审查邮政系统的安全性，如必要，使用其他途径（如挂号邮件、特快专递或由持卡人到发卡行的分支机构领取）；④ 事先发信通知持卡人，告诉他们卡片已发出，请他们在限定日期内如果未收到卡片，就立即通知发卡行，这样可以尽早发现因被截留而未收到的卡片。一旦发现这类卡片，应视同丢失/被盗卡片进行处理；⑤ 利用"卡片激活（Card Activation）"技术，发卡行冻结有关卡号，直至持卡人通知其已安全收到卡片为止。在这种情况下，很重要的一点是发卡行要有稳妥的渠道来确保通知来自真实的持卡人（如使用像密码或护照号码这样的独特标识）。

（3）滥用账号

由其他人而不是真正的持卡人，使用账户号来获得商品、服务或现金。

这种欺诈通常出现在不需出示卡片的交易中，如邮购或电话订购以及网络购物中。这一类型在虚假特约商户中很普遍。

通常罪犯通过一些不当手段获取信用卡卡号，然后进行欺诈活动。这些卡号可能是从特约商户处偷窃（如交易单据或交易单据复写纸）；访问银行的计算机系统，如"黑客行为（Hacking）"；由银行雇员从银行偷取；远程营销特约商户有目的地从持卡人获取卡的明细信息；在持卡人不知道的情况下，特约商户从卡片的磁条中拷贝信息；利用特别的计算机程序生成可通过检验的账号等。

防范这类风险应当增强账户信息的安全性，包括：保证特约商户协议中包含保密条款；对特约商户进行安全程序的培训；收单行进行特约商户交单监控，用于识别异常交单行为；发卡行在卡片分发给真正的持卡人前，冻结账号。这将有助于防止使用随机生成卡号进行的交易授权；同时商业银行还要加强自身信息系统的安全性，防止黑客盗用行为。

（4）伪造卡

伪造卡欺诈指使用模仿真卡的有关账户数据的卡片，但这些卡片不是由发卡行或被授权的卡片制造商生产的。通常有4种伪造行为。① 全部重新制造。卡片模仿真卡制造，并复制了安全特征。这些卡在质量上有很大差异，但都是以模仿真卡在交易中的使用为目的。② 改动/重新凸印。将一张真卡上的卡号进行改动，成为另外一张卡。通常，欺诈者这样做是因为他们觉得原来的账号已被冻结。用于此种改动的卡往往是丢失、被盗或中途截留的卡片。卡片被热压以软化塑料，然后抹平原来的凸印，新的卡号被凸印上去。这些卡片难以达到高质量，所以经常用于与串通好的特约商户进行交易，或瞄准雇用经验不足人员的商户。③ 重新编码。一张真卡的磁条中保存的信息被改动，从而变成另一张卡。这些卡看上去是真的，用于在电子终端上的交易。重编的数据通常与卡片正面凸印的账号不一定一致。欺诈者有可能使用重新凸印和重新编码两种方法，来彻底地制造一张卡片，使伪卡更逼真。④ "白卡（White Plastic）"。一张塑料卡片（不一定是白色的）虽然一看便知不是真正的VISA卡，但可被用真卡的账户数据重新凸印或重新编码。欺诈者一般使用空白卡或积分卡来制作这种卡片。因为卡片一看便知不是真卡，所以白卡欺诈需要商户串通进行手工交易处理。进行电子交易时需要自动终端或特约商户的串通来处理。大多数伪造卡起源于有组织的犯罪集团。

防范这类风险，主要是加强卡片的安全特征以及对特约商户的教育，并通过监控特约商户的交单活动来识别与特约商户串通的伪卡欺诈，如VISA卡的安全特征是对付伪造的主要手段。当伪造卡被出示给一家真正的特约商店时，通过仔细地检查各项安全特征可以将其鉴别出来，全息激光防伪鸽和环绕VISA标志的徽印边框很难伪造。重新凸印往往会造成卡片变曲，而且凸印的字符周围有"鬼影（ghosting）"。重新编码的卡片通过比较从磁条上打印出来的账户信息与凸印在卡正面上的信息来鉴别，另外，卡片验证值（CVV）也能用来鉴别电子伪造欺诈。

（5）虚假持卡人申请

这是指持卡人利用虚假信息申请信用卡。通常有两种主要途径：① 潜在的持卡人为了增加被批准的机会，而在其申请中使用虚假的情况，例如多报收入，少报支出，一旦卡片被批准并使用，持卡人可能无力支付。这也许是故意，也许是因为持卡人没有足够的钱；② 犯罪分子向几家不同的发卡行提出多项申请，"申请人"使用虚假信息，并在不同的申请中设置细微的差别，以增加其中一些申请通过发卡行监测系统的概率。

防范此类欺诈风险可主要集中于申请处理，如对申请进行交叉稽核；在申请表中选择一些项目，进行额外验证；发卡行间相互合作以发现多重申请和再次申请；发卡行也可与警方合作，对发现的案件进行起诉。为使这项工作有效，有一点很重要，这就是要在申请上清楚地说明申请表一旦填完，就是一份法律文件。

（6）虚假特约商户申请

这里是指商户申请开立一个账户处理支付卡的交易而进行的欺诈行为。

对于收单行来说，与一家特约商户签约使其接受信用卡支付，与向一公司贷出无额度限制的贷款是相同的，因此，应该同等谨慎。这一类型欺诈最糟的情况是特约商户尽力从收单行获得尽可能多的钱，并在欺诈被发现前消失。特约商户开立账户，进行一系列的交单，以从收单行获得款项。实际上，这些交易是欺诈性的，例如使用伪造卡，并且商户在收单行收到发卡行发出的拒付之前逃之夭夭，这类风险通常比持卡人欺诈造成的损失更大。

防范这类风险，要注重对特约商户资信的调查。可以使用以下形式调查此商户：如通过电话证实申请信息的真实性，从银行取得参考，如从供货商、工商局等处获得其他业务参考，与其他会员行合作共享数据，对特约商户进行实地考察等。

在亚洲近期的一个案例中，一声称出售电器的特约商户开了一个账户，进行了一系列交单，然后，在收单行收到拒付之前，带着收单行的付款消失了。收单行经调查，发现该商户没有生意，申请表所提供的地址是一幢公寓的大门。所以实地考察是了解特约商户必不可少的一部分，应该持续地进行，甚至在申请已被接受之后也要进行实地考察。负责实地考察的职员应由风险管理部门培训。

以下是潜在的虚假商户的一些典型特征：如在当地没有足够的或根本没有用于支持营业的存货；很少或没有设备与资产；不适合业务的营业场所；为了迅速开立账户，特约商户自愿存入一笔款项以防止可能的拒付；特约商户先开设一银行账户，并存入一系列款项（以得到好的信用评估，Credit Rating），之后，请求开立处理支付卡的账户。

远程营销特约商户是一类典型的高风险商户，注意以下几点：实地考察；审查商户情况和其母公司经营情况；审查业主的信用历史及过去注册情况；验证产品样品的价值；获得远程营销的收据的复印件。同时在与特约商户协议之中应包含以下几项：授权程序的声明；界定对多重交易单据处理的限制；规定对持卡人的信息要保密；禁止"洗黑钱"和支取现金。

同时收单行应当每日监控交单、授权活动和拒付情况，包括理由代码、跟踪总销售额、复查合同和签署过程、复查与特约商户签署的合同条款。对于交易额大的客户，复查的间隔要短一些，对特约商户进行卡片受理程序和交单规则的培训。

（7）特约商户欺诈

这是指特约商户参与的欺诈活动。通常有以下几类。① 信息截获点。在持卡人不知道的情况下，获取真实持卡人的账户信息用于欺诈。② "洗黑钱"。某一商户用其他商户处理的交易单据进行交单。③ 多次压卡。在持卡人不知道的情况下，商户用卡压了另一张交易单据，并用此进行欺诈性交单。④ 改动交易单据或伪造签购单。在持卡人签名之后，特约商户改动了交易单据上的金额或伪造持卡人签名的交易单据。⑤ 手工键入（EDC 终端）。这一欺诈有几种不同的方式。特约商户可利用手工录入设备，使用真卡的数据，输入欺诈性的交易，而无须出示卡片。特约商户可以在一次交易中多次刷卡（与多次压卡相同），或者可以在第一次刷卡时将卡片的数据存入 PC 机，之后再进行 "重放"。目前手工键入终端已经在很多地方禁止使用。⑥ 串通欺诈。特约商户故意接收欺诈性的卡片来处理交易，如白卡、伪造卡、丢失/被盗卡。⑦ 远程营销欺诈。这是一种滥用账户号的欺诈。特约商户使用一些推销技术通过电话获取持卡人的账户号，然后将其用于虚假的交易。例如，商户打电话宣传 "免费加勒比度假" 的奖励，声称 "只需提供信用卡的明细情况" 就可以支付管理费用，确保订票。收单行特别易受远程营销欺诈的攻击，因为这些交易不需出示卡片，难以控制。

防范这类风险，收单行要加强对特约商户每日交易的监控。

（8）其他欺诈交易

这是指不属于以上几类的其他欺诈类型，例如，第一方欺诈。这是由持卡人进行的欺诈。真正的持卡人使用账户号不诚实地获取好处，这不能与持卡人拖欠支付相混淆，通常后者被视为信用损失。如虚假挂失，持卡人在向发卡行虚假地报告其卡片丢失或被盗后，继续使用卡片。之后，他们否认用卡进行的交易。也有可能持卡人在声称卡片丢失或被盗时，将卡片转卖了（被欺诈者所用）。

对于发卡行来说，这类欺诈难以识别和证实，防范起来比较难。因此，发卡行一般冲销这些损失，所以此类欺诈发生的数量被低估了。

3. 银行卡风险防范

（1）对持卡人的风险防范和控制

对持卡人的资信定期复查和签署意见。对信用卡初领者要按规定程序进行资信调查和评估。对于资信不好的持卡人，可要求进行信用担保和抵押担保以防范透支风险。

监督每天信用卡账户的交易情况，通过账户余额表和月结单分析持卡人用卡规律，对于存款低于限额的客户要及时发出补款通知书，尽快补齐存款。对透支户要进行及时的追索。对于以低于授权限额之下多次取现或购物消费的客户要建立登记簿并尽快调查，防止恶性透支。

对于冒用、伪造、欺诈和内外勾结等案件应及时调查处理，催收欠款。

掌握信用卡的挂失、止付情况和最新的止付名单，建立健全信用卡风险案例档案。

可通过邮件、广告等宣传工具对持卡人进行培训，尽量减少信用卡使用不当而造成的损失。

挂失服务：当持卡人发现自己的卡片遗失或失窃时，应该能及时通报发卡行，这样发卡行就可以将此卡片进行冻结，以降低风险。因此，如 VISA 要求所有会员都必须参加遗失/失窃卡片通报服务系统。这使得持卡人可以随时通过电话挂失。提供给持卡人的电话号码可以是紧急援助中心的号码，可以是发卡行自己的号码，也可以是某一合格的第三方的号码。

当持卡人选择向 VISA 紧急援助中心挂失时，VISA 紧急援助中心会在挂失报告中记录所有的细节，包括遗失卡的账户号码（如果没有账户号码则记录发卡行的名称、地点），持卡人名字的正确拼法以及其他跟失落有关的细节。如果得到了账户号码，VISA 紧急援助中心会立即在 BASE I 的特殊档案中发出 "冻结" 信号，从而封闭该账号。VISA 紧急援助中心在接到持卡人挂失电话后

30 分钟内将挂失报告通知发卡行。在向发卡行发出通知后，将向发卡行寄出遗失/失窃卡片报告的复印件。

如果持卡人不知道他们的账户号码，VISA 紧急援助中心会出示一份不完全报告，并将持卡人直接提交或转给发卡行，由发卡行进行姓名查找。在这种情况下，账户号码登记在特别档案上。当发卡行找到持卡人的账户号码时，它们必须将号码登记在特别档案中。

当持卡人选择直接向发卡行报告挂失时，发卡行负责处理报告并同时在本系统和 VISA 系统上封闭账户。当持卡人选择向其他成员挂失时，所有成员都必须接受来自任何 VISA 卡持卡人的挂失报告，并且必须立即通知 VISA 紧急援助中心或发卡行。

（2）对特约商户和特约营业机构的风险防范和控制

监督特约商户的交易活动和资信情况，定期检查是否按照协议中的操作规程处理业务，特别注意有无漏查止付名单和紧急止付通知，对超限额交易是否申请授权，是否有分单压卡等现象。如发现上述非正常情况，应及时采取措施，予以控制。

加强对特约营业机构取款网点的业务管理，督促检查经办人员是否按信用卡取款的操作规程受理业务。加强对经办人员的业务培训。如发现有到多个网点低限额取款的情况，应及时通报。

加强对特约商户的安全培训，以正确受理卡片，减少风险。

特约商户和特约营业机构要尽快配备具有授权及电子资金转账功能的 POS，实现与发卡银行的计算机联机控制，把现行的部分授权方式改变为全部授权方式，从技术上提高风险防范能力。如 VISA 通过提供风险识别服务系统（RIS），对其特约商户活动进行监控来协助收单行。通过仔细监控 RIS 报告，并采取及时、有效的修正措施，收单行可减少损失。

RIS 先收集和分析商户的交易数据，包括交单、副本请求、信用和拒付。然后，风险监控过程使用一些参数来衡量特约商户的表现，如果这些参数被超过，便会产生一个关于此特约商户的 RIS 报告，并通过 BASE II 系统的报告分发管理系统将其送交收单行。

收单行应对报告中的特约商户统计数字、拒付损失、风险识别总数、风险识别明细等信息内容格外留意，并依此对特约商户采取相应的行动。

RIS 生成 4 个层次的报告，按严重性从小到大的顺序如下。

- 通知（Advice）：识别出现的对象。
- 通告（Notification）：显示商户活动，可能需要采取行动。
- 预警（Alert）：更高层次的行动，可能要采取行动。
- 警告（Warning）：与风险有关的活动过量，显示会员行应采取的行动以及识别的商户前 6 个月的情况。

为了最大程度地利用风险识别服务系统，收单行应该及时审查报告，调查被识别的特约商户，实施修正措施，向 VISA 报告特约商户的状况。

VISA 通过给会员银行提供全球欺诈信息服务系统等帮助，让会员银行认识全球的欺诈趋势，能比较全球的情况与本行的情况，找出某一类欺诈的集中区域，以便施行地区性防范措施，跟踪信息截获点，识别串通的特约商户，通过欺诈报告系统报告的交易，有可能进行拒付，所收集的数据有助于支持风险管理上的创新，同时所收集的数据构成了如 VISA 风险识别服务和持卡人风险识别服务等的基础。在亚太地区，特别推出了区域性特约商户预警服务系统（NMAS）、特约商户状况报告系统（MPR）和特约商户欺诈分析服务系统（MFAS），帮助收单行监督特约商户的行为。

（3）对发卡银行和收单银行内部管理的风险防范和控制

健全和完善内部管理制度，在业务岗位上实行操作分离，即各类岗位售货员之间要相互分开，不能互相串岗兼办。在各级各类人员之间建立起一种互相制约又互相协调、互相配合的机制。在具体操作中实行信用卡的会计记账人员与发卡人员相分离，会计、复核人员与授权人员相分离，打卡操作人员与计算机编程人员相分离等。加强白卡等重要凭证的管理，以遏制违章违纪，防范串通作案，从而避免风险产生。

制定风险防范的规章制度，不准单人操作；不经复核不允许对外办理业务；不准未经主管领导的审查批准，未经严格资信调查就给客户发卡；不准越权授权，未经有权批准的人员同意不准授权同意客户透支；此外还要制定相应的处罚条例，对违反规章制度，不严格按规定办事、给银行造成信誉或资金损失者，要根据情节轻重给予处罚。

银行要与国家法律主管部门密切合作，加快信用卡业务的立法工作，依靠法律保护银行持卡人的合法权益，严厉打击利用信用卡诈骗的不法分子。

另外可以通过建立风险准备金，从发卡行的利润中按一定比例提取，以备补偿损失或利用信用卡保险机制防范信用卡意外风险。

关键术语

信用卡、借记卡、贷记卡、储值卡、发卡行、收单行、持卡人、特约商户、信用卡管理、持卡人管理、特约商户管理、合作营销、信用卡风险防范

关键知识点

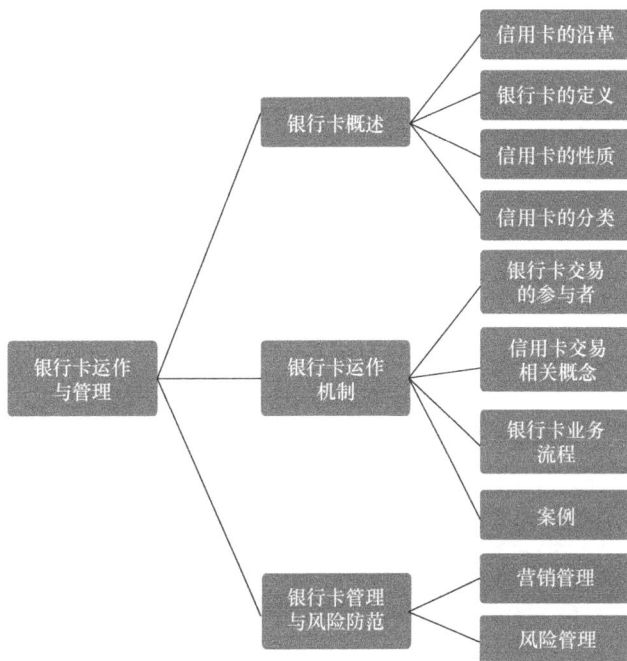

本章思考题

1. 借记卡与贷记卡有何异同？
2. 预付卡有什么特点？
3. 联名卡与认同卡有何异同？
4. 信用卡有哪些功能？
5. 举例说明信用卡支付与结算过程。
6. 阐述如何进行持卡人管理。
7. 谈谈你对合作营销的看法。
8. 漫谈信用卡风险防范。
9. 从世界信用卡发展过程谈谈如何发展我国信用卡市场。

第4章　网络银行与电子商务中的电子支付

章首导言

电子商务的发展催生了网络银行的诞生，网络银行不仅成为电子商务良好运作的基础，也日益成为商业银行打造核心竞争力的重要手段，以及商业银行竞争的焦点。电子商务中不同的支付工具以及良好运作是电子商务成功的关键，第三方支付机构的快速发展为电子商务的支付清算起到重要作用。本章首先介绍了电子商务运作流程、网络银行的发展与功能，之后详细分析了电子商务中不同的电子支付方式，最后对第三方支付进行了分析。

4.1　电子商务概述

电子商务是计算机技术、通信技术和互联网技术共同发展的产物，全球电子商务在经历了 2000 年前后的发展高峰后，在中国淘宝平台为代表的电商平台高速发展和冲击下，2015 年，阿里集团在美国上市，迎来了电子商务蓬勃发展的又一个高峰。

电子商务被认为是信息化社会贸易活动的重要表现形式，具有高效率、低成本、数字化、网络化、全球化等特点。自 20 世纪 90 年代在欧美兴起以来，发展迅速，市场巨大，前景诱人。

电子商务最初起源于电子数据处理（EDP）技术，随着表格处理软件和文字处理技术的发展，电子数据交换（EDI）技术逐步成熟，并为电子商务的发展奠定了技术基础；而互联网的快速普及和电子支付工具的发展使得电子商务逐步走入社会。

欧美是全球电子商务最早发展的地区，最初以企业对企业（B to B）电子商务的形式得到广泛应用，并逐步普及到企业对个人（B to C）以及个人对个人（C to C）的形式。

中国电子商务发展略晚于欧美国家和地区，但发展势头很快，与欧美国家不同，中国的电子商务发展路径从企业对个人（B to C）得到突破，比较典型的有当当网和卓越网，最初以销售书籍和品牌电器等商品开始，并逐步扩张到百货等零售领域；而以淘宝网络交易平台为代表的个人对个人（C to C）市场的发展和成功，使得中国电子商务市场迅速发展并壮大；目前在中国，基于大宗商品交易的企业对企业（B to B）平台正在迅猛发展中。

4.1.1　电子商务概念

1997 年 11 月 6～7 日，国际商会在法国首都巴黎举行了世界电子商务会议，并首次从商业角度提出了电子商务的概念：电子商务是指实现整个贸易活动的电子化。从涵盖范围方面可以定义为：交易各方以电子交易方式而不是通过当面交换或直接面谈方式进行的任何形式的商业交易；从技术方面可以定义为：电子商务是一种多技术的集合体，包括交换数据（如电子数据交换、电子邮件）、获得数据（如共享数据库、电子公告牌）以及自动捕获数据（如条形码）等。

电子商务涵盖的业务包括：信息交换、售前服务（如提供产品和服务的细节、产品使用技术指南、回答顾客意见）、销售、电子支付（如使用电子资金转账、信用卡、电子支票、电子现金）、运输（包括商品的发送管理和运输跟踪，以及可以电子化传送的产品的实际发送）、组建虚拟企业（组建一个物理上不存在的企业，集中一批独立的中小公司的权限，提供比任何单独公司多得多的产品和服务）、公司和贸易伙伴可以共同拥有和运营共享的商业方法等。

IT（信息技术）行业是电子商务的直接设计者和设备的直接制造者。很多公司都根据自己的技术特点给出了电子商务的定义，虽然差别很大，但总的来说，无论是国际商会的观点，还是HP公司的E-World、IBM公司的E-Business，都认同电子商务是利用现有的计算机硬件设备、软件设备和网络基础设施，通过一定的协议连接起来的电子网络环境进行各种各样商务活动的方式。

狭义的电子商务仅仅将通过Internet网络进行的商业活动归属于电子商务，而广义的电子商务则将利用包括Internet、Intranet、LAN等各种不同形式网络在内的一切计算机网络进行的所有商贸活动都归属于电子商务。从发展的观点看，在考虑电子商务的概念时，仅仅局限于利用Internet进行商业贸易是不够的，将利用各类电子信息网络进行的广告、设计、开发、推销、采购、结算等全部贸易活动都纳入电子商务的范畴则较为妥当。

电子商务可以理解为，在互联网上在线、实时地订购货物和付款，并通过网络来实现商品的交易和结算的行为，网络成为商务的重要工具。在Internet上电子商务提供的服务可分为：网上信息服务、电子商务和贸易服务、电子银行与网络金融服务。

电子商务具有以下特点。

（1）基于互联网技术和远程通信技术

电子商务是互联网（Internet）技术和远程通信技术发展的产物，涉及通信技术与网络技术、Web技术、数据库技术、支付技术以及安全技术等。电子商务构架可分为网络层、应用平台层和应用层。网络层为电子商务提供必要的网络基础环境，应用平台层为电子商务提供必要的技术手段，应用层则涉及各个应用领域。

（2）具有集成性、可协调性和可拓展性

电子商务的电子技术特征使得交易成本更低，系统可适应性更强。

（3）数字化与虚拟化特征

电子商务交易和信息传输包括商务流、资金流和信息流，呈现数字化和虚拟化的特征。

（4）网络外部性特征和长尾效应

基于互联网技术的电子商务具有很强的网络外部性，即在一定程度下，电商网络的价值随着拥有成员的增加而不断增加。长尾理论是指只要存储和流通的渠道足够大，用户足够多，需求不旺或者销量不佳的产品所共同占据的市场份额可以和那些少数热销产品所占据市场份额相匹敌甚至更大，众多小市场汇聚可产生与主流大市场相匹敌的市场能量。它强调的是大众消费与精英消费的区别。

（5）良好的交互性与消费者服务

电子商务可以以客户需求为导向，通过良好的交互性提高消费者服务质量，满足市场需求。

1．电子商务概念模型

电子商务的概念模型是对现实世界中电子商务活动的一般抽象描述，它由电子商务实体、电子市场、交易事务和信息流、资金流、物资流等基本要素构成。

（1）在电子商务概念模型中，电子商务实体又称为电子商务交易主体，是指能够从事电子商务活动的客观对象，它可以是企业、银行、商店、政府机构、科研教育机构和个人等。

（2）电子市场是指电子商务交易主体从事商品和服务交换的场所，它由各种各样的商务活动参与者，利用各种通信装置，通过网络连接成一个统一的经济整体。

（3）交易事务是指电子商务交易主体之间所从事的具体的商务活动的内容，例如询价、报价、转账支付、广告宣传、商品运输等。

电子商务的任何一笔交易，包含着以下三种基本的"流"，即物资流、资金流和信息流。物资流指商品和服务的配送和传输渠道，对于大多数商品和服务来说，物流可能仍然经由传统的经销渠道；然而对有些商品和服务来说，可以直接以网络传输的方式进行配送，如各种电子出版物、信息咨询服务、有价信息等；资金流指资金的转移过程，包括付款、转账、兑换等过程。信息流既包括商品信息的提供、促销营销、技术支持、售后服务等内容，也包括诸如询价单、报价单、付款通知单、转账通知单等商业贸易单证，还包括交易方的支付能力、支付信誉、中介信誉等。

对于每个电子商务交易主体来说，所面对的是一个电子市场，必须通过电子市场来选择交易的内容和对象。因此，电子商务的概念模型可以抽象地描述为每个电子商务交易主体和电子市场之间的交易事务关系，电子商务的概念模型如图 4-1 所示。

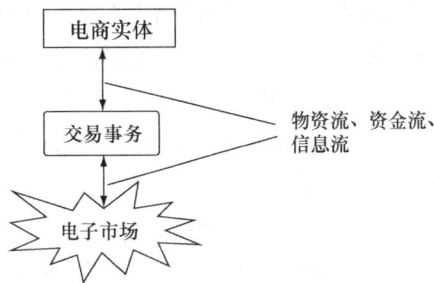

图 4-1　电子商务的概念模型

2．电子商务框架

电子商务框架描述了电子商务组成元素、影响要素、运作机理和总体结构体系。电子商务系统是利用信息网络技术全面实现电子交易的商务系统。电子商务系统由信息流、商流、资金流和物流构成，电子商务框架结构如图 4-2 所示。

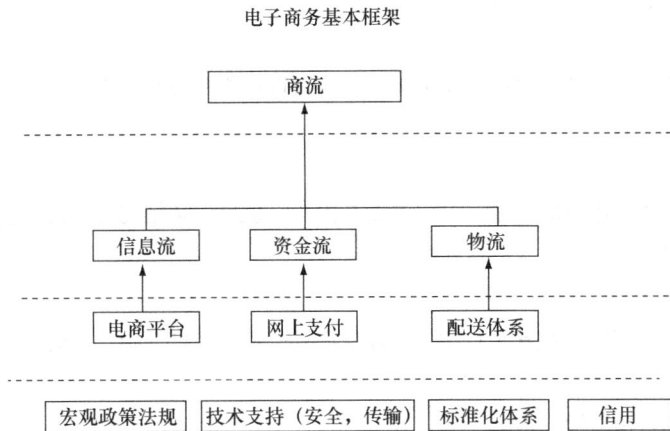

图 4-2　电子商务系统框架

宏观政策法规、技术、标准化体系和信用环境是电子商务交易各环节得以实现的根本保证。互联网系统的主要作用是提供一个开放的、安全的并且可控制的信息交换平台，它是电子商务系统的核心和基石。信息流包括商品信息、营销和促销展示、技术支持、售后服务、询价报价和付款统计等；商流包括商品交易和所有权的转移；资金流包括支付和资金转账；物流包括商品的运输、存储、加工、装卸、保管和配送。物流和资金流分别代表商品使用价值和价值的转移。其中，信息流最为重要，信息流对整个电子商务活动起着监控作用。比较经典的电子商务框架模型有 Kalakota-Whinston 模型、Kosiur 模型、MEC 模型、Turbain 模型等。

4.1.2　电子商务运作模式

电子商务运作模式指在电子商务总体框架下，开展电子商务活动的运行模式。电子商务运作模式通常有 3 种，即 B2B 模式、C2C 模式和 B2C 模式。

（1）B2B（B to B，Business to Business），即企业对企业电子商务模式，该模式通常在企业间进行，面向企业生产环节销售产品和服务，通常以生产要素交换和购买为主，以网络批发为主。

（2）C2C（C to C，Consumer to Consumer），即消费者对消费者或称个人对个人电子商务模式，该模式通常在消费者之间进行，进行消费品的零售。最初以消费者出售自有物品和二手物品的形式出现，慢慢发展为消费者向消费者销售产品和服务，以网络零售为主。淘宝平台就是一个典型的 C2C 交易平台。

（3）B2C（B to C，Business to Consumer），即商家对消费者电子商务模式，该模式通常以商业零售直接面向消费者销售产品和服务，以网络零售为主。一般为集中销售，在一个卖家与多个买家之间进行交易。中国最早的电子商务平台卓越网和当当网都是这种模式，最初京东电子商城也是这种模式，目前这几个电商平台已经是 B2C 和 C2C 的混合模式。

目前电子商务发展的趋势呈现出基于以上三种模式的混合态，特别是零售电商平台，多以 C2C 和 B2C 共存的状态存在。

1．电子商务平台构成要素

一个电商平台通常由以下几个要素构成。

（1）交易参与者

交易参与者包括卖家和买家，也就是商户和消费者。这里，商户可以是企业，也可以是个人；消费者可以是政府或企业，也可以是个人。电子商务消费者是电子商务的主体要素之一，构成了整个商务活动的核心要素。商户是电子商务的重要主体。

（2）电商平台

进行电子商务交易的场所，可以是企业网站，也可以是第三方交易平台，目前第三方交易平台为主流电商平台。

（3）支付中介

为电子商务提供支付服务的机构，可以是商业银行，也可以是第三方支付机构。支付宝就是一个典型的第三方支付机构。

2．电子商务运作流程

电子商务流程指从消费者在其客户端上网寻找产品或服务信息开始，到售后服务与支持为止所经历过的全部过程。

（1）网络商品的直销流程

① 企业在主页上发布商品信息，并构建商品交易网页。

② 消费者在 Internet 上查看企业和商家的主页（Homepage）。

③ 消费者通过购物对话框填写姓名、地址、商品品种、规格、数量、价格。

④ 消费者选择支付方式，如信用卡、借记卡等。

⑤ 企业或商家的客户服务器接到订单后检查支付信息，确认支付是否被认可。

⑥ 企业或商家的客服服务器确认消费者付款后，通知销售部门送货上门。

📋 案例 4-1

戴尔电子商务销售流程

① 消费者选择商品并建立订单，支付款项。

② 订单处理。

③ 预生产。

④ 配件准备。

⑤ 配置。

⑥ 测试。

⑦ 装箱。

⑧ 配送准备。

⑨ 发送商品。

（2）基于第三方平台的 B2B 电子商务流程

① 进行电子商务的企业首先到到交易平台（大卖场）注册账户并申请使用权限，进行交易的企业无论是买方还是卖方都必须在交易平台认证中心获得信用认证。

② 交易双方取得信用认证后，重新登录交易平台，选择交易身份。

③ 卖方在平台上发布商品信息。

④ 买方搜索商品，签合同并转账付款。

⑤ 卖方确认订单和支付信息后供货，收款。

⑥ 买卖双方确认收货。

⑦ 结束交易。

（3）基于第三方平台的 C2C 电子商务流程

① 进行网络交易的个人首先到到交易平台进行用户注册，并进行实名认证。

② 交易双方取得信用认证后，重新登录交易平台，选择交易身份。

③ 卖方在平台上发布商品信息。

④ 买方搜索商品，下订单，并转账付款。

⑤ 卖方确认订单和支付信息后供货，收款。

⑥ 买卖双方确认收货。

⑦ 结束交易。

电子商务活动中的网上购物过程如图 4-3 所示。消费者向公司发出购物请求标志着一次电子商务流程的开始，企业获得消费者的请求后，通过支付网关将支付指令传输给企业收单银行，企业收单银行通过银行网络从消费者开户行获得授权，将授权信息返回企业，企业获得收单银行的授权信息后向消费者发出购物回应信息。

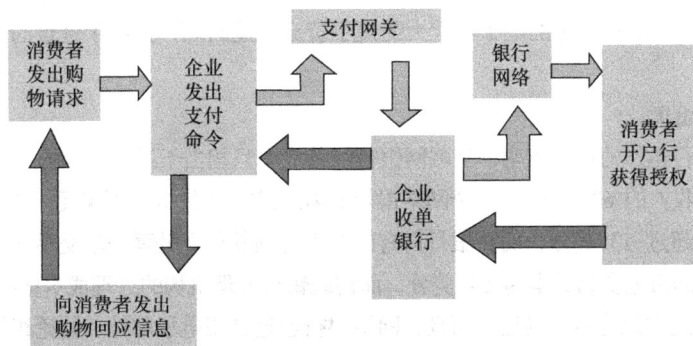

图 4-3 电子商务中的交易过程

4.2　网络银行

4.2.1　网络银行概述

网络银行（Internet Bank or E-Bank）是通过技术手段在地理上虚拟延伸的银行。网络银行，又叫电子银行、网上银行、在线银行。

由于网络银行的发展速度很快，其标准、发展模式等都处于演变之中，目前很难对网络银行的基本内涵进行规范的理论界定。

根据巴塞尔银行监管委员会的定义，网络银行是指那些通过电子通道，提供零售和小额产品与服务的银行。这些产品和服务包括：存贷、账户管理、金融顾问、电子支付，以及其他一些诸如电子货币等电子支付的产品与服务。

欧洲银行标准委员会将网络银行定义为：那些利用网络为通过使用计算机、网络电视、机顶盒及其他一些个人数字设备连接上网的消费者和企业提供银行服务的银行。

网络银行是指金融机构利用 Internet 网络技术，在 Internet 上开设的银行。这是一种全新的银行客户提交方式，使得用户可以不受上网方式和时空的限制，只要能够上网，无论在家里、办公室，还是在旅途中都能够安全便捷地管理自己的资产和享受到银行的服务。

以上定义基本上是对现有网络银行实际情况的概括，主要区别是对网络银行外延大小的认定不同。总体来说，可以对网络银行的基本概念做如下定义：网络银行是指银行在互联网（Internet）上建立站点，通过互联网向客户提供信息查询、对账、网上支付、资金转账、信贷、投资理财等金融服务。更通俗地讲，网络银行就是银行在互联网上设立的虚拟银行柜台，传统的银行服务不再通过物理的银行分支机构来实现，而是借助技术手段在互联网上实现。

网络银行业务是一种全新的服务模式，它具备以下特点。

（1）全面实现无纸化交易

以前使用的票据和单据大部分被电子支票、电子汇票和电子收据所代替；原有的纸币被电子货币，即电子现金、电子钱包、电子信用卡所代替；原有纸质文件的邮寄变为通过数据通信网进行传送。

（2）服务方便、快捷、高效、可靠

通过网上银行，用户可以享受到方便、快捷、高效和可靠的全方位服务。上网客户可以在家里开立账户，进行交易。网上银行实行全天 24 小时、一年 365 天不间断营业。客户可以在任何地方、任何需要的时候使用网上银行的服务，不受时间、地域的限制，即实现 3A 服务（Anywhere，Anyplace，Anytime）。银行业务的电子化大大缩短了资金在途时间，提高了资金的利用率和整个社会的经济效益。

（3）经营成本低廉

据美国网上银行运作的报告表明，互联网银行经营成本只相当于经营收入的 15%～20%，而普通银行的经营成本占收入的 60%；开办一个网络银行所需的成本只有 100 万美元。在互联网上进行金融清算，每笔成本不超过 13 美分，而在银行自有的个人电脑软件上处理一笔交易的成本则达到 26 美分，电话银行服务的每笔交易成本为 54 美分，而传统银行分理机构的处理成本更高达 108 美元。所以，网络银行业务成本优势显而易见。而且，网络银行通过利用电子邮件、讨论组等技术，还可提供一种全新的、真正的双向交流方式。由于采用了虚拟现实信息处理技术，网上银行可以在保证原有的业务量不降低的前提下，减少营业点的数量。

（4）简单易用

使用网上银行的服务不需要特别的软件，甚至不需要任何专门的培训，只需要有一台电脑并且能够连接到互联网。上网后，即可根据网络银行网页的显示，按照提示进入自己所需的业务项目。简洁明快的用户指南，使一般具有互联网基本知识的网民都可以很快掌握网上银行的操作方法。网上 E-mail 通信方式也非常灵活方便，便于客户与银行之间以及银行内部之间的沟通。

网络银行这一新生力量给银行业注入了新的活力，代表了未来银行业的发展方向，但同时也给银行业带来了巨大的挑战。

（1）技术进步对传统银行业经营模式和理念造成巨大冲击

网络的快捷高速，突破了时空限制，给商业银行带来了经营理念与经营模式的冲击。在传统银行规模效应继续发挥作用的同时，网络化带来了"新规模效应"。营业网点的扩张已不再是规模效益的代名词，网络赋予了中小银行和大银行相同的发展空间。

网络时代要求银行提供更迅捷和高效的服务，以速度赢得客户，变被动为主动。网络改变了银行与客户面对面交易的方式，网络的规模效应使得商业银行必须提供更高效方便的服务才能在市场竞争中争先。

新兴的网络经济要求银行在不同阶段，面对不同的客户群提出不同的市场策略，将市场细分化。中国的网民数量发展很快，但由于教育、经济和观念转变等原因，人们对网络的认识速度和接受能力不同。银行在制定市场策略时要因群施策，分步骤发展客户群，制定不同的营销策略；以客户为中心，通过分层次，向客户提供具体全面的服务以吸引顾客。

转账、核算业务的低成本相对优势不复存在，商业银行必须将业务重点转为提供"个性化服务"求生存。银行必须积极与客户联系，获取客户的信息，了解不同客户的不同特点，提供更为"人性化"的服务，同时也要处理好同客户的关系，将服务转向"人际化"，这将成为银行盈利的重要方面。

（2）银行经营目标安全性、营利性、流动性的实现方式发生改变

库存现金向数字现金的转变使安全概念发生转变。由于电子货币的广泛使用，银行资金的安全已经不再是传统的保险箱或者是保安人员所能保障的。对银行资金最大的威胁是黑客的偷盗，很可能不知不觉间资金就已经丢失，因此银行必须转变安全概念，从新的角度确保资金安全。

电子支付的独特存取方式带来了流动性需求的改变。电子支付特别是电子货币的出现取消了传统的货币划分方式，更不可避免地导致银行的流动性需求发生改变，对现金的需求将会降低。

信息的重要性更加突出，信息获取与信息服务成为商业银行新的盈利点。网络经济时代，银行获取信息的能力将在很大程度上体现其信用，而网络经济也要求传统银行在信息配置方面起主导作用，信息配置较之传统经济学中的资源配置，将发挥更大的作用，对经济学的发展也将是一个推动，这将成为银行信用的一个重要方面。

（3）网络时代金融业行业壁垒的消失给银行带来了非同业的巨大竞争威胁

网络的重要特点就是低成本，而网络技术的普及也很快速，这给其他行业的进入消除了壁垒，使银行面临着巨大的竞争威胁，银行业必须正视这一点，注重核心竞争力的打造，加强同其他行业的竞争力。

在网络时代，网络金融产品易诞生也易消亡的特点对银行的金融创新提出了更高的要求。新的金融衍生工具创造将加速翻倍，但可能被淘汰得更快。这一方面为银行突破传统的历史阶段性发展模式而利用技术创新进行跳跃式发展提供了可能，另一方面则对银行自身的创新能力提出了更高的要求，

如果银行自身没有具备创新的实力，就有可能长期处于"跟随者"的不利地位，并且时刻面临被淘汰的危险。

（4）网络银行的监管问题

互联网改变了银行的运作模式，新型的管理和运作方式使得银行的操作更人性化、更生动。银行网站可以利用多媒体等技术手段来吸引客户，同时互联网的出现也使得银行网点的存在受到威胁。同时通过网络，银行也可以掌握更多的客户信息，通过对客户信息的进一步分析，可以开发出更多的产品，同时也更有利于对客户信用进行管理。

由于网络的快速、高效，网络银行风险防范更加必要。网络的高速化提高了银行的效率，同时也加剧了系统风险的传播速度，因此除了传统银行风险防范之外，系统风险防范就更加重要，网络环境下对于操作风险、法律风险以及洗钱风险就显得较为突出；当然传统风险防范也不可忽视，也就是对于信用风险、流动性风险以及中介风险的防范。银行风险不仅会使银行失去信誉，而且有可能造成金融体系以及经济的波动。

网络的开放性使得网络银行的安全性问题更为突出，通信线路的流畅、数据的安全传输、对于黑客的防范以及对于内外部的恶意攻击都是系统安全要考虑的问题。

网络银行高效快速的同时对中央银行的银行监管也提出了更高的要求。

4.2.2　网络银行的业务功能分类

网络银行系统实现的业务可以概括如下。

（1）公共信息服务

公共信息服务包括银行简介，银行网点、ATM、特约商户介绍，银行业务、服务项目介绍，存款、贷款利率查询，外汇牌价查询，国债行情查询，各类申请资料（贷款、信用卡申请），投资、理财咨询使用说明。

（2）客户交流服务

客户交流服务包括客户意见反馈、客户投诉处理、客户投诉问题解答。

（3）账务查询服务

服务查询服务包括企业集团对公业务查询服务，支票、汇票查询，个人卡业务查询服务，个人储蓄业务查询。

（4）银行交易服务

银行交易服务包括企业集团转账业务，个人理财业务，卡转账业务，外汇交易业务，个人小额抵押贷款。

（5）代收费业务

代收费业务包括水电费、电话费等。

（6）账务管理服务

账务管理服务包括修改密码，挂失银行卡、存折，挂失支票。

4.2.3　国内外网络银行发展

自1995年全世界第一家网络银行——安全第一网络银行（Security First Network Bank，SFNB）在美国出现，立即吸引了世界各大金融机构的目光。网上银行作为一种新型的客户服务方式迅速成为国际银行界关注的焦点。网络银行开始在各发达国家迅猛发展，年均增长速度达50%以上。2002年，发达国家网上银行业务比重达到15%，2005年这一比重达到30%。在我国，继1998年招商银行率先推出网上银行业务"一卡通"服务后，中国银行、工商银行、建设银行、交通银行、光大银行等各家银行也纷纷推出网上银行业务，且发展迅速，数据显示，仅 2016 年第一季度，我国网上支付业务达104.43 亿笔，金额 657.84 万亿元，同比分别增长 46.60% 和 9.11%。

1．北美的网络银行

网络银行发源于美国。1995 年 10 月 18 日，美国诞生了第一家网上银行——安全第一网络银行，这是世界上第一家将其所有银行业务都通过 Internet 处理的开放式银行。

安全第一网络银行是一家纯网络银行，由美国几家金融机构合资成立，资产 4 000 万美元。该行的营业厅就是网页画面，网上"营业大厅"里设有账户设立、客户服务以及个人理财三个主要的服务"柜台"，此外还有提供客户查询的咨询台、行长台等。

SFNB 采取的主要营销策略有以下几种。

（1）利用客户服务代表弥补缺乏分支机构支持的缺陷，通过真实的、活生生的客户服务代表提供每周 7 天、每天 24 小时的客户支持，从而使客户感受到真实的服务。

（2）通过为客户提供免费的基本支票账户吸引客户。网上银行业务诞生之初，多数人对其安全性持怀疑态度。SFNB 向客户提供免费的基本支票账户，使客户能够在毫无风险的情况下尝试互联网银行，以此吸引更多的客户尝试网上银行业务。客户因此很容易把 SFNB 作为他们首选的金融机构，并开始参与 SFNB 提供的其他服务。

（3）通过技术手段与客户保持密切联系、为客户提供个性化服务。通过现代技术手段，SFNB 创造性地开拓了一些与客户进行联系的营销渠道。例如，在 SFNB 的 Web 站点上有一个常设栏目，为客户提供有关个人财务管理的咨询服务，如全国的不收费 ATM 的列表。另外，SFNB 的工作人员还定期给客户发送有关新功能和新产品的电子邮件通告。正是通过这些创新性的营销手段，SFNB 与客户保持着良好的联系，客户也乐意向 SFNB 反馈自己的意见和建议。因此 SFNB 可以更方便地为客户提供更具个性化的服务。

（4）让客户给服务定价。与传统银行相比，网上银行能以更低的经营成本提供更好的服务。因此，SFNB 提供的金融产品更具价格优势。SFNB 通过其 Web 站点对潜在客户进行调查，以确定收费标准，并且也更进一步地培育了与客户之间的良好关系。

SFNB 最初取得成功的关键在于充分利用了网络低成本（这家银行的银行员工只有 19 人），高速度和跨越时空的优势。4 个月时间内，客户达到 4 000 个，遍布 50 个州。每个账户平均交易额达到 25 000 美元。但由于电子商务低谷的到来，1998 年，SFNB 因巨额亏损被加拿大皇家银行金融集团收购。

加拿大皇家银行（Royal Bank of Canada，RBC）是加拿大规模最大、盈利能力最好的银行之一。1998 年，加拿大皇家银行以 2 000 万美元收购了安全第一网络银行（SFNB）除技术部门以外的所有部分，此时 SFNB 的客户已超过 1 万，而其存款余额早在 1997 年就超过了 4 亿美元，而且其网络银行业务一直处于世界领先地位。

加拿大皇家银行的战略目的，一是在于扩大其在美国金融市场的业务和份额。加拿大皇家银行以收购安全第一网络银行（SFNB）的方式步入了美国金融零售业务的市场，利用安全第一网络银行（SFNB）吸收的存款投资于加拿大的中小企业，获取收益。更重要的一点是，加拿大皇家银行利用这次收购，将业务拓展至一个新兴的、飞速发展的领域。这次收购使加拿大皇家银行立即站在了网络银行发展的最前沿，况且在美国设立一家传统型分行需要 200 万美元，而维持安全第一网络银行这样一个 10 人机构的费用要远远低于任何一家传统分行，所以完全是一次低成本、高效益兼并的典范。

在收购之后，为了吸引更多的客户，加拿大皇家银行利用自身雄厚的资金实力，在市场营销方面采取了两种策略。首先，提高了支票账户的存款利息。他们许诺最先申请网络银行账户的 10 000 名客户可以在年底之前享受 6% 的优惠利率。在信息公布后的前六个星期，账户的申请者已经达到了 6 500 人；其次，购买了超级服务器（Fat Server）。使客户可以瞬时传输电子数据和检查账户当前以及历史情况。尽管安全第一网络银行（SPNB）在被加拿大皇家银行收购后曾经连续两年亏损，但也争得了大量客户，为日后的盈利打下了基础。

目前，美国、加拿大金融机构的网上用户达到 10 万户以上的有富国银行、国民银行、花旗银行、加拿大皇家商业银行、波士顿银行、大通银行、美洲银行、多伦多道明银行、亨廷顿银行等。

富国银行于 1995 年开设网络银行业务，到 1999 年，客户即达到 62 万人，成为美国拥有网上客户最多的金融机构。客户可以查询账户、转账、支付支票、申请开户、签发旅行支票、进行外汇交易。1996 年，富国银行开始向企业提供网上付款服务，通过企业内部网，客户可以转账、查询，并将信息以电子邮件的方式发送给富国银行。

花旗银行的网上服务主要是"直接存取（Direct Access）"，免费提供账单、划转资金、股票报价等服务。它建立了独立的电子花旗（E-Citi），拥有独立的品牌、独立的经营目标，甚至可以与传统银行自身展开竞争。

2．欧洲的网上银行

由于电子计算机和网络的普及时间较早、普及程度较高，因此网上银行在北欧甚为流行。到 1999 年底，全欧洲就有 2 000 多家金融机构开设了网络银行业务，其中 2/3 提供网上交易服务。德国、英国、法国以及北欧银行的网上银行发展比较快。

据估计，在北欧大约有 1/4 的人口使用这项服务。法国经济合作与发展组织的相关负责人威廉·威瑟雷尔援引一份研究报告表示，在电子银行领域，芬兰、瑞典和挪威居于世界领先地位，丹麦则位居第四位。他认为在互联网最为发达的那些经济体中，企业已经接受了网上财经，并将其作为处理业务的渠道。由于 PC 普及率最高和电子银行技术在欧洲最先进，西欧一些国家，如德国、英国等，互联网银行服务用户最多，而意大利电子银行市场成为增长速度最快的地区。2004～2009 年，西欧各种类型电子支付交易复合增长率高达 21.6%。

欧洲电子银行的兴盛有其一定的原因，除了技术普及度外，一些政策、法规的规范作用也不容小觑。有关的技术标准有：欧洲电子银行标准框架（EEBSF TR601V1 2001）、欧洲电子银行标准 TR600（v1.0 1999）、欧洲银行安全审计指引（ECBS TR401 2001）。欧洲电子银行标准委员会（ECBC，European Committee for Banking Standards）在 2001 年制定了一个"欧洲电子银行标准框架报告（European Electronic Banking Standards Framework，EEBSF）TR601V1 2001"，其目的是为欧洲电子银行标准编写业务需求，推广设定一个电子银行标准的框架来满足的最低需求水平。框架表示了欧洲电子银行标准应当满足的需求，但它并不一定是每一个独立的银行所必需的。EEBSF 是一个依赖相关市场的国内标准汇合的框架。

卢森堡储蓄银行于 1856 年建立，在卢森堡属于中等银行。1999 年 4 月开始开发网上银行项目，10 月对外公布网上银行，到目前为止有 18 000 个网上客户。如果客户需要与银行签订协议，在网上可以预签。客户可以有多个合同号，通过合同号管理不同的账号；可以查询账户，进行国内和国际转账业务、证券交易、电子信箱加密；使用 JAVA 技术，防止黑客进入。

荷兰银行的网上银行特色：一是通过客户关系管理系统来提供服务；二是可以提供 B2B、B2C 的服务；三是通过 VISA 采购卡在网上做中小企业的采购服务。荷兰银行香港分行开办网上理财服务，客户可以查询账户、转账、开立储蓄账户以及往来账户，在网上可以开定期账户、申领支票和对账单、与客户服务中心直接联系。

（1）德国电子银行发展概况

在德国国内，有两种不同形式的电子银行，它们是传统银行下设的电子银行与完全独立的直接银行。前者在提供传统银行服务的同时推出网上银行系统，形成营业网点、ATM 机、POS 机、电话银行、网上银行的综合服务体系的特点，而后者有机构少、人员精，采用电话、Internet 等高科技服务手段与客户建立密切的联系，提供全方位的金融服务的特点。

由于德国实行"全能银行制"，因此大部分传统银行都建立了网上交易平台。客户在网络银行开设的个人账户，不仅可以用于存取款，还可以直接用于买卖股票等金融证券，进行在线投资。如今网络银行已成为德国传统银行中的重要组成部分。

随着电子银行的发展与德国网络普及度的不断提高，德国出现了上百家纯粹的网络银行，并且已具有相当的市场竞争力。这种新型的"直接银行"费用低廉、使用便捷，正成为德国个人理财的"网上直通车"。

如德国的 Entrium 银行，控制德国直接银行界 30% 的存款和 39% 的消费贷款，却没有分支机构，员工共计 370 人，依靠电话和互联网开拓市场、提供服务。370 人服务 77 万客户，人均资产达 1 000 万美元，大大高于亚洲的领先银行水平。

德国最大的网络银行国际集团旗下的 ING-DiBa 没有分支机构，完全依靠网络和电话开拓市场、提供服务。在德国数千家银行的排名中，ING-DiBa 排到第 27 位，规模超过了大多数传统银行。ING-DiBa 的这种运营方式也被称作直销银行。

电子银行在德国的发展状况非常好，业务占总体银行业务比重不断上升，已占到 25% 以上，越来越多的人用电子银行来完成自己的业务。

在 1998 年至 2003 年间，德国各种银行卡的数量增加了 18%，使用信用卡的交易笔数在此期间增长了 89.5%，交易额增长 86.6%。

德国现金卡公司推出的电子现金卡，在总人口 8 000 多万的德国发行量超过了 6 800 万张，它们主要用于网上交易。

德国是欧洲网络覆盖率最高的国家之一，2007 年网络用户达到 4 800 万人，占人口的 59%。这为电子银行的发展奠定了良好的基础。

随着监管力度的加强，德国的用卡环境也趋于完善。自 2008 年 1 月 1 日起，德国所有的网络银行将执行统一的技术标准 EBICS，保障所有网络传输交易信号的安全。德国联邦内务部专门设有一个特种工作组，直接介入针对网络银行的犯罪监控，联邦刑警局全天候监控可疑线索，对罪犯进行严厉的刑事惩罚。

德意志银行是一家全能银行，在世界范围内从事商业银行的投资银行业务，对象是个人、公司、政府和公共机构。它是德国最大的银行和世界上最主要的金融机构之一，并且在 2007 年度《财富》全球最大五百家公司排名中名列第三十五。

德意志银行始终保持着技术上的先进性，他们利用最新网络技术建立的电子银行业务系统提供了良好的技术保障。在近期，德意志银行携手全球最大的商业软件解决方案供应商 SAP，一起展示德意志银行的尖端电子银行平台 db-direct Internet。它为公司和金融机构从世界上任何地点获得银行所提供的现金管理、外汇及交易融资服务提供了必要的平台。借助德意志银行的综合解决方案，客户将受益于高效的支付和收款流程。

德意志银行用最先进的技术保证了最小化的纸上作业（顾客）或者手工作业（员工）。使过程流水化，让顾客能方便快捷安全地办理业务，让顾客与银行间进行高效的信息传递，并提供了最有效的安全保障。

窗口模式：在 ATM 机、POS 机等电子化设施用电子银行办理业务。浏览器模式：无须使用特殊的电子设施，也无须 IT 维护，运用网络通道进行业务办理。点对点模式：直接联系后台系统，有专人服务。

德意志银行的电子银行有三大优势，它们分别是种类繁多的金融产品、高效的安全防范、先进的企业资源综合管理系统

可供选择的金融产品中包括了支付产品、托收产品、会计信息、提供通知服务、现金集中、存款、贷款、外汇兑换、网络服务、贸易融资、资金保管、ERP 界面和文件上传。

提供的安全保障有资料的保密，资料的保护，登录时的身份认证，安全存储密匙，保证业务连续性，不间断检测。在业务的办理上，银行将通过几个方面保证用户账户的安全。首先，客户需要通过用户名和密码登录，这是最基本的。其次，德意志银行有四种辅助设备帮助客户登录，如果用户名和密码被盗，没有这些辅助设备，也无法进入电子银行系统。最后，如果客户要把钱从账户划走，一个人是无法完成这个过程的，需要有另一个人授权。此外，公司中的每一个人有不同的职责，如果一个员工没有得到权限，就只能看账户余额而不能付款，或者只能付款却没有授权，即使是授权，也分为很多级别。

由于市场上的直接银行越来越多，在市场上占比越来越大，德意志银行电子银行业务面临的挑战也将越来越大。因此德意志银行更加重视其网上银行的发展，并且自 2000 年起，每年为网上银行业务投资 10 亿欧元，加大网上银行的建设。

德意志银行有专业的市场部门，它们的存在可以保证德意志银行能正确地把握市场的概况和对市场的发展趋势有较为准确的分析。他们现在采取的是数据库策略，就是以数据库为平台来开展业务，这种平台可以让所有金融产品在上面运作，并且有安全性高，低成本，可以不断扩张的特点，它还支持全球、各地区、国内的客户和产品的各种需求。随着市场的变化它们开始逐步向运用企业资源综合管理系统，提供客户平台与不断增加增值服务的趋势改革。它们力求不断让自己的创新能力稳步提高，并以客户及市场的需求来作为改革的基础。

德意志银行采取的是专业的销售团队、特定服务和在线支持三位一体的市场策略。这让他们可以提供更人性化的服务、更加及时的技术支持、更优质的服务，这让他们得到了市场上的成功与顾客的信赖。

德意志银行管理控制大体的步骤是先在后台监控，发现问题；问卷调查此问题的普遍状况，讨论达成一致，开始系统建设和培训。

（2）英国电子银行发展

英国是一个金融大国，其金融服务业受传统服务模式的影响比较大。但随着全球金融业兼并风潮迭起和电子金融服务的日趋完善，隔着柜台进行交易的传统服务模式正面临着巨大冲击，英国的金融业、尤其是银行业正经历着一场服务方式的变革，即从"面对面"交易发展成为通过互联网进行在线交易。网络发展给英国银行业带来空前影响。一方面，随着网络技术的广泛应用，银行实现了低成本条件下的高效运作。另一方面，银行也面临着新的压力和挑战。由于网上顾客快速增加，光临银行的顾客大量减少。因此，银行改变经营模式是大势所趋。

目前，由于经营成本上升，许多大银行纷纷关闭部分分行，以减少损失。1988 年，西敏斯银行将 3 086 个分行减至 1 700 多个，米德兰银行则由 1988 年的 2 090 个降至 1 600 多个，巴克莱银行更是在一天之内关闭了 171 个英格兰及威尔士农村地区分行。

以下以英国巴克莱银行为例，来描述电子银行在英国的发展。

巴克莱银行是世界上最大的全球性金融服务公司之一，致力提供商业银行、投资银行和投资管理

服务。巴克莱银行营运范围覆盖全球 60 多个国家和地区，在全球范围内为超过 2 500 万客户提供业内领先的服务，拥有 100 000 多名雇员。拥有超过 300 年历史和专业银行知识，巴克莱银行的主要业务集中于以下 6 个方面。

① 英国银行业务，为超过 1 400 万名个人顾客和 76.2 万家公司提供银行产品和服务。

② 巴克莱信用卡，是最大的全球信用卡发行公司之一，在全世界拥有大约 1 500 万名用户。

③ 巴克莱资本，是全球领先的投资银行，为大型公司、机构和政府客户提供融资和风险管理解决方案。

④ 巴克莱全球投资者有限公司，是世界上最大的资产经营者之一，也是领先的投资管理产品和服务供应商。

⑤ 巴克莱财富管理公司，管理着超过 740 亿英镑的客户基金。

⑥ 国际零售和商业银行业务，为遍及加勒比海、法国、西班牙、葡萄牙、意大利、非洲和中东的公司客户提供一系列银行服务。

巴克莱自 1998 年以来一直是 SAP 客户，采用 SAP 作为技术平台。巴克莱最初选择 SAP 是为了替换财务系统。银行之前多个业务部门同时运行着 13 个不同的总账系统。各总账系统导致了不同业务单元缺乏统一的信息决策支持和系统集成，也无法满足千年虫、新欧元、组织机构变更和成本控制等需求。银行先针对几个业务单元进行了试点——信用卡部、消费信贷部和寿险部，首先在这些部门实施 SAP 财务系统，并建立了一个全集团统一的会计科目表。随着实施的继续，巴克莱改变了策略。最初的 SAP 项目组只有少数成员，5 年后迅速壮大，内部有 150 多名 SAP 专家，成立了 SAP 内部客户能力中心（CCC），致力于满足巴克莱 SAP 系统的运行维护和项目需求。到 2000 年年底，全集团已有 80% 的机构运行在 SAP 平台上。

网点工作人员有 60% 的时间都是用在账户管理和基本的账户操作上，因为客户只有在柜台上才能完成这些交易。或许客户就是喜欢由人工处理这些基本业务，现金业务柜台前常常排起长队，而那些希望获得金融理财意见的客户却因为等不及走开了。实际上，金融理财客户是银行目前收入来源的重头戏。因此，对于银行来说，如何使用电子银行来有效分流基础账户服务的客户，这是个问题。德利多富为巴克莱银行量身定做的 Kiosk 方案可以有效解决这个问题。

信息亭（Kiosk）是一种具有自助查询或交易功能的电子自助服务终端，有可能成为网络银行与物理网点这两种主渠道的黏合剂，引发银行渠道的全面整合和优化。

对于客户而言，Kiosk 提供相当有价值的增值服务吸引客户使用电子银行。客户不仅可以通过设备进行自助交易查询、票据打印等，更具有吸引力的在于，经过个性化设计的 Kiosk，还具备自动分发、打印、读取信息、识别身份等功能，因此顾客可以在设备上选择并购买金融储值卡、充值卡、文化活动的门票，航空机票、彩票等，顾客甚至可以在设备上冲印照片等。而从银行角度看，Kiosk 使得电子银行得到充分利用，不仅达到有效分流柜台客户和降低经营成本的效果，还可以使银行在自助服务区推行包括非银行服务在内的全新的中间业务（在我国，某些中间业务可能需要监管当局批准）。这些增值的非银行业务，不仅将重塑银行形象，还将吸引越来越多的客户不过分远离银行网点。

Kiosk 和 ATM 等终端设备一起，为巴克莱银行的客户提供了安全、便捷的账户管理自助方式，使得巴克莱银行工作人员可以腾出时间，从事附加值更高的理财咨询服务和其他客户服务。同时，此方案也为巴克莱银行创造了间接收益：每笔在 Kiosk 上自助处理的业务的银行成本仅为几分钱，而由人工处理每笔账户交易的成本却高达 1 欧元。自从 Kiosk 设备投入以来，使用率呈几何级数增长，巴克莱银行客户的满意程度也大幅提高。Kiosk 极大地增强了巴克莱银行的竞争优势。

随着网络技术的运用与发展，近年来，巴克雷银行不断采用电话银行和网上银行等全新服务形式，为顾客提供快捷、便利、透明、安全的银行服务。目前巴克雷拥有电话银行顾客超过 120 万个，网上账户数倍增长。新服务形式打破时空限制，使顾客无须亲临银行便可处理存款、结算等事宜成为可能。

（3）瑞典电子银行发展

瑞典是公认的世界信息技术最发达的国家之一。新经济和信息社会使得瑞典保持了强劲的经济增长势头，金融领域的发展最为迅速。

瑞典银行业始终在利用信息技术提高效率、利润和服务水平，并堪称世界先驱，1999 年，IBM 和英特伯兰德（Interbrand）两家公司按 100 项指标进行的全球网上银行业务调查表明，瑞典银行在开办网上银行和电子商务方面，在欧洲各银行中名列第一，瑞典银行业最先向全国开通网上客户服务，业务内容从提现终端到在线账户信息查询乃至转账交易。瑞典消费者很早就接受了网上银行，瑞典网上银行客户在急剧增加，根据瑞典银行协会（Swedish Banker's Association）的报告，瑞典银行客户 41% 在使用网上银行服务，无论是客户量还是用户比率均高居欧洲榜首，此外，瑞典有几家银行被认为是世界上最好的网上银行。

瑞典银行是欧洲开办网上银行业务最好的银行之一。瑞典银行的前身是成立于 1942 年的瑞典储蓄银行，1997 年 11 月 24 日，该行兼并了 Foerening banken AB 后改名为瑞典银行。瑞典银行是北欧国家最大的商业银行之一，总资产达 7 200 亿瑞典克朗，一级资本约 330 亿瑞典克朗，拥有员工 17 000 人，拥有 139 个本地储蓄机构和 695 个分支行。

瑞典银行的主要客户包括私人客户、本地公司、市政团体、州（县）议会及大量的企业等，个人客户数量约为 440 万，公司客户约为 23 万。银行集团的主要业务是储蓄存款、投资、住房按揭、融资及转账服务，住房贷款和存款两项业务占据了整个瑞典 1/3 的同业市场份额。

瑞典银行为减少自身的营运成本、提高服务质量和增强市场竞争力，十分重视电子银行业务的开发。该行根据世界最新技术发展动态，不断推出技术含量高的金融服务产品，在新技术的应用方面走在了本国同业的前列，创造了新技术应用领域的多项第一。1985 年，瑞典银行首家向本行客户推出了电话银行业务，目前拥有电话银行客户 130 万，而且这一客户群体还在不断地扩大，平均每周新增客户 5 000～6 000 名。1996 年瑞典银行首家向客户推出了网上银行业务，同年首家向客户推出了网上证券交易业务，其中 19.5% 的证券交易是通过网上交易系统进行的。该系统为瑞典银行带来的营业收入占瑞典银行总收入的 5%，创造了良好的经济效益，目前已发展成为北欧最大的网上证券交易系统。1997 年，首家向客户推出了网上电子对账单服务业务。1999 年，首家向客户推出了基于 WAP 技术的移动网上银行和 IP 电话银行服务业务；在瑞典首家推出了一对一个人化的网上银行服务业务；2000 年伊始，公司领导层制定了加快新技术应用的 8 项举措，以期继续保持该行在新技术应用领域的领先地位，并进一步扩大市场份额，减少营运成本，提高经济效益。

瑞典银行在网页设计上力求精益求精，最大限度地满足客户需求。目前瑞典银行的网页是北欧客户访问最多的网页。瑞典银行的管理者们认识到，将网上银行和电子商务画面及菜单设计得大而全并且操作步骤繁杂不会收到良好的效果，相反会给网上银行和电子商务业务的开展带来负面影响。为使客户更容易、更方便地实现网上购物和办理网上银行业务，该行在网页设计上力求层次分明、通用性强、结构简单和布局合理，尽量用最简单的画面和操作让客户完成各种交易。瑞典银行的网页和网上银行业务的总体设计已获得多个奖项，1999 年被评为欧洲最佳银行网站。

瑞典银行开展电子商务和网上银行业务以来，虚心听取各方面的意见和建议，不断改进和完善网上银行和电子商务的各项功能。为方便客户熟悉网上购物和网上银行的操作规程，该行在网上专门为客户提供了网上银行和电子商务综合演示功能，客户利用联机服务功能可直接观看操作过程演示，极大地方便了客户，受到了广大客户的欢迎。

为确保系统安全可靠地运作，瑞典银行专门设计了远程自动跟踪系统，以监控和保障网站安全可靠地运行。网上银行和电子商务的整体技术方案先进，并通过向同业提供技术而收回部分投资成本。

瑞典银行积极推动网上银行的品牌塑造和宣传，确立在数字市场的领先地位，同时与世界著名品牌的网站合作，进一步扩大自身的影响力，争取更大的业务发展空间。在品牌塑造上，该行将新技术应用的发展战略始终放在首位。他们结合当今世界上最新技术发展动态，紧紧围绕客户和市场，不断将新技术引入到银行的金融产品之中，为客户提供高科技含量的金融服务，焕发品牌的活力和生命力，使客户深刻认识到这家银行采用的服务手段是一流的，为客户提供的服务是一流的，品牌知名度是最高的。

（4）法国电子银行发展概况

法国提供网上业务的银行众多，但真正利用网上银行进行交易的法国人不多。在法国，多数情况下，用户只是利用网上银行向自己的账户经理咨询业务，或者查看银行对账单等。

法国人不愿利用网络进行转付款原因很多，使用习惯和网络安全是主要的两个因素。在密码保护方面，网上银行仍有待提高。例如，法国网上银行在邮寄密码时，很少使用加密信件或要求收件人签名的挂号信。

法国网上银行发展缓慢还有一个重要原因，就是银行柜台业务压力不大。在法国银行开户的用户都会有一个账户经理，在办理业务之前，用户可通过电话或电子邮件与账户经理充分沟通。对于有些业务，用户通过电话直接向账户经理发出指令即可。

法国 CALYON 银行，为法国农业信贷银行集团的全资银行之一，主要提供公司银行和投资银行业务的服务。该银行在公司银行和投资银行方面主要运用电子银行交易，占其总交易的 99%。这就是我们选其为代表的原因。

2004 年 4 月 30 日，法农贷集团控股的东方汇理银行及里昂信贷银行的公司银行部和投资银行部合并，成立了一家专注于公司银行和投资银行业务的新银行——CALYON 银行。合并后的 CALYON 银行，总资产为 3 200 亿欧元，一级资本金 107 亿欧元，一级资本充足率 8.5%，外部信用评级为：Aa2（穆迪）/AA-（标准普尔）/AA（费奇）。根据 2003 年末法农贷集团财务报表，CALYON 银行纯利润为 5.52 亿欧元，占整个集团纯利润的 23%。

CALYON 银行现有客户 6 000 余个，主要是一些国际化的跨国集团和年营业额在 5 亿欧元以上的大公司、大机构，如家乐福、法国电信等。CALYON 银行现有员工近 20 000 人，在全球 60 个国家设有 250 余个分支机构。

该行以职能划分为基础、构造内部组织框架、内部组织框架呈条（线）、块矩阵式结构。根据市场创利性质的基本职能差异，将银行内部组织分为前台业务部门、后台支撑部门两条基本线。

CALYON 电子银行业务主要包括以下内容。

① 现金管理服务。

为使客户资金流动更合理、财务监控更易实现、资金的流动率和使用效率更加提高，CALYON 银行将已有的收付款、账户管理、信息和咨询服务、投融资等金融产品和服务整体打包，为不同类型的客户提供了符合其个性需求的具有自己专利权的现金管理产品——Optim 系列产品。

客户使用 Optim 系列产品，可以查询分户账和可用账户余额，浏览、管理所有的支付款、转账交易、现金池及其他资金收付情况，客户还可以使用该产品的上传功能，在线安全地查询、传输和校验与进出口贸易有关的信用证、汇票、各种银行抵押证券及保函等。

② 国际贸易服务。

CALYON 银行还为客户提供了全面的国际贸易在线理财服务，并不断加强该服务的安全性。这些服务的目标群体是进出口公司，通过 Optim 系列产品和 Bolero Advise 多银行解决方案来实现，客户可以在全球范围内实时管理跟单信用证和汇票（Bolero 是国际上一个为在国际贸易市场上买卖双方和银行间提供安全无纸交易平台的中介组织）。

③ 代理业务。

代理业务包括 Transfact 和 Eurofactor。

Transfact 产品采用先进的技术手段为客户提供全方位的解决方案，涉及理财、管理、信用担保、债务追偿、审计、顾问服务和商业信息等各个方面。

Eurofactor 帮助法国国内和国际客户管理贸易应收账款，在客户业务发展的每一个阶段提供合适的、有创意的解决方案。Eurofactor 提供三种主要的服务：根据客户需求，在 24 小时内提供最高达 100% 的贸易应收账款融资业务；管理贸易应收账款，Eurofactor 既满足了客户的融资需求，又能很好地维护客户与供应商之间的关系；预防损失服务，主要从分析客户基本情况和诚信度来预防损失，这项服务还包括支付保证，亦即为客户的损失提供赔偿保证。

④ 租赁服务。

Ucabail、Lixxbail 和 Credit Bail Immobilier de France（CBIF），是 CALYON 旗下三个专业化的租赁公司，它们为客户提供各种各样的租赁融资电子银行产品。

Ucabail 公司有专门的团队从事不动产租赁、IT 设备租赁和公共基础设施租赁融资业务。

Lixxbail 专门为公司和小业主提供重要货物的租赁融资，在法国有 33 个分支机构。

Credit Bail Immobilier France 提供全额不动产（土地、建筑物等）融资解决方案，并对所有公司开放。

⑤ 外汇交易。

CALYON 银行为客户外汇交易和货币市场交易提供了两种可靠、安全、低成本的电子银行产品：CALYON Forex、FXall。

CALYON Forex 是 CALYON 银行资本市场部提供的基于 Web 浏览器方式的外汇交易信息和操作的解决方案。

FXall 是针对公司客户资金计划部门、资产管理人员、保值基金、中央银行和其他机构客户而设计的外汇电子交易平台。作为最活跃的外汇电子交易平台，FXall 整合了超过 45 家银行的外汇交易系统，具有空前的变现能力，其报价透明而又准确，响应速度快，并和大多数银行系统和财务管理系统实现了无缝连接。

⑥ 投资银行业务。

OLIS（在线投资服务）和 OLIS-iod@是为满足机构投资者的需求而设计的电子银行产品。OLIS-iod@面向巴黎客户，OLIS 面向卢森堡、比利时和爱尔兰的客户。

CALYON 银行电子银行业务的开展情况，基本上代表着西方现代商业银行，特别是欧洲商业银行电子银行业务发展的方向。

科技基础奠定网络化意识。欧洲发达国家目前正以信息空间"新圈地运动"的方式抢占市场的份额，争夺电子银行网络技术的领先权。

欧洲发达国家无论从人力资源的基础方面，还是从人力资源的配置方面，管理都较为科学，机制比较完善，因此造就了相当数量的智能型人才，不仅质量高，而且比例大。

随着电子银行网络的迅速延伸和功能的不断扩展，传统的银行机构设置模式将无法满足客户综合服务的各种需求。早在 20 世纪 90 年代末期，CALYON 银行的前身——东方汇理银行就开始改变"金字塔"型的机构层次模型，采用扁平化管理，支持"团队作战"，以服务及营销渠道、银行的核心产品与支持服务、管理三个层次划分组织结构，减少条块分割和管理层次。

传统银行受金融管制的约束，只能从事吸收存款、发放贷款、办理结算三大块传统银行业务，实行分业经营原则。在此条件下，CALYON 银行和法国其他银行一样，以电子银行为手段大力开拓新的业务领域，如现金管理、外汇交易、投资银行、证券买卖、保险、咨询服务、信息服务等。CALYON 银行这种混业经营，使其业务发展走向多元化、综合化甚至全能化，同时在法国经济中的地位和作用也将日渐提高，规模不断壮大，服务日益完善，最终成为"金融百货公司"和全能银行。

传统商业银行盈利的主要部分在于利差收入，它取决于利率的水平、资产负债的规模以及资产负债的结构。而现代银行均把盈利的重点转向关注客户、开拓市场、风险控制和经营成本的下降以及员工素质的提高。

交易模式更为"人性化"和"个性化"。由于经济形势和经济结构的变化，要求银行的经营观念随之改变。西欧等发达国家银行经营的中间业务量较大，且增长趋势明显，中间业务收入较高。CALYON 银行的中间业务收入来自于为客户理财的手续费，占总收入的 40%～50%。欧洲国家商业银行已发展到了以服务为中心。

3．亚太地区的网上银行

在亚太地区，网络银行在日本、澳大利亚、新加坡以及我国发展比较迅猛。

日本富士银行推出的第一家网络银行已经运作多年，向客户提供现金卡网上购物、账户转账等业务。樱花银行、住友银行也投入巨资推出网上银行服务。澳大利亚的大银行开始进行基于 SET 协议的网络银行支付测试，并在金融机构中全面推广通用电子交易标准的应用。自新加坡发展银行 1998 年 10 月推出网络银行服务以来，其国内已有 6 家银行提供网上服务，使用统一的基于 SET 协议的电子交易平台。我国台湾地区已有 20 多家银行陆续上网，提供的虚拟金融服务品种有在线转账、查询账户、广告形象、业务说明等。

我国香港东亚银行是香港最大的港资银行，东亚银行 1999 年 9 月推出东亚电子网络银行服务，通过互联网、手机、电话中心、多媒体等电子手段，向客户提供全面的银行服务。一是流动电话理财，可以进行查询账户余额、转账（包括向其他银行转账）、定期存款、住房按揭、个人贷款、旅游保险、外汇买卖、公积金、缴费、信用卡、股票买卖、对账单等银行交易。二是面面通电话理财，利用分布在香港的 700 部多媒体收费电话，为没有个人电脑和手机的客户提供上网服务。三是网上购物，在网上使用虚拟信用卡进行消费。

4．我国网上银行发展现状

与国外发达国家和地区相比，我国内地的网络银行起步较晚，但近年来发展迅猛。随着近年来我国经济发展的不断加快，以及网络技术的发展，中国网上银行交易额大幅上升，交易规模也不断扩大，其中开展网上银行业务的金融机构数量也在持续增长。

从 1998 年招商银行一家独自试水网上银行业务，到如今中国银行、中国工商银行、交通银行、兴业银行等银行均开展网上银行业务，我国银行网上业务的开展愈加激烈成熟，业务量不断增加。

（1）工商银行网上银行简介[①]

20 世纪 90 年代，工商银行就在全国率先推出了 95588 电话银行服务，并成功树立了工商银行 95588 电话银行的良好服务形象。工商银行网上银行自 2000 年 2 月推出以来，一直呈几何级数发展。

---

① 引自工商银行网站：www.icbc.com.cn。

以网上银行为核心的工商银行电子银行不仅在国内取得了极大的成功，而且赢得了国际银行界的认可和尊重。2002 年工商银行网上银行在国际上声誉鹊起，美国《环球金融》（Global Finance）杂志首次按国家和地区评选最佳网上银行，就将"中国最佳企业网上银行"的奖项（Best Corporate/Institutional Internet Bank of China）颁给中国工商银行；《银行家》（The Banker）也将 2002 年度唯一一个关于商业银行网站的大奖——"全球最佳银行网站"（Best Bank Website）颁给中国工商银行网站（http：//www.icbc.com.cn），这不仅是国内商业银行，也是发展中国家的商业银行网站首次在国际上获得此项殊荣。2003 年，在美国《环球金融》（Global Finance）杂志最佳网上银行的评选中，中国工商银行又荣获中国"最佳个人网上银行"奖项，再一次肯定了中国工商银行电子银行的成功发展，同时也确立了中国工商银行电子银行国内领先、达到国际先进水平的地位。

为了突出中国工商银行高品质电子银行服务的形象，体现电子服务渠道的共同特征，中国工商银行于 2002 年 5 月在国内率先推出了电子银行品牌——"金融 e 通道"，并陆续推出了"金融 e 通道"的系列子品牌：95588 电话银行、金融 e 家个人网上银行、理财 e 站通企业网上银行。

2015 年依托平台的建设和互联网金融营销服务的新机制，融资、支付、投资理财产品线实现快速发展。

- 融 e 购。业务领域涵盖 B2C、B2B 和 B2G（企业与政府采购电商平台），所提供的商品和服务涵盖日常消费品、金融产品、地产、旅游、汽车、教育、集中采购等领域。2015 年，融 e 购平台全年累计实现交易额超过 8 000 亿元，注册客户超过 3 000 万户。

- 融 e 联。以建设成为银行与客户、银行内部、客户之间的即时信息交互、业务咨询、沟通分享的互动平台为目标，构筑社交化金融、互动式营销的金融服务新模式。2015 年积极推进融 e 联功能完善、平台应用和组织机构建设，推动内部推广和社会化营销。

- 融 e 行。全力推进融 e 行开放式网络银行建设，突出开放化、智能化、个性化理念，实现融 e 行品牌、功能和服务的全面升级。2015 年，融 e 行移动端客户达到 1.9 亿户。

- 融资产品线。2015 年末，网络融资余额超过 5 000 亿元。基于客户线上线下直接消费的信用贷款产品"逸贷"客户数已达到 450 万户，余额突破 2 100 亿元。契合小微企业"短频急"融资需求的互联网贷款产品"网贷通"，年累计发放 3 400 亿元。推广个人自助质押贷款，年累计发放 1 335 亿元。成立个人信用消费金融中心，开展无抵押、无担保、纯信用、全线上的个人消费信贷业务。

- 支付产品线。以小额、便捷为特色的"工银 e 支付"客户数同比增长超过 1 倍，全年实现交易额超过 2 100 亿元。线上 POS 收银台产品商户数超万户，交易金额超千亿元。

- 投资理财产品线。上线"工银 e 投资"移动端，成为面向个人投资者的投资交易平台，涵盖账户贵金属、账户原油等多个种类，2015 年交易金额超过 3 300 亿元。

（2）建设银行①

中国建设银行网上银行为个人客户和企业客户提供了基于互联网的银行服务。建设银行于 1999 年推出网上银行服务，网上银行网址为 www.ccb.cn，该项服务推出伊始就以先进、安全、方便、快捷、实用等独有特色获得广大客户的喜爱，并为客户提供了优质的银行服务。

建设银行立足"以人为本"，从提高客户满意度的服务宗旨出发，不断创新网上银行的产品功能，2002 年 10 月隆重推出精心打造的网上银行全新升级版，新版本的网上银行个人客户服务系统不但在查询、转账、缴费、网上购物等基本功能方面进行了优化，还新开通了速汇通、一卡通、债券基金等方面的特色服务；网上银行企业客户服务系统对原有的账务查询、转账服务功能进行了优化，新

---

① 引自建设银行网站：www.ccb.cn。

增 e 票通（即网上票据结算）、代发代扣、B2B 网上支付、国际结算、集团理财等特色服务。建设银行向个人客户提供方便、快捷、安全的电子银行服务，客户无须到银行网点，可直接通过电脑、手机、电话、电视、ATM 等电子渠道获得金融服务。

建设银行个人客户电子银行服务包含个人网上银行、手机银行、电话银行、短信金融服务、家居银行、国际互联网网站、善融商务、ATM 等业务。

个人网上银行包含专业版、大众版、便捷支付版和网站查询服务。

手机银行包含 Wap 版和客户端版（iPhone 版、Android 版），适用移动、联通、电信三大移动运营商手机用户，支持目前市场上绝大部分手机机型。

建设银行为个人客户提供的电子银行服务包括账户查询、转账汇款、缴费支付、个人贷款、投资理财、信用卡、善融商务等百余项业务。

（3）招商银行[①]

1995 年 7 月 3 日，招商银行在深圳发行了"一卡通"银行借记卡。这一张印有金色葵花在蓝色的天空灿烂开放图案的小卡片，凝结着招行人的智慧和汗水。作为高科技含量的理财工具，"一卡通"集多币种、多储种存折、存单于一身，并且使用安全、简便、高效。"一卡通"使传统的、单纯的个人储蓄向创新的、综合的个人理财转变，被誉为"中国储蓄业务领域的革命性产品""中国金融电子化中的一座里程碑"。"一卡通"自推出以来，顺应了中国人的消费心理，深得客户的喜爱，迅速打开并赢得市场，其品牌形象为越来越多的客户所认同，面世以后发行量高速增长。招商银行在全国范围内多次开展立体式市场营销活动，把"一卡通"品牌形象深深地植入消费者心中。

招商银行诞生以来，开创了中国银行业的数十个第一：创新推出了具有里程碑意义的、境内第一个基于客户号管理的借记卡——"一卡通"，首个真正意义上的网上银行——"一网通"，第一张国际标准双币信用卡，首个面向高端客户的理财产品——"金葵花理财"，并在境内银行业率先推出了离岸业务、买方信贷、国内信用证业务、企业年金业务、现金管理业务、银关通业务、公司理财与网上承兑汇票业务等。近年来，招行又确立了"内建平台、外接流量、流量经营"的互联网金融发展策略，率先推出闪电贷、刷脸取款、"一闪通"支付等创新服务，按照"手机优先"战略，迭代创新手机银行和掌上生活 App，抢占移动互联网时代新高地。多年来，招商银行品牌形象得到了社会各界的广泛认可，相当一部分业务领域已成为国内商业银行的标杆，连续多年获得境内外权威媒体评选的"中国最佳零售银行""中国最佳私人银行""中国最佳现金管理银行"等殊荣。

4.3 电子商务在线支付

电子支付是电子商务中的一个极为重要的关键性的组成部分，是电子商务运作的基础。电子商务较之传统商务的优越性，成为吸引越来越多的商家和个人上网购物和消费的原动力。然而，如何通过电子支付安全地完成整个交易过程，是人们在选择网上交易时所必须面对的而且是首先要考虑的问题。

电子支付主要通过四种形式实现：① 对于银行账户的贷记/借记（电子转账等），这类方式也称作通道支付或网关支付，包括在线卡基支付工具类，如信用卡、借记卡、预付卡等；和电子支票类，如电子支票、电子汇款（EFT）、电子划款等；② 通过终端设备（如连接到计算机的刷卡器或手机）进行支付；③ 对于某个网站上电子账户的贷记/借记（虚拟货币），这种支付方式也被称作虚拟账户支付；④ 电子货币支付。这些方式各有自己的特点和运作模式，适用于不同的交易过程。

电子支付系统可以分为大额支付系统和小额支付系统，对于 B2B 交易，通常属于大额电子支付交易，主要采取第一种形式，即对银行账户的借记和贷记完成支付；对于 B2C、C2C 等小额电子商务交易，上面四种形式都可以采用。

消费者向商家发出购物请求标志着一次电子商务交易过程的开始，交易过程如图 4-4 所示。

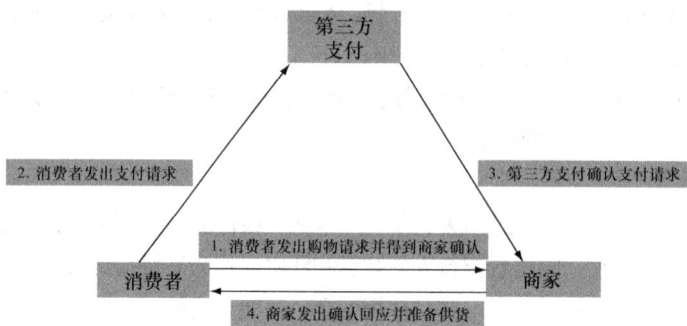

图 4-4　电子商务中的交易过程

（1）消费者选择商品，并构建订单，商家获得消费者的购物请求并进行订单确认。

（2）消费者接到商家的订单确认信息后，向第三方支付发出支付指令。

（3）第三方支付通过支付确认操作，向商家发出支付确认信息。

（4）商家收到支付确认信息，并准备发货。

4.3.1　虚拟账户支付

虚拟账户支付模式，需要交易双方首先在电子商务平台或第三方支付机构交易平台上开立虚拟账户，然后通过虚拟账户进行支付结算。虚拟账户交易支付流程如图 4-5 所示。

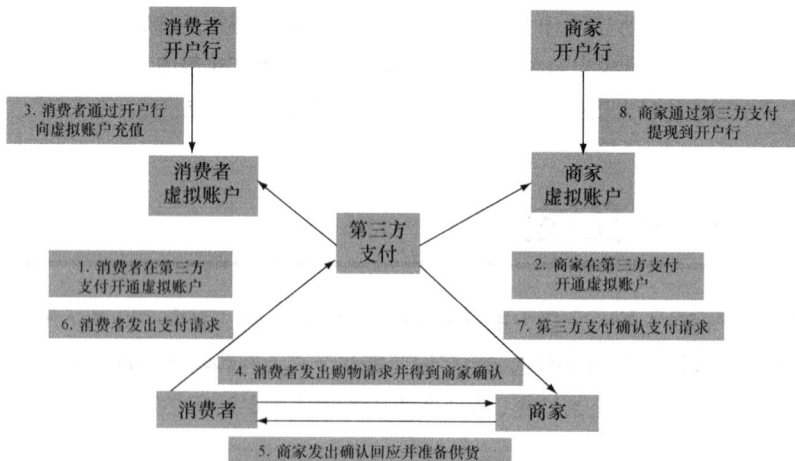

图 4-5　虚拟账户交易支付流程

虚拟账户支付流程可分为交易支付流程和转账支付流程。虚拟账户模式交易支付流程如下。

（1）消费者和商家需要在第三方支付机构开立虚拟账户。

（2）消费者需要通过自己的开户银行向虚拟账户内充值。

（3）消费者选择商品，并构建订单，商家获得消费者的购物请求并进行订单确认。

（4）消费者接到商家的订单确认信息后，向第三方支付发出支付指令。

（5）第三方支付接收到消费者的支付指令后进行处理，对虚拟账户进行安全检验，例如密码认证、指纹认证等，然后对虚拟账户资金余额进行确认。如果余额充足，则通过支付确认操作，向商家发出支付确认信息；如果余额不充足，会向消费者发出要求补足账户余额的请求。

（6）商家收到支付确认信息，并准备发货。在支付宝模式中，消费者收到商品后进行收货确认，支付宝在收到消费者的确认信息后，将货款转移到商户的虚拟账户中；在美国的 PayPal 模式中，订单确认，无须进行收货确认，即把货款转移到商户的虚拟账户中。

（7）商家可将虚拟账户中的资金提现，并转移到自己的开户行账户中。

转账交易因为没有商品交易发生，较为简单，如图 4-6 所示，流程如下。

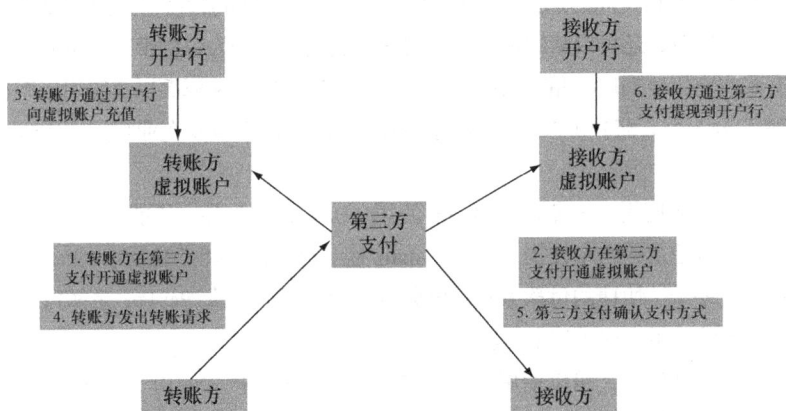

图 4-6　虚拟账户转账支付流程

（1）进行资金转账的双方需要在第三方支付机构开立虚拟账户。

（2）转账方需要通过自己的开户银行向虚拟账户内充值。

（3）转账方向第三方支付发出转账支付指令。

（4）第三方支付接收到要求转账的支付指令后进行相应处理。对虚拟账户进行安全检验，例如密码认证、指纹认证等，然后对转账方虚拟账户资金余额进行确认。如果余额充足，则通过转账支付确认操作，将转账金额转入接收方虚拟账户中；如果余额不充足，会向转账方发出要求补足账户余额的请求。

（5）接收方在收到转账资金后，可将虚拟账户中的资金提现，并转移到自己的开户行账户中。

1．PayPal 第三方支付

PayPal 是全球领先的在线支付提供商之一，成立于 1998 年 12 月，2002 年被 eBay 以 8% 的溢价收购至旗下，成为 eBay 的子公司之一。

PayPal 总部在美国加州圣荷西市，全球有超过一亿个注册账户。现在对包括中国在内的近 45 个国家和地区开放，日交易超过 100 万笔、年支付总额超过 180 亿美元。PayPal 提供安全、便捷的网上实时支付。

任何人只要有一个电子邮件地址，都可以方便而安全地使用 PayPal 在线发送和接收付款，避免了传统的邮寄支票或者汇款的方法。PayPal 快速、安全而又方便，是跨国交易的理想解决方案。

PayPal 的宗旨是使拥有电子邮件地址的任何个人或企业能够安全、便捷、迅速地在线收款和付款。PayPal 的服务建构在现有的银行账户和信用卡的金融结构之上，并利用世界上最先进的防欺诈保护系统创建了一个安全、全球化的实时付款解决方案。

有了 PayPal，就可以通过网络付款和收款。一旦注册了 PayPal，就可以用 PayPal 余额中的钱或别的注资选项（如信用卡）向任何有电子邮件地址的人发送款项。接收方会通过电子邮件得知自己收到了付款。

PayPal 支付交易流程如下：

（1）客户在电子商务网站上选购商品，最后决定购买，买卖双方在网上达成交易意向。

（2）客户选择利用 PayPal 作为交易中介，客户用信用卡将货款划到 PayPal 账户。

（3）PayPal 支付平台将客户已经付款的消息通知商家，并要求商家在规定时间内发货。

（4）PayPal 将其账户上的货款划入商家账户中。

（5）商家收到通知后按照订单发货，交易完成。

消费者和商家不需要在不同的银行开设不同的账户，可以帮助消费者降低网上购物的成本，帮助商家降低运营成本；同时，还可以帮助银行节省网关开发费用，并为银行带来一定的潜在利润。

PayPal 具有账户应用范围广、品牌效应强、资金周转快、安全保障高以及使用成本低等优势。

PayPal 将账户分为个人账户（Personal）高级账户（Premier）以及企业账户（Business Account）三类进行管理。

个人账户供个人私人使用，全免费，但不能使用 eBay 拍卖物品，不能任意接受信用卡付款，不能使用网站收款，不能使用购物车收款，不能 E-mail 签名收款，不能接受捐赠。PayPal 是个人在线购物的理想选择：免费安全、快捷的付款方式；可免费接受银行账户或 PayPal 余额付款；以低廉的费用每年接受一定次数的信用卡或借记卡付款

高级账户供个人商业使用，可以使用 eBay 拍卖物品，可以接受信用卡付款，还可以接受借记卡和银行账户付款，费用低廉，可以使用购物车收款，可以 E-mail 签名收款，可以接受捐赠，可以快速批量同时向多数人付款，付款免费。

企业账户以企业公司商户的名义注册，需提供企业公司商户的名号等信息以开通高级账户。可以免费付款并收取多种类型的付款，使用一系列功能和服务来管理并提升销售，包括设立不同级别的多用户访问权限等。

企业账户没有启动费或月费，没有取消费，也没有最低付款额；可快速设置，几分钟内即可完成注册并开始使用；无须其他软硬件；更加安全，作为防欺诈及风险管理领域的业界领先公司，PayPal 的欺诈损失比例比其他企业账户要低 60%～70%；广阔的买家网络，在美国，每三个在线买家中就有一人拥有 PayPal 账户，而且全世界范围内每天有超过 58 000 个用户注册 PayPal。

2. 支付宝第三方支付

2003 年 10 月，支付宝首先在淘宝购物网上出现。2004 年 12 月 8 日支付宝（中国）网络技术有限公司成立，12 月 30 日，支付宝网站（www.alipay.com）正式上线并独立运营。随后，支付宝根据网购市场的需求不断改进和完善自身的产品。随着越来越多的人使用支付宝在淘宝上购物，到 2009 年 7 月，支付宝注册用户数创纪录地突破了 2 亿，日交易额突破 7 亿元，日交易笔数 400 万笔。

支付宝支付交易流程如下。

（1）客户在电子商务网站上选购商品，最后决定购买，买卖双方在网上达成交易意向。

（2）客户选择利用支付宝作为交易中介，客户用信用卡将货款划到支付宝账户。

（3）支付宝支付平台将客户已经付款的消息通知商家，并要求商家在规定时间内发货。

（4）商家收到通知后按照订单发货。

（5）客户收到货物并验证后通知支付宝。

（6）支付宝将其账户上的货款划入商家账户中，交易完成。

由于中国现阶段信用体系较为薄弱，买家的利益难以得到很好的保障，而电子商务交易成功的关键恰恰基于信任机制，支付宝推出的担保交易的形式，解决了网上交易及付款中的信任问题。

支付宝与 PayPal 运作的差异在于支付宝的担保交易机制，特别是客户接到货物后确认流程。这在目前中国的信用环境下具有创造性，对于推动中国电子商务发展起到了重要作用。

4.3.2　通道支付

与虚拟账户支付模式不同，在通道支付模式下，不需要交易双方在第三方机构开立虚拟账户，交易双方只要在银行有账户，就可以进行交易。第三方支付机构此时充当了信息通道的作用。

通道支付流程同样可分为交易支付流程和转账支付流程。如图 4-7 所示，通道模式交易支付流程如下。

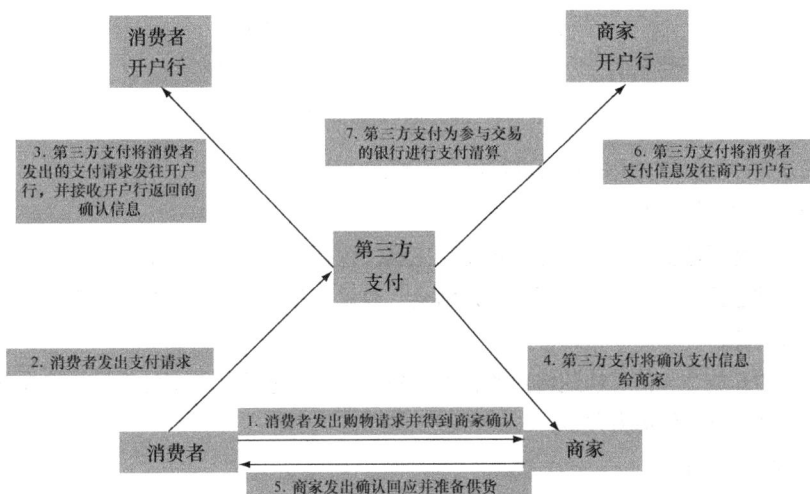

图 4-7　通道支付交易支付流程

（1）消费者选择商品，并构建订单，商家获得消费者的购物请求并进行订单确认。

（2）消费者接到商家的订单确认信息后，向第三方支付发出支付指令。

（3）第三方支付接收到消费者的支付指令后，将支付指令发往消费者开户银行，开户银行对消费者账户进行资金确认后，返回授权信息给第三方支付平台。

（4）第三方支付将银行返回的授权信息进行确认，并将消费者支付的信息发给商户。

（5）商家收到支付确认信息，并准备发货。在支付宝模式中，消费者收到商品后确认收货，支付宝在收到消费者的确认信息后，将消费者支付信息发往商户的开户行，确认支付；在美国的 PayPal 模式中，订单确认，无须进行收货确认，即将消费者支付信息发往商户的开户行。

（6）第三方支付为参与交易的银行进行资金清算。

转账交易因为没有商品交易发生，较为简单，如图 4-8 所示，流程如下。

（1）转账方向第三方支付发出转账支付指令。

（2）第三方支付接收到转账指令后，将转账支付指令发往转账方开户银行，开户银行对转账方账户进行资金确认后，返回授权信息给第三方支付平台。

（3）第三方支付将银行返回的授权信息进行确认，并将转账信息发给接收者。

（4）第三方支付将转账信息发给接收方的开户行。

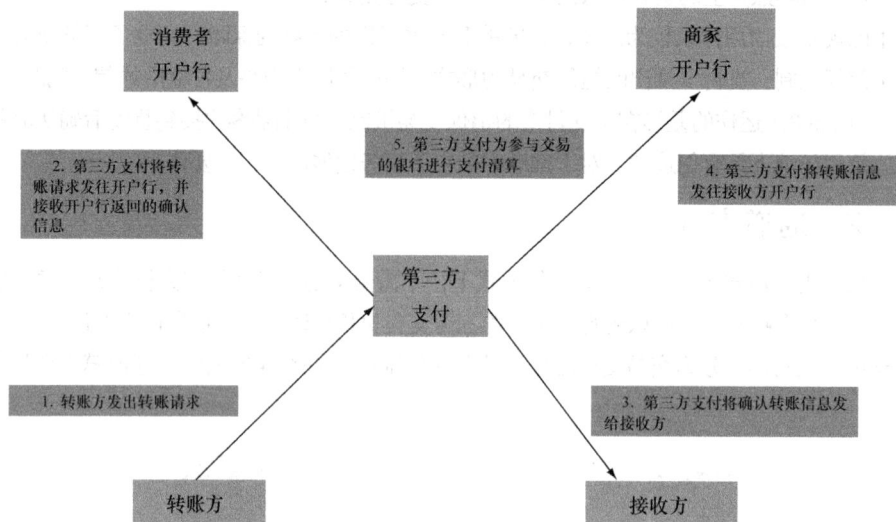

图 4-8　通道支付转账支付流程

（5）第三方支付为参与交易的银行进行资金清算。

1．在线卡基支付工具类

卡基支付工具是通道支付最常用的一种支付工具，包括信用卡和借记卡。在卡基支付工具交易和支付过程中，通常包括持卡人、发卡行、卡片协会、收单行和商户几个参与者。其中，发卡行和收单行可以是同一家银行。

由于互联网的开放性和信息快速传播的特性，各种互联网上的卡基支付工具都将安全性作为首要的问题来解决，目前有两种解决方案。

① 信息加密传输方式。

在现代加密技术的支持下，加密的信息较难被破译。即使 Internet 上传送的敏感信息被截获，造成信息泄露的可能性也很小。但信息的加密往往要求信息发出方和接收方采用同样的软件，这对电子商务来说是一大障碍。因此，近年来出现了一些加密标准，以使不同的软件遵守共同的协议。其中较有代表性的是 SSL（Secure Sockets Layer）和 SET（Secure Electronic Transactions），后者的影响更大。SET 是由当今世界最大的两家信用卡组织 VISA 和 MasterCard 联合 Microsoft、IBM、Netscape 等公司共同开发的一套协议。此协议并未对信用卡使用的一般流程进行改动，只是在一般流程之上，对信息的传递规定了复杂的流程和加/解密方式。

② 第三方处理方式。

这种方式通过第三方的协助来保证信用卡信息的安全。即在消费者和商店之间，不直接进行信用卡信息的传递，而是以一定方式通过第三方来完成。

First Virtual 和 CyberCash 是在线信用卡交易模式的典型代表，综合了加密机制和第三方处理两种方案，为了满足网络交易安全性的要求，分别采取了不同的安全措施。

（1）First Virtual

1994 年 12 月，First Virtual Holding Inc.推出了一种支付机制，称作 Virtual PIN，该支付机制不使用特殊的软硬件加密方法，仅利用 Virtual PIN 机制，将信用卡账号转换成相应的 Virtual PIN，以保证信用卡信息在网络上传输时的安全性。利用该机制，可以在网络上进行小额交易，并且不必利用特殊的客户端软件和硬件。

在利用 First Virtual 进行交易之前，顾客和商家都必须在 First Virtual 进行注册登记。消费者将其银行卡的号码通过电话、传真或其他传统通信方式告知 First Virtual，之后 First Virtual 通过普通的 E-mail 通知消费者一个密码，称作 Virtual PIN。First Virtual 将依据此密码来为消费者提供支付服务。对于每一笔交易，FV 服务器都对商户的银行账户进行处理。

交易发生时，首先由客户在网站上填写交易表格，并给出自己的密码，FV 判断该密码的真伪，并加上一个后缀，从而形成 Virtual PIN；然后客户向 FV 提出他的信用卡号码，FV 建立 Virtual PIN 和客户信用卡号之间的联系，这样在网络上就不会出现客户的信用卡号码。

商户也要在 FV 进行相似的注册过程，并且得到相应商户的 Virtual PIN，由此，交易发生后，商户就可以通过传统的清算机制 ACH 来完成银行账户上的支付。

利用 First Virtual 进行交易的流程如图 4-9 所示。

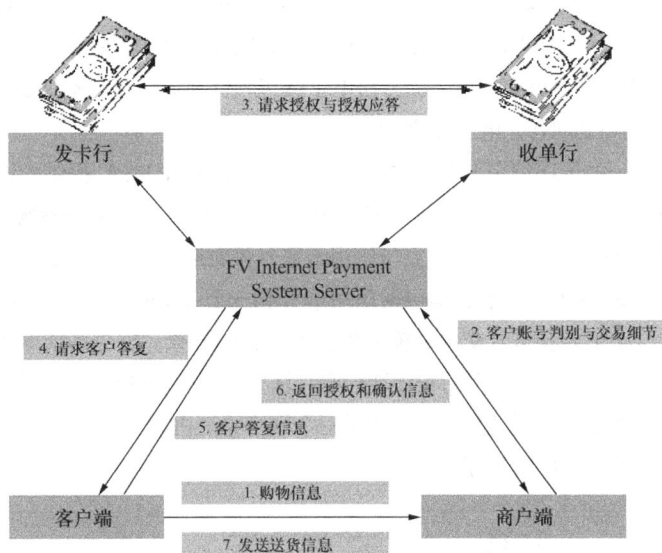

图 4-9　FV 运行机制

① 消费者登录 FV-Web-Server，或其他出售 FV 商品的网络服务器。

② 消费者选择货物，并且消费者向商店发出购买请求和他（她）的 FV 账户确认信息 Virtual PIN、First Virtual 密码。

③ 商店向 FV 服务器发出请求信息，确认该账户的真伪，并请求授权。通过查询 FV 服务器，确认该密码的真伪（这一过程可以采取不同的方式进行，可以手工查询或利用 FV 服务器的自动对话框）；如果 VirtualPIN 没有在黑名单中，那么商户将把信息发送给消费者，消费者可以通过电子邮件、WWW 或其他方式回复。

④ 商户将交易信息，包括消费者 Virtual PIN，发往 FV 互联网支付系统服务器，FV 服务器将对消费者的账户信息进行确认。收单行将 FV 服务器转来的信用卡信息发往发卡行并请求授权，发卡行返回授权应答。

⑤ FV 服务器通过发送电子邮件（甚至平信）让消费者进行确认（或拒绝），客户答复 FV 服务器，有三种可能性：即接受、拒绝或欺诈暗示。对于第三种情况，Virtual PIN 会立即被列入黑名单。如果客户没有响应，FV 服务器会尝试再进行联络，如果尝试多次均无响应，FV 服务器会取消该账户；如果会员总是发出拒绝响应，表明有可能有欺诈行为，FV 服务器也会取消该账户。

⑥ FV 将处理结果传递给商店，通知商店发出商品。

⑦ 商户发出物品。

FV 对交易进行清算。每 90 天末尾，消费者的信用卡账户被借记，商户的支票账户被贷记。

在这个过程中，如果 Virtual PIN 在网上被盗窃，会产生假冒的购买者，直到该 PIN 被列入黑名单，由于支付请求是通过电子邮件发送给消费者的，因此会有一定的时间延时。

该系统发生的欺诈比例很小，而且即使发生欺诈问题，损失也只是一笔交易，而不会是很大的损失。

FV 系统的最大特点就是简单。从流程可以看出，FV 系统很像一台 Internet 上的 POS 机，代替商店收款。

（2）CyberCash

USA-VA-Reston 的 CyberCash Inc.于 1994 年 8 月成立，1995 年 4 月 Bill Melton 和 Dan Lynch 开发了 CyberCash 网络支付系统，为网上金融交易提供了一套软件和服务解决方案，其实质是使用信用卡进行网上支付。1996 年中期，就有超过 50 万份电子钱包软件在流通中。不仅如此，该公司还推出了 Cybercoin 电子现金系统和 PayNow 电子支票系统。

CyberCash 提供了一种传送信用卡资料的安全方法，基础是由 RSA 提供的加密算法和数字化签名。CyberCash 系统将消费者的信用卡账号与 CyberCash 系统的一个网络交易账户相对应，消费者通过从 CyberCash 下载软件和填表申请，建立与信用卡账号相对应的 CyberCash 联机账户。CyberCash 为每一位客户创建独立的档案，这个档案包括信用卡号和一个 CyberCash 为客户设置的公共密码。CyberCash 的信用卡号必须要在进入交易之前受到发卡银行的核查。整个系统承诺对商家、使用者和信用卡公司等以安全性保证。系统的保密程序和加密算法，都比现行的信用卡系统更安全。CyberCash 系统与信用卡交易模式相似，只不过在中间增加了一个网络验证机制。

CyberCash 运行模型如图 4-10 所示。

图 4-10 CyberCash 运行模型

CyberCash 系统交易流程如下。

① 消费者利用自己的客户端浏览器登录到商户端浏览器上选购商品，选中商品后发出商品确认信息，并发出经过 CyberCash 系统加密的注册卡信息。

② 商户将加密的注册卡信息发往 CyberCash 服务器请求授权。因为信息是加密的，所以商店无法得到消费者的卡号。CyberCash 留有消费者的数字签名，在接到支付信息后，只需对比数字签名一致

性即可完成客户确认。

③ 收单行收到通过 CyberCash 系统转换的客户信用卡信息，并向发卡行请求授权。

④ 发卡行给出授权响应。第③④两步和普通信用卡系统类似。

⑤ 商户收到通过 CyberCash 系统转发的收单行授权。

⑥ 给客户发出送货信息。

CyberCash 系统成功地建立在现行的信用卡清算系统基础上，现阶段具有较好的安全性。在 CyberCash 系统中，通过网关服务器把互联网与金融机构信用卡交易处理器相连，购买信息通过网关从商户传送到银行，其中包括客户信用卡详情，然后信用卡购买通过银行网络被授权，交易信息通过 CyberCash 网关从银行传送到商户。如果交易成功，那么商户就将货物发送给客户。CyberCash 既不是收单行，也不是发卡行或银行，而是提供网关作为安全工具在互联网和银行间传送信息。CyberCash 与信用卡支付机制非常相似，其支付协议只与支付信息相关，而与其他电子商务协议不同，不是与购买信息相关。

CyberCash 钱包是一种应用软件，该软件使用 56 位 DES 和 768 位 RSA 来对卡片信息进行加密。每个 CyberCash 使用唯一的 CyberCash——ID 和口令。该 ID 在 CyberCash 支付服务器上注册，并且与用户的私人密匙和公用密匙相匹配。ID 和口令用来给钱包解密，因为卡片信息和密匙是以加密形式存储的。

CyberCash 交易过程与 FV 很类似，消费者选择好货物后；单击 PAY，然后商户会通过客户的 Web 浏览器返回一份表单，上面包含物品、价格，以及交易 ID 等信息；接下来客户选择要进行支付的信用卡，并在注册的软件上选择 PAY 按钮，由此启动 CyberCash 协议；信用卡细节被传送到商户，商户通过 CyberCash 支付服务器与金融机构进行授权和清算，并返回给客户一张未签名的发票。

CyberCash 向消费者提供加密软件，消费者将信用卡号和电子签名利用软件加密后传递给商店。商店将购物信息剥离后，将支付信息传给 CyberCash。因为信息是加密的，所以商店无法得到消费者的卡号。CyberCash 留有消费者的数字签名，所以在接到支付信息后，无须向消费者请求确认，只需对比数字签名的一致性即可。这样，比 First Virtual 省了一个步骤。

2. 电子支票支付

电子支票的运作流程和由第三方提供安全性支持的信用卡支付方式十分相似。信用卡方式要求使用者拥有信用卡，而电子支票则需消费者拥有支票账户，如欧洲旅行支票等。

电子支票是一种借鉴纸张支票转移支付的优点，利用数字传递将钱款从一个账户转移到另一个账户的电子付款形式。这种电子支票的支付是在与商户及银行相连的网络上以密码方式传递的，多数使用公用关键字加密签名或个人身份证号码（PIN）代替手写签名。用电子支票支付，事务处理费用较低，而且银行也能为参与电子商务的商户提供标准化的资金信息，故而是最有效率的支付手段之一。

使用电子支票进行支付，消费者可以通过电脑网络将电子支票发向商家的电子信箱，同时把电子付款通知单发到银行，银行随即把款项转入商家的银行账户。这一支付过程在数秒内即可实现。然而，这里面也存在一个问题，那就是：如何鉴定电子支票及电子支票使用者的真伪？因此，就需要有一个专门的验证机构来对此做出认证，同时，该验证机构还应像 CA 那样能够对商家的身份和资信提供认证。其交易流程如图 4-11 所示。

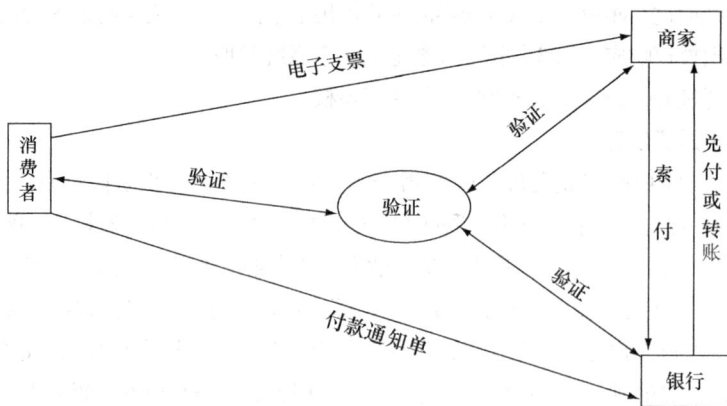

图 4-11 电子支票的支付过程

电子支票交易的过程可分为以下几个步骤。

（1）消费者和商家达成购销协议并选择使用电子支票支付。

（2）消费者通过网络向商家发出电子支票，同时向银行发出付款通知单。

（3）商家通过验证中心对消费者提供的电子支票进行验证，验证无误后将电子支票送交银行索付。

（4）银行在商家索付时通过验证中心对消费者提供的电子支票进行验证，验证无误后即向商家兑付或转账。

电子支票的支付目前一般是通过专用网络、设备、软件及一套完整的用户识别、标准报文、数据验证等规范化协议完成数据传输，从而控制安全性。这种方式已经较为完善。电子支票支付现在发展的主要方向是今后将逐步过渡至在公共互联网络上进行传输。目前的电子资金转账（Electronic Fund Transfer，EFT）或网上银行服务（Internet Banking）方式，是将传统的银行转账应用到公共网络上进行的资金转账。一般在专用网络上的应用具有成熟的模式（例如 SWIFT 系统）；公共网络上的电子资金转账仍在实验之中。目前大约 80% 的电子商务仍属于贸易上的转账业务。

电子支票也需第三方提供安全性支持。消费者利用有关软件对支票的信息加密，发送给商店。商店将这些信息转发给提供电子支票服务的第三方。第三方对信息解密后检查支票账户的合法性，然后开出纸制支票，交存商店的开户银行。到此时，电子支票便转变为普通支票，进入银行清算系统对支票的一般处理过程。其实，可以将整个过程看作电子支付信息转化为普通支票的一个过程。

使用这种方式可以使消费者继续享受一般支票的在途资金方面的好处，这是其吸引力所在。电子支票这一模式的主要代表是由美国南加州理工学院开发的 NetCheque 系统（www.netcheque.com）。

1998 年，CheckFree 公司处理了 8 500 万宗电子交易，总额达 150 亿美元。向互联网站点提供后端付款和处理服务的 PaymentNet 已开始处理电子支票。PaymentNet 采用 SSL 标准保证交易安全。美国最大的支票验证公司 Telecheck 通过对储存在数据库中的购物者个人信息及风险可靠度进行交叉检验来确认其身份。

尽管电子支票可以大大节省交易处理的费用，但是，对于在线支票的兑现，人们仍持谨慎的态度。电子支票的广泛普及还需要有一个过程。

4.3.3　电子货币支付

电子货币有两种模式，即卡基和数基，尽管载体不同，但都具有货币的特性。目前卡基支付工具最主要的产品是可重复充值的多用途预付卡，也称作电子钱包。伴随通信技术的发展，移动支付技术发展迅速，手机卡已具备智能卡特性，也称作移动电子钱包。而数基产品则主要利用计算机的存储器，或者是手机的存储卡，基于网络传输以数字流表示货币价值。

1．电子钱包支付流程

电子钱包也就是智能卡（Smart Card or IC），是一种自身带有处理芯片的卡片。它可以利用自带的芯片实现储值功能，即在资金转移时，无须进行联机授权，就可以直接由智能卡上的芯片进行资金转移。在芯片的支持下，智能卡的安全性十分可靠。智能卡无须第三方提供的支持，就可以实现消费者和商店之间安全的资金直接转移。这一特点使智能卡成为在 Internet 进行支付最简单的办法。这种智能卡还设有"自爆"装置，如果犯罪分子想打开 IC 卡非法获取信息，卡内软件上的内容将立即自动消失。

消费者只要将智能卡插入一个与计算机相连的读卡设备，有关金额便可以直接从智能卡上通过 Internet 安全地转移到商店的设备上，之后，商店就可以直接通过有关设备与银行连接，增加其账户余额。

智能卡优点十分突出。首先，它具有匿名性，使用智能卡支付与使用现金支付十分相似。商店在接到某个智能卡传来的金额时，不会知道消费者是谁，除了余额增加外也不会留下任何记录。其次，消费者使用智能卡时，不必在银行留有账户。另外，通过智能卡，商店可以在交易结束的同时得到款项，而无须像一般银行卡那样，经过与银行的结算后才得到款项，这会减少商店面临的信用风险。

智能卡系统的工作过程是：首先，在适当的机器上启动用户的互联网浏览器，这里所说的机器可以是 PC 机，也可以是一部终端电话，甚至是付费电话；然后，通过安装在 PC 机上的读卡机，用用户的智能卡登录到为用户服务的银行 Web 站点上，智能卡会自动告知银行用户的账号、密码和其他一切加密信息；完成这两步操作后，用户就能够从智能卡中下载现金到厂商的账户上，或从银行账号下载现金存入智能卡。例如，用户想购买一束 20 元的鲜花，当用户在花店选中了满意的花束后，将用户的智能卡插入到花店的计算机中，登录到用户的发卡银行，输入密码和花店的账号，片刻之后，花店的银行账号上增加了 20 元，而用户的现金账面上正好减少了这个数，用户买到了一束鲜花。

在电子商务交易中，智能卡的应用类似于实际交易过程。只是用户在自己的计算机上选好商品后，键入智能卡的号码登录到发卡银行，并输入密码和在线花店的账号，完成整个支付过程。

智能卡支付方式的最大缺点在于：不论是消费者还是商店，都需要安装特殊的硬件设备。这阻碍了它在近期的普及。目前，Mondex 和 VISA Cash 是两种成功的智能卡产品。

电子钱包比较典型的产品有 Proton 的多用途卡，1996 年 Proton 电子钱包在比利时出现，这是 Banksys 公司发行的一种预储值而且不需要授权的卡片，这种卡片可以在银行系统或机构专用的 POS 机上再充值。1998 年 7 月 29 日，American Express、Banksys、ERG（澳大利亚）以及 VISA 国际共同成立了质子世界公司，目标是为电子钱包建立一个世界标准。1998 年 10 月，Interpay Nederland 也加盟，这 5 家公司成为质子世界的股东。到 2000 年 7 月为止，质子世界的战略伙伴已包括 ACI、BEA Systems、康柏、微软和摩托罗拉。2001 年 10 月，ERG 公司收购了质子国际，十年来一直致力于使用接触式/非接触式智能卡技术，已发行 2 000 多万张智能卡进行流通。Proton 主要用于用于进行零售支付，如公共交通支付、打电话、公路通行税的征收、停车场交费、一些小额商品的自动售货等。Proton 目前已在很多国家得到应用，2001 年，由 Banksys 管理的终端既已达 14 万多个（包括支付终端和自动柜员机），完成交易 6.23 亿笔，交易金额超过 320 亿欧元。其交易与结算流程如图 4-12 所示。

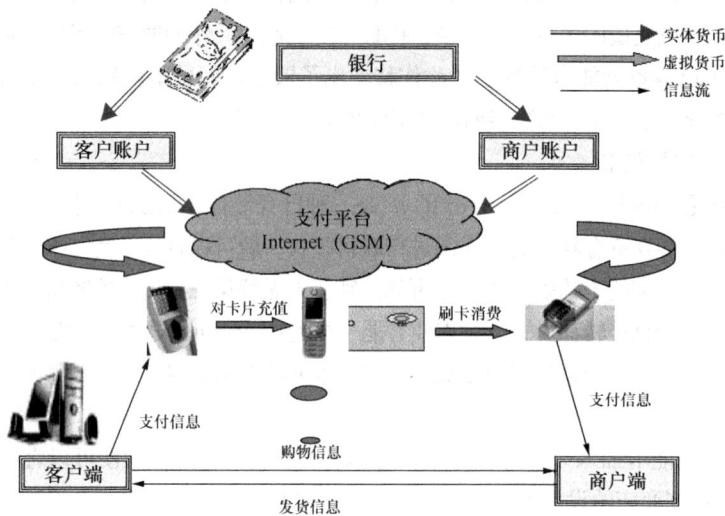

图 4-12　卡基电子货币交易与支付流程

利用电子钱包进行网络交易与支付的流程如下。

（1）电子钱包充值。消费者和商户都在商业银行开有账户，可以是同一个商业银行，也可以在不同的商业银行开户。客户登录客户端，利用第三方支付平台，将客户账户上的金额转移到电子钱包中，这时客户账户中的实体货币已经以虚拟货币的形式储存在客户的智能卡即电子钱包中。充值过程可通过与计算机相连的读卡器完成，也可通过专门的读卡器进行。

（2）客户购物。客户登录商户端，挑选商品，在确认购买后，用电子钱包支付。

（3）电子钱包支付过程，通过读卡器和第三方支付平台，此时电子钱包内的虚拟货币价值流向商户的账户中，虚拟货币重新转化为实体货币价值。

（4）商户在得到客户付款的确认信息后，向客户发出送货信息。此时交易和付款过程结束。

在这一交易过程中，如图 4-12 所示，不仅传递了信息流，而且也存在货币流的运动。利用电子钱包付款的过程和用现金付款几乎相同，只不过这时候流通的货币变为虚拟的电子货币。

2. 电子现金支付

电子现金（E-cash）是一种以数据形式流通的货币，也就是我们前面所说的网络货币，它把现金数值转换成为一系列的加密序列数，通过这些序列数来表示现实中各种金额的币值。用户在开展电子现金业务的银行开设账户并在账户内存钱后，就可以在接受电子现金的商店购物。

电子现金的实质是代表价值的数字。这种支付方式的最大特点是交易的"匿名性"，即不论商店还是银行，都不知道是谁购买了哪些商品，有利于保护消费者的隐私。由国际著名密码学家 David Chaum 于 1990 年创立的 DigiCash 公司，是这一领域的开拓者和典型代表。DigiCash 公司位于阿姆斯特丹，1994 年 5 月开发了 E-cash 网上支付体系。

DigiCash 与 CyberCash 不同，它不需要客户用信用卡与商家发生联系，而是通过第三方的 DigiCash 公司或银行的协助，以真正数字化货币的形式进行买卖双方的交易。使用 E-cash 的用户必须在某个发行 E-cash 的银行里分别开设一个虚拟账号，而银行则分配给用户每人一个"钱包"（Purse）软件以管理并转账 E-cash。这样，资金就可以从用户的正规账号上转移到 Purse 软件中，在使用以前以密码的形式存储在用户的硬盘里或该银行中，消费者可以在任何一家受理电子现金的商店里使用电子现金进行交易。E-cash 的运作模式如图 4-13 所示。

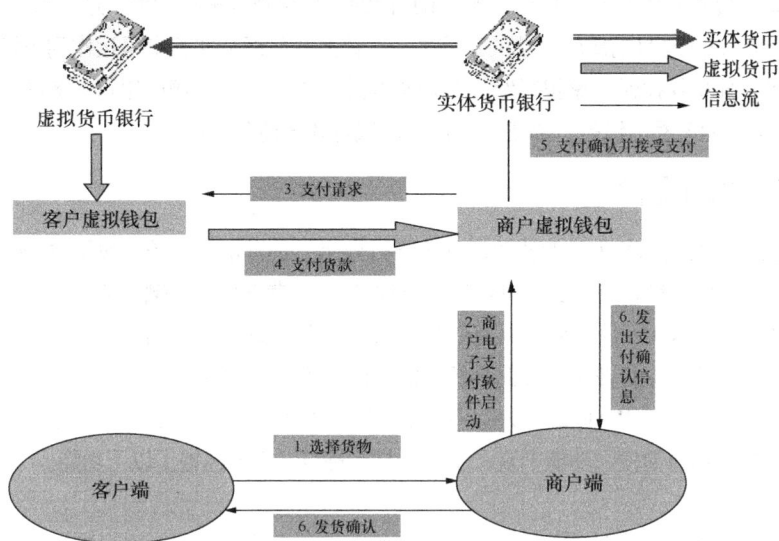

图 4-13　E-cash 运作机制

第一步：电子钱包充值。消费者获得电子现金。

（1）用户在 E-cash 银行开立 E-cash 账号，用现金服务器账号中预先存入的现金来购买电子现金证书，这些电子现金就有了价值，并被分成若干成包的"硬币"，在商业领域中进行流通。消费者使用的电子钱包软件随机生成一个 100 位的序列号，这一序列号被软件打包（Blind）后，被送往消费者的开户银行。打包是一个加密的过程。

（2）使用计算机电子现金终端软件从 E-cash 银行取出一定数量的电子现金存在硬盘上，通常少于 100 美元。银行检查消费者传来的信息上的电子签名，并从签名者的账户上扣除一定金额。

（3）银行向打包数据添加一串数字，这样使电子现金生效，并将其送回消费者。

（4）消费者对这些电子现金解包（Unblind）。解包后的电子现金不包含任何表示消费者身份的数据。

第二步：支出电子现金。

（5）消费者向网上商店发出购买请求。

（6）商店向消费者的电子钱包软件发出支付请求。

（7）在消费者确认后，软件便将解包之后的电子现金发往商店。

第三步：确认现金。

（8）商店将电子现金发往银行，检查电子现金的合法性。

（9）银行通过数据库检查此序列号的电子现金是否被使用过。如果电子现金未被使用过，银行便将此电子现金的序列号放入数据库，以备下次查询，然后贷记商店的账户，并通知商店。如果电子现金在数据库中留有记录，表明并非第一次使用，那么便向商店发出拒绝信息。

第四步：完成交易。

（10）在电子现金得到确认后，商店向消费者开出发票，发送货物，客户确认货物，交易完成。

E-cash 的主要目标是"交易绝对不可跟踪"，这一点以 Chaum 发明的打包加密（Blind Cryptography）的方法为基础。因为存在一个打包的过程，所以即使银行和商店合谋，也无法将某一笔支付与某个消费者联系起来。

E-cash 最大的缺点是需要一个庞大的中心数据库来记录使用过的电子现金序列号。如果 E-cash 普及开来，数据库的规模将变得十分庞大，难以用目前的计算机技术进行管理，这成为 E-cash 推广的重要障碍。DigiCash 系统是目前比较成功的系统之一，该系统已经从实验室里运作到市场上了。经过近 8 年的努力，DigiCash 寻找到 6 家银行发行 E-cash 电子现金，它们是德国银行、美国马克士温银行、芬兰 Eunet、澳大利亚圣乔治银行、挪威 Den-norske 银行和奥地利银行。

4.3.4　移动支付

随着通信技术的发展以及手机的普及，许多银行推出了手机银行服务。现阶段手机银行通常基于 WAP 技术，为手机客户提供账户查询、转账、缴费付款、消费支付等金融服务。

比起其他电子银行渠道，手机银行具有随身使用、便捷、安全可靠等特点。

下面以工商银行手机银行业务为案例分析手机银行的特点与功能。

工商银行手机银行基于 WAP 2.0 技术，推出了手机银行（WAP）3G 版。工行手机银行（WAP）业务具有随身便捷、申请简便、功能丰富、安全可靠等特点，主要涵盖了以下功能。

（1）账户管理

为用户提供余额查询、当日明细查询、历史明细查询、注册卡维护、账户挂失、默认账户设置、银行户口服务（3G 版）等功能。

（2）转账汇款

为用户提供工行汇款、跨行汇款、向 E-mail、手机号汇款、定活转账、通知存款、本人外币转账、我的收款人维护、个人网银我的收款人（3G 版）、电话银行我的收款人（3G 版）等功能。向 E-mail、手机号汇款是指收款人只需绑定个性化别名和收款账号，汇款人汇款时输入收款人姓名、汇款别名和金额即可汇款。通知存款提供您将理财金账户卡或灵通卡内的活期子账户的资金，转存为通知存款的功能，通知存款最小起存金额为 5 万元。本人外币转账是提供您向指定账户进行本异地账户外币转账汇款的功能。

（3）缴费业务

用户通过此功能可缴纳水电费等项目费用，并支持在非工作时间内进行缴费预约。

（4）手机证券

用户可通过此功能进行股票、基金、国债、外汇、贵金属买卖等业务以及信息查询。

（5）信用卡

为用户提供查询信用卡的余额、交易明细信息以及还款等功能。

随着通信技术的发展，移动支付产品发展迅速，移动支付业务运作方式主要有以下两种。

（1）通过短信平台完成交易确认。其支付方式通常有两种，一种是手机捆绑银行卡，即从银行账户里扣除（借记卡或信用卡）。在这一过程中，手机是一个简单的信息工具，把手机号码和银行卡（借记卡或信用卡）捆绑起来；另一种是通信服务提供商话费代收，即费用通过手机话费账单收取，用户在支付其手机账单的同时支付了这一费用，在这过程里，移动运营商充当用户信用的延伸，其运作模式与信用卡很类似。

（2）手机内嵌智能卡。采用预存等方式将虚拟货币值储存在手机内的智能卡中，通过预付费充值系统进行结算。这种支付与电子钱包相同，因为手机卡也可认为是一种卡基工具，所以可归于卡基支付工具，只不过利用了移动通信网络作为交易信息的传输载体，且信息传输媒体不再是实体网络而是移动网络。

移动和金融机构（银行、卡类组织等）是移动支付最主要的服务提供商，对于银行和移动运营商来说，进入移动支付市场而没有对方的支持是非常困难的，移动与银行都有各自的优势和劣势：移动运营商拥有账单支付的基础环境与移动通信网络，但是缺乏像银行一样管理合作支付风险的能力；同样，银行拥有客户支付消费的信任，而缺乏移动支付所需的接入通信网络和未经移动运营商同意接入的移动用户。

1．Paybox

Paybox 是一家以德意志银行为主要股东的移动支付公司。成立于 1999 年 7 月，2000 年 5 月开始提供服务，到 2003 年，其业务已经发展到西班牙、奥地利、瑞典、德国和英国，发展了 75 万注册用户和 1 000 商户。其核心产品 Paybox，是通过手机进行购物和消费的一种简单安全的支付系统。

2001 年，Paybox 与瑞典 QXL 公司合作，将手机支付引入到拍卖活动中。瑞典爱立信公司也推出了自己的手机支付产品。

Paybox 主要负责设计和运营智能支付框架（Paybox Intelligent Architecture，PIA）。

目前，该模式最成功的案例是瑞典的 Paybox 公司在欧洲推出的手机支付系统。用户如果想使用该服务，·需要去服务提供商处注册账号，并与自己的手机绑定。在购买商品后进行费用支付时，直接向商家提供用户的手机号码。商家向 Paybox 提出询问，经过用户确认后完成支付。

第三方支付服务提供商的收益主要来自两个部分：一是向运营商、银行和商户收取设备和技术使用许可费用；二是与移动运营商以及银行就用户业务使用费进行分成。

这种模式的特点是：第三方支付服务提供商可以平衡移动运营商和银行之间的关系；不同银行之间的手机支付业务得到了互联互通；银行、移动运营商、支付服务提供商以及 SP 之间的责、权、利明确，关系简单；对第三方支付服务提供商的技术能力、市场能力、资金运作能力要求很高。

移动支付服务系统主要由客户手机终端、手机支付运营服务系统（MPS）、银行后台数据处理系统组成，其结构如图 4-14 所示。

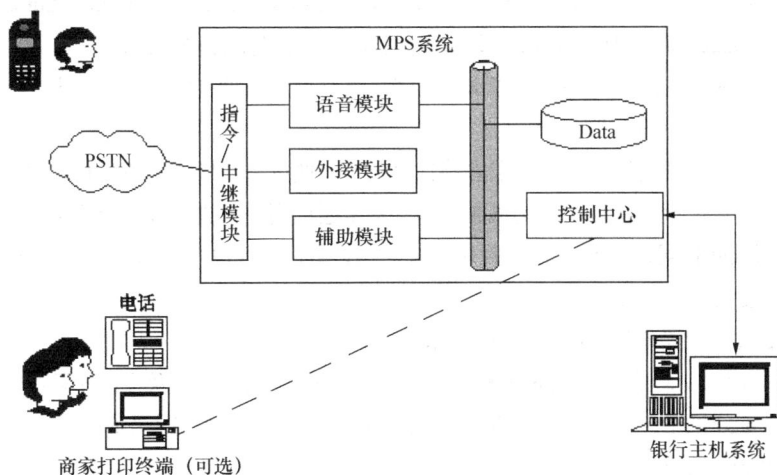

图 4-14　Paybox 支付流程

MPS 手机支付运营服务系统在技术上采用 Diagloic 卡实现模拟线路、数字线路上的电话信令和语音的自动处理，采用工业控制机多路多用户处理，以提高系统的可靠性和抗干扰能力。同时通过专用网络完成与银行后台数据系统的通信和账务处理。由此构成客户手机终端、MPS 前置机、后台数据库这样的三层 Client/Server 结构。

在安全性方面，系统通过 PIN 码和手机号对用户身份进行验证。PIN 码是用户注册时系统提供的，用户可以随时更改。在每次交易过程中，如果三次 PIN 码输入都不对，系统将自动取消此次交易。在手机支付过程中，系统自动呼叫用户，所以用户的手机号必须与注册时提供的手机号相同。同样，在手机转账过程中，用户的手机号是系统自动获得的，系统获得的手机号也必须与用户注册时提供的手机号相同。由于 GSM 手机的 SIM 卡不易伪造，因此这大大增强了系统的安全性。另外，MPS 系统与银行、商家打印终端之间的传送的数据是经过加密处理的，这也提高了系统的可靠性。

典型的支付流程如下。

① 用户浏览网站，选择好商品。

② 选择 Paybox 支付方式。

③ 输入移动电话号码。

④ 用户的手机被呼叫，然后用户接听电话。

⑤ 用户被语音提示，要求确认支付信息。

⑥ 用户输入 PIN。

⑦ 用户收到短信息，告知支付已经被确认，将在你的账户上直接扣款。

其他方式的购物与此相类似，都需要消费者告知商家自己的电话号码，然后商家回电，进行确认。

2. SKT 的 Moneta

SK Telecom（SK 电讯）是 SK 集团的一家子公司，是韩国第一大电信运营商。SK 电信是最早推出彩铃业务的一家韩国电信运营商，其前身是成立于 1984 年的韩国移动通信（KMT）。1994 年，SK 集团开始参与 KMT 的经营，并成为最大的股东，1997 年，KMT 正式改名为 SK Telecom（SK 电信）。

早在 2001 年，SKT 便与 K Telecom 联合五家卡类组织（KORAM Bank、Sumsung Card、LG Card、Korea Exchange Card、Hang Card）共同推出移动支付业务品牌 Moneta。

现在申请该项业务的用户可获得两张卡，一张是具有信用卡功能的手机 IC 卡，另一张是供用户在没有 Moneta 服务的场所使用的磁卡。

用户将具有信用卡功能的手机智慧卡安装到手机上，便可在商场用手机进行结算、在内建有红外线的自动柜员机提取现金、在自动贩卖机买饮料，甚至还可用手机支付地铁等交通费用，无须携带专门的信用卡，而且同样可以得到发票。目前 SKT 已在韩国商店里安装了数十万 Moneta 接收器，Moneta 用户也已超过 300 万名。

SKT 的发展过程主要分为市场导入与业务整合这两大阶段。

第一阶段为市场导入阶段，面临的问题是用户没有养成使用习惯，以及银行分配利益的矛盾问题。

对策：业务细分策略，针对不同功能需求提供不同类型服务，满足了不同用户的需求，使更多的用户熟悉了行动支付服务。

SKT 提供的移动支付服务项目有以下几种。

① 金融资讯服务：通过个性化的有线/无线方式的整合，为手机用户提供股票资讯、金融游戏、即时保险资讯等金融资讯。② 手机信用卡服务：通过手机内建晶片为用户提供信用卡消费功能及其他优惠服务。③ 行动现金服务：基于银行账户在 SKT 网络上建立虚拟账户，提供手机用户之间的汇款、转账和结算功能。④ 手机小额结算服务：专门针对网站业务收费而提供的小额支付业务，用户只要在网站上输入自己的手机号码及相关密码就可完成付费。

成效：用户数和业务收入不断增加，再加上银行和信用卡公司对此项服务的认可，韩国行动支付服务环境开始好转。

第二阶段为业务整合阶段。

2004 年 8 月推出全新的 M-bank 服务，核心理念是将各种金融业务功能逐步整合，让用户享受无处不在的银行服务。M-bank 业务可在 17 个商业银行间使用，该业务在 2006 年用户数就已经超过了1 000 万。

在新的服务架构之下，用户可通过手机内建的智慧型晶片，使用余额查询、汇款、现金提款、信用卡、交通卡等多种服务，特色在于结算资讯密码化，当用户使用该服务进行汇款等行动支付服务时，输入密码之后，密码化的资讯会回传到 SKT 进行身份确认，然后再传到信用卡公司得到交易确认，具有相当高的安全性。

SKT 还同世界两大信用卡系统 Visa 和万事达卡结成联盟，以在国际范围内推广其 M-bank 服务的应用。早在 2004 年，SKT 即实现 M-bank 在中国北京和上海的漫游服务。

该阶段主要提供以下服务。

① 有线无线整合服务。加入 Moneta 网站会员，并获得有线无线认证后，便可以通过 WEB 和手机，自由自在地管理 Moneta 提供的个人化的有线无线整合服务。Moneta 移动证券金融服务让用户无论何时何地都能够收到股票信息。利用位置信息，为顾客提供定制型公寓信息；实时提供各个保险公司的车辆保险费；提供有线无线连动的个人化服务。使用配置 IC 芯片（智能卡）的专用手机，无论何时何地，都能够方便地利用银行业务、现金卡、信用卡、电子货币服务的移动金融服务。Moneta 交通给用户提供一种可直接利用公共交通的服务。无论何时何地，都能够利用全国各地的公共交通。拥有 IC 芯片的最高保安水平和公交卡那样贴一下就行的便利而著称的 Moneta ID，可将工作证、出入证下载到 Moneta 后使用。若在国税厅现金发票网站上注册了手机号码和身份证号码，便可以下载到芯片后使用现金发票服务。

② Moneta 卡。将配置各种卡（信用卡、交通卡、会员卡、现金卡等）功能的芯片安装在手机上，使用一般信用卡加盟店或公共交通时，可便利安全地进行结算。

Moneta 具有以下特性。

① 便利性。

无须携带各种卡和现金，而且携带便利，仅用一个芯片，就可以解决所有商务买卖。（可利用地铁、公交、ATM、一般信用卡加盟店、在线购物商场等）。结算时，不需要复杂的过程，犹如交通卡那样，只需将手机的电池部分贴在 Dongle 部分即可。

到银行后，无须排队等候。无论何时何地，都可以处理银行业务。从账户查询、汇款、支票查询、使用信用卡和 ATM 机，一直到交通卡，只要手机在手，一切就可迎刃而解。即使远赴海外，也可以如同国内那样，进行金融交易。IC 芯片安全地记录了顾客使用的金融信息，无需另行输入。仅用一个按钮便可以链接和利用银行。

② 安全性。

不同于普通的塑料卡，IC 芯片式卡，不仅不能伪造、变造和复制，而且在结算时还需要顾客亲自输入信用卡号码，因此即使被盗或丢失也不会被他人擅自使用。个人认证号码（PIN）、账户密码和保安卡等，采用三重保安，非常安全可靠。输入密码时，若超过规定次数，就自动锁住，因此即使丢失手机，也无须担心。使用记忆元的 IC 芯片，不会被黑客攻破。

③ 集成性。

将信用卡、电子货币、交通卡、会员卡等各种支付手段集成于一个芯片，使用起来非常方便。

3. 日本手机支付

日本是移动支付业务发展最为成功的国家之一。三家移动运营商 NTT DoCoMo、KDDI 和软银（原 Vodafone K.K）分别于 2004 年 7 月、2005 年 7 月和 2005 年 11 月推出了移动支付业务，采用的都是索尼公司开发的 FeliCa 技术。经过几年的发展，移动支付业务在日本已具备相当的规模。截止到 2007 年 4 月，NTT DoCoMo 移动支付业务用户 2 150 万户，占全部用户总数的 44%。2005 年 11 月以信用卡公司 JCB 为主导，由多家运营商和信用卡机构发起成立的"移动支付联盟"旨在建立跨发卡机构、跨运营商的移动支付标准，推进消费者使用手机购物。2006 年 4 月 NTT DoCoMo 将移动支付业务渗透到消费信贷，推出 DCMX 品牌的移动信用卡，用户可选择小额和大额两种信贷方式，使移动支付业务在日本的发展更进一步。日本的移动运营商普遍采取注资金融机构的方式主导产业链发展。

NTTDoCoMo 采用注资的方式拥有了两家信用卡公司的股份。2005 年 4 月注资 1 000 亿日元（9.45 亿美元）获得三井住友信用卡公司 34% 的股份；2006 年 3 月又注资 10 亿日元获得瑞穗关联企业 UCCard 18% 的股权。日本第二大移动运营商 KDDI 也采取了同样的方法，于 2006 年 4 月宣布将和东京三菱 UFJ 共同出资筹建首家以移动电话作为主渠道的银行。日本可以称得上是移动互联网业务发展最好的国家之一，其移动数据业务收入约占全球 40% 的份额，接近 1/3 的日本人使用移动互联网业务，其中 80% 在 3G 终端上使用移动互联网业务。日本移动互联网发展开始于 1999 年 2 月 NTT DoCoMo 推出的 i-mode 服务。在全球许多运营商还在开发基于 WAP 的移动互联网服务之时，i-mode 采取了标准的 HTML 互联网格式。实践证明，这种方式加快了移动互联网的普及与发展。

日本移动支付产业由该国最大的移动运营商 NTT DoCoMo 与电子产品巨头 SONY 所引领。两家公司正在共同推行其"i-mode Felica"移动钱包方案，并建立 Felica Networks 平台，允许其他运营商与服务供应商加入。

NTT DoCoMo 的"钱包手机"内嵌 Felica 芯片，支持各种零售、电子票务、娱乐消费等非接触式支付。

NTT DoCoMo 市场占有率最高。2004 年 8 月，NTT DoCoMo 推出采用索尼公司 FeliCaIC 技术的移动支付业务——"Csaifu-Keitai"；2006 年 3 月，NTT DoCoMo 投入 7 690 万美元购买日本第二大便利连锁商店 Lawson 2% 的股份，以使得 DoCoMo 的用户可以在 Lawson 的 100 个商店内使用手机支付货款。2006 年 4 月，NTT DoCoMo 宣布推出 DCMX 子品牌的移动信用卡，可透支消费，将移动支付渗透到消费信贷领域。2006 年 9 月，NTT DoCoMo 同日本的另外 3 家非接触式支付品牌——东日本铁路公司"西瓜卡"（Suica）、bitWallet 公司 Edy、JCB 的 QuicPay 达成协议，4 家同意共享支付平台，各自的产品将使用统一的 POS 终端。

2007 年 4 月，NTT DoCoMo 移动支付业务用户 2 150 万户，占移动支付业务用户的 44%。

NTTDoCoMo 的经营模式如图 4-15 所示。NTT DoCoMo 采用 FeliCa IC 技术的移动支付业务品牌为"Osaifu-Keitai"，其字面意义为"手机钱包"，这是 NTT DoCoMo 公司旗下的一个商标，这是与 Sony 公司旗下的 FeliCa ICs 技术进行兼容的一种服务。

Osaifu-Keitai 业务按照合作伙伴可分为六类，即交通业务、票务业务、先支付的移动支付业务、后支付的移动支付业务、小额零售支付业务和在线购物服务。而按照服务性质又可分为会员卡、身份证明、交通服务、票务、购物、在线购物、手机钱包。最近 Osiafu-Keitai 又推出了的商务信息服务。

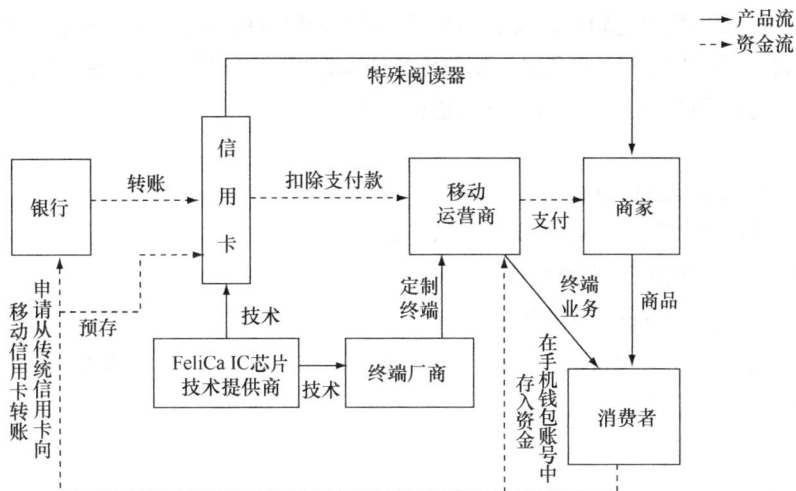

图 4-15　NTT DoCoMo 的经营模式

在"Osaifu-Keitai"总移动支付业务下又分 3 类子业务。

① "Osaifu-Keitai"手机钱包业务。

该业务是最普通的手机钱包业务，没有银行的介入。用户在 NTT DoCoMo 申请一个手机钱包账号，并预存一部分金额就可以使用。用户使用该服务购买商品所付的款项直接从在手机钱包预存的账号中扣除。使用"Osaifu-Keitai"手机钱包业务无须输入密码。

② ID 借记卡业务。

该业务是 NTT DoCoMo 和三井住友银行合作推出的移动支付业务。双方合作推出 ID 借记卡，借记卡信息将储存在 FeliCa 芯片中。用户需要事先在 ID 借记卡中预存一些金额，才能使用 ID 借记卡业务消费。ID 借记卡能和三井住友银行的普通信用卡相连，用户可以从三井住友的普通信用卡向 ID 借记卡转账。一般情况下，使用 ID 借记卡业务无须输入密码，但如果用户购买商品金额超过 ID 借记卡中的余额，则需输入密码。NTT DoCoMo 通过 ID 借记卡业务搭建了一个移动信用卡平台，以吸引金融机构加入，目前加入到此移动信用卡平台的金融机构有三井住友银行和瑞穗银行。

③ DCMX 信用卡业务。

DCMX 信用卡业务真正将移动支付业务渗透到消费信贷领域。用户使用 DCMX 业务无需在信用卡中预存金额就可以透支消费。DCMX 分两种透支额度：一种是 DCMX mini，可透支 1 万日元，用户消费无须输入验证密码；另一种是 DCMX，透支额度为 20 万日元，单笔消费 1 万日元以上需输入验证密码。与 NTT DoCoMo 合作推出此项业务的同样是三井住友银行。

日本移动支付产业发展的特性是采用共同技术 FeliCa IC 技术，以及移动运营商主导的经营模式，良好的兼容性与日本移动运营商庞大的用户基础是保证移动支付市场不断壮大的重要因素。

4. 德国手机支付 Crandy

Crandy 是一种以手机为载体的移动支付体系，由德国移动运营商 NCS 提供。NCS（NCS mobile payment bank GmbH）是欧盟第一个获得电子银行执照的移动支付运营商。

Crandy 的使用非常简单，只需开设一个免费的 Crandy 账户并将钱转入其中即可使用。如果你第一次使用 Crandy，NCS 公司的自动电话支付系统会免费为你开通账户。Crandy 账户号码也就是你的手机号码。Crandy 账户中的资产与你的移动电话的话费无关，同时你也不能用你的手机话费来支付 Crandy 账单。

开通账户后，将银行账户的钱转入你的 Crandy 账户，可通过银行转账、网上支付、信用卡转账等多种形式实现，但值得注意的是信用卡转账额度控制为每日 5 欧元。每日消费上限为 30 欧元，周上限为 150 欧元。你可以通过免费服务电话或者短信息来保证你的 Crandy 账户上有适当的余额。

利用 Crandy，你可以在自动售货机、互联网或 Crandy 专卖点进行支付交易。Crandy 充值和使用一些消费都需要身份验证，可通过电话、短信进行验证。

验证方法一：

电话验证：0800-2-272639-106。

用户听到语音问题：请您输入验证码，以星号键结束。

操作之后，用户听到提示：转账完成，谢谢。

验证方法二：回复 Crandy 发来的短信。

如果用户收到 Crandy 公司发来的短信，通过回复短信的方式，同样可以快捷地完成转账。

Crandy 的支付功能如下。

① 停车付费。

用户简单地向号码为 86677 的短信发送停车场的号码和以分为单位的计价数量。真实的停车确认会在稍后以短信反馈到卡上，钱会自动从 Crandy 的账户中转出去，同时缴纳停车费，如果 Crandy 用户总是把同一辆车停在同一个停车场里，就会得到优惠。

② 自动售货。

每个 Crandy 的用户都能快捷地用手机购买咖啡，在确定账户上有足够的资金后，自动售货机会投放商品，他们就能得到想要的商品。

③ 电子票务。

每个 Crandy 用户都能预订门票并用短信付费。比如，用 Crandy 在网上购买音乐会门票，用户向一个特殊的服务热线发送一个短信息，Crandy 会用这个短信息锁定一张六位数字的虚拟电子票，用户可以凭这个号码进入音乐会，在入口处有人会检测这张虚拟门票。

④ 购买具有年龄限制的产品如烟和酒时须进行年龄审核。

⑤ 特殊优惠。

Crandy 还提供许多的特殊优惠。Crandy 通过派发许多种优惠奖券来吸引人们的注意力。每一个持有这种卡的人都可以通过卡片和短信息享受到特殊的商品优惠，每一次充值都会得到优惠。

Crandy 客户奖励系统常有以下两种方式。

- 有目的、有范围或是随机地发送奖券 （例如一个免费汉堡的奖券）。
- 绑定功能的优惠（例如以非常优惠的价格打电话或者赠送话费充值）。

Crandy 之所以得到如此广泛的应用，主要得益于它使用的方便和快捷，整个支付过程完全依靠手机来完成且费用低廉。

5. Square 移动支付

Square 公司是美国一家移动支付公司，创始人是 JackDorsey，总部地点在旧金山中心市场大街 1455 号，2009 年成立。公司口号是："Pay, without paying"，即只埋单，不付钱。2012 年 12 月 Square 旗下应用 Square Wallet 针对美国地区用户添加了 Gift Cards 功能，用户可以在应用里购买礼品卡送给朋友。2014 年 11 月 18 日，美国移动消息应用 Snapchat 与移动支付服务 Square 合作推出一项新服务，帮助用户彼此之间进行资金转账。

Square 用户（消费者或商家）利用 Square 提供的移动读卡器，配合智能手机使用，可以在任何 3G 或 WiFi 网络状态下，通过应用程序匹配刷卡消费，这使得消费者、商家可以在任何地方进行付款和收款，并保存相应的消费信息，从而大大降低了刷卡消费支付的技术门槛和硬件需求。Square 从所有交易中收取一定比例的费用。

　　除了体积小、易操作，消费者和商家选择 Square Card Reader 是因为它还具备一些独特的优点。例如，它提供的账单按天进行结算，而银行通常是按月结算。Square 读卡器可免费领取。对于消费者来说，它有个贴心服务是账单支付由电子邮件寄送，并会附上 GPS 定位的位置，方便核实记录；而对于商家来说，它能存储和分析用户消费信息，有利于促销。

　　Square 成本主要来自三个方面：一是交付给各银行的交易佣金；二是 Square 刷卡器硬件成本；三是团队的开发和运营成本。而最主要的收入来源则是交易佣金。

　　使用 Square 接受信用卡和借记卡付款的个人和企业用户已经超过 200 万，其中，约有 20 万家餐馆、咖啡馆和酒吧被收录进 Square 的目录服务。如果从地图上看，西雅图和博伊西等城市的闹市区就有很多商家被 Square 目录服务收录，在 Square 总部所在地旧金山则列出了更多商家。消费者可以使用该目录服务查看餐馆的菜单，并寻找优惠促销，然后利用 Square Wallet 应用付款，Square Wallet 是一款手机应用软件，可以直接下载到手机中使用，并用于存储银行卡信息。尽管该服务并不提供评论功能，但部分商家却可以推荐一些菜品和积分，例如首次消费享受五折优惠，或者每消费 6 次打九折。

　　2015 年 3 月 23 日，Square 推出了 Square Cash 的商业版。Square Cash 是 Square 在 13 年推出的支付系统，用户可以通过 Square Cash 在邮件里或是 Square Cash 应用里互相转账，前提是用户在 Square Cash 上注册自己的一张借记卡。

6．Apple Pay

　　Apple Pay，是苹果公司在 2014 年苹果秋季新品发布会上发布的一种基于 NFC 的手机支付功能，于 2014 年 10 月 20 日在美国正式上线。Apple Pay 自上线以来，已经占据数字支付市场交易额的 1%。2/3 的 Apple Pay 新用户已多次使用这项服务。据统计，Apple Pay 用户平均每周使用 Apple Pay 1.4 次。

　　2016 年 2 月 18 日凌晨 5：00，Apple Pay 业务在中国上线。Apple Pay 在中国支持中国工商银行、中国农业银行、中国建设银行、中国银行、中国交通银行、邮政储蓄、招商银行、兴业银行、中信银行、民生银行、平安银行、光大银行、华夏银行、浦发银行、广发银行、北京银行、宁波银行、上海银行和广州银行 19 家银行发行的借记卡和信用卡。将它们与 Apple Pay 关联，就能使用新的支付服务。中国是全球第五个、亚洲第一个上线该服务的国家。

　　使用 Apple Pay 需要在苹果系统自带的 Wallet 程序里添加银行卡。iPhone 用户点击进入 Wallet 后，点击屏幕右上方的+号，再点击"下一步"就可进入申请页面，然后将银行卡正面放置在 iPhone 摄像头前，使卡面出现在屏幕的提示框内，系统会自动识别卡号，当然也可以手工输入卡号。接下来需要手工输入姓名、卡片有效期与安全码，还要阅读业务须知并选择接受。添加卡片成功后需激活才能使用，客户要确认手机号，并接收和输入验证码，才能成功激活。

　　如果需要在 Apple Watch 上添加，只要在相关联的 iPhone 上打开 Watch APP，轻点"Wallet 与 Apple Pay"，再轻点"添加信用卡或借记卡"，也可同样进行设置。需要注意的是，只有 IOS9.2 以上的版本才支持 Apple Pay。

　　同一台苹果设备可添加同一家银行 5 张信用卡，首张添加卡即为默认卡。客户可以在"Wallet"APP 中通过长按卡片并将该卡排列为首位的方式将该卡设为默认付款卡，也可在"设置-Wallet 与 Apple Pay"功能中设置默认付款卡。

　　使用 Apple Pay 不需要手机接入互联网，也不需要点击进入 APP，甚至无须唤醒显示屏，只要将 iPhone 靠近有银联闪付标志的读卡器，并将手指放在 HOME 键上验证指纹，即可进行支付。也可以在 iPhone 处于黑屏锁定状态时，轻点两下主屏幕按钮进入 Wallet，快速进行购买。如果交易终端显示需要输入密码，还需要输入银行卡的交易密码。只需一两秒就可以完成 Apple Pay 支付。

根据工行提供的信息，Apple Pay 中的支付卡有效期为五年，不收取年费和挂失手续费。客户申请的 Apple Pay 支付卡与绑定的已有信用卡使用统一账户，共享账户信用额度。Apple Pay 支付卡单笔支付限额为 2 万元人民币，日累计支付限额为 5 万元人民币。客户可通过工行营业网点、电子银行等渠道申请调整卡片信用额度。如果客户调整实体卡信用额度，Apple Pay 支付卡不同步调整。除了在免密支付额度以内、使用银联芯片信用卡"免密免签"功能或在境外免输密码网络交易等几种情况，Apple Pay 在支付时要求笔笔输密，密码与实体卡密码相同，且不能单独修改。如果实体卡密码有调整，Apple Pay 的密码也要同步更新。

4.4　第三方支付

4.4.1　第三方支付概述

伴随经济和贸易的发展，为商业银行进行清分和结算的清算机构出现，这些清算机构逐渐演变成独立的第三方机构，即独立于交易双方的第三方机构和组织。

根据维基百科，术语第三方机构（Third Party）最初来源于美国选举制度，指不同于选举双方之外的独立党派，具有独立性和中立性。逐渐第三方机构进入商务运作领域，通常指交易双方之外的机构，第三方机构具有独立性和中立性。在金融业，清算机构大多属于第三方机构，为交易双方进行资金清算。因此广义上讲，第三方清算机构泛指所有对金融机构和企业提供资金清算的机构，如 SWIFT、FEDWIRE、CHIPS 以及中国现代化支付系统等。信用卡组织也属于第三方清算机构，但信用卡组织仅对信用卡交易进行清算。

伴随电子商务的发展，由于电子商务基于信任的本质，基于互联网的第三方支付清算机构（或称第三方支付）大量出现，比较典型的有美国的 PayPal、中国的支付宝等。狭义上讲，第三方支付清算机构仅指基于互联网的资金清算系统。根据《中国支付清算组织管理办法》（征求意见稿，2005 年），支付清算组织，是指依照有关法律法规和本办法规定在中华人民共和国境内设立的，向参与者提供支付清算服务的法人组织。

与传统金融清算机构相似之处在于，都是为交易双方提供资金清算。然而与传统金融清算机构不同，网络第三方支付清算机构面对的资金清算对象不仅仅是银行等金融机构，而且还直接为交易者双方，即消费者和企业提供资金清算。网络第三方支付清算机构与信用卡机构的清算有许多相似之处。相同之处在于都是为商品交易双方，即买方和卖方提供支付便利；与信用卡清算机制不同之处在于，信用卡机构面对会员银行进行清算，不直接与消费者和企业发生关联，而是通过发卡行与收单行发展客户；另外，由于互联网电子商务的特性，买方和卖方可以都是个体消费者，或者说个体商家；也可以是企业。比较成功的第三方支付清算机构还依托于网络交易平台，例如 PayPal 和支付宝分别依托于 e-Bay 和淘宝电子商务平台。

第三方支付的诞生，对消费者、企业和商业银行都有益处。对商业银行，增加了网络银行和银行卡交易，增加了收入来源。对企业，有利于产品销售。对于消费者，降低了支付成本。支付宝创立的信用担保机制弥补了中国信用体系的不够完善、信用缺失的问题，这一金融创新，促进了中国电子商务的发展。

PayPal 自 1998 年成立至今，一直致力于引领在线支付革新，帮助用户有效管理并支配资金。通过持续创新，PayPal 在全球范围内已经拥有超过 1.48 亿活跃用户，服务遍及全球 193 个国家及地区，共支持 26 种货币付款交易，日处理交易量达到 900 万笔。而支付宝从 2004 年建立至今，支付宝及支付宝钱包已经成为线上及线下众多商家首选的支付解决方案，为连接亿万用户及商户提供了基础的资金流服务。支付宝实名用户超过 3 亿，支付宝钱包活跃用户超过 2.7 亿，单日手机支付量超过 4 500 万笔，2014 年"双十一"全天，支付宝手机支付交易笔数达到 1.97 亿笔。目前，支付宝已经跟国内外 180 多家银行以及 VISA、MasterCard 国际组织等机构建立了深入的战略合作关系。

1．第三方支付的功能

根据中国人民银行《非金融机构支付服务管理办法》（2010 年 9 月 1 日起施行），非金融机构支付服务主要包括网络支付、预付卡的发行与受理、银行卡收单以及央行确定的其他支付服务。其中网络支付行为包括货币汇兑、互联网支付、移动电话支付、固定电话支付、数字电视支付等。第三方支付具有以下功能：

（1）为银行业金融机构办理票据和结算凭证等纸质支付指令交换和计算；

（2）为银行卡等卡类支付业务的机构提供支付指令的交换和计算以及提供专用系统；

（3）为银行业金融机构或其他机构及个人之间提供电子支付指令交换和计算；

（4）为其他参与者提供支付指令交换和计算；参与者是指接受支付清算组织章程制约，可以发送、接收支付指令的金融机构及其他机构。

其中，支付清算是指支付指令的交换和计算；支付指令是指参与者以纸质、磁介质或电子形式发出的，办理确定金额的资金转账命令； 支付指令的交换是指提供专用的支付指令传输路径，用于支付指令的接收、清分和发送；支付指令的计算是指对支付指令进行汇总和轧差。

支付清算组织按照为参与者提供支付清算服务范围不同，分为全国性、区域性和地方性支付清算组织。全国性支付清算组织是指在全国范围内提供支付清算服务的法人组织。区域性支付清算组织是指为毗邻省（自治区、直辖市，以下同）的参与者提供支付清算服务的法人组织。地方性支付清算组织是指为省内参与者提供支付清算服务的法人组织。

对于第三方支付，最主要的风险是流动性风险、信用风险和操作风险。第三方支付清算组织应建立清算业务风险防范机制，制定并实施识别、计量、监测和管理风险的制度。对于信用风险，第三方支付机构应当建立参与者信用风险损失分担的规则和程序；对于操作风险，第三方支付机构应当建立应急系统，制订应急预案和持续性计划，确保支付清算系统安全可靠运行；对于流动性风险，应建立应提准备金，以防范流动性危机。

2．第三方支付运作模式

目前，第三方支付主流业务模式分为互联网支付、手机支付和预付卡支付三大类，如图 4-16 所示。

图 4-16　第三方支付主流业务模式

4.4.2 第三方支付典型案例分析

1．支付宝

支付宝，是以个人为中心，以实名和信任为基础的一站式场景平台。图 4-17 所示为支付宝图标。自 2004 年成立以来，支付宝已经与超过 200 家金融机构达成合作，为近千万小微商户提供支付服务。截至 2015 年 6 月底，实名用户数已经超过 4 亿。在覆盖绝大部分线上消费场景的同时，支付宝也正在大力拓展各种线下场景，包括餐饮、超市、便利店、出租车、公共交通等。目前，支持支付宝的线下门店超过 20 万家，出租车专车超过 50 万辆。支付宝的国际拓展也在加速。目前，境外超过 30 个国家

图 4-17　支付宝图标

和地区，近 2 000 个签约商户已经支持支付宝收款，覆盖 14 种主流货币。在金融理财领域，支付宝为用户购买余额宝、基金等理财产品提供支付服务。目前，使用支付宝支付的理财用户数超过 2 亿。

2003 年 10 月，支付宝首先在淘宝购物网上出现。2004 年 12 月 8 日支付宝（中国）网络技术有限公司成立，12 月 30 日支付宝网站（www.alipay.com）正式上线并独立运营。随后，支付宝根据网购市场的需求不断改进和完善自身的产品，越来越多的人使用支付宝在网上购物。

支付宝支付交易流程如下：

（1）客户在电子商务网站上选购商品，最后决定购买，买卖双方在网上达成交易意向；

（2）客户选择利用支付宝作为交易中介，客户用信用卡将货款划到支付宝账户；

（3）支付宝支付平台将客户已经付款的消息通知商家，并要求商家在规定时间内发货；

（4）商家收到通知后按照订单发货；

（5）客户收到货物并验证后通知支付宝；

（6）支付宝将其账户上的货款划入商家账户中，交易完成。

由于中国现阶段信用体系较为薄弱，买家的利益难以得到很好的保障。而电子商务交易成功的关键恰恰基于信任机制，支付宝推出了担保交易的形式，解决网上交易及付款中的信任问题。支付宝与 PayPal 运作的差异在于支付宝的担保交易机制，特别是客户接到货物后确认流程。这在目前中国信用环境下具有创造性，对于推动中国电子商务发展起到重要作用。

支付宝（中国）网络技术有限公司是国内领先的第三方支付平台，致力于提供"简单、安全、快速"的支付解决方案。支付宝公司从 2004 年建立开始，始终以"信任"作为产品和服务的核心。旗下有"支付宝"与"支付宝钱包"两个独立品牌。自 2014 年第二季度开始成为当前全球最大的移动支付厂商。

支付宝主要提供支付及理财服务，包括网购担保交易、网络支付、转账、信用卡还款、手机充值、水电煤缴费、个人理财等多个领域。在进入移动支付领域后，为零售百货、电影院线、连锁商超和出租车等多个行业提供服务，还推出了余额宝等理财服务。同时，支付宝与国内外 180 多家银行以及 VISA、MasterCard 国际组织等机构建立战略合作关系，成为金融机构在电子支付领域最为信任的合作伙伴。

支付宝大事记：

- 2004 年，支付宝从淘宝网分拆独立，逐渐向更多的合作方提供支付服务，发展成为中国最大的第三方支付平台。

- 2003 年 10 月 18 日，淘宝网首次推出支付宝服务。

- 2004 年 12 月 8 日，浙江支付宝网络科技有限公司成立。

- 2005 年 2 月 2 日，支付宝推出"全额赔付"支付，提出"你敢用，我敢赔"承诺。
- 2008 年 2 月 27 日，支付宝发布移动电子商务战略，推出手机支付业务。
- 2008 年 10 月 25 日，支付宝公共事业缴费正式上线，支持水、电、煤、通信等缴费。
- 2010 年 12 月 23 日，支付宝与中国银行合作，首次推出信用卡快捷支付。
- 2011 年 5 月 26 日，支付宝获得央行颁发的国内第一张《支付业务许可证》（业内又称"支付牌照"）。
- 2013 年 6 月，支付宝推出账户余额增值服务"余额宝"，通过余额宝，用户不仅能够得到较高的收益，还能随时消费支付和转出，无任何手续费。
- 2013 年 11 月 13 日，支付宝手机支付用户超 1 亿，"支付宝钱包"用户数达 1 亿，支付宝钱包正式宣布成为独立品牌。
- 2013 年 11 月 30 日，12306 网站支持支付宝购买火车票。
- 2013 年 12 月 31 日，支付宝实名认证用户超过 3 亿。
- 2013 年，支付宝手机支付完成超过 27.8 亿笔、金额超过 9 000 亿元，成为全球最大的移动支付公司。来自艾瑞咨询的数据显示，自 2013 年第一季度以来，支付宝在移动互联网支付市场份额从 67.6% 逐步提升至 78.4%，居第一。
- 截至 2013 年底，支付宝实名认证的用户数超过 3 亿。2013 年，支付宝单日交易笔数的峰值达到 1.88 亿笔。其中，移动支付单日交易笔数峰值达到 4 518 万笔，移动支付单日交易额峰值达到 113 亿元人民币。
- 2014 年 2 月 28 日，余额宝用户数突破 8 100 万。
- 2014 年 3 月 20 日，支付宝每天的移动支付笔数超过 2 500 万笔。
- 2014 年 8 月 27 日，支付宝钱包开放平台上线。
- 2014 年"双十一"全天，支付宝移动支付交易笔数达到 1.97 亿笔，同比增长 336%。
- 2014 年 11 月 20 日，蚂蚁金服旗下支付宝公司宣布推出"海外直购"服务。
- 2014 年 12 月 1 日支付宝宣布推出"海外交通卡"服务，用户出境旅行可用支付宝钱包秒购海外交通卡。这一服务率先覆盖新加坡、泰国等地。
- 2014 年"双十二"，约 2 万家门店参与"双十二"活动，当天使用支付宝钱包付款可打 5 折，范围覆盖餐馆、甜品店、面包店、超市、便利店等多个日常消费场所。
- 2015 年 2 月 18 日凌晨 1 点到 2 月 19 日凌晨 1 点，24 小时内 6.83 亿人次使用了支付宝红包。新春红包上线以来，已经有 17.2 亿人次通过支付宝红包给朋友送去祝福。24 小时内，支付宝红包收发总量达到 2.4 亿个，总金额达到 40 亿元。
- 2015 年 7 月 8 日，新支付宝 9.0 正式发布。
- 2015 年"双十一"期间，支付宝共完成 7.1 亿笔支付。支付峰值出现在凌晨 0 点 5 分 1 秒，达到 8.59 万笔/秒。首次参与"双十一"的蚂蚁花呗，全天交易笔数达到 6 048 万笔，支付成功率达 99.99%，平均每笔支付用时仅 0.035 秒。
- 2015 年支付宝口碑"双十二"狂欢节当天，全国总共有 2 800 万人参与其中，其中 80 后、90 后仍为参与主力，占比超 79%。数据显示，"双十二"这一天，支付宝与口碑为线下商户总共带去了 1 951 万新增会员。
- 2016 年 1 月 7 日，央视与支付宝在北京联合发布了 2016 年春晚的互动新玩法——咻红包、传福气。2016 年的央视春晚，支付宝成为央视独家互动合作平台。
- 2016 年 2 月 8 日除夕夜，支付宝"咻一咻"互动平台的总参与次数达到 3 245 亿次，是 2015

年春晚互动次数的 29.5 倍。最终，有 791 405 位用户集齐了五福，平分了 2.15 亿元的大奖。

- 2016 年 5 月 31 日，支付宝携手深圳人社局创"互联网+社保"业务深圳模式。

支付宝除了支持交易支付，还具有以下功能。

（1）转账

通过支付宝转账分为两种：① 转账到支付宝账号，资金瞬间到达对方支付宝账户；② 转账到银行卡，用户可以转账到自己或他人的银行卡，支付宝支持百余家银行。

（2）缴费

2008 年底开始，支付宝推进公共事业缴费服务，已经覆盖了全国 300 多个城市，支持 1 200 多个合作机构。除了水电煤等基础生活缴费外，还扩展到交通罚款、物业费、有线电视费等更多与老百姓生活息息相关的缴费领域。常用的在线缴费服务有水电煤缴费、教育缴费、交通罚款、有线电视费等。

（3）服务窗

在支付宝钱包的"服务"中添加相关服务账号，就能在钱包内获得更多服务，包括银行服务、缴费服务、保险理财、手机通信服务、交通旅行、零售百货、医疗健康、休闲娱乐、美食吃喝等 10 余个类目。区别于其他公众服务平台，服务窗具有天然的支付基因、超亿的支付用户群体，以及严格审核的商户服务，这使得服务窗能够产生更大的生态价值。

例如：

挂号网——在线预约挂号服务；

中信银行——实时消费提醒、账单查询、积分兑换、余额查询、还款等；

国网山东电力公司——余额查询、每日电量查询、缴费记录查询、以及电费预警、出账、欠费、停复电均可通知用户；

中国电信——余额宝 0 元购机享收益服务，广东地区可享受该服务；

支付宝公众服务 12306——在线查询火车票信息；

万达电影——在线购票、选座；

新希望双峰乳业——第一家在支付宝钱包实现在线订购牛奶的商户；

市民云@上海生活——上海市民可用支付宝查公积金、养老、医保、交通违章；

交通违章代办——轻松搞定异地交通违章罚款。

（4）线下服务

用户装上支付宝钱包后，就可以在商场小巷享受电子支付带来的好处。自 2013 年 11 月起，全国 29 家银泰百货、银泰城门店都可以使用支付宝钱包付款。2013 年 12 月开始，美宜佳、红旗连锁、喜士多 C-STORE、7-11 等多家连锁便利店企业陆续全面支持支付宝支付；12 月，北京出租车司机开始接受支付宝付打车费。随后，万达影院、大悦城、王府井等全国大型零售企业以及电影院、KTV 和餐饮企业等接入支付宝。使用支付宝时，资金可以事先充值到支付宝账户，也可以在支付时使用银行卡（包括信用卡、借记卡）和充值卡。

（5）快捷支付

快捷支付是为网络支付量身定做的网银服务，主推支付功能，由银行与支付宝直连，保障了支付的安全性和便捷性，其支付成功率达到了 95% 左右。用户可以通过在银行留下的联系方式、银行卡号、手机校验码等信息快速开通快捷支付服务。付款时输入支付宝支付密码。快捷支付的便捷性更强，支付宝与保险公司承诺用户资金安全。180 多家银行与支付宝合作提供了快捷支付服务。

（6）余额宝

余额宝是支付宝推出的理财服务，但也能用于日常的购物、还信用卡等支付。在用于支付时，余额宝的优势在于额度较大、支付成功率非常高。余额宝还能获得理财收益。余额宝占支付宝支付的比例正在逐步升高。

（7）专卡支付

支付宝支持全球（除美国华盛顿州）发卡机构发行的 Visa/MasterCard/JCB 卡，只需在付款时登录相应网银，即可享受购物乐趣。

（8）预付卡服务

支付宝卡是由支付宝发行的自有预付卡，卡内资金可以在所有支付宝支持的商家购买商品时使用，暂支持天猫商城及淘宝平台。支付宝卡面值为 100、200，该卡需要在有效期内使用，有效期为 36 个月。逾期可进行付费延期，延期后可继续使用。支付宝卡不记名，不挂失，发生退货时，使用支付宝卡支付的部分资金退回卡账户，不予提现。用户可以通过"手机话费充值卡（联通一卡充、神州行卡）"来完成支付宝付款。这种付款方式无须使用银行卡，但需要向充值服务提供方（非支付宝）缴纳手续费，标准为交易金额的 5%。

（9）线下付款

支付宝用户也可以去身边的便利店、邮局、药店等支付宝合作网点完成付款。无须开通网上银行，线下解决付款问题，刷卡现金均可。包括"拉卡拉"等自助终端机、空中充值店店主都能为支付宝订单付款。合作的网点覆盖了北京、上海、广州、深圳、杭州、成都等 25 个大中城市，总计 10 万个网点。

（10）退税

2013 年 10 月，支付宝首次推出海外退税服务，消费者出国购物可以使用支付宝办理退税，税金最快 7 个工作日到账支付宝，效率比传统信用卡退税方式提速 5 倍以上。这一服务已率先在韩国开通，并逐渐推广至新加坡、欧盟等地区。目前支付宝海外购物退税的国家机场有：德国杜塞尔多夫机场、德国法兰克福机场、法国巴黎戴高乐机场、韩国（金浦机场、仁川机场）、荷兰阿姆斯特丹史基浦机场、西班牙马德里机场、意大利罗马 FCO 机场、英国伦敦希斯罗机场、意大利米兰马尔彭萨机场 T1 航站楼、瑞士苏黎世机场。

（11）海外转运

针对一些海外商家尚未提供直邮中国的服务，支付宝与海外转运服务部合作，推出一站式海外转运服务。用户海淘时可以使用支付宝"海外转运"应用提供的转运仓库地址，作为收货地址去购物。转运仓库收到商品后，用户通过支付宝支付运费，就可以坐等商家送达，并且可随时跟踪物流信息。未来，支付宝会推出转运担保服务，用户转运商品没有在指定时间内送达，可获得理赔，进一步提供海外转运的体验。

（12）留学交费

支付宝与国外支付机构 Uni-pay、PeerTransfer 合作，开通支付宝交付留学费服务。用户只要登录 Uni-pay 或 PeerTransfer 就可使用支付宝交留学费。全球支持这一服务的海外大学有麻省理工、康奈尔、利兹、杜伦、曼彻斯特大学等 300 多家。

（13）淘宝理财

淘宝理财平台搭建在淘宝网上，以服务普通网民群体的理财需求为宗旨。入驻淘宝理财的理财机构包括保险、基金、银行等，提供包括基金产品、保险理财产品以及银行理财等丰富多样的理财品种。消费者可以在淘宝理财上实现如淘宝购物般的理财选择，从筛选理财产品、购买交易以及后续管理，均可在平台上完成。同时，淘宝理财也秉承小微集团的开放性，引入如招财宝等别具特色的理财机构进入，在传统理财产品之外，向互联网网民提供定制化、特色化的理财产品。

（14）淘宝保险

淘宝保险平台依托淘宝网搭建，以向互联网网民传递风险保障和特色保障产品为宗旨，并实现全程互联网化的保险购买、管理以及理赔流程。国内主流的保险公司均已入驻淘宝保险，在平台上呈现的保险产品亦包含车险、健康险、寿险、意外险、旅行险等种类。淘宝保险同时具备互联网创新业务的保障需求与保险公司产品创新的纽带。携手保险公司推出运费险、春运险等创新险种。此外，根据不同保障群体的特性，淘宝保险搭建了国内首个以服务小微企业员工、创业者群体为主的保障平台——乐业保。通过向这一群体输送定制化、低成本的商业保险，以改善他们缺少保障的状况。

（15）透支消费

2014 年 12 月 16 日，阿里金融计划推出信用支付服务：用户使用支付宝付款不用再捆绑信用卡或储蓄卡，能够直接透支消费，额度最高 5 000 元，38 天免息期。如果出现逾期，阿里金融会短信通知，然后语音催收，最后是人工催收直至注销账户。贷款资金全部由合作银行提供，阿里巴巴旗下重庆商诚担保公司提供全额担保并承担全部风险，支付手续费由商户或客户自行承担，费用在 0.8%～1% 之间，信用支付拥有 38 天的免息期，逾期后实行基准利率 50% 的罚金。

（16）手机支付

2008 年开始支付宝开始介入手机支付业务，2009 年推出首个独立移动支付客户端，2013 年初更名为"支付宝钱包"，并于 2013 年 10 月成为与"支付宝"并行的独立品牌；用户下载安装"支付宝钱包"，使用支付宝账号登录就能使用。自 2013 年 2 月开始，用户数、支付笔数均超过 PayPal，成为全球最大平台，并且这一优势仍在不断得到强化；2014 年 3 月以来，每天支付宝的手机支付笔数已经达到 2 500 万笔以上；

（17）二维码支付

2010 年 10 月，支付宝推出国内首个二维码支付技术，帮助电商从线上向线下延伸发展空间。使用方式：用户在"支付宝钱包"内，点击"扫一扫"，对准二维码按照提示就能完成。

（18）其他方式支付

条码支付：2011 年 7 月 1 日，支付宝在广州发布条码支付（BarcodePay），适合便利店等场景使用。这是国内第一个基于条形码的支付方案，尚无同类支付技术。

使用时，用户在"支付宝钱包"内点击"付款码"，收银员使用条码枪扫描该条码，完成付款。

声波支付：2013 年 4 月 12 日，支付宝与合作方青岛易触联合推出全球首个声波售货机。市面尚无同类支付技术商用。使用方式：用户在支持声波支付的售货机等场景下，选择商品，然后在"支付宝钱包"内点击"当面付"。按照提示完成支付。

NFC 支付：2012 年 7 月 31 日，支付宝推出利用 NFC、LBS 等技术的新客户端。随后这一技术方案得到进一步改进。2014 年 4 月 28 日，支付宝钱包 8.1 版支持 NFC 功能，用户可以用其对北京公交一卡通进行充值。使用方式：将公交卡放置在具有 NFC 的安卓手机后，即可查询公交卡余额及充值。支付宝移动支付均为远程在线支付方案，NFC 在当中的作用为"近场握手、远程支付"。与统称的 NFC 略有差异。

网络电视支付：2012 年 3 月 29 日，华数传媒与支付宝推出互联网电视支付，实现 3 秒支付。使用方式：注册为华数会员，并关注服务窗号。使用"支付宝钱包"扫描电视上的二维码，完成支付。

指纹支付：2014 年 7 月 16 日，移动支付平台支付宝钱包宣布试水指纹支付服务。支付宝钱包用户在三星智能手机 Galaxy S5 上已能使用这一服务。这是国内首次在智能手机上开展的指纹支付尝试，此举不仅给用户带去更安全、更便捷的支付体验，也意味着国内移动支付产业从数字密码时代跨入生物识别时代。

2．财付通

财付通（Tenpay）是腾讯公司于 2005 年 9 月正式推出的专业在线支付平台，其核心业务是帮助在互联网上进行交易的双方完成支付和收款，图 4-18 所示为财付通图标。致力于为互联网用户和企业提供安全、便捷、专业的在线支付服务。自 2005 年成立伊始，财付通就以"安全便捷"作为产品和服务的核心，

图 4-18　财付通图标

不仅为个人用户创造 200 多种便民服务和应用场景，还为 40 多万大中型企业提供专业的资金结算解决方案。经过多年的发展，财付通服务的个人用户已超过 2 亿，服务的企业客户也超过 40 万，覆盖的行业包括游戏、航旅、电商、保险、电信、物流、钢铁、基金等。结合这些行业特性，财付通提供了快捷支付、财付通余额支付、分期支付、委托代扣、ePOS 支付、微支付等多种支付产品。

个人用户注册财付通后，即可在拍拍网及 20 多万家购物网站轻松进行购物。财付通支持全国各大银行的网银支付，用户也可以先充值到财付通，享受更加便捷的财付通余额支付体验。财付通与拍拍网、腾讯 QQ 有着很好的融合，按交易额来算，财付通排名第二，份额为 20%，仅次于支付宝。

用户使用财付通完成在线交易的流程如下。

（1）网上买家开通自己的网上银行，拥有自己的网上银行账户。

（2）买家和卖家点击 QQ 钱包，激活自己的财付通账户。

（3）买家向自己的财付通账户充值。资金从自己网上银行账户划拨到自己的财付通账户。

（4）卖家通过中介保护收款功能，选择实体或虚拟物品，如实填写商品名、金额、数量、类型后提交。提交后系统将通知买家付款，买家付款以后，系统通知卖家发货。

（5）等待卖家发货。实体物品此时可以点击"交易管理"查看交易状态，虚拟物品请查收 E-mail，状态以邮件为准。

（6）财付通向卖家发出发货通知。

（7）卖家收到通知后根据买家地址发送货物。

（8）买家收到货物后，登录财付通确认收货，同意财付通拨款给卖家。

（9）财付通将买家财付通账户冻结的应付账款转到卖家财付通账户。

（10）卖家提现，卖家只需要设置上自己姓名的银行卡就可以完成提现，没开通网银的卡也可以进行提现。

财付通支持官方 QQ 币、Q 点、QQ 服务折扣售卖、话费充值优惠、信用卡还款、彩票卖场、航班动态、各大中城市水电煤气代缴等功能。支持财付通余额、运营商话费充值卡、一点通、信用卡等多重充值支付渠道。

财付通大事记：

- 2005 年 4 月，财付通平台正式上线。

- 2006 年 9 月，财付通首发在线生活概念。

- 2006 年 12 月，财付通率先通过国家权威认证。

- 2006 年底，财付通获得 2006 年电子支付平台十佳奖、最佳便捷支付奖、中国电子支付最具增长潜力平台奖。

- 2007 年 6 月，财付通与南航达成战略合作，发力航旅行业。

- 艾瑞调查显示，财付通市场份额位居第二。

- 2007 年 12 月，财付通推出数字证书，并首推航空公司联运专区。

- 2007 年底，财付通获得最具竞争力电子支付企业奖，首获"国家电子商务专项基金"。

- 2008 年 5 月，5·12 汶川地震，通过财付通平台捐款超过 2 000 万元。
- 2009 年 3 月，艾瑞报告显示财付通市场份额超过 20%，推出手机支付。
- 2009 年 4 月，财付通与中国联通开展战略合作，开始布局通信产业链。
- 2009 年 7 月，财付通发布"会支付会生活"品牌新主张。
- 2010 年 7 月，财付通推出开放平台战略，发布超过 100 款第三方生活应用，聚集了 6 000 个第三方开发者。
- 财付通与物流行业龙头企业德邦物流合作，大力拓展物流行业。
- 2011 年 3 月，财付通联合 QQ 彩贝创新推出混合支付。
- 财付通与直销行业龙头企业玫琳凯实现合作，开始直销行业深度合作。
- 2011 年 5 月，财付通获得第三方支付牌照，成为第一批获得央行支付牌照的企业。
- 2012 年 4 月，财付通获得基金支付牌照。
- 2012 年 6 月，财付通与中国人寿实现战略合作，深度运营保险行业。
- 2013 年 8 月，联合微信，发布微信支付，强势布局移动端支付。

3．银联在线支付

"银联在线支付"是中国银联为满足各方网上支付需求而打造的银行卡网上交易转接清算平台，也是中国首个具有金融级预授权担保交易功能、全面支持所有类型银联卡的集成化、综合性网上支付平台。涵盖认证支付、快捷支付、储值卡支付、网银支付等多种支付方式，广泛应用于购物缴费、还款转账、商旅服务、基金申购、企业代收付等诸多领域。具有方

图 4-19　银联在线支付图标

便快捷、安全可靠、全球通用、金融级担保交易、综合性商户服务、无门槛网上支付六大特点。图 4-19 所示为银联在线支付图标。简单灵活的快捷支付模式，无需开通网银，加快交易进程，提升用户体验，有助银行、商户吸引更多客户，促进网上交易。多重安全技术保障，实时风险监控，充分保证支付安全。与其他担保交易提前划款给第三方账户不同，"银联在线支付"的金融级预授权担保交易，是在持卡人自有银行账户内冻结交易资金，免除利息损失和资金挪用风险，最大化保证了银行、商户和持卡人权益。延伸全球的银联网络，越来越多的银联境外网上商户让持卡人"轻点鼠标，网购全球"。根据中国银联公布的数据，2014 年"十一"期间"银联在线支付"交易额同比增长 247%，其中跨境海淘交易金额增长 90%。

（1）业务特点

① 方便快捷。简单灵活支付，无需繁琐程序，加快交易进程，提升用户体验，有助于银行、商户吸引更多客户，促进网上交易，所有银联卡普遍适用。

② 安全可靠。多重安全防控技术保障，实时风险监控，完备的风险处置和化解机制，前中后台联动，充分保证交易安全。

a. 页面输入和传输安全

在银联在线支付页面密码输入框嵌入了安全控件，可以有效防止键盘信息盗录，保护持卡人密码安全。采集到支付信息后，银联在线支付系统通过专线将密钥加密后的支付信息传至发卡银行进行信息验证。

b. 身份验证

银联在线支付的快捷模式支持静态、动态和证书三种身份验证方式。

c. 风险管理系统监控

风险管理监控系统可以进行卡片准实时监控，可以向发卡银行提示大额或可疑交易；系统也对商

户进行监控，因此需要收单机构按银联风险管理要求，正确上送商户信息，例如反映商户经营范围的MCC码等。除此之外，系统还可以向机构通报风险指标或发送相关信息文档等。

③ 全球通用。银联跨境网上支付服务已经覆盖全球主要国家和地区，国内主要银行发行的银联卡均可使用，免收货币转换费，持卡人足不出户即可"轻点鼠标，网购全球"。

④ 金融级预授权担保交易。银联在线支付是国内首个支持金融级预授权担保交易的在线支付平台，与其它担保支付方式相比，银联在线支付完全按照金融规范和标准提供预授权担保交易，在交易最终确认前，交易资金在自有账户内冻结，无需提前向第三方划转，免除利息损失和挪用风险，解决了持卡人对支付资金安全问题的担心，最大化的保证了银行、商户和持卡人的利益。银联的互联网商户通过了严格的入网审核和实名认证，在商户规则和业务管理环节，银联/收单机构要求商户提供可信赖的保证，以确保商户本身拥有良好的纠纷处理能力。

⑤ 综合性商户服务。基于中国银联强大的资金清算体系和综合服务能力，不仅可为商户提供线下线上一体化的资金清算服务、便利的交易管理服务，提高资金管理效率，更可为商户带来庞大客户资源和无限商机。

⑥ 无门槛网上支付。"银联在线支付"通过特殊的无卡支付通道，让无网银客户也能畅享网上支付服务，有助于银行减少对网银系统的资源投入，吸引更多客户进行网上交易。

（2）业务优势

① 发卡银行。银联在线支付通过与发卡银行建立可持续发展的互利共赢的商业模式，助力发卡银行满足持卡人安全、快捷、全球化、多选择的互联网支付需求，提高持卡人网络支付的效率和质量，提升发卡银行的服务范围和服务水平，扩大发卡银行互联网支付交易规模。

② 收单机构。银联在线支付全面支持国内绝大多数商业银行，提供统一、标准、规范的业务流程、接口规范和服务体系，以及线上线下一体化的互联网支付解决方案，帮助收单机构提高商户拓展的竞争力，满足其商户多样化的互联网支付应用需求，扩大用户规模。

③ 商户。作为独立、公信、先进的互联网支付综合性工具，银联在线支付依托中国银联强大的电子支付综合服务能力，可为商户提供线下线上一体化的资金清算服务，便利的交易管理服务，更可提高商户订单支付成功率，确保交易信息安全；同时，依托银联强大的品牌支撑，有助于提高持卡人消费信心，为商户带来庞大的客户资源和无限商机。

④ 持卡人。银联在线支付通过覆盖范围广泛的支持银行、可自由选择的多种支付方式、庞大的境内外受理网络、严格的商户诚信认证，以及金融级别的信用担保，为持卡人提供安全、快捷、全球化、多选择的互联网支付服务，满足持卡人衣食住行乐购游以及水电燃气等日常生活中全方位的网络消费和支付需求。

⑤ 政府部门。银联在线支付可以有效满足不同政府部门的多样化互联网支付和资金管理需求，为当地电子商务和电子政务金融支付环节提供完善的解决方案，支持当地信息化项目落地，促进当地电子商务产业的健康快速发展，帮助当地政府构建电子商务和电子政务网络支付生态圈，提高社会经济信息化水平。

（3）业务范围

银联在线支付业务支持消费类、预授权类、账户验证和转账等交易类型，并提供互联网支付通知功能，能够广泛应用于以下业务领域。

网上购物：支持境内及跨境的网上商城购物，支持团购、秒杀等形式的购物网站。

网上缴费：支持全国多个城市的公共事业缴费（水、电、燃气、通信费、有线电视等）。

商旅服务：支持全国多地区的酒店预订、机票预订等商旅预订服务。

信用卡还款：提供安全方便的在线信用卡跨行还款服务。

网上转账：提供简单快捷安全的网上跨行转账服务。

微支付：支持 App Store 等电子商店的虚拟小额产品购买。

企业代收付业务：手机自动缴费（账单缴费）、有线和付费电视自动缴费、水电煤账单自动缴费。

此外，还支持基金申购、理财产品销售、慈善捐款等业务。

（4）操作流程

① 认证支付流程

银联收集用户银行卡信息，将短信验证码发送至持卡人输入的手机号，待银联短信验证码验证成功后，通过现有跨行交换网络发送个人银行卡信息与手机号码至发卡银行进行验证和授权处理。

② 快捷支付流程

仅支持银联注册用户使用，通过预先收集持卡人的注册账户信息和银行卡关联关系，规避网上泄露持卡人银行卡敏感信息的风险。在支付时，持卡人输入账户信息和手机号码，待银联验证短信验证码和账户信息成功后，通过现有跨行交换网络发送银行卡信息和手机号码至发卡银行进行验证和授权处理。

③ 储值卡支付流程

储值卡支付是指持卡人使用储值卡进行互联网支付的一种支付方式。"银联在线支付"的非注册用户也可以使用"储值卡支付"，支付时无需手机验证。储值卡支付的支付流程如下：

- 用户在商户网站选择 "银联在线支付"。
- 选择"储值卡支付"方式，输入储值卡卡号、密码和校验码，点击"下一步"。
- 支付成功。

④ 网银支付流程

网银支付是用户通过银联跳转，最终在银行网银页面完成支付的一种支付方式。网银支付的支付流程如下。

- 用户在商户网站选择 "银联在线支付"。
- 选择"网银支付"，并输入用于支付的银行卡号，点击"下一步"。
- 在网银页面上，按银行网银的要求输入相关的支付信息。
- 支付成功。

4．拉卡拉

拉卡拉集团成立于 2005 年，目前拥有拉卡拉金服集团和拉卡拉电商公司两大业务集群，是联想控股成员企业。拉卡拉金服集团是综合性互联网金融服务公司，下辖个人支付、企业支付、征信、小贷、保理、P2P 交易平台等多家子公司，2014 年集团各项业务年复合成长率超过 100%，支付交易额超过 1.8 万亿元，拥有近 1 亿个人用户和超过 300 万企业用户。图 4-20 所示为拉卡拉图标

图 4-20　拉卡拉图标

拉卡拉电商公司是社区 O2O 电商公司，开创了中国电子商务 2.0 时代，其社区店+电商&金服平台+身边小店 APP 三位一体模式很好地解决了线下零售店对接电子商务难题，是"互联网+"的典型形态，用互联网技术帮助线下店铺实现了"任选全球精品，服务周边社区"的梦想，铺设了一张强大的电子商务地网。

拉卡拉的主要功能如下。

（1）理财

拉卡拉理财服务为用户提供诚信、透明、公平、高效、创新的互联网金融平台。以稳健的收益满足投资者财富保值增值等方面的需求。拥有大数据，运用严格的风控体系，为广大用户提供安全、高

效、快捷的投资服务。

（2）信贷

将多年积累的用户数据与用户需求结合，为个人及商户提供多种信贷服务。拉卡拉在数据构成以及数量方面，拥有海量用，用户可持续进入系统，评估高效快速，用户获得贷款成本低。用户可通过线上或线下渠道随借随还，解决资金周转问题。

（3）征信

考拉征信由拉卡拉、蓝色光标、拓尔思、旋极信息、梅泰诺五家公司组成。2014 年成为 26 家获得人民银行颁发的《企业征信牌照》的企业之一； 2015 年人民银行印发《关于做好个人征信业务准备工作的通知》，拉卡拉成为首批八家获得"开展个人征信业务准备工作资质"的企业之一。

（4）支付服务

便民支付：拉卡拉社区便民支付服务平台，是拉卡拉首创的远程自助银行中间业务系统，通过安装在社区商铺中的拉卡拉终端，实现自助银行、便民缴费、生活服务、金融服务四大功能，90% 以上的品牌连锁店均将拉卡拉自助终端作为标配。

移动支付：拉卡拉移动支付在传统的支付业务基础上进行移动端的产品开发，可以满足个人用户及商户完成便民支付、生活缴费、社区电商、互联网金融等业务办理。为用户提供安全、便捷、时尚的移动支付服务，全面提升用户体验，提高交易效率，打造移动支付新生活。

POS 收单：拉卡拉 POS 收单业务是专业化收单服务，位于行业前三，为全国 300 个城市的超过百万计商户提供收单服务、增值服务和行业解决方案。通过拉卡拉支付平台体系，不断丰富、创新收单产品，拓展增值服务；为商户提供专业化与全方位的收单服务，全面满足国内外银行卡的刷卡需要。

跨境支付：拉卡拉为广大开展跨境电子商务的境内外商户提供跨境支付结算整体解决方案。同时，拉卡拉与国内知名跨境物流仓储企业合作，为商户提供跨境物流仓储解决方案。拉卡拉具备跨境支付业务处理系统，拥有一支专业的跨境业务、产品、运营和商务团队，为合作伙伴提供全流程方案设计及服务。

（5）社区电商

电子商务地网：拉卡拉在全国 300 多个城市运营着超过 300 万商户，借助互联网技术，以便民服务及支付为基础，以拉卡拉开店宝为载体，依托社区金融服务平台及社区电商服务平台，为商户及其用户提供互联网金融及电商服务，从而在全国范围内形成以社区店铺为基础的电子商务地网。

社区电商 O2O：拉卡拉是为中小微商户提供社区金融服务和电商服务的运营商，依托自身的平台优势和渠道优势，瞄准社区流量入口，为社区店铺和各大品牌商搭建低成本高效率的信息通道，给中小微商户和品牌商家提供后电商时代的新商机。拉卡拉本着凝聚小微力量，合作发展共赢的原则，实现社区电商的去中心化、本地化和社群化，开创全新的电商模式。

2005 年拉卡拉成立，随后开发出中国第一个电子账单服务平台。2006 年，拉卡拉与中国银联签署战略合作协议，推出电子账单支付服务及银联标准卡便民服务网点；2007 年，拉卡拉率先在北京、上海地区展开拉卡拉便利支付点建设，上海地区近 2 000 家快客便利店成为拉卡拉便利支付；2010 年 4 月，拉卡拉发布 Mini 家用刷卡机，成为首部针对家庭及个人刷卡的专属设备，将支付环境缩小至家中；2012 年 5 月，拉卡拉手机刷卡器问世。由此，拉卡拉全面完成针对银行、商户、个人的第三方支付市场立体战略布局；2013 年，拉卡拉占据移动支付市场交易规模第二位。2014 年 7 月，拉卡拉推出"替你还"业务，为信用卡用户提供短期代偿业务，正式进军互联网金融领域；同年 9 月，拉卡拉超级手机银行上线，提供无卡支付与刷卡支付多种选择。

关键术语

电子商务、电子商务概念模型、电子商务系统框架、B2B 模式、C2C 模式、B2C 模式、网络银行、电子银行、账户支付、通道支付、第三方支付

关键知识点

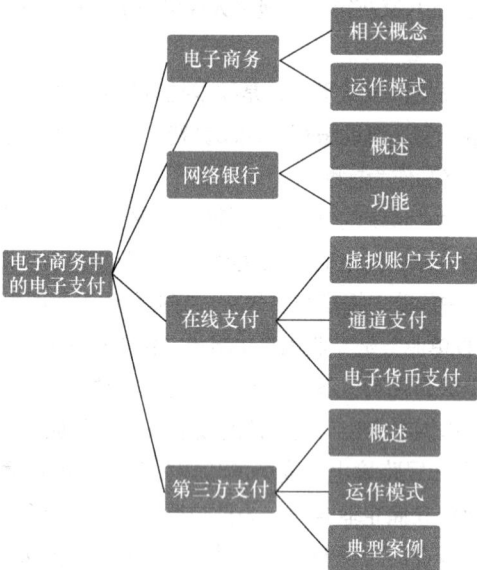

本章思考题

1. 什么是电子商务？
2. 简述电子商务概念模型。
3. 简述电子商务系统框架。
4. 简述电子商务的三种运作模式——B2B 模式、C2C 模式和 B2C 模式之间的异同。
5. 如何认识网络银行？
6. 网络银行有什么特点？
7. 为什么说网络银行代表银行未来发展的方向？
8. 从中外网络银行发展比较谈谈网络银行成功策略。
9. 比较 FV 与 CyberCash 支付机制的异同。
10. 简述利用电子钱包（智能卡）在网上购买鲜花的过程。
11. 简述利用电子支票在线交易的支付过程。
12. 简述 E-cash 的支付机制。
13. 简述第三方支付的功能。
14. 简述第三方支付的运作模式。

第5章　互联网金融

章首导言

所有与互联网相关的金融行为和产品都可归于互联网金融的范畴，互联网金融与金融互联网无本质区别，无论是传统金融企业利用互联网作为业务延伸，还是其他企业利用互联网进行金融交易，其本质都是金融行为和金融交易。

互联网金融可追溯到 20 世纪 90 年代。1995 年第一家虚拟银行"美国第一安全银行"诞生，这可以视作互联网金融的雏形。互联网金融的发展即电子金融的发展史也就是金融信息化的历史，可追溯到 20 世纪 50 年代，当计算机面世之后，金融业开始逐步进入电子金融时代。金融信息化历史上的三个里程碑分别是：① 1973 年自动柜员机问世；② 1995 年网络银行诞生；③ 移动支付以及移动金融应用的出现。

互联网金融是消费者金融需求在互联网上的实现，即基于网络银行或电子商务平台的一站式服务，包括网络理财、网络证券、网络保险、网络信贷、网络征信、电子账单以及网络抵押和供应链金融等业务模式。

网络理财，即通过互联网金融平台，对消费者的货币财富进行管理。互联网金融理财类产品比较著名的有 PayPal 的货币市场基金（现已关闭）、国内的余额宝等。网络信贷即基于互联网平台的消费者小额信贷，网络信贷有两种模式，一种为依托银行和电子商务平台而开展的消费者小额信贷，主要为消费信贷，如阿里花呗、京东白条等；另一种为依托互联网信贷平台而开展的消费者点对点信贷，也叫 P2P。众筹（Crowd Funding），即筹资者向投资者募集项目资金的模式。一个众筹项目一般包括三个环节：筹资人、平台运营方和投资者。

本章首先分析了互联网金融的概念范畴、发展路径和互联网金融构成，然后通过案例分析讨论网络理财、网络信贷以及众筹的运作。

5.1　互联网金融概述

2013 年，阿里金融与天弘基金联手打造的余额宝在该年的夏天惊动了视为壁垒的中国金融业；这种新的金融方式吸引了无数国人的眼球，而其快速增长的规模给中国金融界带来了剧烈震动，其震动性不亚于 20 世纪末期，约 20 年前网络银行诞生时，全球金融界的震惊。伴随 P2P 的火爆和比特币的被爆炒，互联网金融一时间席卷中国，2013 年也被称为中国互联网金融元年。

5.1.1　互联网金融发展的历史沿革

目前国际上并无单独的互联网金融或金融互联网这一概念，一般都以电子金融（E-finance 或 E-financing）统称，所有与互联网相关的金融行为和产品都可归于互联网金融的范畴，而且互联网金融与金融互联网也无本质区别，无论是传统金融企业利用互联网作为业务延伸，还是其他企业利用互联网进行金融交易，其本质都是金融行为和金融交易。

互联网金融可追溯到 20 世纪 90 年代。1995 年第一家虚拟银行"美国第一安全银行"诞生，这可以视作互联网金融的雏形。这一金融创新产品的出现，在当时引起了轩然大波，一时间，"银行消亡论""银行恐龙说"盛行，并引发了 20 世纪末期到 21 世纪初期，全球金融界关于"银行发展与中央银行是否会消亡的大论战"。

20 世纪 90 年代电子商务的兴起与发展，推动了金融业一种全新的运作模式的诞生，即网络金融（电子金融，互联网金融）的出现和发展。最初互联网金融主要体现在网络支付领域，第三方支付快速发展，比较著名的网络支付产品有 First Virtual、CyberCash 和 E-cash 等；比较著名的第三方公司有美国的 PayPal 和中国的支付宝。1995 年"美国第一安全银行"出现，以一种纯虚拟的网络运作方式，突破了传统商业银行的服务领域，这一金融服务形式，在金融发展史上具有里程碑的性质。随之，商业银行也逐渐开始应用并开设网络银行业务，所谓"砖块加鼠标"模式的互联网银行业务迅速发展。2008 年以来，我国的网络银行业务高速发展，网络银行的交易额由 2008 年的 285.4 万亿元迅速增加到了 2014 年的 1 549 万亿元。依托网络银行平台，网络证券和网络保险快速发展，然后又蔓延到网络信贷等领域，并伴随信息技术的发展，逐步进入依托移动互联网的移动金融领域。2013 年阿里金融与天弘基金联手打造的余额宝突破了传统货币基金的运作模式，开创了中国互联网金融理财的新模式，2013 年 6 月 5 日上线的余额宝产品在上线后半年内就达到相当规模，至 2014 年底，其用户就达到了 1.85 亿户。据天弘基金披露余额宝三季度报告，截至 2014 年 9 月底，余额宝规模达到 5 349 亿元，截至 2015 年 6 月底，天弘余额宝净值规模为 6 138.8 亿元，比一季度末的 7 117.24 亿元萎缩了 977.43 亿元，降幅为 13.74%。余额宝发展规模如图 5-1 所示。余额宝的发展带动了中国互联网金融的火爆，同年，网络信贷等产品也飞速发展。数据显示，第三方支付的交易额在 2009 全年为 3 万亿元，而 2015 年第三季度一个季度交易规模就已经达到了 9 万亿。

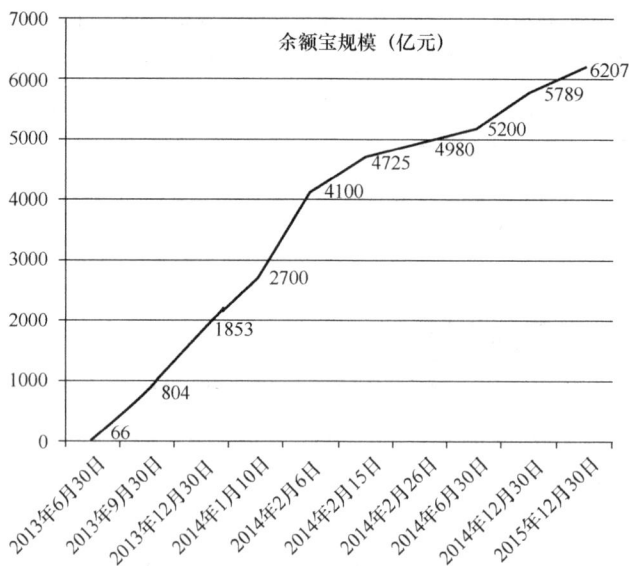

图 5-1　余额宝发展规模

5.1.2　互联网金融发展路径

互联网金融的发展即电子金融的发展史也就是金融信息化的历史，可追溯到 20 世纪 50 年代，当计算机面世之后，金融业开始逐步进入电子金融时代。

金融信息化历史上的三个里程碑分别是：① 1973 年自动柜员机问世，从此 24 小时不间断服务成为可能；② 1995 年网络银行诞生，从此突破时空的一站式服务不再是梦想；③ 移动支付以及移动金融应用的出现，从此可以拥有时时刻刻的服务。

互联网金融的最初发展主要体现在网络支付领域，第三方支付快速发展，并逐渐扩充到网络银行，纯虚拟网络银行和传统商业银行应用网络渠道开展网络银行业务，而基于网络银行平台的所谓一站式服务拓宽了网络证券和网络保险以及网络信贷等领域；伴随移动通信技术的发展，逐步进入依托移动互联网的移动金融领域。

伴随电子商务平台和第三方支付平台的发展，基于电商和第三方支付平台的一站式服务平台发展起来，形成了网络理财、网络证券、网络保险、网络信贷以及网络账单等互联网金融服务体系。

20 世纪 90 年代之前，金融创新的技术推动特征还不十分明显，虽然信用卡、电子转账技术已经得到推广与应用，但技术因素仍然只是金融创新的手段和工具。20 世纪 90 年代以后，电子计算机技术，特别是网络技术和通信技术的迅猛发展以及广泛应用，使得技术因素不仅成为金融创新的手段，而且成为推动金融创新的强大动力。因此 20 世纪 90 年代以后可以称为 E 时代，电子技术的快速发展，电子时代的到来改变了人们的行为方式，思维方式乃至金融消费方式。大数据思维与互联网思维突出了信任和参与机制。

电子时代的金融创新具有以下特征。

第一，规避风险依然是金融创新的重要动因，但电子时代以来风险规避的内容已经大不相同，高频交易、互联网金融交易在规避风险的同时又带来新的风险。

第二，以规避金融管制为特征的金融创新转变为以金融监管主体主动推动为特征的金融创新。

第三，金融竞争依然是金融创新的重要原因与动力。

第四，金融技术在金融创新中的地位越来越重要。

5.1.3　互联网金融构成

互联网金融是依托互联网的金融形态，是金融在互联网的延伸和拓展。互联网金融融合了互联网、电子商务和金融领域，是指通过各种电子终端设备进行的电子金融商务活动。与传统金融相比，电子商务公司和新兴技术公司的进入使得传统金融通道进一步延伸，用户可以以更低的门槛、更快的响应来享受金融服务。

近两年中国电子商务的迅速发展以及由此促生的互联网金融，在原有互联网金融上进一步发展和创新，具有鲜明的中国特色，这种中国特色就是互联网金融在中国的创新。但是，无论形式如何变化，互联网金融的核心依然是金融，其金融的本质特征没有改变。传统金融的存贷汇功能依然是互联网金融的核心职能。

消费者的金融需求如图 5-2 所示，即存贷汇，也就是投资、融资和支付需求，以及风险管理即保险的需求。

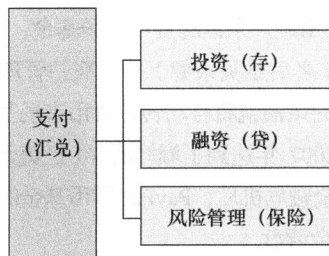

图 5-2　消费者的金融需求

互联网金融就是消费者金融需求在互联网上的实现，即基于网络银行或电子商务平台的一站式服务，包括网络理财、网络证券、网络保险、网络信贷、网络征信、电子账单以及网络抵押和供应链金融等业务模式。图 5-3 所示为互联网金融构成。

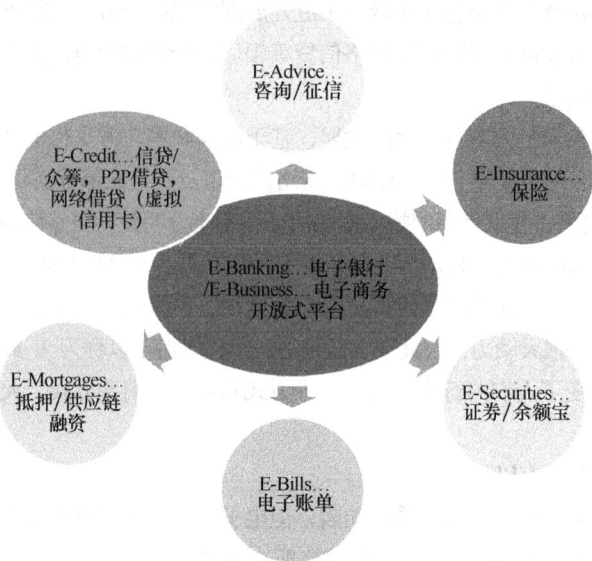

图 5-3　互联网金融构成

5.2　互联网金融典型产品分析

5.2.1　网络理财

网络理财，即通过互联网金融平台，对消费者的货币财富进行管理。互联网金融理财类产品比较著名的有 PayPal 的货币市场基金（现已关闭）、国内的余额宝等，目前有大量类似产品出现，如苏宁零钱宝、百度钱包等。

网络第三方支付是互联网金融发展的基础，也是互联网金融最早发展的领域，比较典型的产品如美国的 PayPal 和中国的支付宝。网络理财最先出现的产品就是基于第三方网络支付平台的基金类产品，比较典型的有 PayPal 的货币基金和阿里基于支付宝平台的余额宝产品。

PayPal 是全球领先的在线支付提供商之一。1998 年 12 月成立，总部位于美国加州圣荷西市，2002 年被 eBay 以 8% 的溢价收购，成为 eBay 的子公司之一，其母公司，eBay 是全球最大的电子商务在线交易平台。在梅格·惠特曼领导下进入了跨国企业巨头的行列，十年时间，eBay 获得了 2 000 倍增长。PayPal 于 1999 年设立了利用账户余额的货币市场基金，该基金由 PayPal 自己的资产管理公司通过对接基金的方式交给巴克莱（之后是贝莱德）的母账户管理，用户只需简单地进行设置，存放在 PayPal 支付账户中原本不计利息的余额就将自动转入货币市场基金，从而获得收益。这一运营模式堪称互联网金融的创举。其规模在 2007 年达到了巅峰的 10 亿美元，相当于当时一个规模排名中游的货币市场基金的水平。2008 年美国金融危机后，PayPal 货币基金的收益优势丧失，规模也逐步缩水，PayPal 最终在 2011 年选择将货币基金清盘。

支付宝（中国）网络技术有限公司是中国最大的第三方网上支付平台，是阿里巴巴集团的关联公司。2003 年 10 月，支付宝在淘宝网出现。2004 年 12 月 8 日支付宝（中国）网络技术有限公司成立，12 月 30 日，支付宝网站（www.alipay.com）正式上线并独立运营。截至 2013 年底，支付宝实名认证的用户数超过 3 亿。目前支付宝已被国内外很多电商平台接受。

余额宝是由第三方支付平台支付宝为个人用户打造的一项余额增值服务，它与天弘基金对接，用户只要进行简单设置，就可以将支付宝中的余额转入余额宝中，通过天弘基金的运作而收取利息。余额宝于 2013 年 6 月上线，截至 2014 年 1 月 15 日，余额宝规模已超过 2 500 亿元，客户数超过 4 900 万户，天弘基金靠此一举成为国内最大的基金管理公司。

两者的共同点和快速发展的基点都源于电商平台的支持，PayPal 依赖于 eBay 平台，而支付宝依托于淘宝平台。对比国内外互联网货币基金产品，在产品设计和推广模式上几乎相同，都具有灵活性和便利性，而余额宝的成功还在于中国目前银行业利率的非市场化，因此从某种角度来看，余额宝的推出促进了中国的利率市场化进程。

5.2.2　网络信贷

网络信贷即基于互联网平台的消费者小额信贷，网络信贷有两种模式：一种为依托银行和电子商务平台而开展的消费者小额信贷，主要为消费信贷，如阿里花呗、京东白条等；另外一种为依托互联网信贷平台而开展的消费者点对点信贷，也叫 P2P。

P2P，即 Peer-to-Peer lending 的缩写，称作点对点信贷，或称个人对个人信贷。P2P 企业，就是从事点对点信贷中介服务的网络平台，其经营模式主要是构建第三方服务平台，为有投资理财需求的客户和有融资贷款需求的客户提供信息及相关服务。通过 P2P 线上服务平台，借款人可自行发布借款信息，包括贷款金额、利息、还款方式和时间，实现自助式借款；出借人根据借款人发布的信息，自行决定借出金额，实现自助式贷款。通过 P2P 线下服务平台，借款人向平台运营商提交融资申请及相关信息，包括抵押物信息、借款金额、用途、时间、征信报告、现金流水、还款来源等；出借人通过平台运营商提供的信息，自行决定是否出借，若资金配对成功，平台运营商一般会协助借贷双方签署法务协议及办理相关抵押手续。

P2P 网络信贷在国外开展得较早，国际上较著名的 P2P 网络借贷平台主要有：美国的 Prosper、Lending Club；英国的 Zopa；德国的 Auxmoney；日本的 Aqush 等。英美等国由于信用消费历史长，具有完善的征信体系，因此国外 P2P 的运作模式几乎都是线上模式。

2013 年，中国互联网金融市场火爆，P2P 小额信贷公司发展迅速，信贷规模快速增长。国内比较著名的有宜人贷、红岭创投、人人贷、宜信等。由于中国信用体系较为薄弱，个人信用数据不完善，因此完全的线上模式不符合中国的国情。中国的 P2P 网络信贷主要有三种模式：第一类是线下交易模式，这类模式下的 P2P 网站仅提供交易信息，具体的交易手续、交易程序都由 P2P 信贷机构和客户面对面来完成。首批入驻温州民间借贷中心的"宜信"是这种模式的典型代表。另外，以豪门身份进入 P2P 领域的证大集团旗下的"证大 e 贷"和中国平安旗下的"陆金所"也是此种模式。第二类是承诺保障本金和利息的 P2P 网站，一旦贷款发生违约风险，这类网站承诺先为出资人垫付本金。市场上以此种模式运营的 P2P 网站占绝大多数。第三类是不承诺保障本金的 P2P 网站，以上海的"拍拍贷"为唯一代表。当贷款发生违约风险，拍拍贷不垫付本金。上述后两类 P2P 网站都以提供线上服务为主，网站作为中介平台。

1．美国 P2P 平台

美国的 P2P 基本可称为双头垄断，Lending Club 和 Prosper 占据了 P2P 个人信贷市场的前两位和主要市场份额。据 Lend Academy 估计，两者 2014 年的合计市场占有率达到 96%，Lending Club 的

2014 年贷款量接近于 Prosper 的 3 倍。除了 Lending Club 和 Prosper 两个"巨无霸"，一些新平台依靠自身的专业性，也具有一定竞争优势，比如个人信贷领域的 Upstart、中小企业贷款领域的 OnDeck、学生贷款领域的 SoFi、房地产贷款领域的 Realty Mogul 等。下面主要分析 Prosper 和 Lending Club。

（1）Prosper

Prosper 于 2006 年 2 月 5 日上线，prosper.com 网站在美国上线运营，这是美国第一家 P2P 借贷平台。Prosper 网站建立的目标主要是帮助人们更加方便地相互借贷，目前有超过 200 万注册会员和超过 60 亿美元的贷款交易额。Prosper 网站如图 5-4 所示。

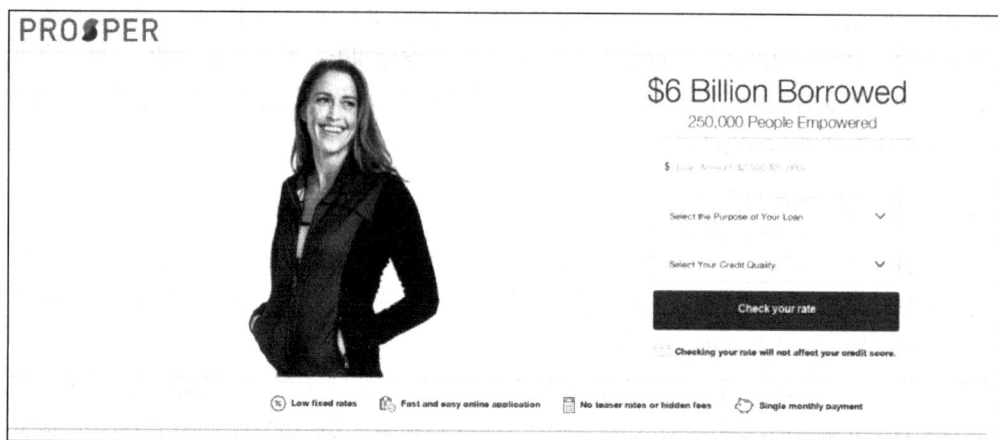

图 5-4　Prosper 网站

借款人可通过 Prosper 寻求个人贷款，贷款额度为 2 000～35 000 美元，期限为 3 年或 5 年，贷款利率根据借款人的 Prosper 评级等确定；投资者（包括个人和机构）可以购买与贷款关联的收益权凭证（Notes，简称权证）进行出借，最低出借金额为 25 美元；平台负责借款人的信用审核、贷款资金发放和追讨等，并将借款人还款转给投资。Prosper 网站靠收取手续费盈利，收入来自借贷双方，向借款人一次性收取服务费，服务费大小为每笔借款贷款的 1%～3%；向投资者收取管理年费，为年总出借款的 1%。

借款人需要说明借钱的理由和还钱的时间，网站帮助借贷双方匹配各自需要。与普通的机构贷款对借款人的审查标准不同，Prosper 出借人根据借款人的个人经历、朋友评价和社会机构的从属关系来进行信用审核。

最初，Prosper 希望能够为借款人提供一种最为经济的借款方式，采用了"双盲"（Double-blind）拍卖体系来确定利率，即反向拍卖或荷兰式拍卖。根据借贷双方的偏好，在借款人借款意愿与放款人投资速度和可行性之间进行均衡，提供最优的利息设定。借款人设定一个愿意支付给出借人的最高利息率。像拍卖一样，出借人开始通过降低利息率进行竞拍，拍卖结束后，Prosper 将最低利率的出借人组合成一个简单的贷款交给借款人。这个拍卖形式曾被认为可以使公众利益最大化，但是这个拍卖系统操作难度非常大，并且通常需要很长时间才能达到客户间需求匹配，筹措到所需金额；另外，有学术研究证明这套竞价系统不能为借款人提供可能的最低利率，这样就违背了当初的设想。2009 年，在度过 SEC 证券注册的静默期之后，Prosper 给借款人提供了两个选择：继续使用现有的拍卖系统，或接受网站根据贷款风险提前设定的利率，后者是 Lending Club 一直采用的做法。实际上，2/3 的借款人选择了预先设置好的利率。2010 年，即公司成立后第四年，Prosper 改变了原有的拍卖模式，改为根据借款人违约风险提前设定好贷款利率。

Prosper 包括 Prosper Marketplace 和 Prosper Funding 两家公司。Prosper Marketplace，Inc.（简称 PMI）于 2005 年 3 月在特拉华州（State of Delaware）成立，办公室设在在加利福尼亚州旧金山；Prosper Funding LLC.由 PMI 在 2012 年 2 月成立，是 PMI 的全资子公司，Prosper Funding 没有员工，依赖 PMI 或第三方服务商处理平台的日常操作。PMI 成立 Prosper Funding 的目的在于破产隔离和投资者保护，万一 PMI 破产，用户的借贷资金不会被归入 PMI 债权人的赔偿要求之内。

2012 年 2 月，PMI 将平台的所有权，包括专利技术和其他有关平台操作的权利，都转移给 Prosper Funding。PMI 的收入来源是根据管理协议下 Prosper Funding 支付的讨债费和 WebBank 的营销费（WebBank 补偿 PMI 替其开展的贷款发放业务）；而 Prosper Funding 的收入来源于向投资者收取的服务费，以及向 PMI 收取的许可费。根据双方签订的管理协议（Administration Agreement），Prosper Funding 向 PMI 收取许可费，赋予 PMI 非排他性的、全球范围的获取许可和平台使用权。许可费在每个月的最后一个工作日收取，等于当月发布在平台上的贷款清单数量乘以 150 美元。自 2013 年起，在每个日历年的最后一个工作日，PMI 有义务支付 Prosper Funding 额外金额，等于零或者 250 万美元与当年每月支付许可费的总额的差额（如果为正的话）。此外，Prosper Funding 向投资者收取服务费，并从追讨借款人贷款的权证中收取费用。

由于 Prosper Funding 不是一家银行，无法直接进入自动清算交易所（ACH）的支付网络进行支付清算，目前依靠富国银行来处理交易。平台借贷数据由 PMI 管理，PMI 的系统主机设在加利福尼亚州旧金山，由 Digital Realty Trust 操作，数据备份系统设在内华达州洛杉矶。Prosper 运作模式如图 5-5 所示。

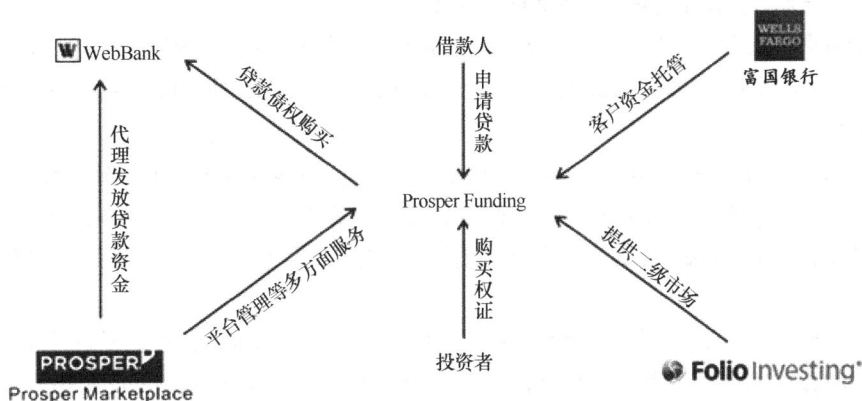

图 5-5　Prosper 运作模式

借款人在平台上发布贷款申请，由 PMI 进行信用审核。 Prosper Funding 发行与该贷款关联的权证，投资者通过购买权证进行投资，若募资成功，则 WebBank 会发放贷款给借款人，Prosper Funding 会向 WebBank 购买债权。与权证相对应，PMI 会发行 PMI 管理权，投资者购买了权证，也就购买了 PMI 管理权。PMI 管理权是 Prosper Marketplace 与权证持有者签订的"投资合同"，投资者购买 PMI 管理权就拥有作为联邦证券法下注册证券购买者的权利。

投资者购买权证，成为 Prosper Funding 的债权人，而借款人则是 Prosper Funding 的债务人，投资者与借款人之间并无直接的借贷关系。权证的支付义务仅限于 Prosper Funding LLC，与其母公司 Prosper Marketplace 或者权证关联的贷款的借款人无关。权证的支付金额等于 Prosper Funding LLC 从权证关联贷款的借款人所得到的资金扣除服务费后的金额。Prosper Funding LLC 和 Prosper Marketplace 都不为权证或关联贷款提供担保。

根据 PMI 与 Prosper Funding 签订的管理协议，PMI 需为 Prosper Funding 提供以下服务：① 贷款

平台管理服务，PMI 管理其平台的运营（信用政策修订、系统维护等）；② 公司管理服务，PMI 为 Prosper Funding 提供服务支持（维护账簿和记录、拟定提交给监管机构的定期文件、执行有限的现金管理功能等）；③ 贷款和权证管理服务，PMI 管理通过其平台上建立的贷款和权证。根据协议，PMI 负责平台操作，以便 WebBank 通过平台发放贷款，以及贷款关联权证的发行和出售。

PMI 和 WebBank 签订贷款协议（Loan Account Program Agreement），根据协议 PMI 作为 WebBank 的代理人，管理平台上相关的潜在借款人贷款申请提交、WebBank 相关贷款创建和发放，并获取 WebBank 的发放费的报酬。

WebBank、Prosper Funding 和 PMI 签订贷款销售协议（Loan Sale Agreement），WebBank 将相关贷款的本票出售并转让给 Prosper Funding，即借款人通过平台申请贷款，获准后，WebBank 将债权出售和转让给 Prosper Funding，并由 PMI 代理 WebBank 将资金发放给借款人。每个借款人授权贷款资金通过 ACH 转账至借款人的指定银行账户。借款人需支付发放费，即手续费。发放费由 WebBank 收取，然后为了补偿 PMI 替其发放贷款，将该手续费支付给 PMI。

当 Prosper Funding 向投资者发行和出售权证时，PMI 会在 Prosper Funding 的账簿中记录投资者姓名和所购买的权证。平台每次发放贷款后，PMI 会将贷款对应权证的本金总额从 FBO 账户汇给 WebBank。这就完成了：投资者向 Prosper Funding 购买权证，以及 Prosper Funding 向 WebBank 购买对应贷款。

PMI 负责借款人还款，还款资金存入 Prosper Funding 在富国银行开设的储蓄中，用户名为 Prosper Funding。PMI 代理 Prosper Funding 将储蓄账户资金扣取服务费后，转入 FBO 账户以对权证进行还款。权证支付日期，在权证关联贷款还款日后的第六个工作日。

如果贷款借款人还款，且已经存入 Prosper Funding 在富国银行的公共账户，但因为 Funding Circle 破产，而未能及时支付给关联权证的持有人，则 Funding Circle 的其他债权人也可能有权利从这笔资金中寻求补偿。

为了提高权证流动性，Prosper 平台与 Folio Investing 合作开发了一个二级市场权证交易平台（Folio Investing Note Trader platform）供权证交易，该平台由 Folio Investments 公司运营。投资者可以在该平台买卖权证（Prosper 贷款）。权证由卖出的投资者定价，可以比票面价格更高或更低，但需要支付 1% 的交易费。

根据监管要求，平台借贷资金由富国银行进行托管，Prosper Funding 在富国银行开设了"储蓄账户"和 FBO 账户，分别管理借款人还款资金和投资者的出借资金。Prosper Funding 将投资者资金存放在富国银行的 FBO 账户里，账户名为"Prosper Funding LLC for the benefit of its lender members"，投资者使用自动清算协会系统（ACH）进行资金在用户的银行账户和 FBO 账户之间的转账。Prosper Funding 在 FBO 账户下，每个投资者设立了子账户，以跟踪和报告每个投资者的资金流向。投资者与富国银行没有直接的联系，并不在该银行实际开户。FBO 账户受到 FDIC 的保护，即每个投资者的资金在 FDIC 确立的额度内受保护。Prosper 贷款申请流程如图 5-6 所示。

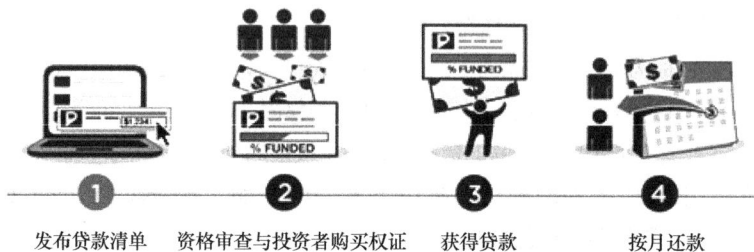

①	②	③	④
发布贷款清单	资格审查与投资者购买权证	获得贷款	按月还款

图 5-6　Prosper 贷款申请流程

贷款申请流程如下：

① 借款人在平台上发布贷款清单；

② PMI 对借款人信息进行审查和验证；

③ 投资者查看贷款清单，并购买对应权证；

④ 贷款清单募集成功后，WebBank 向借款人发放贷款；

⑤ Funding Circle 利用 FBO 账户的客户资金向 WebBank 购买债权，同时也完成了投资者的权证购买；

⑥ 借款人按月还款到储蓄账户；

⑦ Prosper Funding 在借款人还款日后第六天，将扣除服务费后的金额打入投资者在平台的 FBO 账户中。

根据美国相关法律，Prosper 对借款人资格进行了限定，借款人必须是年满 18 岁的美国公民，拥有银行户口和社保号。通过反欺诈和验证阶段后，借款人将能按 PMI 设定的利率申请信用贷款。

借款人申请贷款后，PMI 会先检查贷款申请是否符合与 WebBank 设定的承销标准。WebBank 将资金出借给借款人后，便将贷款相关的本票出售和转让给 Prosper Funding。贷款申请的合格标准为：① 在过去 6 个月内，少于 7 个信用局查询了申请人的信用信息；② 申请人自己声明有正的收入；③ 债务收入比低于 50%；④ 在信用局报告上至少有 3 笔公开交易；⑤ 在过去 12 个月内无申请破产。此外，第一次在平台出借的申请人通常需要有不低于 640 分的信用分数。

如果借款人的第一笔贷款未出现逾期，并且两笔贷款的未偿还本金总额不超过平台允许的最高金额（目前为 35 000 美元），借款人最多可以同时有两笔未偿还贷款。

贷款类型均为个人信用贷款，种类包括债务整合贷款、住房装修贷款、车贷、婚礼贷款等。但借款人申请贷款不能用于：① 购买、持有或交易证券，购买或持有任何投资合约证券；② 支付高等教育的教育费用，如大学学费、住宿费等。2009 年 7 月 13 日至 2014 年 6 月 30 日发放的贷款，主要用途为：① 债务整合（约 67%）；② 商业用途，如家庭或个人商业的融资（约 5%）；③ 住房改善（约 7%）；④ 购买汽车（约 2%）；⑤ 其他（约 17%）。

借款人提前还款无违约费；发放费为借款总额的一定百分比，在资金存入投资者银行账户之前就会被收取，随 Prosper 评级而不同。若无法从银行账户自动扣取每月应还资金，将被收取 15 美元的还款失败费，该金额为 Prosper Funding 所有。

如果每月未能按时还款，逾期超过 15 天，将被收取逾期罚款，拖欠费等于未偿还分期总额的 5% 或 15 美元两者的最高值，该金额由投资者所有。如果贷款逾期超过 30 天，则 PMI 将会在 5 个工作日内将其交付给讨债公司追讨。

个人和机构都可以成为投资者，购买权证。个人投资者必须是年满 18 岁的美国公民，必须提供社保号，也可能需要提供驾驶证或身份证号码。机构投资者必须提供其税收识别号码（Taxpayer Identification Number）。此外，个人投资者（弗吉尼亚州、华盛顿州、内华达州等）须符合以下资格要求。

a.（ⅰ）年总收入不低于 7 万美元；（ⅱ）净资产（扣除住房、家具和汽车）不低于 7 万美元；（ⅱ）购买的证券价值不超过净资产（扣除住房、家具和汽车）的 10%。

b.（ⅰ）净资产（扣除住房、家具和汽车）不低于 25 万美元；（ⅱ）购买的证券价值不超过净资产（扣除住房、家具和汽车）的 10%。

而加利福尼亚州的居民必须满足以下一项或多项的资格要求。

a.（ⅰ）上一个税收年的年总收入不低于 85 000 美元；（ⅱ）有足够的信心当前税收年的年总收入不低于 85 000 美元；（ⅲ）购买的证券价值不超过净资产的 10%。

b.（ⅰ）净资产不低于 20 万美元；（ⅱ）购买的证券价值不超过净资产的 10%。

c.（ⅰ）证券的投资额不超过 2 500 美元；（ⅱ）购买的证券价值不超过净资产的 10%。

此外，Prosper Funding 和 PMI 可以对贷款进行投资，公司经理、股东、董事等也可以购买权证。

平台的最低出借金额为 25 美元，投资者可以使用 Quick Invest 或 Auto Quick Invest 进行自动投标，或者使用 Premier 进行出借。

对于所有投标，在贷款清单发布的 24 小时内最高的投标额为贷款需求金额的 10%，24 小时之后可以投 100%。

个人投资者在平台上出借的总金额最高为 2 500 万美元，机构投资者没有最高金额限制。Prosper Funding 对收到的贷款还款收取年服务费，目前每年收取关联贷款未偿还本金的 1%，但未来可能会有所提高，最高不超过每年 3%。

如果借款人贷款逾期，则 Prosper Funding 会向借款人收取拖欠费支付给投资者。

如果借款人贷款需要追讨，则 Prosper Fundingh 或第三方服务商或讨债机构最高可以收取还款的 40%，此外还需支付追讨债务产生的律师费和交易，但总费用不超过追讨回的金额。

信用评级在贷款过程中是非常重要的一环，自 2009 年 Prosper 在 SEC 注册后，Prosper 推出了"Prosper 评级"。"Prosper 评级"依据官方信用报告机构提供的信用分数和 Prosper 分数得出。

对于信用分数，PMI 目前使用 Experian 的 FICO08 分数。2013 年 9 月 6 日以前，PMI 使用的 Experian 的 Scorex PLUS 分数。借款人发布贷款清单的最低信用分数要求是 640 分。借款人创建贷款清单时，PMI 就会获取借款人的信用分数，除非 PMI 已经有了借款人的信用分数且据上次获得分数不超过 30 天。如果可获得，PMI 会每月更新有未偿还贷款的借款人的信用分数，包括将每月分数范围发布在权证交易平台（Note Trader Platform）的清单上。PMI 和 Prosper Funding 都不会披露借款人具体的信用分数。

Prosper 分数，是根据借款人在 Prosper 借款的历史数据而判断借款人风险的风险分数。Prosper 分数在 1～11 之间，分数越高，风险越低。Prosper 分数根据借款人及其申请者群体而确定。

Prosper 使用其定制的分数以及信用报告机构分数一起来评估借款人的风险水平并决定预期损失率。损失预期基于 Prosper 以往出借给类似特征借款人的历史借贷表现而确定，实际表现可能跟预期不同。根据预估年损失率风险大小，Prosper 评级从低到高分为：AA、A、B、C、D、E、HR，如图 5-7 所示。投资者可以看到借款人以往的简略信贷历史，包括过去 7 年的拖欠次数、拖欠总额等。贷款逾期超过 121 天将被核销（Charged Off），成为损失。

评级	预估年损失率
AA	0%～1.99%
A	2%～3.99%
B	4%～5.99%
C	6%～8.99%
D	9%～11.99%
E	12%～14.99%
HR	≥15.00%

图 5-7 Prosper 评级

（2）Lending Club

Lending Club 成立于 2006 年，2007 年 5 月，Lending Club 在加州的森尼维尔市上线运营。2014 年 12 月 12 日开始在纽交所挂牌交易，代码 LC。首日股价收报 23.43 美元，较发行价 15 美元涨 56.2%，第二日更涨至 24.69 美元。最初两年只放 1 000 万贷款，到 2009 年年底，贷款发放量还不到 1 亿美元。

2007 年夏，成立不久的 LendingClub 和美国证券交易委员会（SEC）就投资者权证的问题进行了对话。2008 年 3 月，SEC 认定投资者权证为证券性质，需要准备申请注册。2008 年 4 月 7 日，LendingClub 主动关闭投资部分业务，且在申请注册阶段，新投资者不能注册，现有投资者也不能发放新贷款。然而 LendingClub 的借贷业务还在运营，他们用自由资金发放贷款，已发贷款的投资者仍然能收到偿还金。

Lending Club 首先选择在 Facebook 上线，Lending Club 的创始人认为，利用互联网社交网络的高传播特性及朋友之间的互相信任，将出借人和借款人聚合，同时，他认为拥有相同特质的消费者之间产生借贷时，违约风险和贷款利率都会降低。在迁移到自己的专有网站之后，Lending Club 也允许用户之间创建群组。借款人和放款人可以根据共同的特征，例如职业，或者相似的教育水平来组成一个群组。群组的群主可以从 Lending Club 平台得到奖励，以招募更多的借款人。群主甚至有时候会扮演贷款审核者的角色，通过与借款人的直接接触，确认借款人的身份信息、经济状况和偿还能力。此外，群主也可以监管群组内贷款的偿还情况。在发生违约情况的时候，群主可以鼓励借款人偿还贷款。在某些情况下，群主甚至可以代表借款人组织有限度的还款。

近年来，由于机构投资者的加入，群组的概念慢慢淡化。机构投资者通常投资于有高信用积分的借款人，较少关注借款人其他方面的特征，这就削弱了群组联系的必要性。虽然基于社交图谱看起来是个极好的设想，但是实际效果并不好。事实上，2012 年底，当 Lending Club 达到 10 亿美元的累计借贷额的时候，源于 Facebook 上的业务却少于 200 万美元。Lending Club 网站如图 5-8 所示。

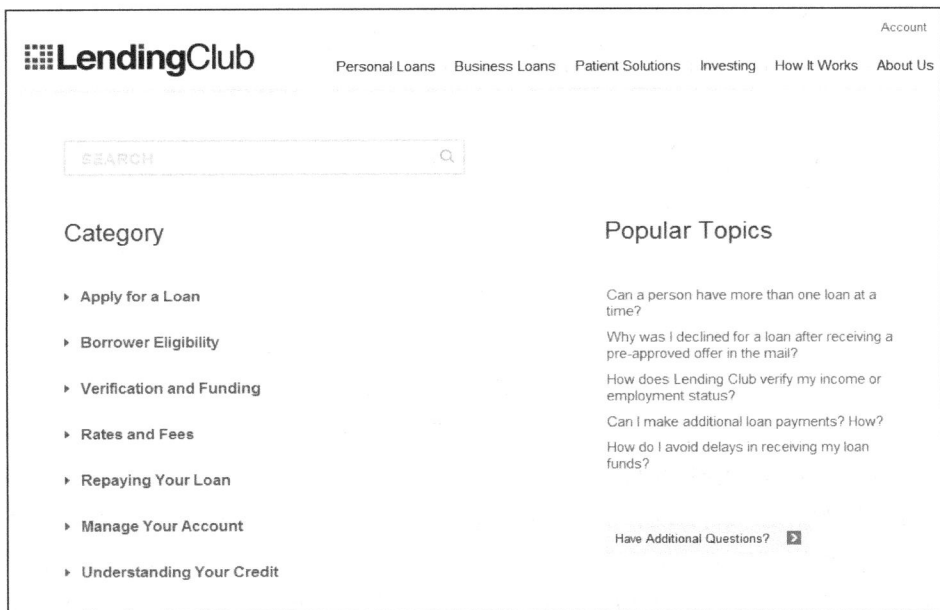

图 5-8　Lending Club 网站

与 Prosper 类似，借款人可通过 Lending Club 寻求个人贷款，贷款额度为 1 000～35 000 美元，期限为 3 年或 5 年，贷款利率根据借款人的评级等确定，年利率从 6%～24% 不等。Lending Club 网站靠收取手续费盈利，收入来自借贷双方，向借款人一次性收取服务费，服务费大小为每笔借款贷款的 1.11%～5%；向投资者收取管理费，为每次还款额的 1%，向投资基金收取管理费，费率每年 0.7%～1.25% 不等。

借款人需要在网站上提交贷款申请，每一笔贷款会在网站上公示两周，以寻找潜在投资者。当这笔贷款获得全部投资后，该笔贷款申请从网站撤下，并进入借贷环节。如果贷款未获得全部投资，但已获得 1 000 美元以上的贷款，申请者可以选择接受部分投资，或选择继续展示两周，或撤销申请，网站帮助借贷双方匹配各自需要。与普通的机构贷款对借款人的审查标准不同，Lending Club 根据借款人的个人经历、朋友评价和社会机构的从属关系来进行信用审核。

Lending Club 具有固定的贷款利率及平均三年的贷款年限。借款人在进行贷款交易前要经过严格的信用认证并进行 A～G 的相应分级。出借人可以浏览借款人的资料，并根据自己能够承受的风险等级或是否是自己的朋友来选择进行借款交易。Lending Club 不采取竞标方式，而是根据不同的借款人的信用等级设定不同的利率。借款人可以在 Lending Club 的 Facebook 应用中发出借款请求，因为 Facebook 中多为认识多时的朋友或同学，所以大多数借款人都觉得将借款请求在此公布会增加成功的可能性，同时也不必将自己的信用历史公布，增强了私密性。

Lending Club 运作模式如图 5-9 所示。

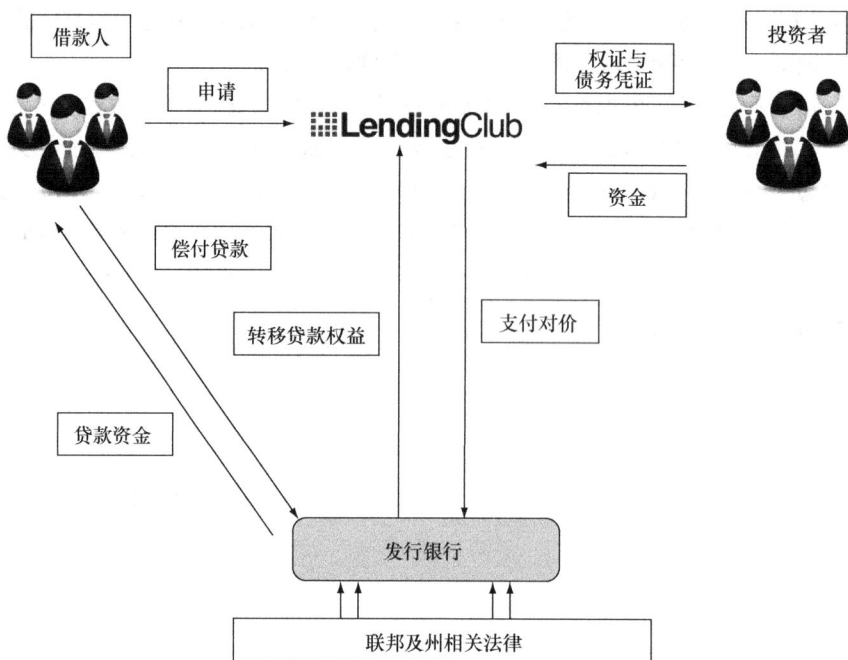

图 5-9 Lending Club 运作模式

Lending Club 贷款申请流程与 Prosper 相似。

根据美国相关法律，与 Prosper 相似，Lending Club 同样对借款人资格进行了限定，除其他相应要求外，对申请者的信用要求更为严格，信用分数要达到 660 以上，Prosper 只需要 640 分即可。借款人申请的贷款用途也和 Prosper 相似，最常见的贷款用途是债务整合贷款或偿还高利息的信用卡贷款；其他用途包括住房装修贷款、车贷、婚礼贷款、汽车等大额消费贷款等。

与 Prosper 相似，Lending Club 同样对投资人资格进行了限定，资格限定条款基本相同。

投资者可选择不同类型的投资账户进行投资。

① 标准投资账户：该账户是一种应税账户，投资者仅需 25 美元就可以开户，美国国内税务局将该账户中的利息视作一般收入进行征税。

② 个人退休金账户：如果使用该类账户进行投资，投资者可选择使用现有的退休金账户或重新开一个退休金账户。投资者开户时至少存入 5 000 美元，就可以免年费；否则每年需要交纳 100 美元

的年费。第一年后，如果想要继续享受免年费优惠，需要保持账户上至少存有 1 万美元。所有通过 Lending Club 网站开户的投资账户，由第三方监管机构 Horizon Bank 的子公司 SDIRA Service 进行管理。所有退休账户免征利息税。

③ Lending Club 高级账户：如果投资者喜欢自动化操作，可以选择开设高级账户。投资者只需设定好初始投资参数，系统将自动为投资者进行投资选择，开设高级账户至少需要存入 2.5 万美元，可以选择标准账户或退休金账户作为高级账户。

④ 其他账户：除上面几种账户外，投资者还可以选择共同账户、信托账户、公司账户、未成年账户等。这几类账户开设前需要得到 Lending Club 批准。

在贷款信用评级中，Lending Club 同样依据 FICO 评分和对于 Lending Club 分数进行评级。Lending Club 将借款人分为 A 到 G 七个不同的贷款等级，而且每个等级中又分为 5 个子等级，也就是说借款人从 A1 到 G5 有 35 个等级。并且贷款利率依据不同的信用等级而设定。FICO 评分为 780 及以上的借款人被评为 A1；FICO 评分为 660~663 的借款人被划分到 C5。这个分级为一个初始贷款等级，根据贷款额度和风险调节因子，再进一步调整信用等级。每个贷款评分等级都设定了一个贷款上限，如果借款人申请的贷款额度超出贷款上限，将会降低贷款评分等级，并付出更高的利率。例如，一个 B2 级的借款人的贷款上限为 7 475 美元，如果该借款人要申请 1.5 万美元的贷款，那么他将被下调 4 个贷款等级到 C1，并因此付出更高的利率。其他风险因子，如近期信用记录被调查的次数、信用记录的长度、选择贷款期限等因素都会影响贷款评级。

不同的贷款等级评分不仅影响贷款利率，还会影响借款人付出的管理费，如果每月未能按时还款，逾期超过 15 天，将会被收取滞纳金，滞纳金金额为未偿还分期总额的 5%，不足 15 美元时将收取最低 15 美元的滞纳金。如果借款人银行拒绝提款造成支付失败，借款人将被收取 15 美元的支付失败费。Lending Club 会多次尝试处理还款，每次失败都会被收取 15 美元的支付失败费。Lending Club 希望借款人通过 ACH 自动还款，如果用支票支付还款，每笔付款将被收取 15 美元的处理费用。

（3）Upstart

Upstart 于 2012 年 4 月上线，作为个人信贷 P2P 平台的新进入者，Upstart 有着自己独特的经营理念。在借款人端，Upstart 认为每个人的信用都不是只用一个信用分数就可以衡量的。除了其他平台广泛使用的 FICO 分数、信用报告和年收入等，Upstart 更注重借款人的教育背景，其统计模型会考虑到就读的学校、专业领域、学业成绩和就业历史等，借此来判断借款人的财富潜力和还款意愿。过往的案例显示，提供良好教育背景证明的人会获得比其他网站更加优惠的贷款，但是教育背景较差的个人，贷款利率会比在其他平台高。特别的，对于还没有收入和 FICO 分数的个人，只要其教育背景优良，虽然在其他平台无法获得贷款，Upstart 仍会给予借款人优惠的贷款。在出借人端，Upstart 的创始人认为以前的平台不管贷款是否收回，都能得到稳定的服务费和中介费，这是不负责任的行为。Upstart 会与出借人一同承担风险，如果一笔贷款违约，平台会用从借款人处收取的贷款发放费来补偿出借人，也就是出借人的损失会导致平台失去利润。此外，Upstart 还不会收取出借人提取贷款还款的手续费，把收益最大限度地留给出借人。

（4）OnDeck

OnDeck 是美国第一家上市的专注于中小企业贷款的 P2P 平台。该平台更关注借款人企业的健康程度（现金流稳定性等），而不仅仅是个人的信用分数。该平台有两种产品，普通的期限贷款和信用额度贷款。普通的期限贷款金额从 5 000 美元到 25 万美元，期限为 3~24 个月；信用额度贷款，即类似银行给予中小企业的可随时提取的信用额度，是 2013 年 9 月开始的新业务，信用额度从 1 万美元到2万美元，还款期限是最近一次提款后的6个月内。2009年2月开始使用的OnDeck Score（专有的中小企业信用评分系统）是OnDeck的核心技术，有评分和决策两个系统，同时可以处理定时还款事宜。OnDeck不断升级该系统，2014年8月第五代OnDeck Score已经可以成功为99%的借款人打分。OnDeck自2007年上线以来，发展很快，已累计发放17亿美元的贷款，服务超过2.5万名客户，而且咨询公司Analysis Group研究发现，OnDeck向中小企业发放的10亿美元贷款，在行业内、供应链和就业市场带动了34亿美元的经济效益，创造了2.2万个工作岗位，说明P2P平台直接融资的模式在传统银行忽视的中小企业贷款领域变得越来越重要。

（5）SoFi

SoFi是由斯坦福大学的商科学生建立的专注于学生贷款的P2P平台，于2011年上线。主要特点是借助校友资源、贷款利率同类最低、借款人审核极其严格、就业指导和失业保护。SoFi的目的是让借款人与出资人滚动起来，上届的借款人作为下届的出资人，即使某些人对借款不感兴趣，但是能够通过这种方式不断认识同校或者其他名校的在读生或者毕业生，因此是一个非常好的人际投资，何况这种投资还有一定的利息收益。SoFi的贷款利率分为固定利率和浮动利率，固定利率从3.5%到6.99%，还款期限是5年、10年和15年三种，浮动利率目前从1.92%到4.92%，与伦敦同业拆借利率（LIBOR）相关，且以8.95%封顶。在借款人的审核上，SoFi需要较高的信用分数以及收入水平。如果借款人失业，SoFi会根据失业保护条款，暂停借款人的还款要求，并帮助其找到新的工作，最长失业保护为12个月，暂停还款期间，利息仍然计算。

（6）Realty Mogul

2014年三季度，美国房地产贷款余额超过4万亿美元，成为比消费信贷市场更大的借贷市场，而Realty Mogul是专注于房地产贷款的P2P平台的代表。上线于2013年，Realty Mogul给出资人提供两种投资产品：股权投资和债权投资。投资股权会占有房产的一部分，由借款人聘请的专家对房产进行改造升级，获得租金收益或者房产升值卖出后的额外收益，同时出资人也要承担房地产市场下滑带来的风险。投资债权相当于代替银行给借款人融资，获得稳定的利息收益，同时有房产抵押，能够保证本金一定程度上的安全。目前，Realty Mogul已经放贷超过4700万美元，股权占比68%，债权占比32%，房产主要位于加利福尼亚州，类型上是住宅和零售地产最多，合计占比近50%。

（7）美国P2P发展的特点

① 监管的改变迫使P2P市场变得更为集中

2008年10月，SEC对Prosper下达了暂停业务的指令，认定Prosper出售的凭证属于证券，要求Prosper必须提交有效的注册申请。SEC在Prosper运营了3年之后才发出暂停营业的指令，部分原因在于当时美国爆发的金融危机。在一个月之前，雷曼兄弟宣布倒闭，美联银行和华盛顿互惠银行都处在破产边缘。也许正因为监管机构和各大金融机构的负责人互相推卸责任，SEC感到压力，决定转变对P2P行业放任自流的态度。

在向SEC登记注册期间，Prosper停止发放新的贷款，但是继续运营原有的贷款。相比之下，Lending Club在登记注册的过程中，虽没有吸引新的放款人，但是用自有资金继续支持新的贷款申请。Prosper在度过了登记静默期后，花了一年多时间才重新回到之前每月贷款的同等额度。而Lending Club每月促成的贷款额已经远远超过了Prosper。两个平台在SEC登记之后，发售的凭证都可以在Foliofn这个线上交易市场交易，也形成了二级市场。

② 借款人和放款人不再直接关联

在向SEC登记注册之前，Prosper和Lending Club允许放款人直接购买贷款份额。P2P平台通过 WebBank，以向 P2P 平台负有还款义务的信用凭证的形式，向借款人发放贷款，同时设立相对应的信用凭证。WebBank 再将这些信用证出售给放款人。这个模式有效地将借款人和放款人直接联系起来。

在 SEC 登记注册之后，P2P 平台改变了这一模式，以反映出售给放款人的信用凭证属于证券类别，同时遵守相关的证券法律。借款人的贷款仍然是由 WebBank 来发放，然后 WebBank 会将债权卖给 P2P 平台。P2P 就将这些贷款又以收益权凭证的方式卖给放款人。通过这种形式，放款人就成了 P2P 平台的无担保债权人，而非借款人的债权人，在借款人违约的情况下，放款人只有很有限的途径去追索。WebBank 在整个过程中的作用就是分销贷款，这是 P2P 平台没有相关牌照所不能做的业务。委托有牌照的银行来分销贷款，有助于 P2P 平台符合相关法律法规的要求，也有利于美国的多头监管，保护借贷双方，防止欺诈。

新的凭证结构的产生也与 1933 年《证券法》第 415 条规定的"暂搁注册（或者称之为先注册，后发行）"相关。"暂搁注册"允许证券发行人在实际发行证券之前，一次性预先注册大量的证券，逐步地发行，而非单独注册每个证券。这条法则对于 P2P 平台的存在至关重要，因为单独注册每个凭证需要花费的时间和成本实在太高。P2P 公司预先以单个发行人的身份，将大量的凭证放到一个"暂搁注册"中去，这就意味着 P2P 平台将成为放款人持有的所有收益权凭证的发行人。

Prosper 和 Lending Club 都选择 WebBank 作为分销银行。WebBank 是在犹他州注册的州立银行，可以向全国范围内的居民发放贷款，而且犹他州对于通过 P2P 平台发放的贷款没有利率上限规定。一些州存在限制高利贷的监管条例，但是联邦法律允许州立银行根据所在州的法律，向其他州"输出"利率设定，而不管借款人所在州是否存在高利贷利率限制。除非借款人所处的州退出这个"输出方案"，但到目前为止，P2P 平台在地理上的扩张还未涉及这个因素。

③ 机构投资者涉足 P2P

由于 P2P 平台积累了大量的数据证明它们良好的运营情况和巨大潜力，因此对于机构投资者的吸引力不断提升，为了吸引机构投资者，Lending Club 设立了全资子公司 LC Advisor，接受机构投资者的投资，每笔最低额度为 10 万美元，2012 年提高到了 50 万美元。LC Advisor 为投资者提供了两个基金，The Broad Based Consumer Credit Fund 投资于所有等级的贷款，而 The Conservative Consumer Credit Fund（CCF）则是只投资于评级为 A 和 B 的贷款。

Prosper 也做了很多努力去吸引机构投资者。2011 年，某机构投资者公开宣称，将在未来数年间在 Prosper 上投资 1.5 亿美元，这是迄今为止 P2P 借贷平台披露的最大一笔投资。在 2013 年初，Prosper 聘请了富国银行前执行董事和美林证券的全球销售总监 Ron Suber 作为 Prosper 全球机构销售总监，进一步体现了 Prosper 吸引机构投资者资金的努力。

随着越来越多的机构投资者进入这个行业，P2P 平台上的贷款额度不断增大。个人投资者开始担心被机构投资者挤出 P2P 市场，为此，两个 P2P 平台都公开表示机构投资者和个人投资者同等重要。Lending Club 已经实行这样一个做法，随机挑选 20% 的贷款在前 12 小时内为机构投资者独占，在 12 个小时之后对所有人开放投资。Prosper 在 2013 年年初也实行了类似的做法。

④ 积极减少投资者面临的风险

尽管 P2P 借贷是一个比较新的概念，但在 P2P 平台运营之初，就采取了很多措施来减少风险。首先，在向 SEC 登记注册之前，P2P 平台已经遵从于联邦和州法律法规的监管，确保借款人和放款人的利益和隐私。一些州甚至对放款人引入了财务可行性测试。Lending Club 自愿将这些测试标准应用在放款人身上，并规定放款人在 P2P 平台上的投资额不得超过其个人净资产的 10%（不包括家庭住宅和机动车）。从一开始，放款人的资金就存放在由 FDIC 承保的金融机构的单独账户中，确保放款人资金和平台自有资金分离。由于借贷本身就包含着风险，在 SEC 登记注册之后，P2P 平台已经采取系统性措施来将借贷的风险降到最低。

Prosper 的贷款违约率在 2009 年年中之前曾经很高，因为它包含了信用评分低至 520 分的借款人。当时 Prosper 主要依赖于评分机构得分来对贷款做出等级评定，并没有确认借款人的雇佣信息和收入信息。近年来，Prosper 将借款人申请贷款的信用评分上调到 640 分，并融合消费者信贷机构提供的数据，包括从先前的贷款中收集而来的数据和个人借款者的信用得分，研发了一套自有的风险评分系统，从 2009 年开始，Prosper 审查了超过一半借款人的收入信息和雇佣信息。Lending Club 现在也使用类似的风险模型，2012 年核实了 60% 以上贷款申请中借款人的工作和收入信息。

2．中国 P2P 平台

（1）拍拍贷

拍拍贷成立于 2007 年 6 月，公司全称为"上海拍拍贷金融信息服务有限公司"，总部位于国际金融中心的上海，是中国第一家 P2P（个人对个人）网络信用借贷平台。

拍拍贷是国内第一家由工商部门特批，获批"金融信息服务"的经营范围，得到政府认可的互联网金融平台。拍拍贷用先进的理念和创新的技术建立了一个安全、高效、透明的互联网金融平台，规范个人借贷行为，让借入者改善生产生活，让借出者增加投资渠道。拍拍贷相信，随着互联网的发展和中国个人信用体系的健全，先进的理念和创新的技术将给民间借贷带来历史性的变革，拍拍贷将是这场变革的领导者。

截至 2014 年，拍拍贷平台注册用户超过 600 万，累计成功借款笔数超过 260 万笔，累计成功投资笔数超过 1 200 万笔，平台从品牌影响、用户数、平台交易量等方面均在行业内占据领先位置。

2012 年 10 月拍拍贷成为首家完成 A 轮融资的网贷平台，获得红杉资本（Sequoia Capital）千万美元级别投资。2014 年 4 月，拍拍贷在北京钓鱼台国宾馆宣布率先完成 B 轮融资，投资机构分别为光速安振中国创业投资（Lightspeed China Partners）、红杉资本（Sequoia Capital）及纽交所上市公司诺亚财富。2015 年 4 月，拍拍贷正式宣布完成 C 轮融资，再次成为国内 P2P 行业首个完成 C 轮融资的网贷平台，C 轮投资投资方组成为：由联想控股旗下君联资本和海纳亚洲联合领投，VMS Legend Investment Fund I、红杉资本以及光速安振中国创业投资基金等机构跟投。

拍拍贷完全采取线上模式。借款人发布借款信息，并说明借款缘由与金额，并且提供相应身份证明。目前采取一口价的方式，由借贷双方决定，完全市场化。债权人提供贷款，拍拍贷不对债权人负有担保责任。

拍拍贷具有以下特点：① 规定债务人按月还本付息；② 信用审核引入社会化因素。拍拍贷认为网络社区、用户网上的朋友圈也是其信用等级系统的重要部分之一，网站内圈中好友、会员好友越多，个人借入贷出次数越高，信用等级也越高。网路活跃度也和用户个人身份、财务能力、银行信用度等一起构成了一整套的评价系统。拍拍贷借助于第三方支付平台对贷款过程进行把控，同时从第三方支付或其他平台获取用户交易信息，完善自身信用体系。拍拍贷运作模式如图 5-10 所示。

（2）人人贷

人人贷（renrendai.com），系人人友信集团旗下公司及独立品牌。自 2010 年 5 月成立至今，人人贷的服务已覆盖了全国 30 余个省的 2 000 多个地区，服务了几十万名客户，成功帮助他们通过信用申请获得融资借款，或通过自主出借获得稳定收益。作为中国最早的一批基于互联网的 P2P 信用借贷服务平台，人人贷以其诚信、透明、公平、高效、创新的特征赢得了良好的用户口碑。现在，人人贷已成为行业内最具影响力的品牌之一。

用户可以在人人贷上获得信用评级、发布借款请求满足个人的资金需要；也可以把自己的闲余资金通过人人贷出借给信用良好、有资金需求的个人。人人贷将用户信用等级分为 7 个等级，AA 为最高级，HR 为最低级。每个等级的费用不相同，所收取的费用主要用于风险保障金。人人贷采用账户的方式管理用户，信用评级主要针对借入者，借款额度为 3 000 元至 100 万元人民币不等，还款期限最高为 24 个月，利率取决于借贷双方以及借款人信用等级，为 6% 至 24% 不等。

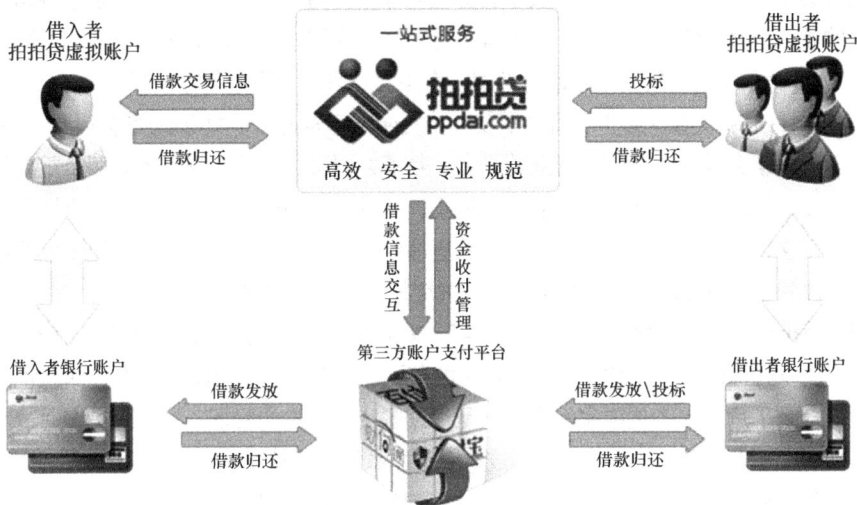

图 5-10　拍拍贷运作模式

5.2.3　众筹

众筹（Crowd Funding），即筹资者向投资者募集项目资金的模式。一个众筹项目一般包括三个环节：筹资人、平台运营方和投资者。以美国为代表的国外众筹平台已经获得了很大的发展，2012年《初创期企业推动法案》（JOBS）的颁布更是推动了美国股权众筹的发展。我国的众筹也在快速发展中。

一个众筹项目主要包括三个环节：筹资人、平台运营方和投资者。其中筹资人就是项目发起人，在众筹平台上创建项目介绍自己的产品、创意或需求，设定筹资期限、筹资模式、筹资金额和预期回报率等，一个项目可能包含多个投资档位，不同的档位有不同的预期回报。而平台运营方就是众筹网站，负责审核、展示筹资人创建的项目，提供服务支持。投资者则通过浏览平台上的各种项目，选择适合的投资目标进行投资。

按照美国著名众筹研究机构 Massolution 的分类，众筹有四种类型：一是捐赠众筹；二是回馈众筹；三是债权众筹；四是股权众筹。其中，回馈众筹主要是以商品预售业务为主，债券众筹主要是 P2P 等小额借贷平台，而捐赠众筹主要是非营利性平台。

捐赠众筹通常是非营利性组织通过众筹平台获取捐款，对特定人群或项目进行帮助。这一类项目的筹款金额比较小，一般在 1 万美元以下。项目的投资人一般不会得到回报。例如美国的 GoFundMe、GIveForward 等平台。

回馈众筹也叫商品众筹。根据协议，项目发起方一般承诺实物汇报来取得支持者的投资。这一类项目通常以"预售"的方式来提供食物性质的回报。具有代表性质的平台有美国的 Kickstarter、IndieGoGo 等。这一类平台上的项目大部分筹款金额比较低，通常在 5 万美元以下。

债券众筹也叫借贷型众筹，借款人通过众筹平台发布借款需要，一般可以自行设定借款利率作为对投资者的报酬。一般借款项目以小额信贷为主，通常在 5 万美元以下。代表性的 P2P 平台有美国的

LendingClub、Prosper 和 Zopa 等。

股权众筹是指公司直接向合格投资者出售股权来换取投资。投资者能够获得的回报一般是公司的原始股份以及公司股东的种种权利等。这一类项目的筹款金额相对来说就比较大，一般能够达到 5 万到 100 万美元之间。这一类平台，例如美国的 Crowdcube、Seedrs 等。

按照项目类型分类，众筹平台一般被分为垂直众筹平台和水平类众筹平台。垂直网站注意力集中在某些特定的领域或某种特定的需求，提供有关这个领域或需求的全部深度信息和相关服务。水平类众筹平台又被称为综合性平台，顾名思义就是包含了多种类型的众筹项目的平台，例如美国的 Kickstarter。我国目前的垂直众筹平台得到了较大的发展，例如定位于微电影众筹项目的淘梦网和专门针对音乐行业的乐童音乐。选择做垂直众筹平台，除了去同质化目的以外，还有两个重要的原因：其一，垂直平台专一性的特点，使得平台能够规模化、低成本地细分众筹领域，满足个性化需求并形成独具特色的社区文化和基因，从而让投融资关系更加融洽；其二，垂直平台可以无限大地体现平台的专业性、权威性和定位精准地吸引到特定投资人群反复投资，增加黏性。

国外很早就出现了原始的众筹案例。1884 年，美国的自由女神像为了顺利安置，便在报纸上号召纽约市民为自由女神像的底座捐款。在 18 世纪的英国，著名的音乐家莫扎特在作曲时也向潜在的支持者寻求投资。到了近现代英美国家的众筹更是得到了突飞猛进的发展。JOBS 法案通过后，国外的众筹平台更是有了星火燎原之势，正在逐渐成为金融体系的良好补充。

国内的众筹平台也在飞速发展之中。截至 2014 年底，我国国内已有 128 家众筹平台，覆盖了 17 个省（含直辖市、自治区，不含港澳台地区）。除了债券众筹的 P2P 平台之外，国内已经有了 32 家股权众筹平台、78 家商品众筹平台、4 家纯公益众筹平台和 14 家股权混合性质的平台（零壹数据）。

1．国外平台介绍

（1）Kickstarter

Kickstarter 目前是全球最大的综合性众筹平台，总部位于美国纽约，2009 年 4 月正式上线。Kickstarter 上的项目按内容分为 13 大类，包括音乐、影视、艺术、出版、戏剧、游戏、设计、视频、漫画、摄影、时尚、舞蹈和技术。所有项目需要通过审核才能上线筹资，且必须预先设定目标金额和筹款期限（期限一旦设定，不可更改，通常在 3 个月内）。在期限之内筹款达到目标金额，项目成功，否则按失败处理，失败后需将资金返还给支持者。

Kickstarter 上的项目以游戏、电影等类别为主。到 2014 年年底为止，Kickstarter 共募集了 15.65 亿美元，共有 807 万合格投资者成功支持了 79 444 个众筹项目。

从项目类别来看，仍以游戏、电影、设计和科技等元素为主。其中募资最多的是游戏类众筹，共有 15 386 个项目，募资 3.21 亿美元，完成了 15 386 个项目，成功率为 33.8%。

从经营模式来看，Kickstarter 试图摆脱对金融机构的依赖，使用非现金或股权式的报酬。项目成功后，网站将监督项目发起人执行项目，并确保项目完成后筹资人发放实物报酬。报酬必须是非现金或者非股权式的，大多为实物回报或者服务承诺。众筹平台对于回报方式的限制基于两种理由。第一，非现金的回报方式避免所有权纠纷。这种类型的众筹与股票交易不同，尽管投资者享受了项目产生的产品，但是项目的所有权应该完全属于项目发起者，该项目未来可能产生的收益属于项目发起者。第二，非现金和非股权的报酬能够回避国家金融监管机构的审查，因为实物的回报方式与金融投资回报有明显的差别。项目不回报现金或股权，使得投资项目更像是一种购买行为，而不像投资行为，从而避免"非法集资"之嫌。

同时，Kickstarter 偏向于小型创意项目。回报采用 All or nothing 原则。不过，若筹款未达目标，钱款如数退回捐助人账户。这一点与同属商业模式的 IndieGoGo 不同。这一平台上的项目未达筹资目标项目也可拿已筹集到的资金做项目，且项目审核比 Kickstarter 宽松。

（2）Kiva

Kiva 产生时间比较早，是金融机构与大众投资者的信息中介，不是完全意义上的众筹。

金融机构收集并提取信息交给 Kiva，Kiva 向大众投资者收取资金，再转入金融机构，由金融机构发放给资金需求方。归还本金和利息是先还给金融机构，由金融机构交给 Kiva，再由 Kiva 还给投资人。是一类比较特殊的众筹平台。

（3）Earlyshare

Earlyshare 是债券众筹和股权众筹的综合体。该模式与预售模式有许多相同之处，根本上的不同是回报方式。由于报酬是现金或者公司股权，该模式更加适合中小企业融资。

Earlyshare 在 JOBS 出现前就已经尝试为企业提供众筹渠道，JOBS 正式生效后，Earlyshare 协助美国证券交易监管委员会制定众筹法律规范，Earlyshare 把投资企业被分为两种：一种是小型企业（Small Business），即已经建立的小企业，投资者根据企业过去的发展状况和企业未来的发展计划来判断是否投资；另一种是创业公司（Early-stage Company），即有创意的创业者要吸引投资建立新的公司。2013 年后半年 JOBS 法案开始生效，美国将允许股权众筹。Earlyshares 已经与影视公司 5X5 Media 建立合作，将在本年度完成两部小成本电影的股权筹资。股权众筹模式将允许投资者拿票房分成。

Earlyshare 分别为两种类型的企业设计出不同的众筹流程，前者旨在强调企业的投资回报率，后者旨在宣传该创意的商业前景。每个筹资的企业会设定筹资目标，一旦达到筹资目标，投资人的资金就被转交给企业，而投资人则根据投资金额会获得企业的股权。

2. 国内平台介绍

（1）淘梦网

淘梦网是我国最大的新媒体影视平台，专业提供众筹融资服务。导演和团队通过众筹项目展示创意、梦想、实力，并最终为他们筹集拍摄电影所需的资金。淘梦网解决两个问题：互联网影视的创业机构与创作者对接不到影视投资人与影视基金，导致影视创业半途而废；与此同时，一些影视创业团队创作出了优秀的影视内容，但在后期找不到应有的宣传渠道与发行渠道。所有创作人都经过实名认证，并在项目上线前签订相关合同；项目成功后，工作人员将监督众筹项目执行，按进度分期支付资金，确保支持者的权益。

（2）点名时间

点名时间一度是中国最大的众筹平台，成立于 2011 年 7 月，旨在为创意项目提供融资平台。几乎所有的此类平台都只支持以项目名义集资，不对创业公司开放，其模式学习 Kickstarter，是一类综合性质的商业性众筹平台，其发起的项目涉及众多领域，包括设计、科技、音乐、影视、动漫、出版、游戏、摄影等。作为国内最大的线上众筹平台，截至 2015 年 4 月，点名时间已经接到 13 000 多个项目的申请要求，正式上线众筹的有 1 500 个，项目成功率达到 43%。然而在 2015 年 4 月 19 日，点名时间放弃了原先单一的众筹模式，同时也成为一个智能硬件的首发平台。与此同时，它还宣布不再向成功融资项目收取占融资额 10% 的佣金费用，改为全免费的方式，免费提供平台与各种资源的对接。

关键术语

互联网金融、网络理财、P2P、众筹

关键知识点

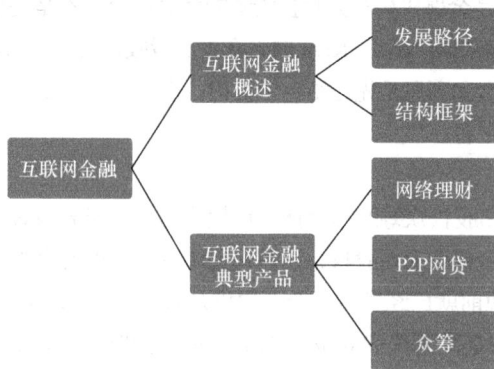

本章思考题

1. 简述互联网金融的构成。
2. 谈谈你对互联网金融的理解。
3. 论述 P2P 的特点。
4. 论述众筹的特点。
5. 谈谈你对互联网金融监管的看法。
6. 论述如何防范互联网金融风险。

第6章 电子支付体系安全与风险防范

章首导言

现代开放经济体系下，金融是整个经济的命脉，作为现代金融体系的基础，支付体系安全与风险防范是支付体系乃至金融体系稳定的关键。但是，在享受新技术带来利益和服务的同时，危险也在临近。由新技术引致的金融风险有可能产生类似"多米诺骨牌"效应，导致金融风险迅速蔓延。因此，对支付体系进行有效的监管，避免"多米诺骨牌"效应而形成的风险爆炸至关重要。

电子支付的安全性主要包括数据的保密性、数据的完整性、交易者身份的确定性以及交易的不可否认性。加密技术、访问控制与安全认证技术、防火墙技术、入侵检测技术、漏洞扫描技术等是信息安全中重要的技术。实施安全解决方案有五个关键技术点，它们是防毒、控制访问、加密与认证、漏洞扫描和入侵检测。

金融风险通常具有不确定性、普遍性、扩散性、隐蔽性和突发性。支付系统风险通常包括系统风险和非系统风险。

电子支付法是保证电子支付顺利进行的基础。电子支付法律体系中除了主要包括电子资金转移法、电子清算和结算法等外，还包括电子签名法、电子商务法、电子证据法、电子合同法、消费者权益保护法、隐私权保护法、反洗钱法等法律中的相关内容等。

6.1 电子支付系统安全策略

6.1.1 信息安全概述

信息安全的概念经历了一个漫长的历史演变过程。从20世纪40年代计算机技术的出现，直到60年代末，通信保密一直是信息安全的重点。自90年代以来，互联网的普及使得信息安全的概念进一步深化，从信息的保密性拓展到信息的完整性、可用性、可控性、不可否认性等。

一般认为，信息安全至少应具有以下特征。

（1）保密性。保证信息不泄露给未经授权的人，确保只有经过授权的人才能访问信息，即使信息被他人截获，也无法理解其内容。

（2）完整性。防止信息被未经授权地篡改，保证真实的信息从真实的信源无失真地到达真实的信宿，信息的内容不会被破坏或篡改。

（3）可用性。保证信息确实为授权使用者所用，防止由于计算机病毒或其他人为因素造成的系统拒绝服务，确保经过授权的用户在需要时可以访问信息并使用相关信息资源。

（4）可控性。信息系统的管理者可以控制管理系统和信息。

（5）信息行为的不可否认性。保证信息行为人不能否认自己的行为。

一个安全的信息系统应该具有这五个特征。也就是说，一个安全的信息系统能够保护它的信息和计算机资源不被未授权访问、篡改、拒绝服务攻击、欺骗抵赖和传输干扰。

目前金融信息安全的主要威胁有以下几方面。

（1）人为失误。指计算机技术人员和业务人员在信息系统的设计、开发、安装、使用过程中所产生的人为的错误或失误。

（2）欺诈行为。指金融机构内部员工或外部人员修改信息系统数据、盗窃银行资金、进行金融犯罪的行为。

（3）内部人员破坏行为。指由于对工作不满或其他原因，内部人员有意在程序中设置"后门"或程序炸弹，并对设备、数据、系统进行故意破坏的行为。

（4）物理资源服务丧失。指设备故障或物理环境发生意外灾难（电源断电、通信中断、水灾、火灾、地震等）而引发的系统崩溃事件。

（5）黑客攻击。指黑客通过非法手段访问或破坏银行信息系统。

（6）商业信息泄密。指员工利用权限之便而造成信息系统数据的外泄。

（7）病毒（恶意程序）侵袭。指编制或者在计算机程序中插入破坏计算机功能或者毁坏系统数据的计算机指令或者程序代码。

（8）程序系统自身的缺陷。指在程序设计开发时，由于开发人员对系统的安全性考虑不足而留下的安全隐患，这是一种来自系统自身的威胁。

同时云技术和大数据技术的应用带来的消费者隐私保护问题日益受到关注，云计算是继20世纪80年代大型计算机到客户端—服务器的大转变之后的又一种变革。云技术与大数据要求大量用户参与，不可避免地出现了消费者隐私保护与信息泄露问题，从而引发了用户数据安全的担忧。

信息安全是支付体系成败的关键，我国金融业对信息安全工作给予高度的重视。1996年7月1日，公安部发布了《关于加强信息网络国际互联网信息安全管理的通知》。2003年9月发布了《国家信息化领导小组关于加强信息安全保障工作的意见》，成为我国今后信息安全工作的指导性文件。

中国人民银行1999年制定了《国家金融信息系统安全总体纲要》，2002年制定了《中国人民银行信息系统安全总体规划》，并在此基础上进行《中国人民银行信息系统安全保障总体技术框架》的编制，对银行信息安全问题做了深入的研究。2006年4月18日，中国人民银行发布了《关于进一步加强银行业金融机构信息安全保障工作的指导意见》，该指导意见对组织体系建立、人才建设、标准与规范、外包管理、风险评估、灾难备份系统、银行卡与网络银行风险防范等方面进行了规范。

2010年4月29日，胡锦涛签发第28号中华人民共和国主席令，公布了第十一届全国人大常委会第十四次会议修订通过的《中华人民共和国保守国家秘密法》。2015年6月，第十二届全国人大常委会第十五次会议初次审议了《中华人民共和国网络安全法（草案）》，并于2015年7月6日公布。

6.1.2 信息安全技术基本原理

电子支付的安全性要求主要包括以下四个方面。

（1）数据的保密性。交易中的商务信息均有保密的要求，如果信用卡的账号和用户名被人知悉，就可能被盗用，订货和付款的信息就会被竞争对手获悉，可能就会丧失商机，因此在电子商务的信息传播中一般均有加密的要求。

（2）数据的完整性。交易数据不能被未授权地加以更改。

（3）交易者身份的确定性。网上交易的双方很可能素昧平生，相隔千里。要使交易成功，首先必须能确认对方的身份，商家会考虑客户端是不是骗子，客户也会担心网上的商店是不是一个玩弄欺诈的黑店，因此能方便可靠地确认对方身份是交易的前提。所以，为顾客或用户开展服务的银行、信用卡公司和销售商店，为了做到安全、保密、可靠地开展服务活动，都会进行身份认证。对有关的销售商家来说，它们是不知道顾客所用信用卡的号码的，商家只能把信用卡的确认工作完全交给银行来完成。银行和信用卡公司可以采用各种保密与识别方法，确认顾客的身份是否合法，同时还要防止发生拒付款问题并确认订货和订货收据信息等。

（4）交易的不可否认性。由于商情千变万化，交易一旦达成是不能被否认的，否则必然会损害一方的利益。例如订购黄金，订货时金价较低，但收到订单后，金价上涨了。此时，如果收单方否认收到订单的实际时间，甚至否认收到订单的事实，订货方就会蒙受损失，因此电子交易通信过程的各个环节都必须是不可否认的。

针对电子支付的各种不同的安全性要求，目前已开发出相应的技术措施。较为成熟的有加密技术、访问控制与安全认证技术、入侵检测技术、漏洞扫描技术等。

1．加密技术

数据在传输过程中可能会遭到侵犯者的窃听而失去保密信息，所以信息的保密性是信息安全的一个重要方面。加密技术是一种主动的信息安全防范措施，其原理是利用一定的加密算法，将明文转换成为无意义的密文，阻止非法用户获取和理解原始数据，从而确保数据的保密性。

加密包括两个元素：算法和密钥。加密算法是将普通的文本（或者可以理解的信息）与一串数字（密钥）结合，产生不可理解的密文的步骤。密钥也是用来对数据进行编码和解码的一种算法。密钥和算法对加密同等重要。在安全保密中，可通过适当的密钥加密技术和管理机制来保证网络的信息通信安全。

目前最典型的两种加密技术是对称加密（私有密钥加密）和非对称加密（公开密钥加密）。对称加密以数据加密标准（Data Encryption Standard，DES）算法为典型代表，非对称加密通常以 RSA（Rivest Shamir Adleman）算法为代表。

加密技术可以在计算机和网络通信中用来进行身份鉴别、访问控制以及确保信息的保密性、完整性不可否认性。

（1）对称加密技术

对称加密技术也称私人密钥加密（Secret Key Encryption），是指发送和接收数据的双方必须使用相同的密钥进行加密和解密运算。

对称加密采用了对称密码编码技术，它的特点是文件加密和解密使用相同的密钥，即加密密钥也可以用作解密密钥。这种方法在密码学中叫作对称加密算法。对称加密算法使用起来简单快捷，密钥较短，且破译困难。除了数据加密标准（DES）外，另一个对称密钥加密系统是国际数据加密算法（IDEA），它比 DES 的加密性好，而且对计算机功能的要求也没有那么高。PGP（Pretty Good Privacy）系统使用的是 IDEA 加密标准。

对称加密算法的优点在于加密速度快，适用于大量数据的加密处理；缺点是如何在两个通信方之间安全地交换密钥，在电子商务交易过程中存在以下几个问题。

① 要求提供一条安全的渠道使通信双方在首次通信时协商一个共同的密钥。直接的面对面协商可能是不现实而且难以实施的，所以双方可能需要借助邮件和电话等其他相对不够安全的手段来进行协商。

② 密钥的数目难以管理。因为每一个合作者都需要使用不同的密钥，所以很难适应开放社会中大量的信息交流。

③ 对称加密算法一般不能提供信息完整性的鉴别。它无法验证发送者和接受者的身份。

④ 对称密钥的管理和分发工作是一个具有潜在危险且烦琐的过程。对称加密是基于共同保守秘密来实现的，采用对称加密技术的贸易双方必须保证采用的是相同的密钥，保证彼此密钥的交换是安

全可靠的，同时还要设定防止密钥泄密和更改密钥的程序。

（2）非对称加密技术

非对称加密技术也称作公开密钥加密（Public Key Encryption）。1976 年，美国学者 Dime 和 Henman 为解决信息公开传送和密钥管理问题，提出了一种新的密钥交换协议，这就是公开密钥系统。相对于对称加密算法，该方法叫作非对称加密算法。

与对称加密算法不同，非对称加密算法需要两个密钥：公开密钥（Public Key）和私有密钥（private key）。公开密钥与私有密钥是一对：如果用公开密钥对数据进行加密，只有用对应的私有密钥才能解密；如果用私有密钥对数据进行加密，那么只有用对应的公开密钥才能解密。因为加密和解密使用的是两个不同的密钥，所以这种算法叫作非对称加密算法。

非对称加密解决了对称加密中的基本问题，即密钥的安全交换问题。这种加密技术的加密速度较慢，只运用于对少量数据进行加密。采用这种加密技术的主要是 RSA。

贸易方利用非对称加密算法实现机密信息交换的基本过程包括以下四步。

① 贸易方甲生成一对密钥并将其中的一把作为公开密钥向其他贸易方公开。

② 贸易方乙生成一个自己的私有密钥并用贸易方甲的公开密钥对自己的私有密钥进行加密，然后通过网络传输到贸易方甲，接收方——贸易方甲用自己的公开密钥进行解密后，就可以得到发送方的私有密钥并妥善保存。

③ 贸易方乙对需要传输的文件用自己的私有密钥进行加密，然后通过网络把文件传输到接收方——贸易方甲。

④ 贸易方甲接收到贸易方乙传输来的文件后，用发送方——贸易方乙的私有密钥对文件进行解密，得到文件的明文形式。

非对称加密算法的保密性比较好，它消除了最终用户交换密钥的需要，但加密和解密花费时间长、速度慢，不适合于对文件加密，只适用于对少量数据进行加密。

因为只有接收方才拥有发送方的公开密钥，所以即使其他人得到了经过加密的发送方的私有密钥，也会因为无法进行解密而保证了私有密钥的安全性，从而也保证了传输文件的安全性。实际上，在上述文件传输过程中实现了两个加密解密过程：文件本身的加密和解密与私有密钥的加密和解密，这分别通过私有密钥和公开密钥来实现。

为保证数据的可靠传输，目前业界普遍采用将两种加密方法相结合的方式来满足网络传输过程中的保密性需求。具体做法是：发送方用对称密钥来加密数据，然后将此对称密钥用接收方的公开密钥加密，称为"数字信封"，将其和数据一起发送给接收方，接收方先用相应的私有密钥打开数字信封，得到对称密钥，然后使用对称密钥解开数据。这种技术的安全性能相当高，目前国际上应用较广的 SET 协议即是该技术的一个应用典范。

我们现在列举一个利用电子货币进行交易的情形。有一笔互联网上的交易，用户 P 要向商户 V 发送一笔数字货币，以购买商品和服务。用户 P 使用软件程序生成一个非常大的随机数，然后将该随机数以及提款请求利用银行的公开密钥进行加密。第一次加密是为了保证只有接收银行能够确定 P 要提取的金额。将第一次加密后的文本再进行一次加密，但是这次使用的是 P 的私有密钥。第二次加密是让银行确认 P 实际上所提取的款项，然后将这两次加密信息从 P 传送到 P 的银行。该信息第一次使用 P 的公开密钥进行解密，以证实 P 的唯一性，第二次使用银行的私有密钥进行解密，以确认 P 提取的金额。银行还要记录 P 使用的作为追踪数字的随机数。

银行然后对 P 生成的随机数进行加密，就像用私有密钥对提取金额进行加密一样，该信息可以被确认作为有效提款授权。当 P 将该电子现金传送给商户 V，商户 V 可以将该信息发送给银行请求支付，银行可以使用公开密钥以证实该提取授权是真实有效的，并且从跟踪数字序列分解出随机数，以防止信息被复制，不会进行二次支付。

该电子货币交易是安全的，但是不够机密。银行的跟踪数字列表用于确定 P 如何花费货币，为完全代替现金，电子货币系统必须提供提款和支付的安全措施，并且与任何特殊支付系统无关。使用公开密钥加密的双屏蔽系统可以实现该目的。

双屏蔽交易操作如下：用户 P 使用软件生成一个大的随机数，作为银行的跟踪数字。但是这次将该随机数乘上另一个大数字，称作屏蔽因子。然后 P 将该数字乘积与提款请求一起发送到银行，如签名一样进行两次加密：第一次使用银行的公开密钥，第二次使用 P 的私有密钥。

银行对传输信息进行解密，记录提取金额，并用私有密钥重新将请求发回。和前面一样，该发送的信息作为电子货币并可被 V 接受，因为银行的数字签名是可确认的。然而，在花费这笔电子货币之前，P 要分解该屏蔽因子，在加密信息上只留下 P 的最初随机数。因此，当电子货币用于支付时可以证实其电子签名并记录新的随机数。因为电子货币的任何复制都包含同样的随机数，银行很容易判断，因此这样可以避免重复支付。从银行的角度来看，跟踪数字是在电子货币第一次用于支付时生成的，因此没有必要将跟踪数字与 P 最初提取的金额相联系。

如果信息用接收者的公开密钥加密，信息就是安全的，因为信息只有接收者能够读出，但是接收者无法证实发送者是谁以及发送者的信息的真伪。只有发送者才能进入接收者的公开密钥。利用私有密钥给信息加密会使得加密信息的安全性降低，因为进行解密的接收者必须查看发送者的密码，但是不能证实该信息的真实发送者是谁。以这种方式使用私有密钥称作"数字签名"。利用数字签名可以辨别通信信息的真伪。数字签名还能保证合约术语不被修改或数字货币不被伪造。

尽管信息标志的比较使得接收者可以证实发送过来的信息未经修改，但是信息有可能不是发送者本人发送的，而是其他人利用了发送者的私有或公开密钥。也就是说，假设某冒名出版商在一些公开密钥目录上发布了一些公开密钥，伪称那是 R 公司 CEO 的公开密钥。除非该伪造信息被揭露，否则该冒名出版商就可以发送信息伪装成 R 公司的 CEO，因为公开密钥并不能判断真正的发送者是谁，只能证实发送者的私有密钥与指定的公开密钥是匹配的。因此，使用公开密钥来对信息判别真伪时，必须证实对方是否是公开密钥真正的拥有者。为防止假冒现象，接收者必须从第三方那里获得数字认证确认。数字认证是一份文件，利用该文件可以证实拥有公开密钥的签名者的真实性。

2．访问控制与安全认证技术

访问控制机制是根据实体的身份及其相关信息来解决实体的访问权限的。访问控制机制的实现常基于以下某一或某几个措施：访问控制信息库、认证信息、安全标签等。一般包括：物理访问控制、网络访问控制和系统访问控制。

物理访问控制包括对物理房屋的访问控制、公共网络点与内部网络的隔离以及对工作站、服务器、存储备份设备等的物理访问等。

数据网络层的访问控制可以通过防火墙的基于策略的配置或路由器的访问控制列表来实现。系统层的访问控制可以通过对系统账号的控制和域间的信任关系来实现。

有效的访问控制机制需要强认证方案的支持。不同的认证方案提供不同层次的安全性。一些著名的安全认证机制如下：基于口令的认证；单步/双步令牌认证；数字签名；数字证书；单注册；拨号 PAP/CHAP 远程访问认证等。下面介绍几种常用的访问控制与安全认证技术。

（1）防火墙

古时候，人们常在寓所之间砌起一道砖墙，一旦火灾发生，它能够防止火势蔓延到别的寓所，这种墙因此而得名"防火墙"。在 Internet 上，出于安全的考虑，可以在内部网络和 Internet 之间插入一个中介系统，竖起一道安全屏障。这道屏障的作用是阻断来自外部通过网络对本网络的威胁和入侵，提供扼守本网络的安全和审计的唯一关卡，这种中介系统也叫作"防火墙"或"防火墙系统"。

防火墙在网络安全中起着重要的作用，它在内部网络和外部网络之间提供了必要的隔离措施。内部网络可以通过防火墙和路由器来控制与外部网络的连接以实现网络隔离。对网络通信的监控则由防火墙和路由器的策略和访问控制规则来实现。防火墙作为物理设备，可以是路由器、专用黑盒子或基于主机的应用层防火墙软件。除了控制信息流，防火墙还提供了一些附加功能。例如，日志和进行审计的能力；通过公用或专用网络建立 VPN 连接的能力；通信定向和负载均衡的能力。

鉴于网络安全水平和可信任关系，防火墙可以将网络划分成一些相对独立的子网，两侧间的通信就可以受防火墙的检查控制。它可以根据既定的安全策略允许特定的用户和数据包穿过，同时隔断安全策略不允许的用户和数据包，达到保护高安全等级的子网、阻止墙外黑客的攻击以及限制入侵蔓延等目的。然而，防火墙并非是万能的，它在很多方面存在弱点，比如无法防止来自防火墙内侧的攻击，而防御各种已识别类型的攻击有赖于正确的配置，防御各种最新的攻击类型取决于防火墙知识库更新的速度和相应配置更新的速度等。

防火墙是目前应用最广泛的网络安全产品，作为第一道安全防线，防火墙主要用来执行两个网络之间的访问控制策略，保护用户网络的安全。此外，网络用户通常还会使用其他多种网络安全产品，力争用组合的方案从整体上监控外来的攻击，为网络提供全面细致的安全防范措施。

防火墙是一个（或一组）网络设备，用来在两个和多个网络间加强访问控制，从而保护一个网络不受其他网络的攻击。它可以用下式表达：

$$防火墙=数据过滤器+系统定义的安全策略+网关$$

防火墙主要用来隔离内部网和外部网，对内部网的应用系统加以保护。防火墙技术一直在不断发展，目前市场上有上百种不同种类的防火墙。在网络的不同层上有不同类型的防火墙，可以从不同角度保护内部网。目前的防火墙有两大类：一类是简单的包过滤技术，即在网络层中有选择地让数据包通过。也就是说，是依据系统内事先设定的过滤逻辑，检查数据流中每个数据包后，再根据数据包的源地址、目的地址、所用的 TCP 端口与 TCP 链路状态等因素来确定是否允许数据包通过。另一类是应用网关和代理服务器，其显著的优点是较容易提供细颗粒度的存取控制，其可针对特别的网络应用服务协议即数据过滤协议，并且能够对数据包进行分析并形成相关的报告。

① 基于路由器的包过滤型防火墙

该类型防火墙聚焦于信息包，依据内容在 IP 层控制进出内部网的通信：首先测试每个到达防火墙的信息包所需的网络应用服务（如 Ftp、Telnet 等）、协议类型（TCP、UDP、ICMP）以及源地址和目的地址，然后根据管理员配置的主机、路由、服务表来决定接受还是丢弃此包。此类防火墙对用户透明性好，但由于需要对信息包执行读取操作，网络性能大约会降低 20%，并且无工作日志，不利于系统管理员跟踪黑客行为。

包过滤型防火墙一般在路由器上实现，用以过滤用户定义的内容，如 IP 地址。包过滤型防火墙的工作原理是：系统在网络层检查数据包，与应用层无关。这样系统就具有很好的传输性能，可扩展能力强。

包过滤型防火墙检查的范围涉及网络层、传输层和会话层，过滤匹配的原则可以包括源地址、目的地址、传输协议和目的端口等，也可以根据 TCP 序列号、TCP 连接的握手序列（如 SYN 和 ACK）的逻辑分析等进行判断，能够有效地抵御类似地址欺骗等类型的攻击。路由器通过配置其中的访问控制列表可以作为包过滤防火墙使用，但是过多的控制列表会严重降低路由器的性能，所以在业务量较大的场合，需要将路由和包过滤两种功能分开，也就是说，有必要单独购买专门防火墙产品。

正是由于这种工作机制，包过滤型防火墙存在一定的缺陷。首先，包过滤型防火墙只能访问部分数据包的头信息，因此系统对应用层信息无感知，也就是说，防火墙不理解通信的内容，所以可能被黑客攻破；其次，包过滤型防火墙是无状态的，所以它不可能保存来自通信和应用的状态信息；再次，包过滤型防火墙处理信息的能力也很有限。

② 应用网关和代理服务器防火墙

该类防火墙检查所有应用层的信息包，并将检查的内容信息放入决策过程，从而提高了网络的安全性。然而，应用网关防火墙是通过打破客户机/服务器模式实现的。每个客户机/服务器通信需要有两个连接：一个是从客户端到防火墙，另一个是从防火墙到服务器。另外，每个代理需要一个不同的应用进程，或一个后台运行的服务程序，对每个新的应用必须添加针对此应用的服务程序，否则不能使用该服务。所以，应用网关防火墙的可伸缩性较差。

应用层防火墙能够检查进出的数据包，透视应用层协议，与既定的安全策略进行比较。该类型防火墙能够进行更加细化、复杂的安全访问控制。根据是否允许两侧通信主机直接建立链路，应用层防火墙又分为网关和代理两种。前者允许两侧建立直接连接，而且可以依靠某种算法来识别进出的应用层数据，这些算法是通过已知合法数据包的模式来比较进出的数据包的。后者通过特定的代理程序在两侧主机间复制传递数据，不允许建立直接连接。目前，市场上流行的防火墙大多属于应用层防火墙。

基于上述这种工作机制，应用网关防火墙还存在着其他一些缺陷。由于每一个服务都需要自己的代理，所以应用网关防火墙可提供的服务数和可伸缩性受到了限制。此外，应用网关不能为 UDP、RPC 以及普通协议族的其他服务提供代理，而且应用网关防火墙还会牺牲一些系统性能。

③ 两种防火墙的结合使用

在资金允许的情况下，可以将以上两种防火墙结合使用，以扬长避短，互相补充，提供更强的安全性。

④ 病毒防火墙

它实际上是"广义"防火墙的一个特殊方面，专门用于对病毒的过滤。这种过滤体现在两个环节上：a. 保护计算机系统不受来自于任何方面病毒的危害；b. 对计算机系统提供的保护着眼于整个系统并且是双向的。也就是说，病毒防火墙应该能对本地系统内的病毒进行过滤，防止它向网络或传统的存储介质扩散。一般病毒防火墙对系统提供的保护是实时的、透明的，相当于每时每刻都在为用户查杀病毒，整个过程基本上不需要用户对其进行过多的干预。

⑤ 支付网关

支付网关（Payment Gateway，PG）是金融专用网络与公共网络之间的接口（一组服务器），其主要功能是完成两者之间的数据通信、协议转换，以及对数据进行加密和解密。例如将互联网传输过来的数据包解密，并按照银行内部网络系统的通信协议将数据重新整合，或者反过来对银行内部传输出去的数据进行加密，并转换成互联网传输的数据格式。因此，支付网关成为网络银行电子支付的一道重要的安全屏障。在 SET 协议中，支付网关必须由客户收单行或类似于银行卡组织这样的收单联合组织以承担其建设项目。显然，支付网关需要集中体现两个发展目标：一是有效地处理日益增加的电子支付信息，避免成为网络银行交易的"数据瓶颈"；二是有效地保护银行金融数据网络的安全性，避免来自公共网络的各种"数字攻击"。

无论是认证中心，还是支付网关，都需要以战略合作的形式来共建，否则，不仅建设认证中心的边际成本高昂，而且不可能实现网络的互联互通，导致不同行业、不同地区、不同部门之间相互画地为牢、各自为政的局面，这种局面客观上会阻碍电子支付的良好运行。

（2）数字签名和报文摘要技术

为保证数据的完整性，完成对数据原发者的身份鉴别，需要对数据（亦称报文）进行验证。目前所采用的技术主要是数字签名（Digital Signature）和报文摘要（Message Digest）技术。

数字签名的方法有很多，目前采用较多的是公钥加密技术，如基于 RSA Data Security 公司的 PKCS（public key cryptography standards）、Digital Signature Algorithm、X.509 和 PGP。1994 年，美国标准与技术协会公布了数字签名标准，从而使得公钥加密技术得到广泛应用。

在书面文件上签名是确认文件的一种手段，其作用有两点：第一，因为自己的签名难以否认，从而确认了文件已签署这一事实；第二，因为签名不易仿冒，从而确定了文件的真实性。

数字签名与书面文件签名有相似之处。采用数字签名，也能确认以下两点：第一，信息是由签名者发送的；第二，信息自签发后到收到为止未曾做过任何修改。这样数字签名就可用来防止电子信息因易被修改而有人作伪，或冒用别人名义发送信息，或发出（收到）信件后又加以否认等情况发生。

数字签名是手写签名的电子替代物，它是由计算机所产生的标识符。数字签名是一串字符，即使用单向散列函数来生成电子通信的信息摘要，然后使用公开密钥算法和发送方的私有密钥来加密所产生的信息摘要。数字签名是最好的信息安全防范措施之一，可以用来满足信息的真实性、完整性、不可否认性和签名的立法要求以及业务要求。数字签名是通过加密信息摘要生成的，而非加密信息本身，因此数字签名不能确保机密性。

应用广泛的数字签名方法主要有三种，即 RSA 签名、DSS 签名和哈希（Hash）签名。这三种算法可单独使用，也可综合在一起使用。

RSA 算法中的数字签名技术是通过哈希函数来实现的。RSA 数字签名的特点是，它代表了文件的特征，文件如果发生改变，数字签名的值也将发生变化。不同的文件将得到不同的数字签名。一个最简单的哈希函数是把文件的二进制码相累加，取最后的若干位。哈希函数对发送数据的双方都是公开的。

DSS 数字签名是由美国国家标准化研究院和国家安全局共同开发的。由于它是由美国政府颁布实施的，主要用于与美国政府做生意的公司，所以其他公司较少使用。它只是一个签名系统，因为美国政府不提倡使用任何会削弱政府窃听能力的加密软件，认为这才符合美国的国家利益。

哈希签名是最主要的数字签名方法，也被称为数字摘要法（Digital Digest）或数字指纹法（Digital Finger Print）。与 RSA 数字签名不同，哈希数字签名方法是将数字签名与要发送的信息紧密联系在一起，它更适合于电子商务活动。将一个商务合同的个体内容与签名结合在一起，把合同和签名分开传递就可以增加可信度和安全性。数字摘要加密方法亦称安全哈希编码法（Secure Hash Algorithm，SHA）或 MD5（MD Standard for Message Digest），由 Ron Rivest 所设计。该编码法采用单向哈希函数将需加密的明文"摘要"成一串 128bit 的密文，这一串密文亦称为数字指纹，它有固定的长度，且不同的明文摘要必定一致，这样这串摘要便可成为验证明文是否是"真身"的"指纹"了。

数字签名是利用哈希函数来得到的，将待签名的文件代入哈希函数，输出得到的一组定长的代码即是数字签名。利用数字签名技术，可以判定发送方是否为真实的发送方而非他人冒充，其实现方式一般采用公开密钥加密算法。其实现原理如下。

① 发送方首先用哈希函数从原文得到数字签名，然后采用公开密钥体用发送方的私有密钥对数字签名进行加密，并把加密后的数字签名附加在要发送的原文后面。

② 发送一方选择一个私有密钥对文件进行加密，并把加密后的文件通过网络传输到接收方。

③ 发送方用接收方的公开密钥对私有密钥进行加密，并通过网络把加密后的私有密钥传输到接收方。

④ 接收方使用自己的私有密钥对密钥信息进行解密，得到私有密钥的明文。

⑤ 接收方用私有密钥对文件进行解密，得到经过加密的数字签名。

⑥ 接收方用发送方的公开密钥对数字签名进行解密，得到数字签名的明文。

⑦ 接收方用得到的明文和哈希函数重新计算数字签名，并与解密后的数字签名进行对比。如果两个数字签名是相同的，说明文件在传输过程中没有被破坏，可确定发送方的身份是真实的。

如果第三方冒充发送方发出了一个文件，因为接收方在对数字签名进行解密时使用的是发送方的公开密钥，只要第三方不知道发送方的私有密钥，解密出来的数字签名和经过计算的数字签名就必然是不相同的。这就提供了一个安全的确认发送方身份的方法。

安全的数字签名可以使接收方得到保证：文件确实来自声称的发送方。鉴于签名私钥只有发送方自己保存，他人无法做出同样的数字签名，所以发送方无法否认他参与了交易。

数字签名的加密和解密过程与私有密钥的加密和解密过程虽然都使用公开密钥体系，但实现的过程正好相反，使用的密钥对也不同。数字签名使用的是发送方的密钥对，发送方用自己的私有密钥进行加密，接收方用发送方的公开密钥进行解密。这是一个一对多的关系：任何拥有发送方公开密钥的人都可以验证数字签名的正确性。而私有密钥的加密解密则使用的是接收方的密钥对，这是多对一的关系：任何知道接收方公开密钥的人都可以向接收方发送加密信息，只有唯一拥有接收方私有密钥的人才能对信息解密。在使用过程中，通常一个用户拥有两个密钥对，一个密钥对用来对数字签名进行加密解密，另一个密钥对用来对私有密钥进行加密解密。这种方式提供的安全性更高。

电子签名技术是通过计算机来采集和验证个人签名，并将文档捆绑在一起以达到与纸上签名同样的效果而实现无纸化办公的一种技术。电子签名技术包括签名系统、签名验证、签名与文档捆绑等几个方面的技术。它们可以结合起来使用，也可以分开单独使用。

数字签名不能确定文档的生成时间。在验证数字签名时，这一点十分重要。例如纳税人采用网上申报时，申报时间是计算滞纳金的依据。一种解决方案是使用数字时间戳技术。数字时间戳是附加于文档、数字签名或证书的，以数字方式签发的标志，以指明日期、时间和附加标志者的身份。

数字时间戳（Digital Time Stamp，DTS）服务是网上电子商务安全服务项目之一，能提供电子文件的日期和时间信息的安全保护，由专门的机构提供。如果在签名时加上一个时间标记，即是有数字时间戳的数字签名。数字时间戳是一个经过加密后形成的凭证文档，它包括三个部分：① 需加时间戳的文件的摘要（Digest）；② DTS 收到文件的日期和时间；③ DTS 的数字签名。

一般来说，时间戳的产生过程为：用户首先将需要加时间戳的文件用哈希编码加密形成摘要，然后将该摘要发送到 DTS，DTS 在加入了所收到文件摘要的日期和时间信息后再对该文件加密（数字签名），然后送回用户。

书面签署文件的时间是由签署人自己写上的，而数字时间戳则不然，它是由认证单位 DTS 来添加的，以 DTS 收到文件的时间为依据。

（3）认证中心

在加密和数字签名技术中，密钥在双方信息的传递中扮演着一个重要的角色，同时，它还起着身份证明的重要作用。然而，交易各方在使用公开密钥时，对其身份的正确性都存有疑虑，因此，使用前必须对它进行验证，这一做法既烦琐，又容易引起混乱。因此，设立一个可靠的第三方机构，进行有效、快速、规范化的管理就显得尤为必要，安全认证体系即是解决这一问题的现实途径，这种可信的第三方称为"认证中心"（CA）。

CA 是受一个或多个用户信任，提供用户身份验证的第三方机构。目前在世界范围内 CA 的主要功能都是接收注册请求，处理、批准/拒绝请求，颁发数字证书。用户向 CA 提交自己的公开密钥和代表自己身份的信息（如身份证号码或 E-mail 地址），CA 在验证了用户的有效身份之后，向用户颁发一个经过 CA 私有密钥签名的数字证书来确定签署方的身份，并证明用于生成数字签名的公开/私有密钥对属于签署方。近年来，国际组织为建立全球电子认证中心制定了一系列标准与法规。

数字安全证书提供了一种在网上验证身份的方式。安全证书体制主要采用的是公开密钥体制，其他还包括对称密钥加密、数字签名、数字信封等技术。

使用数字证书，可以通过运用对称和非对称密码体制等密码技术建立起一套严密的身份认证系统，从而保证：信息除发送方和接收方外不被其他人窃取；信息在传输过程中不被篡改；发送方能够通过数字证书来确认接收方的身份；发送方对于自己的信息不能抵赖。

① 数字证书概述

数字证书，就是用电子手段来证实一个用户的身份以及访问网络资源的权限的数字文档，其作用类似于现实生活中的身份证。它由权威机构发行，用于鉴别对方的身份。

最简单的证书包含一个公开密钥、名称以及证书授权中心的数字签名，证书的格式遵循国际电信联盟（ITUT）制定的 X.509 国际标准。

一个标准的 X.509 数字证书包含以下内容：a. 证书的版本信息；b. 证书的序列号，每个证书都有一个唯一的序列号；c. 证书所使用的签名算法；d. 证书的发行机构名称，命名规则一般采用 X.500 格式；e. 证书的有效期，现在通用的证书一般都采用 UTC 时间格式，它的计时范围为 1950～2049 年；f. 证书所有人的名称，命名规则一般采用 X.500 格式；g. 证书所有人的公开密钥；h. 证书发行者对证书的签名。

数字证书分为以下几种类型。a. 客户端证书：该证书是对个人发布的，也称为个人证书。b. 服务器证书：该证书是对应用服务器，如 Web 服务器发布的。它与服务器的域名相联系，如果服务器域名有改变，就必须重新发布证书。c. 软件发布者证书：该证书用于认证软件代码或从 FTP 服务器上下载的软件。前两类是常用的证书，第三类用于较特殊的场合。

数字证书是由认证中心颁发的。根证书是认证中心与用户建立信任关系的基础。用户在使用数字证书之前必须首先下载和安装。

② 认证中心概述

认证中心是负责发放和管理数字证书的一个权威机构。对于一个大型应用环境，认证中心往往采用一种多层次的分级结构，各级的认证中心类似于各级行政机关，上级认证中心负责签发和管理下级认证中心的证书，最下一级的认证中心直接面向最终用户。处在最高层的是根认证中心（Root CA），它是所有人公认的权威，例如中国人民银行总行的 CA。

认证中心主要有以下几种功能。

a. 数字证书的颁发。认证中心接收、验证用户（包括下级认证中心和最终用户）的数字证书的申请，将申请的内容进行备案，并根据申请的内容确定是否受理该数字证书的申请。如果认证中心接受该数字证书的申请，就会进一步确定给用户颁发何种类型的证书。新证书用认证中心的私钥签名以后，发送到目录服务器供用户下载和查询。为了保证消息的完整性，返回给用户的所有应答信息都要使用认证中心的签名。

b. 证书的更新。认证中心可以定期更新所有用户的证书，或是根据用户的请求来更新用户的证书。

c. 证书的查询。证书的查询可以分为两类：其一是证书申请的查询，认证中心会根据用户的查询请求返回当前用户证书申请的处理过程；其二是用户证书的查询，这类查询由目录服务器来完成，目录服务器根据用户的请求返回适当的证书。

d. 证书的作废。当用户的私钥由于泄密等原因造成用户证书需要申请作废时，用户需要向认证中心提出证书作废请求，认证中心会根据用户的请求确定是否将该证书作废。另外一种证书作废的情况是证书已经过了有效期，认证中心自动将该证书作废。认证中心是通过维护证书作废列表（Certificate Revocation List，CRL）来完成上述功能的。

e. 证书的归档。证书具有一定的有效期，有效期之后就会被作废，但是不能将作废的证书简单地丢弃，因为有时用户可能需要验证以前的某个交易过程中产生的数字签名，这时就需要查询作废的证书。基于此类考虑，认证中心还应当具备管理作废证书和作废私钥的功能。

（4）公开密钥基础设施

公开密钥基础设施（Public Key Infrastructure，PKI）是一种遵循既定标准的密钥管理平台，它可以为各种网络应用透明地提供采用加密和数字签名等密码服务所需的密钥和证书管理，从而保证网上传递信息的安全、真实、完整和不可抵赖。PKI 可以提供会话保密、认证、完整性、访问控制、源不可否认、目的不可否认、安全通信、密钥恢复和安全时间戳九项信息安全所需要的服务。在这个结构中，公开密钥密码算法居于中心地位。利用 PKI，人们可以方便地建立和维护一个可信的网络计算环境，无须直接见面就能够确认彼此的身份，安全地进行信息交换。

① PKI 的基本组成

完整的 PKI 体系包括认证中心（CA）、注册中心（RA）、数字证书库、密钥备份及恢复系统、证书作废处理系统、应用接口系统等基本构成部分。

a. 认证中心（CA）。CA 是 PKI 的核心，主要职责是颁发证书、验证用户身份的真实性。在一般情况下，证书必须由一个可信任的第三方权威机构——CA 认证中心实施数字签名以后才能发布。而获得证书的用户可以通过对 CA 的签名进行验证，从而确定公钥的有效性。

b. 注册中心（RA）。CA 系统负责签发和管理证书，同时负责 CRL 列表的维护和更新，但它并不直接面对证书申请者，需要借助于注册中心 RA 及证书申办受理点 LRA 来为用户提供证书服务。在 RA 系统中主要有两种角色：管理员和操作员。管理员负责 RA 系统的日常维护，并创建和管理操作员。LRA 系统可以定义不同的操作员角色，例如录入员和审核员。录入员主要负责将申请者的信息录入到数据库里，然后审核员将用户信息调取出来和用户的有效证件比较，如果一致，就将该申请请求上传到 RA 服务器。RA 服务器将信息组成 CA 系统所需数据项并进行打包后发送到 CA 系统。

c. 数字证书库。数字证书库是证书集中存储的地方，用户可以从此处获得其他用户可用的证书和公钥信息。数字证书库一般基于 LDAP 或是基于 X.500 系列。

d. 密钥备份及恢复系统。密钥可能会由于一些原因而使密钥的所有者无法访问；密钥的丢失将导致那些被密钥加过密的数据无法恢复。为避免这种情况的出现，就需要 PKI 提供密钥备份与恢复的机制。

e. 证书作废处理系统（X.509 Version 3、CRL Version 2）。证书作废处理系统是 PKI 的一个重要组件。与日常生活中的各种证件一样，证书在 CA 为其签署的有效期以内也可能需要作废，例如，A 公司的职员 a 辞职离开公司，这就需要终止 a 证书的生命期。为实现这一点，PKI 必须提供作废证书的一系列机制。作废证书有如下三种策略：作废一个或多个主体的证书；作废由某一对密钥签发的所有证书；作废由某 CA 签发的所有证书。作废证书一般是通过将证书列入证书作废列表（CRL）来完成。

f. PKI 应用接口系统。一个完整的 PKI 必须提供良好的应用接口系统，以便各种应用都能够以安全、一致、可信的方式与 PKI 交互，确保所建立的网络环境的可信性，降低管理和维护的成本。

② PKI 体系结构及功能

目前，在 PKI 体系基础上建立起来的安全证书体系得到了从普通用户、商家、银行到政府各职能部门的普遍关注。美国、加拿大等政府机构都提出了建立国家 PKI 体系的具体实施方案。

PKI 体系的建立应该着眼于用户使用证书及相关服务的便利性、用户身份认证的可靠性。具体职能包括：制定完整的证书管理政策、建立高可信度的 CA 中心、负责用户属性的管理、保护用户身份隐私和负责证书作废列表的管理；CA 中心为用户提供证书及 CRL 有关服务的管理，建立安全和相应的法规，建立责任划分并完善责任政策。

一个典型的 PKI 体系结构如下。

a. 政策批准中心（PAA）。PAA 是政策批准中心，由它来创建各个 PKI 体系的方针，批准本 PAA 下属的政策认证中心（PCA）的政策，为下属 PCA 签发公钥证书，建立整个 PKI 体系的安全策略，并具有监控各 PCA 行为的责任。具体功能包括：发布 PAA 的公钥证书；制定本体系的政策和操作程序；制定本 PKI 体系中建立 PCA 的政策和操作程序；对下属 PCA 和需要定义认证的其他根证书进行身份认证和鉴别；为下属 PCA 和需要定义认证的其他根证书生成证书；发布下属 PCA 的身份及位置信息；接收和发布下属 PCA 的政策；定义下属 PCA 申请证书作废请求所需的信息；接收和认证对它所签发的证书的作废申请请求；为它所签发的证书产生 CRL；保存证书、CRL、审计信息和 PCA 政策；发布它所签发的证书和 CRL。

b. 政策认证中心（PCA）。PCA 为政策 CA，制定本 PCA 机制的具体政策，可以是上级 PAA 政策的扩充或细化，但不能与之相背离。这些政策可能包括本 PCA 范围内密钥的产生、密钥的长度、证书的有效期规定及 CRL 的管理等，并为下属 CA 签发公钥证书。具体功能包括：发布自己的身份和位置信息；发布其所签发的下属 CA 的身份和位置信息；公布它的服务对象；发布其所制定的安全政策和证书处理有关程序（如密钥的产生和模长，对 PCA、CA、ORA（在线证书申请中心）系统的安全控制，CRL 的发布频率，审计程序等）；对下属各成员进行身份认证和鉴别；产生和管理下属成员的公钥；将 PAA 和自己的证书发送给下属成员；定义证书作废请求生效所需的信息和程序；接收和认证对它所签发的证书的作废申请请求；为它所签发的证书产生 CRL；保存证书、CRL、审计信息和它所签发的政策；发布它所签发的证书及 CRL。

c. 认证中心（CA）。CA 是认证中心，具备有限的政策制定功能，负责按照上级 PCA 制定政策，具体的用户公钥证书的签发、生成和发布，以及 CRL 的生成及发布。具体功能包括：发布本地 CA 对 PCA 政策的增补部分；对下属各成员进行身份认证和鉴别；产生和管理下属证书；发布自身证书和上级证书；证实 ORA 的证书申请请求；向 ORA 返回证书制作的确认信息或返回已制定好的证书；接收和认证对它所签发的证书的作废申请；为它所签发证书产生 CRL；保存证书、CRL、审计信息和它所签发的政策；发布它所签发的证书和 CRL。

d. 在线证书申请中心（ORA）。进行证书申请者的身份认证，向 CA 提交证书申请，验证接收 CA 签发的证书，并将证书发放给申请者。必要时，还协助进行证书制作。具体功能包括：对用户进行身份审查和鉴别；将用户身份信息和公钥以数字签名的方式发送给 CA；接收 CA 返回的证书制作确认信息或制好的证书；发放 CA 证书、CA 的上级证书以及发放用户证书；接受证书作废申请，验证其有效性，并向 CA 发送该申请。

③ PKI 的操作功能

在实际运行中，PKI 的多种操作方式会影响其他功能的实现方式，不同实现方式的组合将形成不同的 PKI 全局操作思想。

PKI 具有 12 种操作功能，涉及的成员机构包括：PKI 认证中心、数据发布目录（D）和用户。

a. 产生、验证和分发密钥

用户公私钥对的产生、验证和分发包括如下几个方式。

- 用户自己产生密钥对：用户选取产生密钥的方法，负责私钥的存放，还应向 CA 提交自己的公钥和身份证；CA 对用户进行身份认证，对密钥的强度和持有者进行审查；审查通过后，对用户的公钥产生证书；然后将证书发放给用户；最后 CA 负责将证书发布到相应的目录服务器。在某些情况下，用户自己产生了密钥对后到 ORA 进行证书申请。此时，ORA 完成对用户的身份认证，通过后，以数字签名的方式向 CA 提供用户的公钥及相关信息；CA 完成对公钥强度的检测后产生证书，并将签名的证书返给 ORA，由 ORA 发放给用户或者由 CA 通过电子方式将证书发放给用户。

- CA 为用户产生密钥对：用户到 CA 中心产生并获得密钥对之后，CA 中心应自动销毁本地的用户密钥对拷贝；用户取得密钥对后，应保存好自己的私钥，将公钥送至 CA 或 ORA 按上述方式申请证书。

- CA（包括 PAA、PCA、CA）自己产生自己的密钥对：PCA 的公钥证书由 PAA 签发并得到 PAA 的公钥证书，CA 的公钥由上级 PCA 签发，并取得上级 CA 的公钥证书；当它签发下级（用户或 ORA）证书时，向下级发送上级 PCA、PAA 的公钥证书。

b. 签名和验证

在 PKI 体系中，对信息和文件的签名，以及对数字签名的认证是很普遍的操作。PKI 成员对数字签名和认证采用多种算法，如 RSA、DES 等。这些算法可以由硬件、软件或硬软结合的加密模块（固件）来完成。密钥和证书存放的介质可以是内存、IC 卡或软盘等。

c. 证书的获取

在验证信息的数字签名时，用户必须事先获取信息发送者的公钥证书，以对信息进行解密验证，同时还需要 CA 核对发送者所发的证书，以便验证发送者身份的有效性。

证书的获取可以有多种方式：发送者发送签名信息时，附加发送自己的证书；从单独发送证书信息的通道获得；从发布证书的目录服务器获得；或者从证书的相关实体（如 RA）处获得。

发送数字签名证书的同时，可以发布证书链。这时，接收者拥有证书链上的每一个证书，从而可以验证发送者的证书。

d. 验证证书

验证证书就是迭代寻找证书链中下一个证书和它相应的上级 CA 证书的过程。在使用每个证书前，必须检查相应的 CRL（对用户来说这种在线的检查是透明的）。用户检查证书的路径是从最后一个证书（即用户已确认可以信任的 CA 证书）所签发的证书有效性开始，检验每一个证书。一旦验证后，就提取该证书中的公钥，用于检验下一个证书，直到验证完发送者的签名证书，并将该证书中包括的公钥用于验证签名。

e. 保存证书

保存证书是指 PKI 实体在本地储存证书，以减少在 PKI 体系中获得证书的时间，并提高证书签名的效率。在存储每个证书之前，应该验证该证书的有效性。PKI 实体可以选择存储其证书链上其他实体所接收到的所有证书，也可以只存储数字签名发送者的证书。

证书存储单元应对证书进行定时管理维护，清除已作废的、过期的以及在一定时间内未使用的证书。证书存储数据库还要与最新发布的 CRL 文件相比较，从数据库中删除 CRL 文件中已发布的作废证书。证书存储区存满之后，一般删除最少使用的那些证书（LRU）。

f. 本地保存证书的获取

CA 证书可以集中存放，也可分布式存放，即可从本地保存的证书中获取证书。用户收到签名数据后，应检查证书存储区中是否已有发送者签发的证书，用签发者的公钥验证签名。

用户可以选择在每次使用前检查最新发布的 CRL，以确保发送者的证书未被作废；用户也可以选择定期证实本地证书在存储区中的有效性。如果用户的本地存储区中未保存发送者的证书，用户则应按照上述证书获取过程取得所需的证书。

g. 证书作废的申请

当 PKI 中某实体的私钥被泄露时，被泄密的私钥所对应的公钥证书应被作废。对 CA 而言，私钥的泄密不大可能，除非有意破坏或恶意攻击所造成；对一般用户而言，私钥的泄密可能是因为存放介质的遗失或被盗。另外一种情况是证书中所包含的证书持有者已终止或与某组织的关系已经中止，则相应的公钥证书也应该作废。

终止的方式：如果是密钥泄露，则由证书的持有者以电话或书面的方式，通知相应的 CA；如果是因关系终止，由原关系中的组织方出面通知相应的 ORA 或 CA。

处理过程：如果 ORA 得到通知，ORA 应通知相应的 CA，作废请求得到确认后，CA 在数据库中将该证书记上作废标志，并在下次发布 CRL 时加入证书作废列表，并标明作废时间。在 CRL 中的证书作废列表时间有规定，过期后即可删除。

h. 密钥的恢复

在密钥泄密、证书作废后，为了恢复 PKI 中实体的业务处理和产生数字签名，泄密实体将获得（包括个人用户）一对新的密钥，并要求 CA 产生新的证书。

在泄露密钥的实体是 CA 的情况下，它需要重新签发以前那些用泄密密钥所签发的证书。在每一个下属实体产生新的密钥时，可以获得 CA 用新私钥签发的新证书，而原来用泄密密钥签发的旧证书将作废，并被放入 CRL。

在具体做法上可采取双 CA 的方式来进行泄密后的恢复，即每一个 PKI 实体的公钥都由两个 CA 签发证书，当一个 CA 泄露密钥后，得到通知的用户可转向另一个 CA 的证书链，可以通过另一个 CA 签发的证书来验证签名。这样可以减少重新产生密钥和重新签发证书的巨大工作量，也可以使泄密 CA 的恢复和它对下属实体证书的重新发放工作放慢进行，系统的功能不受影响。

i. CRL 的获取

每一个 CA 均可以产生 CRL，CRL 既可以定期产生，也可以在每次有证书作废请求后实时产生，CA 应将其产生的 CRL 及时发布到目录服务器上去。

CRL 的获取可以有多种方式：CA 产生 CRL 后，自动发送到下属各实体。大多数情况是由使用证书的各 PKI 实体从目录服务器获得相应的 CRL。

j. 密钥更新

在密钥被泄露的情况下，将产生新的密钥和新的证书。但在密钥没被泄露的情况下，密钥也应该定时更换。这种更换的方式也有多种。PKI 体系中的各实体可以在同一天，也可以在不同的时间更换密钥。

需要注意的一个问题是密钥的更换时间，无论是签发者还是被签发者的密钥作废时间，都要与每个证书的有效截止日期保持一致。

如果 CA 和其下属的密钥同时到达有效截止日期，则 CA 和其下属实体同时更换密钥，CA 用自己的新私钥为下属成员的新公钥签发证书；如果 CA 和其下属的密钥不是同时到达有效截止日期，当用户的密钥到期后，CA 将用它当前的私钥为用户新的公钥签发证书；而在 CA 密钥先到达截止日期时，CA 将用新私钥为所有用户的当前公钥重新签发证书。

不管哪一种更换方式，PKI 中的实体都应该在密钥截止之前，取得新密钥对和新证书。在截止日期到达后，PKI 中的实体便开始使用新的私钥对数据进行签名，同时应该将旧密钥对和证书归档保存。

k. 审计

PKI 体系中的任何实体都可以进行审计操作，但一般而言是由 CA 来执行审计，CA 保存所有与安全有关的审计信息。例如，产生密钥对、证书的请求、密钥泄露的报告、证书中包括的某种关系的中止，等等。

l. 存档

出于政府和法律的要求以及系统恢复的需要，CA 产生的证书和 CRL 应被归档，作为历史文件保存。其他有关文件和审计信息出于调整或法规的规定也需要存档。

④ PKI 体系结构的组织方式

在一个 PKI 体系结构内，成员的组织可以有很多方式，包括按日常职能分类的 COI（Community of Interest）方式，将 PKI 体系建立在现有的政府或组织机构管理基础之上的组织化方式，以及按安全级别划分的担保等级方式。

以上方式都是基于以下因素考虑：由哪个机构来设置安全政策；在安全政策下用户该如何组织；在具体实施过程中应采取哪种或哪几种方式的组合。而具体应该考虑系统可靠性、系统可扩展性、系统的灵活性和使用的方便性、CA 结构的可信任性、与其他系统的互操作性、对成员开销的影响、各系统模块的管理结构，以及责任划分等因素。

随着互联网覆盖范围的扩大，在世界范围内将出现多种多样的证书管理体系结构。所以，PKI 体系的互通性也不可避免地成为 PKI 体系建设时必须考虑的问题，PKI 体系中采取的算法的多样性更加深了互通操作的复杂程度。PKI 的互通性首先必须建立在网络互通的基础上，才能保证在全球范围内在任何终端用户之间数据的传送；其次是用户必须借助于 X.500 目录服务获得对方签名使用的算法。

PKI 在全球互通的实现途径有两种。① 交叉认证方式：需要互通的 PKI 体系中的 PAA 在经过协商和政策制定之后，互相认证对方系统中的 PAA（即根 CA）。认证方式是根 CA 用自己的私钥为其他需要交叉认证的根 CA 的公钥签发证书。这种认证方式减少了操作中的政策因素，对用户而言，也只在原有的证书链上增加一个证书而已。但对于每一个根 CA 而言，需要保存所有其他需要与之进行交叉认证的根 CA 的证书。② 全球建立统一根方式：这种方式是将不同的 PKI 体系组织在同一个全球根 CA 之下，这个全球根 CA 可由一个国际组织如联合国来建设。考虑到各个 PKI 体系管理者一般都希望保持本体系的独立性，全球统一根 CA 实现起来有一些具体的困难。所以，PKI 体系之间的互通性一般通过交叉认证来实现。

3. 入侵检测

网络入侵检测系统（Network Intrusion Detection System，NIDS）是用于检测任何损害或企图损害系统保密性、完整性和入侵，特别是用于检测黑客通过网络进行的入侵行为的管理软件。网络入侵检测系统的运行方式有两种：一种是在目标主机上运行以监测其本身的通信信息；另一种是在一台单独的机器上运行以监测所有网络设备的通信信息，比如 Hub、路由器。

网络入侵检测系统可以分为基于网络数据包分析和基于主机检测两种方式。简单地说，前者是在网络通信中寻找符合网络入侵模板的数据包，并立即做出反应。当前，部分产品也可以利用交换式网络中的端口映射功能来监视特定端口的网络入侵行为，一旦攻击被检测到，响应模块就可以依照相应配置对攻击做出反应。通常这些反应有发送电子邮件、寻呼、记录日志和切断网络连接等。后者是在宿主系统审计日志文件中寻找攻击特征，给出统计分析报告。主要目的是在事件发生后提供足够的分析来阻止进一步的攻击，反应的时间依赖于定期检测的时间间隔，其实时性不如基于网络的入侵检测系统好。事实上，上述两种方式可以互相补充使用。基于网络的部分提供早期警告，基于主机的部分提供攻击成功与否的确认。目前流行的管理/代理（Manager/Agent）结构不仅可以监视整个网络的入侵和攻击活动，审查日志管理，还可以进行实时入侵活动的探测，显示出网络入侵检测技术的发展趋势。

4．漏洞扫描：探查网络薄弱环节

选择网络安全扫描工具时，应注意考查几点：扫描发现的安全漏洞数量是否多，数据库更新速度是否快，扫描效率以及对目标网络系统的影响是否大，定制模拟攻击方法是否灵活，扫描程序的易用性与稳定性是否好，提供安全服务的公司掌握最新安全漏洞和攻击方法的能力是否强。

安全扫描是采用模拟攻击的形式对可能存在的已知安全漏洞进行逐项检查，扫描目标可以是工作站、服务器、交换机和数据库应用等。通过扫描，可以为系统管理员提供周密可靠的安全性分析报告，从而提高网络安全整体水平。在网络安全体系的建设中，安全扫描工具花费低、效果好、见效快、安装运行简单。

5．网络病毒的防治

在网络环境下，计算机病毒具有不可估量的威胁性和破坏力，就网络的安全而言，病毒是其最大的隐患之一。1999 年 4 月 26 日，我国全国数以万计的计算机被 CIH 病毒破坏，大量资料被毁，计算机主板被破坏，损失达 10 亿元。近几年来，计算机病毒的数量急剧膨胀。此外，计算机病毒如幽灵病毒、变形病毒、宏病毒等的生成机制也越来越复杂。防范病毒是实现网络安全非常重要的一项工作，采用反病毒技术可以有效防范病毒。反病毒技术包括预防、检测和攻杀三项功能，一般防毒软件均采用此技术。

通常，我们将网络防毒软件划分为客户端防毒、服务器端防毒、群件防毒和 Internet 防毒四大类。

有必要在工作站和服务器上部署病毒实时监控系统，并将病毒控制、数据保护和集中式管理集成起来。可采用病毒防火墙，它实际上是广义防火墙的一个特殊方面，专门用于对病毒的过滤。这种过要注意两点。① 要保护计算机系统不受来自任何方面病毒的危害。这里所说的"任何方面"，一方面指计算机的本地资源，比如传统的磁盘介质等；另一方面指相对于"本地"而言的"远程"网络资源，比如用户使用的 Internet 等。② 对计算机系统提供的保护要着眼于整个系统并且是双向的，也就是说，病毒防火墙应该能对本地系统内的病毒进行"过滤"，防止它向网络或传统的存储介质扩散。一般病毒防火墙对系统提供的保护是实时的、透明的，相当于每时每刻都在为用户查杀病毒，整个过程基本上不需要用户对其进行过多的干预。

6．电子支付安全协议 SSL

电子支付安全协议是电子支付顺畅进行的基础。目前电子商务中常用的安全协议为 SSL 安全协议。

SSL 安全协议是由网景公司设计开发的，又叫安全套接层（Secure Sockets Layer）协议，主要目的是提供互联网上的安全通信服务，提高应用程序之间的数据安全系数。SSL 协议的整个概念可以被总结为：一个保证任何安装了安全套接层的客户和服务器间事务安全的协议，它涉及所有 TCP/IP 应用程序。

该协议对所有基于 TCP/IP 的客户/服务器应用程序提供了客户端和服务器的鉴别、数据完整性以及信息机密性等安全措施。该协议通过在应用程序进行数据交换前交换 SSL 初始握手信息来实现有关安全特性的审查。在 SSL 握手信息中采用了 DES、MD5 等加密技术来实现机密性和数据完整性，并采用 X.509 的数字证书实现鉴别。SSL 安全协议也是国际上最早应用于电子商务的一种网络安全协议。

（1）SSL 安全协议的基本概念

SSL 安全协议主要提供三方面的服务。

① 认证用户和服务器，使得它们能够确信数据会被发送到正确的客户机和服务器上。客户机和

服务器都有各自的识别号，这些识别号由公开密钥进行编号。为了验证用户是否合法，安全套接层协议要求握手交换数据以进行数字认证，以此来确保用户的合法性。

② 加密数据以隐藏被传送的数据。安全套接层协议所采用的加密技术既有对称密钥技术，也有公开密钥技术。在客户机与服务器进行数据交换之前，交换 SSL 初始握手信息，在 SSL 握手信息中采用了各种加密技术对其加密，以保证其机密性和数据的完整性，并且用数字证书进行鉴别，这样就可以防止非法用户进行破译。

③ 维护数据的完整性，确保数据在传输过程中不被改变。安全套接层协议采用哈希函数和机密共享的方法来提供信息的完整性服务，建立客户机与服务器之间的安全通道，使所有经过安全套接层协议处理的业务在传输过程中能全部完整且准确无误地到达目的地。

需要说明的是，安全套接层协议是一个保证计算机通信安全的协议，是为了安全保护通信对话过程。例如，当一台客户机与一台主机连接上时，首先要初始化握手协议，然后建立一个 SSL 对话时段。直到对话结束，安全套接层协议都会对整个通信过程加密，并且检查其完整性。这样一个对话时段算一次握手。而 HTTP 协议中的每一次连接就是一次握手，因此，与 HTTP 相比，安全套接层协议的通信效率较高。

SSL 协议是保护 Web 通信的一种工业标准，是基于强公钥加密技术以及 RSA 的专用密钥序列密码，能够对信用卡和个人信息、电子商务提供较强的加密保护。SSL 在建立连接过程中采用公开密钥，在会话过程中使用专有密钥。在每个 SSL 会话（其中客户机和服务器都被证实身份）中，要求服务器完成一次使用服务器专用密钥的操作和一次使用客户机公开密钥的操作。SSL 提供数据加密、服务器认证、报文完整以及应用 TCP/IP 协议的客户认证等，对计算机之间的整个会话过程进行加密。采用 SSL 协议，可确保信息在传输过程中不被修改，实现数据的保密与完整性，在互联网上广泛用于处理财务上敏感的信息。在信用卡交易方面，商家可以通过 SSL 在 Web 上实现对信用卡订单的加密。由于 SSL 适合各类主流浏览器以及 Web 服务器，因此只要安装一个数字证书就可以使用 SSL。

SSL 的缺陷是，只能保证传输过程的安全，无法知道在传输过程中是否受到窃听，黑客可以以此破译 SSL 的加密数据，破坏和盗窃 Web 信息。此外，在全球大规模使用 SSL 还有一定的难度。SSL 产品的出口受到美国国家安全局（NSA）的限制，美国政府只允许加密密钥为 40 位以下的算法出口，而美国的商家一般都可以使用 128 位的 SSL，致使美国以外的国家很难真正在电子商务中充分利用 SSL。

新的 SSL 协议被命名为 TLS（Transport Layer Security），安全可靠性有所提高，但仍不能消除原有技术上的基本缺陷。

（2）SSL 的安全协议的运行步骤

SSL 的运行步骤包括六步。

① 接通阶段。客户可以通过网络向服务商打招呼，服务商回应。

② 密码交换阶段。客户与服务商之间交换双方认可的密码。一般选用 RSA 密码算法，也可选用 Diffie-Hellman 和 Fortezza-KEA 密码算法。

③ 会谈密码阶段。客户与服务商间产生彼此交谈的会谈密码。

④ 检验阶段。检验服务商取得的密码。

⑤ 客户认证阶段。验证客户的可信度。

⑥ 结束阶段。客户与服务商之间相互交换结束的信息。

当上述动作完成之后，两者间的资料传送就会加密，等到另外一端收到资料后，再将编码后的资料还原。即使盗窃者在网络上取得编码后的资料，如果没有原先编制的密码算法，也无法获得可读的有用资料。

在发送时，信息用对称密钥加密，对称密钥用非对称算法加密，再把两个包绑在一起传送出去。接收的过程与发送的过程正好相反，先打开有对称密钥的加密包，再用对称密钥解密。

在电子商务交易过程中，由于有银行参与，按照 SSL 协议，客户购买的信息首先发往商家，商家再将信息转发给银行，银行验证客户信息的合法性后，通知商家付款成功，商家再通知客户购买成功，将商品寄送客户，如图 6-1 所示。

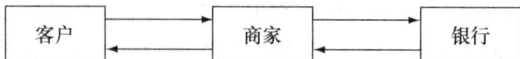

图 6-1 电子商务中客户、商家、银行三者的关系

（3）SSL 安全协议的应用

SSL 安全协议也是国际上最早应用于电子商务的一种网络安全协议，至今仍然有许多网上商店在使用。当然，在使用时，SSL 协议根据邮购的原理进行了部分改进。在传统的邮购活动中，客户首先寻找商品信息，然后汇款给商家，商家再把商品寄给客户。在这个过程中，商家是可以信赖的，所以，客户须先付款给商家。在电子商务的开始阶段，商家担心客户购买后不付款，或使用过期作废的信用卡，因而希望银行给予认证。SSL 安全协议正是在这种背景下应用于电子商务的。

SSL 协议运行的基点是商家对客户信息保密的承诺。正如美国著名的亚马逊（Amazon）网上书店在其购买说明中明确表示的："当你在亚马逊公司购书时，受到'亚马逊公司安全购买保证'保护，所以，你永远不用为你的信用卡安全担心。"但在上述流程中我们会发现，SSL 协议有利于商家而不利于客户，客户的信息首先传到商家，商家阅读后再传到银行。这样，客户资料的安全性便受到威胁。商家认证客户是必要的，但在整个过程中缺少了客户对商家的认证。在电子商务的开始阶段，由于参与电子商务的公司大都是一些大公司，信誉较高，这个问题没有引起人们的重视。随着电子商务参与商家的迅速增加，对商家的认证问题越来越突出，SSL 协议的缺点完全暴露出来，SSL 协议逐渐被新的 SET 协议所取代。

6.1.3 用信息安全工程理论规范信息安全建设

在互联网发展的短短几年中，人们对安全的理解——从早期的安全就是杀毒防毒，到后来的安全就是安装防火墙，再到现在的购买系统性安全产品，在一步一步地加深。但是应该注意到，这些理解依然存在着"头痛医头，脚痛医脚"的片面性，没有将网络安全问题作为一个系统工程来考虑和对待。信息安全需要工程理念。网络信息安全不单单是技术问题，更是策略、管理和技术的有机结合。

信息安全工程是采用工程的概念、原理、技术和方法来研究、开发、实施和维护企业级信息与网络系统安全的过程。信息安全工程学具有五大特性，即全面性、过程性、动态性、层次性和相对性。

（1）全面性。信息安全问题需要全面考虑，系统安全程度取决于系统最薄弱的环节。

（2）过程性或生命周期性。一个完整的安全过程至少应包括安全目标与原则的确定、风险分析、需求分析、安全策略研究、安全体系结构的研究、安全实施领域的确定、安全技术与产品的测试与选型、安全工程的实施、安全工程的实施监理、安全工程的测试与运行、安全意识的教育与技术培训、安全稽核与检查、应急响应等。这个过程是一个完整的信息安全工程的生命周期，经过安全稽核与检查后，又形成新一轮的生命周期，是一个不断往复上升的螺旋式安全模型。

（3）动态性。信息技术在发展，黑客水平也在提高，安全策略、安全体系、安全技术也必须动态地调整，以便在最大限度上使安全系统能够跟上实际情况的变化并发挥效用，使整个安全系统处于不断更新、不断完善、不断进步的动态过程中。

（4）层次性。信息安全需要用多层次的安全技术、方法与手段，分层次地化解安全风险。

（5）相对性。安全是相对的，没有绝对的安全可言。

安全措施应该与保护的信息对网络系统的价值相称。因此，实施信息安全工程要充分权衡风险威胁与防御措施的利弊与得失，在安全级别与投资代价之间取得一个企业能够接受的平衡点，这样实施的安全才是真正的安全。

信息安全工程学的研究范畴很清晰，具体包括：信息安全工程的目标、原则与范围；信息安全风险分析与评估的方法、手段、流程，信息安全需求分析方法；安全策略；安全体系结构；安全实施领域和安全解决方案；安全技术和产品的测试与选型方法；安全工程的实施规范；安全工程的实施监理方法、流程；安全工程的测试与运行；安全意识的教育与技术培训；安全稽核与检查；应急响应技术、方法与流程等。

安全体系结构的设计与安全解决方案的提出必须基于信息安全工程理论。因此，对企业来说，在建立与实施企业级的信息与网络系统安全体系时，必须考虑信息安全的方方面面，必须兼顾信息网络的风险评估与分析、安全需求分析、整体安全策略、安全模型、安全体系结构的开发、信息网络安全的技术标准规范的制定、信息网络安全工程的实施与监理、信息网络安全意识的教育与技术的培训等各个方面；对工程实施单位来说，必须严格按照信息安全工程的过程、规范进行实施；对管理部门来说，建议采用信息安全工程能力成熟度对企业安全工程的质量、安全工程实施单位的实施能力进行评估。只有这样才能实现真正意义上的信息系统的安全。

1．安全风险分析与评估

一个完整的安全体系和安全解决方案要根据网络体系结构和网络安全形势的具体情况来确定，没有"以不变应万变"的通用的安全解决方案。信息安全关心的是保护信息资产免受威胁，绝对安全是不可能的，只能通过一定的措施把风险降低到一个可接受的程度。对一个系统来说，解决信息安全的首要问题就是明白信息与网络系统目前与未来的风险所在，充分评估这些风险可能引发的威胁与影响的程度，做到"对症下药"，这就是信息与网络系统的风险分析与评估。

风险评估是网络安全防御中的一项重要技术，也是信息安全工程学的重要组成部分。其原理是对采用的安全策略和规章制度进行评审，发现不合理的地方，即采用模拟攻击的形式对目标可能存在的已知安全漏洞进行逐项检查，确定存在的安全隐患和风险级别。风险分析针对系统的体系结构、指导策略、人员状况以及各类设备，例如工作站、服务器、交换机、数据库应用等各种对象，根据检查结果向系统管理员提供周密可靠的安全性分析报告，为提高网络安全整体水平提供重要依据。

在网络安全体系的建设中，安全扫描工具花费低、效果好、见效快，与网络的运行相对独立、安装运行简单，可以大规模减少安全管理员的手工劳动，有利于保持全网安全政策的统一和稳定，是进行风险分析的有力工具。安全扫描技术基本上也可分为基于主机的和基于网络的两种，前者主要关注软件所在主机上的风险与漏洞，而后者则是通过网络远程探测其他主机的安全风险与漏洞。

（1）目标和原则

风险分析是有效保证信息安全的前提条件。只有准确地了解系统的安全需求、安全漏洞及其可能的危害，才能制定正确的安全策略。另外，风险分析也是制定安全管理措施的依据之一。风险分析与评估是通过一系列管理和技术手段来检测当前运行的信息系统所处的安全级别、安全问题、安全漏洞，以及当前安全策略和实际安全级别的差别，评估运行系统的风险，根据审计报告制定适合具体情况的安全策略及其管理和实施规范，为安全体系的设计提供参考。

风险分析的目标是：了解网络的系统结构和管理水平，以及可能存在的安全隐患；了解网络所提供的服务和可能存在的安全问题；了解各应用系统与网络层的接口及其相应的安全问题；对网络攻击和电子欺骗进行检测、模拟和预防；分析信息网络系统对网络的安全需求，找出目前的安全策略和实际需求的差距，为保护信息网络系统的安全提供科学依据。

由于风险分析与评估的内容涉及很多方面，因此进行分析时要本着多层面、多角度的原则，从理论到实际，从软件到硬件，从物件到人员，要事先制定详细的分析计划和分析步骤，避免遗漏。另外，为了保证风险分析结果的可靠性和科学性，风险分析还要参考有关的信息安全标准和规定，如《中华人民共和国计算机信息系统安全保护条例》《中华人民共和国计算机信息网络国际联网管理暂行规定》《计算机信息网络国际联网安全保护管理办法》《计算机信息系统安全专用产品检测和销售许可证管理办法》《中华人民共和国计算机信息网络国际联网管理暂行规定实施办法》《商用密码管理条例》等，做到有据可查。

（2）对象和范围

风险分析的内容与范围应该涵盖信息网络系统的整个体系，包括网络安全组织、制度和人员情况，网络安全技术方法的使用情况，防火墙布控和外联业务安全状况，动态安全管理状况，链路、数据和应用加密情况，网络系统访问控制状况等。在网络系统的安全工作中，人是关键要素，无论网络系统的安全服务、安全机制和安全过程多么自动化和现代化，都需要人去启动、运行和管理。如果管理水平低下，人员素质不高，那么网络系统的安全性能就会减弱，漏洞就会增加。

具体来讲，风险分析的内容范围有以下几个方面。

① 网络基本情况分析：包括网络规模、网络结构、网络产品、网络出口、网络拓扑结构。

② 信息系统基本安全状况调查：系统是否遭到过黑客的攻击，是否造成了损失；系统内是否存在违规操作的行为，具体有哪些行为；系统内成员的安全意识如何，技术人员是否进行过安全技术培训，对一般职员是否进行过安全意识的教育工作，采用了什么样的形式，效果如何。

③ 信息系统安全组织、政策情况分析：是否有常设的安全领导小组，其人员构成和职责是什么；现有的网络安全管理的相关制度有哪些；安全管理人员的编制、职能和责任落实情况怎样。

④ 网络安全技术措施使用情况分析：网络资源（人员、数据、媒体、设备、设施和通信线路）是否进行了密级划分；对不同密级的资源是否采取了不同的安全保护措施，采取了哪些具体的措施；目前采取了哪些网络安全技术措施；哪些措施不能满足网络安全的需求；哪些安全措施没有充分发挥作用；网络防病毒体系的完整性和有效性如何。

⑤ 防火墙布控及外联业务安全状况分析：目前防火墙的布控方式是否合理，发挥的作用如何；信息系统对外提供的服务有哪些；以何种形式对外连接，是否采取了安全防护措施及采取了什么样的安全措施。

⑥ 动态安全管理状况分析：是否使用过网络扫描软件对网络主机和关键设备进行安全性分析和风险评估；操作系统和关键网络设备的软件补丁是否及时安装；目前是否使用入侵检测系统对网络系统进行数据流监控和行为分析；是否对系统日志进行周期性审计和分析。

⑦ 链路、数据及应用加密情况分析：系统中关键的应用是否采取了应用加密措施；网络综合布线是否符合安全标准；对关键线路是否有备份，启用频度如何；在广域网线路方面是否采取了链路层或网络层加密措施，应用系统对其有无加密需求。

⑧ 网络系统访问控制状况分析：系统用户通过何种方法手段进行控制；关键服务器和设备的用户是否得到严格的控制和管理；在访问控制方面除了简单的 user 用户和 password 口令认证外，有无采取其他的访问控制措施；主要服务器和关键设备的管理员的权限是否得到了分离；是否有内部拨号服务；访问控制措施是否得当；对网络资源的访问，是否有完整的日志和审计功能。

⑨ 白盒测试：分析系统的抗攻击能力，测试系统能否经得住常见的拒绝服务攻击、渗透入侵攻击；是否有缓冲区漏洞缺陷；对各种攻击的反应如何。

（3）方法与手段

网络安全是一种特殊的质量体系，这种安全是动态的，即使在网络建设时达到了预定的安全性能，但随着网络设备的升级、网络服务的增加以及应用系统的更新，对网络安全的威胁也会不断增加。只有对网络系统进行长期的精心维护和科学管理，才可能保持网络系统的安全系数。为了掌握网络信息系统的安全状况，检查发现系统中的安全隐患，需要从制度、管理和技术三个角度对网络系统进行综合性分析评估。在分析过程中，要时刻把握多角度、多层次的原则，首先要根据相关政策法规，查找被分析对象在管理上的疏忽和漏洞，如备份与恢复方案、紧急响应机制等；再从技术层面评测网络系统的安全性，如通信加密、用户访问控制、安全认证体系、攻击监控等。

风险分析可以使用以下方式实现：问卷调查、访谈、文档审查、黑盒测试、操作系统的漏洞检查和分析、网络服务的安全漏洞和隐患的检查和分析、抗攻击测试、综合审计报告等。

风险分析的过程可以分为以下四步。

① 确定要保护的资产及价值。如果不知道要保护什么内容，或者不知道要保护内容的情况，那就谈不上安全了。明确要保护的资产、资产的位置以及资产的重要性是安全风险分析的关键。

② 分析信息资产之间的相互依赖性。由于某项资产的损失可能会导致其他资产的失效，因此，在确定资产的时候还要考虑资产之间的关联性。

③ 确定存在的风险和威胁。确定了要保护的资产后，就应该分析对资产的潜在威胁以及受此威胁的可能性。威胁可以是任何可能对资产造成损失的个人、对象或事件，威胁也可能是故意的或偶然的。明确存在哪些弱点漏洞及这些弱点漏洞的风险级别，分析资产所面临的威胁、发生的可能性以及一旦出现安全问题，可能造成什么样的影响等。

④ 分析可能的入侵者。即分析其存在的数量，进行攻击的可能性，进行攻击时威胁有多大等。

（4）结果与结论

为了便于对风险分析的结果进行评审，结果能够量化的尽可能地量化，不能量化的做出形式化描述。如果某个设备的价格、存在的漏洞缺陷的数量等是可以量化的，就必须给出量化后的结果；如果某一系统应用的安全级别不好量化，就应根据相关的评估标准来确定它的安全级别（如 A 级、B 级或 C 级），这样得出的分析结果就是大量的表格数据，这些数据就是以后各项工作的依据，应妥善地保存。

如何根据分析的数据结果得出最终的评估结论也是一项重要的工作，需要安全专家进行总结。对结果进行分析时一定要有所比较，要将所得到的结果与以前的结果进行比较，或要与其他信息系统的评估结果进行比较，还要与有关的标准进行比较。严格的比较有助于为信息系统的安全性定级，因此，参照物的选择很关键。在比较之后，通过总体的权衡，给出整个系统安全性的概述说明，并将结论与测试结果上报主管部门或人员。

2．安全策略

安全策略是为发布、管理和保护敏感的信息资源而制订的一组法律、法规和措施的总和，是对信息资源使用、管理规则的正式描述，是企业内所有成员都必须遵守的规则。

保护网络信息的安全是一场没有硝烟的战争，安全策略则是这场战争的战略方针，它负责调动、协调、指挥各方面的力量来共同维护信息系统的安全。如果没有安全策略进行总体规划，那么即使安全实力雄厚，信息系统也是千疮百孔的。

安全策略属于网络信息安全的上层建筑领域，是网络信息安全的灵魂和核心。安全策略为保证信息基础的安全性提供了一个框架，提供了管理网络安全性的方法，规定了各部门应遵守的规范及应负的责任，使得信息网络系统的安全有了切实的依据。

（1）制订安全策略的原则

安全策略的制订过程是一个循序渐进、不断完善的过程，因为不可能只用一个策略就能够完全符合、适应某个信息系统的环境和需求，只能不断地接近目标。策略的制订应该由专门的安全策略委员会来负责，委员会应该由安全专业人士和来自系统内不同部门的职员组成。安全策略在制订时必须兼顾它的可理解性、技术上的可实现性、组织上的可执行性。企业级安全策略可以从三个层面来考虑开发制订。

① 抽象安全策略。它通常表现为由一系列自然语言描述的文档，是企业根据自身的任务、面临的威胁和风险，以及上层的制度、法律等制定出来限制用户使用资源和使用方式的一组规定。

② 全局自动安全策略。它是抽象安全策略的子集和细化，指能够由计算机、路由器等设备自动实施的安全措施的规则和约束，不能由计算机实施的安全策略由安全管理制度等其他物理环境安全手段实施。全局自动安全策略主要从安全功能的角度考虑，分为标识与认证、授权与访问控制、信息保密与完整性、数字签名与抗抵赖、安全审计、入侵检测、响应与恢复、病毒防范、容错与备份等策略。

③ 局部执行策略。它是分布在终端系统、中继系统和应用系统中的总体安全策略的子集和具体实施。局部可执行的安全策略是由物理组件与逻辑组件所实施的形式化的规则，如口令管理策略、防火墙过滤规则、认证系统中的认证策略、访问控制系统中的主体的能力表、资源的访问控制链表、安全标签等组成。每一条具体的规则都是可以设置与实施的。

（2）安全策略的内容

安全策略应该是一个详细完备的指导方针，包含的内容如下。

① 保护的内容和目标。安全策略中必须包含信息网络系统中要保护的所有资产（包括硬件及软件）以及每项资产的重要性和其要达到的安全程度，如可以对系统中所有的主机根据其重要性和功能范围进行分类：涉及核心机密信息或提供关键服务的为 A 类；含有敏感信息或提供重要服务的为 B 类；能够访问 A 类和 B 类主机且不含敏感信息的为 C 类；不能够访问 A 类和 B 类主机、不含敏感信息但可以从外部访问的为 D 类；可以从外部访问但不能访问 A 类、B 类、C 类和 D 类主机的为 E 类。这样的划分，既体现了各类资产的重要程度，又规定了它们的功能范围。

② 实施保护的方法。明确对信息网络系统中的各类资产进行保护所采用的具体方法，如对于实体安全可以采用隔离、防辐射、防自然灾害的措施实现，对于数据信息可以采用授权访问技术来实现，对于网络传输可以采用安全隧道技术来实现，等等。另外还要明确采用的具体方法，如使用什么样的算法和产品。

③ 明确的责任。维护信息与网络系统的安全不仅仅是安全管理员的事，一个人或几个人的能力毕竟是有限的，只有调动大家的积极性，集体参与，才能真正有效地保护系统的安全。要想有效地组织大家协同工作，就必须明确每个人在安全保护工程中的责任和义务。

④ 事故的处理。为了确保任务的落实，提高大家的安全意识和警惕性，必须规定相关的处罚条款，并组建监督、管理机构，以保证各项条款的严格执行。

在开发安全策略时，要注意充分考虑制订安全策略的优先次序，充分考虑信息系统内部因素对安全策略的影响，不要指望能够制订一个绝对正确和详细的策略，我们没有能力提前预知问题的所有情况和细节。要充分意识到今天好且能够实施的策略比明年的伟大策略更好。同时要考虑实现安全策略可能需要的投资。安全策略要力求简洁，可实施，可操作。一个十分完美但不可操作的安全策略是没有任何用处的，制订一个不能够实施的安全策略等于没有安全策略。

在制订安全策略的同时，要制订相关的信息与网络安全的技术标准与规范，这些标准与规范是保证所制订的安全策略的技术保障与管理基础。技术标准着重从技术方面规定与规范实现安全策略的技术、机制与安全产品的功能指标要求，切忌明确到使用什么产品，只要从功能、技术标准上做出明确的规范，选择产品的事情是次要的。管理规范是从政策、组织、人力与流程方面对安全策略的实施进行规划。没有一定政策法规保障的安全策略形同一堆废纸。

安全策略具有较强的生命周期性。因此，要注意定期根据相关因素的变化对安全策略进行修改，保证安全策略的可用性。

3. 需求分析

安全需求是一个企业为保护其信息系统的安全对必须要做的工作的全面描述，是一个详细、全面、系统的工作规划，是需要经过仔细的研究和分析才能得出的一份技术成果。为一个企业设计一个安全体系时，对企业的安全需求进行分析是必不可少的，这是对企业的信息财产进行保护的依据。安全需求分析工作基于安全风险分析与评估工作，是安全工程学中的一个重要阶段。

（1）需求分析的原则

① 遵照法律。信息安全工作不仅仅是某个企业单位的工作，也是一个国家性的工作，必须把局部的安全工作与全局的工作协调起来，必须按照有关的法律和规定实施安全工程。

② 依据标准。为了保证需求分析的质量，必须做到"有据可查"，必须用有关的技术标准来衡量，因此要充分参考、利用现有的标准。

③ 分层分析。安全工程涉及策略、体系结构、技术、管理等各个层次的工作，安全工程的层次性也就决定了需求分析的层次性，这样得出的结果才是完备的、可靠的。

④ 结合实际。安全工程的实施针对的是一个具体的信息系统环境，所有工作的开展必须建立在这个实际基础之上，不同环境需求分析的结果是不同的。

（2）需求分析的内容

对安全需求的理解可以从多侧面、多角度入手，安全工程应该是全方位的，应从安全性、可靠性、高效性、可控性和持续性等方面落实。

在结合国家政策法规、企业性质和规章制度的基础上，考虑安全生产的方方面面要求，提出安全要求与安全级别；根据对象单位资产的确认情况，提出不同资产的安全级别需求，这样，安全问题就可以有的放矢。因为信息与网络系统是分层的，所以，在进行需求分析时也应该根据各层的具体情况分级别提出安全需求。一般情况下，要考虑以下五个层次的安全需求。

① 管理层。信息安全是一个管理和技术结合的问题。就信息安全而言，管理与技术的关系就如同人与武器的关系一样。一个严密、完整的管理体制，不但可以最大限度地在确保信息安全的前提下实现信息资源共享，而且可以弥补技术性安全隐患的部分弱点。管理包括行政性管理和技术性管理。信息网络系统能否正常高效地运行，在很大程度上取决于是否发挥了它的最大功效，这依赖于系统的管理策略。管理层的安全需求分析就是研究为了保证系统的安全，应该建立一个怎样的管理体制。具体来讲，就是成立什么样的管理机构或部门；负责什么任务；完成什么功能；遵循什么原则；达到什么要求。

② 物理层。物理层的安全就是保证实体财产的安全。实体安全是信息网络安全的低层安全，也是保证上层安全的基础。物理层的安全需求分析就是根据单位的实际情况，确定单位各实体财产的安全级别；需要什么程度的安全防护；达到什么样的安全目的。

③ 系统层。这里的系统指的是操作系统。操作系统是信息网络系统的基础平台，它的安全也是

保证上层安全的基础。系统层的安全需求分析就是研究为保证安全，应该要求操作平台达到什么样的安全级别；为达到所要求的级别，应该选用什么样的操作系统；如何使用、管理、配置操作系统。

④ 网络层。网络层是 Internet 的核心，是为上层应用提供网络传输的基础，也是局域网和广域网连接的接口。因此，针对网络层的攻击和破坏很多。现在经常采取的安全防护措施是在网络的边界上，通过使用防火墙的 IP 过滤和应用代理等功能来实现安全连接。一种简单有效的方法是在路由器上采用 IP 过滤技术，由硬件实现，效率相当高。对于网络层所传输的数据的保护可以采用加密技术来实现，新一代的安全网络协议正在设计和实验阶段。一般是根据信息系统的业务方向，分析系统的网络安全需求，再确定应该采用什么样的防护方式。

⑤ 应用层。应用层是网络分层结构的最上层，是用户直接接触的部分。由于基于网络的应用很多，供应商也很多，所以存在的安全问题也很多，相应的安全防护技术也很多，需要根据实际情况来衡量对它们的需求程度。

安全需求分析也是一个不断发展的过程，不存在一个一成不变的分析结果。随着系统环境的发展以及外部形势的改变，安全需求也会改变。要想保持分析结果的有效性，必须时刻更新结果，安全需求分析的过程也必须与系统同步发展。

（3）网络安全系统的设计原则

虽然任何人都不可能设计出绝对安全和保密的网络信息系统，但是，如果在设计之初就遵从一些合理的原则，那么相应的网络系统的安全和保密就会更加有保障。如果设计时考虑不全面，消极地将安全和保密措施寄托在事后"打补丁"上，这样的思路是非常危险的。从工程技术角度看，应遵循以下原则。

① 木桶原则。对信息均衡、全面地进行保护。
② 整体性原则。进行安全防护、监测和应急恢复。
③ 实用性原则。不影响系统的正常运行和合法用户的操作。
④ 等级性原则。区分安全层次和安全级别。
⑤ 动态化原则。安全需要不断更新。
⑥ 设计为本原则。安全设计与网络设计同步进行。

6.1.4 金融信息安全体系架构和安全策略

网上购物的消费者最关心的莫过于安全问题。一个良好的金融信息安全体系架构和安全策略十分必要。

1. 金融信息安全保障体系构成

信息安全保障是确保信息和信息系统的保密性、完整性、可用性、真实性、不可否认性、可追究性和可控性的保护，以及对意外事件或恶意行为的防范活动。它要求运用技术、管理和人员形成的能力，在信息和信息系统的生命周期（产生、存储、处理、传输、消亡）的全过程中，在信息内容、应用服务、局域计算环境、边界和外部连接、网络基础设施的多个层面上，动态地实施保障信息资产安全的预警、保护、检测、反应、恢复和打击犯罪。

金融信息安全保障的主要内容包括：重大业务应用系统的连续可用性；业务工作责任的不可否认性；业务数据和信息的真实性、完整性；涉及国家秘密和行业敏感信息的保密性；什么人、可以访问什么资源、有什么权限，以及控制授权范围内的信息流向及行为方式等的可控性。

金融信息安全保障体系的建设涉及多个环节，包括法律、管理、技术、人才、意识等各个方面，与各部门、各地方都密切相关，是一个复杂的系统工程。网络中一个环节、一个局部、一台计算机出问题，都有可能迅速地扩展到整个系统和网络，影响全局。应该立足安全防护，科学分析信息安全风险和威胁，采取多种技术和管理措施，加强预警和应急处置；要从安全保护、检测发现、应急处置、打击犯罪等各个环节，从法律、管理、技术、人才、意识等各个方面，从国家、企业、个人各个层面，采取综合的管理和技术措施，提高信息安全保障水平。

金融信息安全保障体系的建设包括六大体系。

（1）安全法规体系。它是规范金融机构、个人组织行为的基础，是有效对付犯罪的武器，主要包括法律、法规、条例、合同以及社会道德等。

（2）标准规范体系。它是信息安全建设的根本依据，也是安全建设过程控制的准则，包括技术标准、建设规范、检测评估标准、知识产权保护以及质量评估等标准内容，需要建设严格执行技术标准的系统。

（3）安全组织体系。它主要涉及金融信息系统安全的组织结构，是金融信息系统安全的组织保证。它包括领导体系、组织管理队伍、人员管理制度等内容。

（4）安全管理体系。它是金融信息系统安全管理工作的基础和制度保障体系。它包括操作规程、分级控制、质量控制、安全监控等。

（5）技术支持体系。它是指充分运用高新技术，采用安全技术防范措施和技术安全机制建立的现代化技术防范体系，是银行信息系统安全的技术保障体系，主要包括网络控制、内部控制、加密控制、网络保障、设备维护以及软件支持等系统。

（6）应急服务体系。它是应对特殊事件的基础设施，包括特殊事件处理、快速恢复体系以及灾难恢复体系。

2．金融信息安全管理策略

（1）金融信息安全的组织管理策略

金融信息安全的组织管理策略包括信息安全的规章制度策略和信息安全的运行管理策略。

信息安全管理制度主要包括：人员安全管理、操作安全管理、场地与设施安全管理、设备安全管理、操作系统和数据库安全管理、网络安全管理、信息化项目安全管理、应用系统安全管理、技术文档安全管理、数据安全管理、密码与密钥安全管理、认证管理、应急管理和审计管理。

信息安全的运行管理策略包括建立技术支持制度、明确安全责任制度等措施来保证信息安全。

（2）金融信息安全的风险管理策略

金融信息安全的风险主要体现为技术、管理、业务、人员以及政策上的风险，必须采取完善的管理战略和制度来控制风险。

金融信息安全风险管理是通过风险评估来识别、控制、降低或消除安全风险的活动过程。金融信息安全风险管理可有效消除潜在的威胁，预防损失。信息安全的风险管理可考虑针对金融系统的各个环节，进行深入的风险分析，列举出可能的风险状况，从而采取相应的对策；建立风险信息控制机制，及时通报风险情况，做到信息共享，预报准确，有效预防可能产生的危害；风险分析在系统方面涉及网络系统、业务应用系统、信息系统、办公系统及基础设施；同时需要分析管理、组织、人员、数据、应急支持等风险。

金融机构需要建立自己的风险管理机制和规范，并制定具体的操作办法，将风险控制有效落实到银行生产、管理的各个环节和各个部门。

（3）金融信息安全的技术管理策略

技术安全是金融信息安全保障的基础性工作，通过技术方法可以预防占绝大多数的一般性攻击、发挥重要的作用。技术安全工作包括准备与防御、检测与响应等方面。

① 准备与防御。从金融机构的角度看，需要采取防范措施以解决传统的内部或外部诈骗、服务瘫痪和丧失运行能力等问题。从国家安全的角度看，需要部门预防和抵抗诸如系统攻击能力的加强、保证和提高信息共享力度、安全保障、合理的措施以及脆弱性评估等。此外，金融服务领域从事信息安全工作的机构应该联合起来，共享威胁信息，及时出台合理的措施，并对行业动向协调响应。

对国家关键基础设施的保护包括对攻击的预先防御措施和遭受攻击后重建关键基础设施的能力。这两方面都需要确定核心基础设施的关键功能和服务内容。而且，基础设施的关键组件必须能够经常接受严格检验，并对它们的状态和实践措施进行评估。虽然评估是较为及时的，但是新的威胁、风险和对策还将不断涌现和变化。因此，必须根据需要及时迅速地升级，迅速地反馈评估结果具有很重要的意义。

② 检测与响应。通过不同的防护机制来减少遭受攻击的可能性，逐步地缓解风险，如脆弱性评估工作、周边安全防火墙和入侵检测系统的使用。内部防护机制还包括访问控制系统和制定安全标准以及合理的保护措施。

（4）金融信息安全的质量管理策略

金融信息安全贯彻在整个运行过程的各个方面。为了有效防范安全风险，必须建立一套长期的质量评测体系，及时发现安全隐患，将重大的信息安全问题消灭在事件的初期，尽可能减少损失。主要方法是建设安全分析、评估、测试，检查控制、反应机制及响应模式的体系；制定相关政策和管理条例，定期进行信息安全的评测，动态管理、有效控制。

（5）金融信息安全的标准化策略

标准化策略是金融信息安全的基础。两个主要的金融信息安全标准化发展方向是评测标准化和管理标准化。金融业信息系统是大型复杂系统，需要进行不断的测试和调控。目前对这些系统的评测缺乏权威、专业性，使很多系统建设不能达到良好的应用效果。我国银行在信息化建设过程中引进了大量国外设备、系统，而对这些系统的评测也存在安全隐患。通过评测制度的建立，可以提高银行信息系统的可用性，降低运行过程中的隐患，从根本上保障银行信息安全。目前，国际上关于信息系统安全的评测标准主要有：美国可信计算机系统评估标准（TCSEC，1985）、欧洲信息技术安全性评估准则（ITSEC，1990）、加拿大可信计算机产品评估准则（CTCPEC，1990）、美国联邦准则（FC，1991）、国际通用准则（CC，1996）、国际标准（ISO 15408，1999）等。

管理标准化也是金融信息安全的规范化内容，需要严格的安全标准化来管理信息安全问题，并深入于组织、技术及管理的各个方面。国际上流行的信息安全管理规范主要有：《信息技术安全管理指导方针》（ISO/IEC 13335）、《银行业务和相关金融服务——银行业务信息安全指南》（ISO 13569）、《信息安全管理的实施编码》（ISO 14980）、《信息安全管理实用规则》（ISO/IEC 17799-1）、《金融业的安全服务管理》（ANSI X9.41）。

（6）金融信息安全技术策略

金融信息安全技术策略是指充分运用高新技术，采用安全技术防范措施和技术安全机制建立现代化技术防范体系的具体指导，是信息安全的技术保障策略。

金融信息安全的技术要求包括：① 组织的管理安全。包括建立安全管理组织、确定安全组织职能、明确安全岗位职责、安全人员审查、安全人员培训考核、离岗安全人员管理。② 环境安全。包括网络设备环境安全、通信设备与线路环境安全、机房环境安全、软件开发环境安全、软件测试与稽核环境安全、软件使用与维护环境安全、生产运行环境安全、存储环境安全、环境保障与管理、环境灾害防护、环境防护设施安全。③ 网络安全。包括网络通信协议安全、网络管理平台安全、网络传输信道安全、网络运行安全监督、网络路由控制安全、网络隔离安全、网点合法性。④ 软件的运行安全。包括软件平台和应用软件的安全：软件平台选型与购置审查、安全检测与验收、安全跟踪与报告、版本管理安全、使用与维护安全、安全稽核；应用软件启用安全、安全审计、版本管理安全、备份安全、维护安全。⑤ 应用软件的开发安全。主要是开发平台安全、开发环境安全、开发人员安全、应用软件测试与评估安全、应用软件审计安全。⑥ 操作安全。主要是操作权限安全、规范管理安全、岗位责任安全、操作监督安全、操作恢复安全。⑦ 数据安全。包括数据载体安全、数据密级安全、数据存储的时限安全、数据存储的备份安全、数据存储的有效性、存储信息的完整性。⑧ 应急安全。包括应急管理原则、应急计划制定、应急计划实施、应急备用管理、应急恢复管理、应急后果评估。⑨ 密码与密钥安全。包括加密算法强度及业务分类管理安全、加密算法选用权限安全、密码算法启用和退役管理安全、密钥管理原则制定安全、密钥生成与管理安全、密钥保存及备份安全、密钥传送与分配安全、密钥更新管理安全、密钥的注销管理安全、密钥使用及注入管理安全。

（7）金融信息安全应急响应与灾难备份策略

在现实环境中安全事件绝不是有序发生的，安全事件及其并发性比其他任何事件更不规则，没有技术和组织准备的应急响应会引发直接风险，造成无法挽回的数据丢失和经济损失，因此，在金融行业建立信息安全应急响应与灾难备份策略十分重要。

金融信息安全应急响应策略必须考虑灾难发生时的抗毁坏性与迅速恢复能力，制订并不断完善信息安全应急处置预案，有必要制订金融信息安全的应急响应策略，制订应急计划。

"9·11"事件的教训说明，金融系统安全保障能力直接关系到国家安全和人民利益，关系到社会稳定。金融信息系统的建设应当具有抗毁性与灾难恢复能力，并应制订及不断完善信息安全应急处置预案。

3. 金融信息安全实施策略

对于金融信息安全的建设和维护，实现金融信息安全的第一要务是明确网络业务定位、所提供的服务类型和服务对象，以此为基础，进一步分析系统安全需求，评估当前的安全风险程度，然后制订相应的安全策略，选择适当的安全技术，实施安全工程。

实施安全解决方案有五个关键技术点，它们是防毒、控制访问、加密与认证、漏洞扫描和入侵检测。从技术角度讲，应该做好网络层、系统层和应用层三个方面的防护。

（1）网络层安全防护

网络层的安全保护是防御外部黑客入侵和内部网络滥用与误用的第一道屏障。用户应该通过定义网络安全规范，明确各级部门对网络使用的范围与权限，保证经授权许可的信息才能在客户机和服务器间通信。

① 隔离与访问控制

在网络与外界连接处实施网络访问控制，可以让企业用户了解外部网络用户的身份和工作性质，提供访问规则，并针对存取要求授予不同的权限，禁止非法用户进入内部系统。网络访问控制系统应该能够按照来访者的 IP 地址区分用户，并对来访者的身份进行验证，支持面向连接和非连接的通信，控制用户可访问的网络资源和允许访问的日期与时间。对于一些复杂的应用协议，可通过特定的方法进行逻辑监视和数据包过滤。除此之外，访问控制还能对现有的各种网络攻击手段（如 IP Spoofing、RIP 攻击和 ICMP 攻击等）进行有效的阻截。

可以采用划分虚拟子网的方法实现较精细的访问控制，也可以采用防火墙技术，通过制定严格的安全策略，实现不信任域之间的隔离与访问控制。

② 地址转换

使用地址转换技术，让 IP 数据包的源地址和目的地址以及 TCP 或 UDP 的端口号在进出内部网时发生改变，这样可以屏蔽网络内部细节，防止外部黑客利用 IP 探测技术发现内部网络结构和服务器的真实地址。

③ 入侵检测

含 ActiveX、Java、JavaScript 和 VBScript 的 Web 页面、电子邮件的附件以及带宏的 Office 文档等经常携带有一些可执行程序，这些程序中很可能携带有计算机病毒、特洛伊木马和 BO 等黑客工具，具有潜在的危险性，系统应该能够对这些可疑目标进行检测，隔离未知应用。

在内部网络上，也可能存在来自内部的一些恶意攻击，甚至可能存在来自外部的恶意入侵，安全防护体系应该能够监视内部关键的网段，扫描网络上的所有数据，检测服务拒绝型袭击、可疑活动、恶意的小型应用程序和病毒等攻击，及时报告管理人员，阻止这些攻击到达目标主机。

（2）系统层安全防护

系统层安全是指操作系统安全和应用系统安全。

① 使用漏洞扫描技术

网络中的所有设备都可能存在安全隐患，应定期扫描操作系统和数据库系统的安全漏洞与错误配置，及时发现系统中的弱点或漏洞，提示管理员进行正确配置，及时分析和评估，尽早采取补救措施，避免各种损失。

② 加强操作系统用户认证授权管理

对于操作系统的安全防范，应尽量采用安全性较高的网络操作系统，并进行必要的安全配置，关闭一些不常用却存在安全隐患的应用，严格限制对关键文件的使用权限。特别要限制用户口令的规则和长度，禁止用户使用简单口令，并强制用户定期修改口令，按照登录时间、地点和登录方式限制用户的登录请求。同时加强口令的使用，及时给系统打补丁。另外，应配备安全扫描系统，对操作系统进行安全性扫描，并有针对性地对网络设备重新配置或升级。

③ 增强访问控制管理

首先，对文件的访问控制除提供读、写和执行权限外，还应该有建立、搜索、删除、更改和控制等权限，以满足复杂安全环境的需求。其次，应该能够限制访问文件的时间和日期，而且即使是超级用户，也不应通过安全屏障访问未经授权的文件。再次，应对计算机进程提供安全保护，防止非法用户启动或制止关键进程。最后，控制对网络和端口的访问。

比如，在应用系统的安全上，应用服务器时，应尽量关闭那些不是必须开放的端口和服务（对于像文件服务器和电子邮件服务器这样的应用系统，应关闭服务器上如 HTTP、FTP、Rlogin 和 Telnet 等服务），严格限制登录者的操作权限，加强登录身份认证，确保用户使用的合法性。充分利用操作系统和应用系统本身的日志功能，对用户所访问的信息做记录，为事后审查提供依据。

④ 病毒防范

在网络环境下，计算机病毒的破坏力不可估量，病毒防范是网络安全建设中需要考虑的重要环节。

⑤ Web 服务器的专门保护

针对重要的、最常受到攻击的应用系统，用户需要开展特别的保护措施。Web 服务器是一个单位直接面向外界的大门，也是最先面临网络攻击威胁的部分。由于主页是一个单位的形象，对于系统的 Web 保护十分重要。我们可以对包括 Web 访问、监控/阻塞/报警、入侵探测、攻击探测、恶意的小型应用程序和电子邮件等在内的安全策略进行明确规划。

（3）应用层安全保护

人常道：三分长相，七分打扮。对于网络安全，则是三分技术，七分管理。

安全管理是网络安全中非常重要且常被忽视的一项内容。经调查，IT 环境中出现的不安全问题并不全是由单纯的 IT 设备引发的，还有其他非 IT 技术因素引发的问题，比如管理。因此，在对设备和数据进行安全保护的同时，需要加强对用户的安全管理。

① 实施单一的登录机制

系统安全管理应该实现"一人一个账号、一个口令"的登录管理模式，可通过用户名/口令、指纹识别器、智能卡和令牌卡等多种方式获得安全管理服务器的系统认证，然后双击代表某一应用的图标直接访问。我们可以采用口令 PIN 密钥管理、数据加密和数字签名等安全机制，最大限度地保证用户和口令等信息的安全。

② 统一的用户和目录管理机制

系统安全管理应该允许用户在单一的界面中管理不同系统的用户和目录结构，并同时在多种不同的操作系统平台上创建、修改和删除用户，提供跨平台用户策略的一致性管理，确保系统安全，减少 IT 管理人员管理目录和用户的时间和精力，隐藏不同操作系统的差异。

总之，实现应用层安全保护，需要进行三方面的建设：制订健全的安全管理体制（根据自身实际情况制订安全操作流程、不安全事故的奖罚制度以及对任命安全管理人员的考查等）、构建安全管理平台（如组成安全管理子网，安装集中统一的安全管理软件）和增强用户的安全防范意识。

6.2 支付系统风险防范

支付系统是开放经济下金融体系的基础，承担着一国经济行为者的资金在国内及国际间的转移，安全有效的支付系统关系到整个金融体系的稳定，降低与化解支付系统风险不仅可促进金融市场的发展，还会促进商品和劳务市场繁荣，使社会经济健康稳定地发展。

金融风险通常具有以下特征，即不确定性、普遍性、扩散性、隐蔽性和突发性。

（1）不确定性。在市场经济中，人们所面对的市场变化无限，而人们的认识能力却有限（有限理性、不完全信息），由此产生的不确定性是市场风险的本质体现。金融风险就是由不确定性引起的产生金融损失的可能性。

（2）普遍性。由于资金融通具有偿还性的特点，融出方要在将来的某一时间收回其资金，并获取报酬；融入方要同时偿还本金，并付出利息。但是，由于将来存在着许多不确定因素，资金融出方可能无法按时、按预期的收益收回资金。这种可能性在资金融通过程中普遍存在。

（3）扩散性。金融以信用为基础，金融机构作为融资中介，实质上是由一个多边信用共同建立起来的信用网络。信用关系的原始借贷通过这一中介网络后，不再具有一一对应的关系，而是相互交织，相互联动，任何一个环节出现的风险损失都有可能通过这个网络对其他环节产生影响；其中任何一个链条断裂，都有可能酿成较大的金融风险，甚至引发金融危机。

（4）隐蔽性和突发性。由于金融机构具有一定的创造信用的能力，因而可以在较长的时间里通过不断创造新的信用来掩盖已经出现的损失。而这些风险因素被不断地累积，最终就会以突发的形式表现出来。

支付系统风险通常包括系统风险和非系统风险。

系统风险，指支付过程中一方无法履行债务合同而造成其他各方陷入无法履约的困境，从而造成政策风险、国家风险、货币风险、利率风险和汇率风险。系统风险是支付系统构造中各国货币当局最为关注的问题，由于支付系统的稳定与高效运转是一国金融市场以及经济活动的基础，支付系统的危机必然造成整个金融市场紊乱，经济活动停顿，使整个国家经济陷入危机。特别是对于大额支付系统而言，大额支付系统是一国支付系统的核心，且交易额巨大，参加系统交易的各方相互依赖，一方违约的后果很容易在各方扩散，造成整个系统的崩溃。电子支付的实现，提高了支付效率，但也加速了危机的传播速度，造成波动的迅速蔓延。

非系统性风险包括信用风险、流动性风险、操作风险、法律风险等。非系统性风险和系统性风险一样，由于其造成的损失难以控制，严重时会使得整个支付体系处于不稳定状态，使人们丧失信心，它同样也会造成利率和汇率的波动，从而使整个金融体系产生动荡。

技术的进步给金融市场交易提供了极大的便利，同时也使人们对技术的依赖性更强。技术进步减少了原有的系统风险，使得封闭和孤立的系统由于信息不完备而造成的风险基本消除，但同时也派生出一些新的问题，使风险更加难以察觉且难以控制。一些偶发事件的发生，使得人们对于风险防范越来越加以重视。

中央银行对支付系统风险的防范与控制可集中在以下几个方面。

（1）对大额支付系统透支进行限制和发展 RTGS 支付系统以减少信用风险和流动性风险。

（2）对银行结算支付活动进行监督。

（3）加强支付清算领域的法律建设。

巴塞尔委员会于 1998 年颁布的《电子银行和电子货币业务的风险管理》报告，提出了《有效银行监管的核心原则》。巴塞尔委员会认为电子支付系统风险管理可采取以下步骤。

（1）评估风险。包括识别和量化风险，由董事会和高级管理层确定银行可以接受的风险程度，将可以接受的风险程度和风险可能带来的损害进行比较。

（2）管理和控制风险。具体措施包括实施安全政策和措施，大部分为技术措施，如加密技术、口令、防火墙等。另外还要有雇员审查制度，并建立相应的内控措施来防范内部风险。定期进行系统的检测和更新，加强银行高级管理人员和负责电子货币业务人员之间的联络。同时，银行要加强对外部资源的控制，如银行需要将部分工作外包给第三方，就必须通过合同明确各方的权利义务，明确银行有权对外包厂商进行检查，同时监管机构也有权进行检查。另外，银行还要即时进行信息披露和消费者教育。设立应急计划，如建立在紧急情况下的数据恢复、应急设备和人员管理等。

（3）监控风险。对电子货币业务进行持续的监控也是风险管理的重要组成部分，由于技术创新很快，持续监控就显得更为重要。

防范和化解金融风险，重要的是对风险进行有效的监测和控制，建立一套严密的监控体系，完善相关法律、法规，以保证电子支付系统有效运转。

电子支付提高了金融体系的运转效率，加速资金流动，降低了利用现金进行交易所花费的成本。它克服了传统支付方式上的很多弊端，使得支付更加快捷、简便、安全。在交易时，人们不必为带着大量现金奔波而苦恼，商户也不必为管理大量现金而付出管理成本，金融机构在管理上也更高效、可靠。但是，电子支付就像一把双刃剑，在减少某些方面的风险的同时，也带来了另一方面新的风险。

电子支付加速了资金流动，一方面方便了交易，使得支付过程更加简便、快速，但也使得大笔资金能快速地在国际间流动。大笔资金快速流入流出某个国家，极易造成该国汇率的大幅波动，造成本币币值的大幅度波动，带来汇率风险和货币风险。而币值的不稳定，会造成国家信誉风险，引起社会动荡，东南亚金融危机就是从本币贬值开始的。另外，大量资金的突然进出，流动速度提高，还会造成该国（地区）货币供给的不稳定，造成利率的大幅度振荡，使得金融市场产生动荡，从而对宏观经济造成影响，而利率的剧烈波动会严重影响货币政策的实施。

6.2.1　信用风险防范

信用风险指支付过程中因一方无法履行债务所带来的风险。如果有一方无法履行债务所带来的损失，要由参与支付的其他各方承担。一般来说，信用风险的发生源于支付过程的一方陷入清偿危机，资不抵债。实时全额支付系统的信用风险较小，而差额支付系统的信用风险较大。因为一般差额结算是在某个交易时段结束后进行的，所以会在结算时才发现过度透支而无法偿还的风险。

在贷记支付中，商业银行向用户提供支付服务，意味着银行在用户账户资金不足时为用户提供信贷便利，银行面临着用户无法归还银行信贷的风险，同样用户也面临着银行倒闭的风险。

在借记支付中，对资金的发送银行与资金的接收银行而言，资金的接收银行向资金的发送行提供信贷面临着风险；对资金的接收行与资金的接收者而言，在银行贷记用户账户后，用户就可以对该笔资金进行处置，如果银行在同业清算中无法从资金发送那里得到相应的资金，那么该行也面临着无法将资金从其用户那里索回的风险。

信用风险产生的主要原因是交易双方经济合同的达成或商品与劳务的转移与资金的转移不是同时进行的。在支付指令发出后与资金转移实际发生的时间间隔中，一方可能因种种原因陷入清偿危机，导致在资金交割时无法履约。支付指令的传送与资金实际交割的间隔越长，潜在的信用风险也就越大。电子资金转移系统的存在，使得支付指令的发送与实际资金的交割在当天便可以完成，大大减少了支付过程中存在的信用风险。在外汇交易中，交易双方往往处于不同时区，由于支付系统工作时间的限制，外汇交易的潜在信用风险就特别显著，典型的实例就是德国赫斯特银行倒闭事件。1974 年，赫斯特银行与美国的一些银行进行了美元与马克的交易，赫斯特银行买入马克卖出美元，由于国际美元交易要达成资金转移必须通过该货币发行国的国内支付系统，而德国时间比美国东部时间早 10 小时（一个营业日），因此美国的银行要比赫斯特银行提前一个营业日交割美元，在美国银行交割资金后，赫斯特银行宣布倒闭。第二天早上一开市，传来赫斯特银行倒闭的消息，使美国银行陷入无保障债权人地位，蒙受损失。这就是著名的赫斯特风险，是支付系统特别要防范的风险之一。

电子资金转移的实现，使得实时支付得以实现，最大限度地减少了信用风险。不同的支付系统都会采取一些措施以防范信用风险。

6.2.2　流动性风险防范

流动性风险是在支付过程中一方无法如期履行合同的风险。流动性风险与信用风险的区别在于违约方不一定清偿力发生危机，而仅仅是在合同规定的时间无法如期、如数履行债务。但如果给予足够时间，该方可以通过变卖资产筹措相应资金满足清算的要求。但是流动性风险与信用风险间又具有内在联系，如果某银行发生流动性危机，往往不得不以廉价销售资产，而造成的损失有可能就是倒闭的原因。而且如果一家银行频繁出现流动性危机，往往会让同业对其信誉有所怀疑，从而严格限制对该行的信贷，同时为了防止信用风险，其他银行也会尽快从该行撤出资金，从而进一步加剧流动性风险。因此流动性风险往往是信用风险的预兆。

流动性风险往往是威胁金融机构生存的最主要和最直接风险。因此，各金融机构都将保持流动性放在首位，把在保持流动性的前提下追求最大盈利作为经营原则。

6.2.3　操作风险防范

操作风险是指由于系统本身的原因而造成的风险，由于技术问题，如计算机失灵、管理及控制系统缺陷等引致的风险。系统的偶然失误会引起交易市场的混乱甚至金融市场的波动，如系统突然中断，造成交易无法实现，或由于数据丢失而造成的风险等。例如著名的赫斯特风险，就是由于收盘时差而造成的结算风险。

最重大的操作风险在于内部控制及治理机制的失败。这种失效状态可能因为失误、欺诈、未能及时做出反应而导致银行财务损失，或使银行的利益在其他方面受到损失，如银行交易员、信贷员、其他工作人员越权、从事职业道德不允许的业务或风险过高的业务。操作风险的其他方面包括信息技术系统的重大失效或其他灾难等事件，如火灾、银行遭劫、通信线路故障、计算机失灵、高级管理人员遭遇不测、银行日常工作差错、黑客入侵和电子货币的伪造等。随着现代化支付系统和电子金融的发展，操作风险越来越引起国际金融机构和业界的重视。

6.2.4　法律风险防范

法律风险指由于缺乏法律支持、法律不完善或有缺陷而带来的风险，例如由于支付各方的权利和义务的不确定性，从而妨碍支付系统功能的正常发挥。

在支付系统的运行中，无论是支付系统的各个参与方还是支付服务的提供者，都希望将支付过程中产生的风险或损失转移到另一方，支付系统的良好运作必定需要法律的保障。支付法律应当规定支付系统交易各方的权利与义务，各种支付工具应当满足的基本条件，通信系统、清算安排的各种责任，风险的控制及损失的分担等。

6.2.5　欺诈风险防范

欺诈风险指犯罪分子通过欺诈行为而带来的损失。由金融机构参与欺诈造成的风险将会危及整个系统。通常的欺诈行为有通过偷取设备和数据来造假，传输过程中发出非法指令，窃取数据信息，然后修改或删除信息来进行欺诈，如利用窃取的密码进行欺诈活动。欺诈风险对一国的支付系统的稳定和信誉形成严重威胁，如何有效防止金融犯罪是要考虑的重要问题。为防止欺诈风险，CHIPS 使用美国标准局的"金融机构信息真伪标准"系统对支付系统支付指令的发出者和接收者、支付指令传送过程中有无进行篡改进行辨别与监测。

6.2.6　系统风险防范

系统风险指一家机构或几家机构出现信用风险或流动性风险后，对其他机构引起的类似风险，系统风险是中央银行最关心的金融风险。

系统风险会通过以下方式表示出来。假如某家机构在结算中面临一定的困难，一旦金融市场中的其他机构感觉到这种困难，他们就会采取行动，保护自己的头寸。如果感觉这家机构的信用度存在一定问题，其他机构有可能会撤出在这家机构的存款，并拒绝代表他向外支付资金。为增加流动性，这家机构有可能会被迫以低价出卖其资产，以致最终有可能导致破产。而由于该机构破产，有可能导致其信用风险和流动性风险的蔓延，造成其他与之有关联的机构的流动性风险，从而引发整个系统风险，造成整个金融系统的不稳定。

系统风险的防范可以通过支付系统的运作规则和相关法律加以防范，而中央银行的有效监管也是防范系统风险的有效举措。

6.3　电子支付发展的法律基础

对于电子商务而言，安全高效的支付方式是保证电子商务成功的关键。而对于交易各方而言，这些转账是否安全等都涉及法律问题。

6.3.1　电子支付法概述

根据目前金融法学界和电子商务法学界对电子支付的研究，可以认为电子支付尚有广义和狭义之分。广义的电子支付指支付系统中所包括的所有以电子方式或者称为无纸化方式进行的资金的划拨与结算。狭义的电子支付也称为网上支付，是指在电子商务的应用和推广中，为顺利完成整个交易过程所建立的一套通用的电子交易支付方法和机制。正是基于不同的理解和各国电子化进程的不同，各国在电子支付领域的法律侧重和体系也有所不同。

电子支付法是调整中央银行、商业银行和其他经济主体以电子方式进行债权债务的清算和资金转账结算过程中发生的各种社会关系的法律规范的总称。

电子支付法的特征表现在：① 程序性，支付系统法作为支付形式法，它是实体法中的程序性规范，主要解决支付的形式问题，一般不直接涉及支付的具体内容。② 技术性，在支付系统法中，许多法律规范都是直接或间接地由技术规范演变而成的。例如在网络支付中，一些国家将运用公开密钥体系生成的数字签名，规范为安全的电子签名。这样就将有关公开密钥的技术规范转化成了法律要求，对当事人之间的支付形式与权利的形式和义务的履行，将有极其重要的影响。③ 复杂性，源于电子支付技术手段的复杂性与对高新技术特别是计算机网络技术高度的依赖性，通常当事人必须在第三方的协助下，才能完成支付活动。

电子支付法律体系中除了主要包括电子资金转移法、电子清算和结算法以外，还包括电子签章法、电子商务法、电子证据法、电子合同法、消费者权益保护法、隐私权保护法、反洗钱法等法律中的相关内容。

现有的电子支付系统根据服务对象的不同和支付金额的大小可分为大额电子支付系统（又称批发电子资金支付系统）和小额电子支付系统（又称零售电子资金支付系统）。对于大额电子支付法，可以借鉴联合国《国际贷记划拨示范法》和美国《统一商法典》第 4A 编。对于小额电子支付法，可参照美国 1978 年《电子资金转移法》和美联储颁布的 E 条例、D 条例（Regulation D）、Z 条例（Regulation Z）等。

支付系统法典的制定可适当参照发达国家已有的先例，至少应包括以下内容：一是总则，包括参与支付的各方当事人、资金划拨、支付命令、履行、结算等内容；二是权利义务；三是责任承担。

6.3.2　电子支付体系法与电子商务法的关系

不论电子支付是在 B2B 或 B2C 之间进行，都是一种商务活动，只是这种商务活动的内容是关于资金支付，而不同于商品或服务交付的经济活动。因此，与一般商务活动相比有其特殊性。但同时，在活动实现方式上，都采用了先进的电子方式，因此在技术标准、安全方面又具有共性，如电子支付中的"书面形式""原件""签名""签名加签章"等是电子商务发展中共同面临的问题，这些问题在电子商务立法中可以得到解决。另外在私法法律关系上，交易双方的法律关系共同适用相同的民事法律规定，如合同法等。因此，电子支付属于电子商务法的问题，而不是电子商务立法所要解决的问题。

目前，各国对电子商务的立法模式有两种态度。一种是统一立法，即覆盖电子商务领域的基本法律问题，消除电子商务的法律障碍，兼顾电子商务涉及的消费者保护、个人数据和隐私的保护等等。对于这种立法模式，电子支付领域将其涵盖在电子商务法中了。另一种是单独立法，即电子商务法只解决电子商务的基本法律问题，其他如电子合同、电子签章、电子认证、电子支付、电子商务消费者保护等则逐一立法。单独立法模式较好地符合了电子支付与电子商务之间既有共同点又有不同点的关系。目前，各国电子商务法均没有直接对电子支付问题做出规定，这是因为电子支付无论是作为债权债务产生、消灭的一种法律行为，还是作为金融服务的一种新形式，其实体法律关系仍然要受到有关票据法、银行卡以至合同法等法律的调整。

就目前的立法进程来看，我国更倾向于选择后一种立法模式。2013 年 12 月 27 日，全国人大财经委召开电子商务法起草组成立暨第一次全体会议，首次划定中国电子商务立法的"时间表"。目前，我国已有的相关法律法规主要有人大常委会的《电子签名法》《关于加强网络信息保护的决定》，国务院办公厅的《关于加快电子商务发展的若干意见》，国家工商总局的《网络商品交易及有关服务行为管理暂行办法》。世界其他各国也多选择后一种立法，如美国的《统一电子交易法》和《全球及国家商务电子签名法》。

在电子支付的立法中，最关键的是电子支付的监管问题，例如电子货币发行的监管，谁有权发行数字货币、怎样发行都必须由法律予以明确；严格规范支付行为，加强对社会信用的规范；电子支付技术标准的协调，电子支付顺利进行需要政府、行业组织进行广泛的合作，在硬件和软件供应商的技术支持下协调统一电子支付的技术标准，确保软件、硬件、客户应用技术及系统和网络通信协议的兼容；对商业银行网络银行服务行为的监管；对跨国、跨境的金融数据流的监管。

6.3.3　电子支付法的基本内容

支付系统法典的制定可适当参照发达国家已有的先例，至少应包括以下内容：一是总则，包括参与支付的各方当事人、资金划拨、支付命令、履行、结算等内容；二是权利义务；三是责任承担。

在一国经济中，一般大额支付占据了贸易支付总额的 80% 以上。在美国，每天有大约 2 万亿美元通过联邦电子划拨系统和清算所银行同业支付系统实现资金流动。每天这么多资金流动，而且每笔转账金额又比较大，因此支付系统的安全和合理的法律制度安排十分重要。大额支付系统法要解决资金转账的运作过程制定，事故发生时的权责确认和处理方法，以及系统风险的有效控制。

对于大额支付，美国主要参照《统一商法典》第 4A 编。按照《统一商法典》，大额电子支付法应至少包含五条规定：① 范围规定，也就是说法律的适用范围是什么，区分法律包含与未包含的交易方和支付命令。② 触发事件，说明某一交易方对资金转账的权利和义务在何时变得明确。③ 收款方最终性规则，以确定对某一账户的贷记命令成为不可撤销的。④ 退款保证，适用于资金转账未能完成的情况；解除规则，适用于转账完成的情况。⑤ 反欺诈规定，用于分摊因欺诈性支付命令而产生的责任。

根据对国外涉及小额电子支付相关法律的调研，小额电子支付法应包含以下几点基本内容。

（1）电子支付系统的各参与方及各主体间的法律关系

明确电子支付系统的各参与方及各主体间的法律关系，加强对电子支付中消费者合法权益的保护。许多国家无专门法律规范调整小额电子资金支付法律关系，如意大利、瑞典。这些国家往往是以侵权法和合同法调整小额电子资金划拨中各当事人的法律关系。其实，即便在美国等以专门法律法规调整小额电子支付法律关系的国家，也并没有因为专门的法律法规调整而形成的新型法律关系，小额电子资金划拨各当事方的法律关系本质而言是合同关系。

一般而言，小额电子资金划拨是通过一组合同来调整所涉及各方当事人之间的法律关系，共同完成一项消费的支付与结算。在小额电子支付的合同群中，持卡人与发卡人之间的合同一般是标准合同，消费者仅有同意或不同意的权利，而无决定合同条款的自由。发卡行在与持卡人的合同关系中往往占有强大的主动地位，小额电子支付的实践证明，将小额电子支付各当事人的法律关系完全交由合同调整，难以令消费者满意，消费者处于弱势地位，消费者权益往往难以得到有效保护。

因此，美国、英国等银行业比较发达的国家以立法或银行业惯例的形式对小额电子资金支付中持卡人和发卡人的权利义务关系进行了明确规定，以强化对消费者的保护。例如，美国就制定了专门的《电子资金转移法》来规范小额电子支付中各方参与主体之间的权利义务关系，以保护消费者的合法权益。

（2）技术标准的协调，防范系统技术风险

电子支付顺利进行需要政府、行业组织进行广泛合作，在硬件和软件供应商的技术支持下，协调统一网络银行的技术标准，确保软件、硬件、客户应用技术及系统和网络通信协议的兼容。

另外，在使用密码技术作为电子支付安全措施的情况下，密码技术的应用涉及两方面的问题：数字签名的法律效力和认证中心的管理。如果将电子支付看做是合同，那么数字签名是否意味着电子合同的订立？如果数字签名是传输电子货币过程中的一个安全程序，那么是否是法定的安全程序？这是电子货币所引发的新的法律问题。

电子货币的发行人通常也发行私有和公开密钥，从事密钥的管理，有的还承担认证中心的作用。如何将密钥管理适用于电子货币的发行人也是重要的法律问题。同时，密钥的管理体制对防止电子货币犯罪（洗钱、逃税等）至关重要。

（3）对商业银行网络服务行为的监管，防范电子支付系统的风险

电子支付可能存在的风险有信用风险、流动性风险、系统风险、欺诈风险、法律风险和操作风险等。ATM 和 POS 所具有的存取款和转账功能改变了传统的银行及其分支机构的概念，使得原来必须在银行或其分支机构才能完成的银行功能，如今通过电子资金划拨系统就可以完成，因此有关调整银行或金融机构的行为及其关系也应在电子支付法中得到体现。

目前，调整卡类支付工具的法律还处在发展阶段，但美国在这方面比较成熟。比如，美国将信用卡和提款卡（ATM 卡）分开调整，通过 1968 年的《真实信贷法》（Truth in Lending Act）和相应的 Z 条例调整与信用卡有关的交易，通过 1978 年的《电子资金转移法》和相应的 E 条例调整和提款卡（ATM 卡）以及其他类似的与借记卡类支付工具有关的交易。

（4）电子货币发行、运行的监管

电子支付使得货币从有形流动转变为无形的信用信息在网上流动，成为数字化货币。谁有权发行数字货币、怎样发行，必须由法律予以明确。欧盟支付系统工作小组一直致力于对电子货币的研究，并从 1994 年起陆续出台了一系列报告，虽然这些报告没有法律上的约束力，但其对电子支付领域法律问题的前沿研究值得各国参考借鉴。

6.3.4　电子商务法律法规概述

1．电子商务涉及的一般法律问题

1997 年 10 月 1～3 日，在国际标准化组织（ISO）和得州理工大学（TTU）的倡导和支持下，欧洲经济委员会在比利时首都布鲁塞尔举办了全球信息社会标准大会。大会的主题为"面向 21 世纪构筑全球信息社会，创造新的应用和商务机会，发展有序的标准和法规"。正是在这样一个全球信息社会标准大会上，明确提出了关于电子商务的一个比较严密完整的定义："电子商务是各参与方之间以电子方式而不是以物理交换或直接物理接触方式完成任何形式的业务交易。"这里的电子方式包括电子数据交换（EDI）、电子支付手段、电子订货系统、电子邮件、传真、网络、电子公告系统条码、图像处理、智能卡等。

电子商务交易安全的法律保护问题涉及两个基本方面。第一，电子商务交易是一种商品交易，其安全问题应当通过民商法加以保护；第二，电子商务交易是通过计算机及其网络而实现的，其安全与否依赖于计算机及其网络自身的安全程度。合同反映了双方或多方意思表示一致的法律行为。

在民商法方面，电子商务主要是通过合同法进行调整。在电子商务中，合同的意义和作用没有发生改变，但其形式却发生了极大的变化。① 订立合同的双方或多方大多互不见面。所有的买方和卖方都在虚拟市场上运作，其信用依靠密码的辨认或认证机构的认证。② 传统合同的口头形式在贸易上常常表现为店堂交易，并将商家所开具的发票作为合同的依据。而在电子商务中标的额较小、关系简单的交易没有具体的合同形式，表现为直接通过网络订购、付款，例如利用网络直接购买软件。但这种形式没有发票，电子发票目前在很多国家还不被承认。③ 表示合同生效的传统签字盖章方式被电子签名也就是数字签名所代替。④ 传统合同的生效地点一般为合同成立的地点，而采用数据电文形式订立的合同，收件人的主营业地为合同成立的地点；没有主营业地的，其经常居住地为合同成立的地点。

电子商务作为一种新的贸易形式，不可避免地会与现存的合同法发生矛盾。电子商务通常不是以原始纸张作为记录的凭证，而是将信息或数据记录在计算机中，或记录在磁盘和软盘等中介载体中，因此具有以下特点。① 电子数据的易消失性。② 电子数据作为证据的局限性。电子数据不仅可能会受到物理灾难的威胁，还有可能会受到计算机病毒等计算机特有的无形灾难的攻击。③ 电子数据的易改动性。

在这种情况下，对交易过程的保护就显得尤为重要。可以认为，有关电子商务的民商法规定，是一个把电子商务纳入现行法律体系中并赋予其法律效力的问题；有关交易安全的规定，是基于电子商务的特性而给予的特殊法律保障。

为了促进电子商务立法的发展和统一，1997年4月，欧盟提出了《欧盟电子商务行动方案》；同年12月又与美国共同发表了有关电子商务的联合宣言，欧盟还积极参与了联合国的相关示范性立法。欧盟为保证法律的顺利实施和协调成员国之间的关系，确立了设立地国管辖、欧盟法优先、政策透明三项原则。其中涉及的 "政策透明机制"，要求成员国将其有关网络服务立法的情况及时通报给欧盟委员会审议，以达到预防和避免成员国在电子商务内部市场规范化方面各行其是，造成新生的法律障碍；根据欧洲法院1996年做出的C-194/94判例，不履行通报程序的成员国法律不得付诸实施。1997年4月欧盟委员会提出《欧洲电子商务行动方案》之后，欧盟各国又于同年7月召开了有关全球信息网络的部长级会议，并通过了支持电子商务发展的部长宣言。在其通过的自主性法规中，也有很多涉及电子商务，大致可分为以下三个方面。

（1）合同法方面

1998年6月16日，关于电子签名的一般性指令（Directive，COM（98）297，JOCE du 23 Octobre 1998）出台，目标是赋予电子签名与在实体物质上的手写签名同样的效力并且修改现行的认证服务的原则。

1998年11月18日，关于电子商务国内市场的法律规范的指令（提案）出台。该提案涉及的内容有：支付的建立、一般信息的提供、商业交流、电子方式的合同、中间技术提供者的责任、管理规则、争端解决规则。

1999年12月13日，欧洲议会及欧盟理事会1999年第93/CE号指令涉及电子商务多方面的问题，包括：市场准入、电子签名的法律效力、数据的保护等。

（2）消费者安全方面

1997年5月20日，关于在远程合同中保护消费者的指令（Directive JOCE du 4 Juin 1997）出台；1998年11月3日，关于信息企业的理事会决议，提出向消费者提供信任的必要性。这种信任建立在技术发展的基础上，这样的发展使得电子信息的保护和传统的交易得到同样的保障。

（3）支付制度方面

1997年7月30日，欧盟委员会出台了关于电子支付方式的建议（Recommendation），特别集中于出票人和持票人之间的关系，确定了这种关系中合同形式、责任、法律援助、顾客信息等方面的最低要求。

1998 年 7 月 29 日，出台了关于发行电子货币的机构活动的两个指令。这两个指令旨在为电子货币发行机构建立规范性法律框架。这些指令把电子货币定义为储存在一张带有芯片的卡上（预付卡或储值卡）或者储存在计算机上的一定的金额，而这种货币能被持有者以外的其他企业接受为支付手段。另外，这些规划实际上肯定了在成员国范围内的签名证据力问题上的改革。

2．电子签名

签名是合同生效的标志，它能够证明签名者的身份和意愿。在电子商务中，传统签名为电子签名所取代。签名具有两个基本的法律功能：① 签字者的身份证明；② 签字者的意愿证明（愿意接受合同条款的约束）。

借用欧盟指令的定义，电子签名也就是数字签名，指的是："一种数字形式的完整签名，逻辑地和一定的资料相连，用以表明签字者对该资料的接受。它还必须满足以下条件：① 只能和唯一的签名者联结；② 使人能够识别签名者；③ 以一种能使签名者排他地控制该签名的方式创造出来；④ 和资料紧密相连，以至任何外来的改动都能被发现。"

这里电子签名的定义实际上是技术安全意义上的，对法律效力没有做出定义。在开放的互联网资料传输中，电子签名被用来验证资料的来源（认证）以及证明资料没有经过改动（完整性）。电子签名是电子商务中的一个关键因素，它的应用涉及电子商务的方方面面，包括在线合同的达成、签名证据力、支付以及电子银行的运作等。无论从技术安全还是从法律安全的角度看，电子签名都具有无可争辩的重要性。

欧盟在电子商务法律问题上进行了不断的探索，颁布了许多指令，涉及电子商务的方方面面：电子签名、在线合同、电子货币等。在所有这些立法中，有关电子签名的部分具有特殊的重要性。1999 年 12 月 13 日，欧盟通过了一个有关电子签名的最终指令——欧盟 1999 年第 93/CE 号指令。该指令是欧盟系列指令的发展结果。该指令的目的是方便电子签名的使用并使其法律效力得到承认。指令包括说明、15 条正文以及 4 个附件，其主要内容包括：确定电子签名效力的原则；给电子签名及相关概念下了定义；确定了成员国国内及国际电子签名认证服务的市场准入；对电子签名数据的保护；生效与修改；在指令附件中对电子签名认证提供商、电子签名的产生装置、电子签名的安全核对提出了技术上和法律上的具体要求。

在我国关于电子签名的法律有 2004 年 8 月 28 日第十届全国人民代表大会常务委员会第十一次会议通过的《中华人民共和国电子签名法》，该法自 2005 年 4 月 1 日起开始施行。

2007 年，"《电子签名法》第一案"有了结果，原告以短信作证赢了官司。2004 年 1 月，杨先生结识了女孩韩某。同年，韩某通过短信先后两次向杨先生借款共 11 000 元。此后，杨先生要求韩某还钱。经过几次催要未果后，杨先生起诉到法院。在提起诉讼前，杨先生向法院提交了存有韩某借钱短信的手机。韩某的代理人表示，短信不能作为证据。而杨先生的律师表示，根据《电子签名法》，手机短信属于法律对"数据电文"的定义，也符合"有形表现所载内容""可以随时调取查用"的认定规则，并要求法院确认短信证据的效力。法院经审理认为，依据《电子签名法》中的规定，经本院对杨先生提供的移动电话短信生成、储存、传递数据电文方法的可靠性，保持内容完整性方法的可靠性，用以鉴别发件人方法的可靠性进行审查，可以认定该移动电话短信内容作为证据的真实性。根据证据规则的相关规定，录音录像及数据电文可以作为证据使用，但数据电文可以直接作为认定事实的证据，还应有其他书面证据相佐证。

此案是我国《电子签名法》实施后，法院依据《电子签名法》进行判决的第一起案例。这意味着我国《电子签名法》真正开始走入司法程序，数据电文、电子签名、电子认证的法律效力得到了根本的保障。

3．美国电子支付法案例分析

（1）大额电子支付法

美国现在的大额支付系统主要的法律依据是《统一商法典》第 4A 编。《统一商法典》第 4A 编并非美国第一部管辖电子资金传输的法律，在该法律实施之前，不同的电子资金划拨系统就由不同的法律规则管辖。这种状况导致了以下问题：① 不同的电子资金支付系统采用不同的规则，会使交易双方由于对规则的模糊而产生错误，因为通常交易双方可能不知道不同系统规则间的差异；② 当时支付系统的规则，主要规定了资金传输中银行的权利和义务，而没有规定客户的权利和义务，不利于客户管理与消费者保护；③ 当时的规则对有些重大问题没有作出规定，如未经授权与欺诈交易电子资金传输的风险负担问题。这些问题的存在使得出现冲突时，支付系统的有效运行受到阻碍。

1978 年，美国联邦议会通过了《电子资金转移法》，该法以保护消费者为宗旨，以信息披露为核心，并于同年开始起草《统一新支付法典》。《统一新支付法典》经过多次修改，1985 年停止该草案的起草工作，不久开始起草《统一商法典》第 4A 编。

《统一商法典》第 4A 编主要适用于资金传输，其中资金传输与支付命令两个概念至关重要。《统一商法典》第 4A 编将资金传输定义为：始于发送方的支付指令，以向该指令的受益人进行支付为目的的一系列交易。支付指令则指发送方对接收银行的一项指令。这项指令以口头方式、电子方式或书面形式传送，是支付或使另一家银行支付固定的或可确定的货币金额给受益人的指令，并且指令必须发给银行。支付指令除了支付时间外，不得附加其他条件，即所谓无条件支付。

（2）小额电子支付法

1978 年《电子资金转移法》是美国小额电子支付系统所依据的主要法律。在美国，小额支付的管理既包括联邦层面上的管制，也包括地方州法的管制。管制此类电子支付的法规有：联邦《电子资金转移法》及美联储颁布的 E 条例；各州关于电子资金划拨的法律；《真实信贷法》；美联储颁布的 Z 条例；美联储颁布的 D 条例；联邦及各州的关于设立分支机构的法律。其他一些联邦法与州法对小额电子支付划拨服务的不同方面也会产生重要影响。例如，联邦及各州的隐私规则对获取电子资金划拨系统中有关客户信息的限制；电信条例对电信服务的费用和质量的影响（这对电子资金划拨网络十分重要）；关于资金获取的法律作用于无人电子终端存取款处理；关于残疾人的法律对银行终端的物理特性的影响；关于在 ATM 机上犯罪的法律可能会影响金融机构对 ATM 机上进行的犯罪活动的责任。另外，每一个电子资金划拨系统一般具有通过系统进行划拨的管辖规则，但是一般来说，电子资金划拨规则主要调整参加电子资金支付系统的金融机构间的关系，而不调整这些金融机构与其消费者客户间的关系。金融机构与其消费者间的关系一般由消费者和金融机构之间的协议来管辖，现分述如下。

① 《电子资金转移法》与 E 条例

针对电子资金转移的模式，美国国会认为这会对使用者产生实质上的利益，因此于 1978 年完成《电子资金转移法》的订立，用于调整小额电子支付系统，以规范金融机构与使用者的相关权利、义务与责任，并于 1989 年完成修正，全文共计 19 条。美联储还颁布了解释规则——E 条例，就法案内容提出解释说明以利执行。1996 年美国总统签署《债务回收改进法》（Debt Collection Improvement Act）之后，电子资金转移涵盖的范围更加扩大，解释规则也于 1998 年完成最后的修订。

a. 《电子资金转移法》的立法宗旨及适用范围

《电子资金转移法》的宗旨是为设立电子资金划拨系统中各参与方的权利、义务及责任提供基本框架，首要目标是规定个人消费者的权利。《电子资金转移法》的适用范围由以下两项因素决定：一是存在特定的账户；二是适用特定的电子工具贷记账户或借记账户以实施资金划拨。

该法和 E 条例对"账户"（Account）进行了定义，包括由金融机构直接或间接持有的，主要是为私人、家人或家庭设立的活期存款（支票）账户、储蓄账户或其他消费者资产账户，不包括在一项无限额信贷计划中的偶然的或附属的贷方余额，也就是说，向商业存款账户或信贷账户划入资金或从商业存款账户或信贷账户划出资金排除在该法的适用范围外。同时，从一个政府账户中划拨政府津贴也不由该法管辖。

另外，即使符合账户的条件，该法还要求只有向该账户划入资金和从该账户划出资金的划拨行为使用了电子工具才受该法调整，因此在同一金融机构开立的消费者账户间的自动划拨和由支票、汇票或类似纸面工具发端的交易都被排除在该法的管辖之外。

《电子资金转移法》规范的是，除了通过票据以外的方式，还能够利用卡片或其他存取方式直接由消费者账户进行资金转移的行为。因此现行借记卡以及未来电子现金的使用都包含在《电子资金转移法》的范围内。

b.《电子资金转移法》与 E 条例的关系

为了实现《电子资金转移法》的宗旨和目标，该法授权美联储制定有关的条例、信息披露示范条款或规则。根据此项规定，美联储制定了 E 条例，该条例经过多次修改，现在适用的是 1996 年 4 月 23 日制定的新条例。从内容上看，E 条例实际上是《电子资金转移法》的实施细则，是对《电子资金转移法》内容的具体化。在实践运作中，人们主要依据 E 条例和官方注释，而很少参照《电子资金转移法》。

c.《电子资金转移法》与 E 条例的内容

《电子资金转移法》与 E 条例的内容涉及消费者与提供电子资金划拨服务的金融机构间关系的各个方面，包括客户与金融机构间"存取工具"的申请与发放。根据 1996 年 E 条例的规定，存取工具是指能被消费者用以发动电子资金划拨的卡、密码或者其他存取消费者账户的工具或它们的任何组合。E 条例的官方注释进一步指出：存取工具包括可以由消费者用以向消费者的账户或从消费者的账户发动电子资金划拨的借记卡、个人确认号码、电话划拨和电话汇票支付密码及其他工具；电子资金划拨服务不同因素以及消费者与这些服务相关的权利的初始披露和重大情况的继续披露；相关金融机构接受某些特定交易的规定及金融机构向消费者周期性地报告其账户的规定；客户声称账单错误的调查与解决；消费者与发卡人间对未经授权而使用消费者存取工具所造成损失的责任分担等等。

d.《电子资金转移法》、E 条例与州立法的关系

《电子资金转移法》规定，该法不会使各州关于电子资金转移的法律无效、变更或受影响。但是，其相关法律与该法抵触时，抵触范围内的法律规定不在此限。若州法对消费者的保护范围较大，则州法的规定视为无抵触。若美联储认为州的法律对某一类电子资金转移规定与该法的规定相似，且有适当条文执行该规定，则应依所颁布的规则，于该州内就该类电子资金转移免除该法的适用。美联储颁布的 E 条例、D 条例、Z 条例也对电子资金转移进行了补充规定。

②《真实信贷法》与 Z 条例

《真实信贷法》是《消费者信贷保护法》的第 1 编，该法授权美联储制定相关条例来实施这些法律，这一条例即 Z 条例。Z 条例是对该法的补充和实施。《真实借贷法》与 Z 条例主要涉及信用卡的责任、信用卡账单的有效保护和解决账单争议的程序三个方面的内容。

a. 关于信用卡的责任

一般认为，如果卡是经过消费者授权而使用的，消费者应该承担卡划拨所产生的法律后果，但是如果该卡的使用是未经授权的，则 Z 条例将持卡人的责任限制在 50 美元以内。如果持卡人通知发卡人时未授权划拨造成的损失少于 50 美元，那么持卡人的责任以承担该损失为限；如果发卡人未能告知持卡人的权利，信用卡不能识别使用者，或者发卡人没有提供给持卡人一个将其损失通知给发卡人的方法，则持卡人对未经授权的划拨所造成的损失不承担任何责任。

b. 信用卡账单的有效保护

Z 条例对持卡人所享有的向发卡人的请求权或抗辩权的主要内容是：当信用卡承付人对消费信贷交易中用信用卡购买商品或服务而产生的纠纷的解决不满意时，持卡人可向发卡人主张各种赔偿，也可对发卡人就该消费信贷交易和未能解决该纠纷而提出的理由进行抗辩，持卡人有权拒绝支付与未付

信用金额相当的款项，该款项包括产生纠纷的商品或服务和因该款项产生的所有赔偿金额及其他费用。根据上述规定，如果持卡人扣留了该消费信贷交易争议的未付信用金额，在争议解决之间或判决作出之前，发卡人不得报告该金额是违法的。

c. 解决账单争议的程序

根据 Z 条例第 13 条的规定，当持卡人向发卡人申诉账单错误时，发卡人必须在 30 天内确认该申诉，对问题进行善意的调查，并在申诉之日起 90 天内解决有关纠纷。该法规定，如果发卡人未能根据该条款尊重消费者的权利，那么该发卡人将由于该争议金额而被罚 50 美元，并承担一些额外的责任，包括代理费用等。即使消费者是错误的而发卡人是正确的，也必须支付该项罚款。

在美国《电子资金转移法》颁布之前，Z 条例是否适用于电子资金划拨并不明确。《电子资金转移法》颁布后，美国才有了专门调整小额电子资金划拨的法律。

③ D 条例

美联储的 D 条例对美国的存款金融机构设置了储备要求，此种储备要求是美国货币政策的重要组成部分，可以保证存款金融机构有充足的流动资金以满足消费者对现金的提款需要。因为使用电子资金划拨系统向第三方当事人进行支付被认为是为 D 条例目的向第三方当事人支付，所以 D 条例会影响到在美国进行的电子资金划拨，即使用电子资金划拨系统向第三方当事人进行支付，如在 POS 上使用借记卡以购买货物或服务等。如果存款金融机构对储蓄账户的电子资金划拨的使用程度超过 D 条例允许的使用程度，可能就会使账户的性质改变为交易账户，而交易账户对资金储备的要求更高。因此，参加电子资金划拨网络的存款机构应该拒绝允许消费者通过网络使用储蓄账户，或是实施控制机制以防止消费者不明智地超过允许的金额从事储蓄账户交易。

④ 专门管辖电子资金划拨的州立法

大多数州关于电子资金划拨的法律与联邦《电子资金转移法》在很大程度上是重复的。与《电子资金转移法》一样，各州关于电子资金划拨的法律主要规定的是消费者在电子支付划拨交易中的权利，一般只适用于消费者资产账户而不管辖商事划拨或贷记划拨。这些法律包含存取工具的发放、披露要求及未经授权划拨的责任等内容。许多州在关于电子资金划拨的法律中对消费者提供的保护比联邦《电子资金转移法》更强。

⑤ 电子签名法——美国联邦法

美国联邦政府经过美国统一州法委员会（National Conference of Commissioners on Uniform State Laws，NCCUSL）的讨论调整后，于 1999 年 7 月公布了《统一电子交易法》（Uniform Electronic Transaction Act）。该法案主要是针对电子交易相关内容提出定义与规范，包括法律地位与效力、书面要件等，希望各州能够依循其中的原则来订立各州的立法。2000 年 6 月进一步公布《全球及国家电子商务签名法》（Electronic Signatures in Global and National Commerce Act，ESIGN），于同年 10 月正式实施，该法案对电子签名与电子记录的正确性与法律争议做出了更明确的解释与规范。然而《统一电子交易法》与《全球及国家电子商务签名法》在适用上存在一些差异。

《统一电子交易法》的目的是作为各州订立电子签名法的主要依据，甚至只要州议会通过，便能直接成为州内适用的成文制定法或法则。《全球及国家商务电子签名法》仅能确保技术中立原则，为各州提供电子交易的法律争议的解释。当各州依据《统一电子交易法》制定州内法后，《全球及国家商务电子签名法》的效力并不能凌驾于《统一电子交易法》之上。

《统一电子交易法》对交易的定义范围涵盖私法上的商业交易与公法上的交易；《全球及国家商务电子签名法》则将特定的使用情况排除，例如法院的文件使用签名。

《全球及国家商务电子签名法》对于排除适用的情况定有三年的审视期，定期评估法律是否有侵害到消费者权益的情况。如果电子签名的规定对大众而言已无风险或是会造成不便，则排除适用的情况应可解除。也就是说，《全球及国家商务电子签名法》的弹性较大，《统一电子交易法》则不然。

犹他州是美国第一个为数字签名进行立法的州，州政府于 1995 年公布了《犹他州数字签名法》（Utah Digital Signature Act）。内容主要是以特别的签名技术为导向，希望通过数字签名来保障网络上的交易，但是目前市场上因为消费者习惯与成本的考量，适用数字签名技术所发展出的交易安全机制并未获得广泛的使用，因此后来其他州的立法主要遵循"技术中立"与"市场导向"两大原则。

由于欧盟与美国的电子签名法采用了不同的规制模式，在电子签名的政策导向、电子认证的管制以及第三国认证的效力等方面出现了明显的差异，而这对于推进电子商务的全球性和交互性，消除国际电子商务的统一障碍是不利的。面对这些政策措施的不协调，为推动建立一种安全的、有利于电子商务发展的统一基础设施，欧盟和美国在 1997 年和 2000 年的首脑高峰会上达成一些共识；由此启动了"环大西洋行动"。"环大西洋行动"是欧盟和美国在政府层次上的合作。但在其中起作用的重要角色是私营机构，尤其是全球电子签名认证网络（Idntrus）。Idntrus 是 1999 年在美国建立的一个全球性电子签名认证网络。欧盟目前已经正式批准了 Idntrus，并授予金融机构以独立认证机构身份参与竞争，从而确立了认证服务的基础。目前，全球已有接近 50 家银行与全球电子签名认证网络进行了连接。

⑥《21 世纪支票交换法案》

为提高支票清算效率，美国联邦储备委员会制定了《21 世纪支票交换法案》。该法案于 2003 年 10 月 28 日经美国总统签署通过，并于 2004 年 10 月 28 日正式生效。该法属于联邦法，它并不是针对替代支票的特殊法律规定，事实上，替代支票自始至终都受适用的支票法管辖，相关支票法中规定的权利与义务都适用于替代支票。联邦或州的法律或《统一商法典》中若有与《21 世纪支票交换法案》不一致的，以《21 世纪支票交换法案》为准。《21 世纪支票交换法案》的实施对美国金融机构产生了深刻影响。近年来，支票使用量的减少导致单位支票处理成本的增加，使银行利润降低，并进一步恶化了银行与采用更有效的支票处理方式的非银行机构的竞争能力。《21 世纪支票交换法案》鼓励银行利用电子技术处理与传递支票，使银行能够截留支票，将原始纸质支票转为电子提示支票，在清算过程中消除纸质支票的传递，极大地节约人力、物力，使清算速度加快、效率提高，银行的竞争力也相应增强，受到银行界的广泛欢迎。

1995 年 5 月，美国监管当局批准安全第一网络银行在互联网上开展电子银行服务，之后美国主要通过《电子资金转移法》来完成对电子货币的监管。从 1978 年颁布的《电子资金转移法》可知，美国监管当局的出发点主要是保护使用电子资金转移服务的消费者利益，指明消费者基本权利和义务，以及提供电子资金转移服务的金融机构的责任。当时许多电子支付手段不断涌现，如 ATM 机、通过 ACH 直接转账、电话支付，以及 POS 等。随着这些电子支付手段的出现，相应的犯罪也产生了。监管当局列举了许多可能出现的问题，证明建立一个监管框架有利于包括银行和客户在内的各方。当时监管当局认为，电子支付手段的主要问题就是信息披露不够完全，没有向消费者充分说明使用电子支付手段的权利及义务，因此《电子资金转移法》中有许多条款涉及消费者权利及义务的披露问题。

《电子资金转移法》指出，电子支付手段的主要风险在于：（a）非法授权使用；（b）欺诈；（c）操作失误；（d）信息披露不完全。如果实施电子货币法案 E 条例，那么就要求银行采取以下措施：（a）要求对每笔交易打印相应的收据；（b）对丢失或偷盗的卡承担责任；（c）拥有错误纠正方案；（d）定期向监管机构报告相应的数据；（e）向投资者通知条款的改变，每年向消费者提醒错误纠正程序；（f）对初次使用电子支付手段的消费者充分披露有关信息。

1980 年制定的 E 条例落实了 1978 年的《电子资金转移法》，规定了使用电子资金转移服务的消费者和金融机构的权利、义务和责任。

1998 年，又颁布了 E 条例的补充条款，该规则适用于电子货币，主要体现在以下三个方面：（a）强调必须进行充分的信息披露。在消费者开始使用电子货币的时候，发行机构必须充分地向消费者指出使用电子货币的权利和义务，比如在发生损失的时候发行者的责任，发生操作失误的处理程序，电子货币的限额，收取的费用等。（b）有选择地适用某些条款。在选择这些条款时也面临三种选择：第一，要求所有的电子货币都必须满足所选择的条款；第二，根据电子货币的用途及特征来选择不同的监管要求；第三，根据电子货币实现的技术特征来选择不同的监管要求。（c）豁免某些电子货币对于法案的要求。例如，对于有限额的电子货币，在某些社区如学校、公司使用的电子货币，用于某些专门用途的电子货币（如公共交通），不要求满足《电子资金转移法》的监管要求。

此外，美国监管当局希望以下几个方面也能够有利于对电子银行进行监管。例如，用现有的法律框架和市场力量来规范电子货币的发展、监管当局发表的指导性意见、对消费者的教育活动。

时任美联储主席的格林斯潘认为，现有的创新与 19 世纪 50 年代银行大量发行银行券不同，现有的强有力的监管体系也非当时可比。由于自律就是维护自己的最佳利益，电子货币发行者将会设立高度的行业自律，如同现有的衍生证券和商业票据市场。由于现有的电子货币所占有的市场份额较小，因此他主张认真考虑对电子货币的监管，并努力促进这个"21 世纪"的货币发展。

目前在美国，电子货币是由储蓄机构发行的，因此是包含在货币统计当中的，对储蓄机构是有储备要求的；对发行电子货币的非储蓄机构目前没有硬性要求上交统计报表，但鼓励非银行金融机构上报有关电子货币的统计报表。

关键术语

信息安全、安全策略、安全技术、支付系统风险、电子支付法律、电子签名法、风险管理

关键知识点

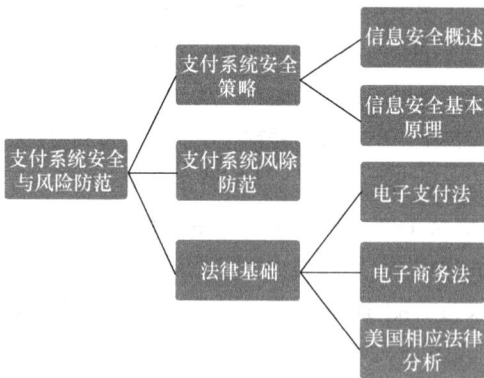

本章思考题

1. 信息安全具有哪些特征？
2. 信息安全的基本安全技术有哪些？
3. 金融风险有什么特性？
4. 谈谈对支付系统风险防范的理解。
5. 漫谈电子支付法。

附录　移动支付新型应用场景案例

扫一扫

更多移动支付新型应用场景实例介绍，请扫描下方二维码

参考文献

1. 孙维佳. 欧洲联盟电子商务立法评介[J]. 法律科学，2001(1)：29-40.

2. 王一怀. 欧盟与美国的电子签名法述评[J]. 惠州学院学报：社会科学版，2004，24(2)：59-61.

3. 周虹，王鲁滨. 从虚拟货币的生命周期论金融监管体系构建[J]. 中央财经大学学报，2008(01)：27-32.

4. 苏宁. 2006年中国支付体系发展报告[J]. 金卡工程，2007，11(5)：21-26.

5. 胡波. 解析央行第二代支付系统及其影响[J]. 银行家，2012(04)：122-124.

6. 中国人民银行. 中国支付体系发展报告[M]. 北京：中国金融出版社，2007-2014.

7. 巴曙松. 巴塞尔新资本协议研究[M]. 北京：中国金融出版社，2003.

8. Kalckreuth U V, Schmidt T, Stix H. Choosing and using payment instruments: evidence from german microdata[J]. Empirical Economics, 2009, 46(1144):1019-1055.

9. Bolt W, Jonker N, Renselaar C V. Incentives at the counter: An empirical analysis of surcharging card payments and payment behaviour in the Netherlands ☆[J]. Journal of Banking & Finance, 2010, 34(8):1738-1744.

10. Mann R J. Adopting, using, and discarding paper and electronic payment instruments: variation by age and race[J]. Ssrn Electronic Journal, 2011.

11. Foster K, Meijer E, Schuh S D, et al. The 2008 survey of consumer payment choice[J]. Public Policy Discussion Paper, 2010, 53(9-10).

12. Schuh S, Stavins J. Why are (some) consumers (finally) writing fewer checks? The role of payment characteristics[J]. Journal of Banking & Finance, 2009, 34(8):1745-1758.

13. May J, Flint I. Method and apparatus for facilitating online payment transactions in a network-based transaction facility using multiple payment instruments: US, US8255325[P]. 2012.

14. Giordano J A. Systems and/or methods for simplifying payment systems, and payment instruments implementing the same: US, US20070168282[P]. 2007.

15. Griffith R. Electronic Money and Monetary Policy[J]. Japanese Economy, 2006, 33(4):65-74.

16. Dimartino A, Miller R H, Roche E, et al. Method for launching an electronic wallet: US, US 8126806 B1[P]. 2012.